河南省"十四五"普通高等教育规划教材

中国轻工业"十四五"规划立项教材
高等职业教育本科食品类应用型教材

食品微生物检验技术
（第二版）

李自刚　邵慧杰　主编

中国轻工业出版社

图书在版编目（CIP）数据

食品微生物检验技术 / 李自刚，邵慧杰主编. — 2版. — 北京：中国轻工业出版社，2023.12
ISBN 978-7-5184-4463-2

Ⅰ.①食… Ⅱ.①李… ②邵… Ⅲ.①食品微生物—食品检验—高等职业教育—教材 Ⅳ.①TS207.4

中国国家版本馆CIP数据核字（2023）第135942号

责任编辑：贺　娜
策划编辑：江　娟　　责任终审：张乃柬　　封面设计：锋尚设计
版式设计：王超男　　责任校对：朱燕春　　责任监印：张　可

出版发行：中国轻工业出版社（北京鲁谷东街5号，邮编：100040）
印　　刷：三河市国英印务有限公司
经　　销：各地新华书店
版　　次：2023年12月第2版第1次印刷
开　　本：787×1092　1/16　印张：22.25
字　　数：520千字
书　　号：ISBN 978-7-5184-4463-2　定价：58.00元
邮购电话：010-85119873
发行电话：010-85119832　010-85119912
网　　址：http://www.chlip.com.cn
Email：club@chlip.com.cn
如发现图书残缺请与我社邮购联系调换
220715J2X201ZBW

本书编委会

主　　编　李自刚（河南牧业经济学院）
　　　　　邵慧杰（郑州大学第一附属医院）
副 主 编　王清龙（河南牧业经济学院）
　　　　　高玉千（河南农业大学）
　　　　　黄雅琴（信阳农林学院）
　　　　　韩　辉（南阳师范学院）
　　　　　江青东（河南牧业经济学院）
参　　编　李亚楠（河南农业大学）
　　　　　刘瑞雪（郑州轻工业大学）
　　　　　弓建红（河南中医药大学）
　　　　　焦　阳（河南牧业经济学院）
　　　　　岳晓禹（河南牧业经济学院）
　　　　　田春丽（河南农业职业学院）
　　　　　刘敏杰（信阳农林学院）
　　　　　张明月（信阳农林学院）
主　　审　马相杰（河南双汇投资发展股份有限公司）
　　　　　朱文丽（三全食品股份有限公司）
　　　　　肖　伟（河南省豫南检测中心有限公司）

第二版前言

《食品微生物检验技术》（第二版）是首批河南省"十四五"普通高等教育规划教材、中国轻工业"十四五"规划立项教材，第二版是在2016年1月出版的第一版的基础上，为响应国家"智慧高教"平台建设，进一步融入现代信息技术的数字化结晶而编写的高等职业教育本科教材。

教育部副部长（高等教育司原司长）吴岩提到："我们对高等教育数字化有一个认识，就是数字化是个新鲜事，也是个天大的重要事。我们现在就是要把这种新鲜感变成新常态，把这种重要事变成伟大事，着力构建以数字化为特征的高等教育的新形态。"随着"互联网+职业教育"迅猛发展，教师运用现代信息技术更新教材和改进教学方法成为新常态，具体表现在适应新技术的需求，通过创造性的转化，将现代信息技术纳入教学标准和教学内容。高校有基础理论和教学资源，企业有应用场景和技术实践，发挥校企合作优势编写教材，有助于构筑产教融合的人才培养体系，培养高质量、高层次的应用型技术人才，这种新技术在实验、实训、实习等教学过程的关键环节中的应用尤为重要，这些都是保证高等职业本科教育人才培养教学质量的前提条件。

高等教育数字化转型，正在"塑造"未来教育史，这是一项站在新的历史节点，重新理解过去、连接未来的新使命，在《食品微生物检验技术》（第二版）教材开发编写过程中，河南双汇投资发展股份有限公司、三全食品股份有限公司、河南省豫南检测中心有限公司、北京北方伟业计量技术研究院对教材中所涉及的食品微生物检验技术的操作及其数字化做出了大量的有益探索。本教材附有"食品安全国家标准 食品微生物学检验"的系列国家标准，并对相应的操作进行了数字化视频教学，以更加适宜学习者模仿操作而迅速提升操作技巧。

本教材紧贴高等职业本科教育人才培养与教学需求，融合行业实战数字化案例，将新的食品微生物检验技术方法与学生的实验、实训、实操无缝对接，较好地适应了高等职业本科教育实际需求。同时，本教材也可作为食品企业及社会相关从业人员学习的培训指导用书和参考用书。

本教材的付梓，仰赖各位编者和出版社同仁的学识和辛勤劳动。感谢参加第一版及第二版教材编写的所有老师。参加第二版编写的老师有：李自刚（第二版前言）、王清龙（第一篇的第一章、第二章、第三章）、江青东（第一篇的第四章、第五章）、韩辉（第一篇的第六章、第七章的第九节和第十节、第八章、第九章）、黄雅琴（第一篇的第七章的第一节至第八节）、李亚楠（第二篇的第十一章的基本技能训练1至9）、刘敏杰（第二篇的第十一章的基本技能训练10至19、附录及参考文献的收集整理）、张明月（第二篇的第十二章的综合知识与技能提升实训1至8）、邵慧杰（第二篇的第十二章的综合知识与技能提升实训9至12）、高玉千（知识巩固练习题及答案）。田春丽、刘瑞雪、弓建红、焦阳、岳晓禹对初稿进行了审读，全书由李自刚和邵慧杰统稿。

李自刚
2023年8月
于河南郑州龙子湖高校园区

第一版前言

食品微生物检验在现代食品加工、食品安全供应中至关重要，如检验食品原料、加工、运输、销售和贮藏等过程中微生物种类和数量的变化上，其已作为监控食品品质、保证食品安全的重要手段。因此，食品微生物检验相关著作和教材的编写一直以来都受到各行各业的重视。本书主要内容包括：实验室基本知识与基本技能、食品微生物检验样品的制备、食品微生物检验基础试验、食品卫生细菌学检验、常见致病菌检验、真菌及其毒素检验、发酵食品微生物检验、罐头食品微生物检验、食品微生物检验方法新进展等内容。

本书按照高等职业教育的要求，即"必需、够用、实用"的原则，在教学内容的安排上侧重实际操作。

参加本书编写的人员既有在高等职业教育一线从事多年高等职业教育的教学人员，也有在相关科研单位、食品企业工作多年的一线工作人员。本书可作为农林院校、师范院校、医学院校高等职业教育食品加工等相关专业的教材和教学参考书，也可作为相关科研、教学工作者和食品检验工技能操作考试的参考用书；同时，本书也可作为食品生物技术、食品营养检测、食品储运与营销、农产品质量安全检验等专业教材使用，也可供相关企业技术人员参考。

编者

2015 年 9 月

目 录

第一篇 理论知识学习

第一章 食品微生物与食品安全 ………………………………………………………（3）
 第一节 概述 ………………………………………………………………………（3）
 第二节 与食品微生物检验相关的几个基本概念 ………………………………（3）
 第三节 食品中的微生物及其污染来源 …………………………………………（9）
 第四节 微生物与食品的腐败变质 ………………………………………………（12）
 第五节 我国的食品安全国家标准体系 …………………………………………（16）

第二章 微生物检验实验室的质量管理 ………………………………………………（27）
 第一节 概述 ………………………………………………………………………（27）
 第二节 微生物检验菌株的管理和使用 …………………………………………（31）
 第三节 食品微生物检验实验室操作技术要求 …………………………………（34）

第三章 食品工厂微生物检验实验室的建设方案 ……………………………………（41）
 第一节 食品工厂微生物检验实验室的硬件建设 ………………………………（41）
 第二节 食品工厂微生物检验实验室的软件建设 ………………………………（43）

第四章 食品微生物检验样品的采集与制备 …………………………………………（45）
 第一节 食品微生物检验概述 ……………………………………………………（45）
 第二节 食品微生物检验的基本程序 ……………………………………………（47）
 第三节 常见食品微生物检验样品的采集与处理方法 …………………………（53）
 第四节 饮用水的卫生要求及水样的采集与处理 ………………………………（60）
 第五节 生产环境的卫生标准及空气样品的采集与处理 ………………………（65）
 第六节 食品生产工具样品的采集与处理 ………………………………………（69）

第五章 食品微生物检验基础实验技术 ………………………………………………（70）
 第一节 生理生化实验技术 ………………………………………………………（70）
 第二节 血清学实验技术 …………………………………………………………（82）

第六章　食品卫生细菌学检验技术 (87)
第一节　菌落总数检验技术 (87)
第二节　大肠菌群检验技术 (91)

第七章　食品中常见食源性致病细菌检验 (97)
第一节　食源性疾病的定义 (97)
第二节　沙门菌检验技术 (99)
第三节　金黄色葡萄球菌检验技术 (104)
第四节　致泻大肠埃希菌检验技术 (111)
第五节　志贺菌检验技术 (118)
第六节　溶血性链球菌检验技术 (123)
第七节　单核细胞增生李斯特菌检验技术 (126)
第八节　副溶血性弧菌检验技术 (132)
第九节　肉毒梭菌及肉毒毒素检验技术 (138)
第十节　蜡状芽孢杆菌检验技术 (149)

第八章　食品中霉菌和酵母菌检验技术 (159)
第一节　概述 (159)
第二节　食品中霉菌和酵母菌的检验方法 (159)
第三节　食品中霉菌和酵母菌检验的注意事项 (162)

第九章　发酵食品微生物检验技术 (164)
第一节　乳酸菌检验 (164)
第二节　酱油种曲孢子数及发芽率的测定 (168)
第三节　毛霉的分离与鉴别 (171)

第十章　罐头食品的微生物检验技术 (173)
第一节　罐头食品的微生物污染 (173)
第二节　罐头食品的商业无菌及其检验技术 (176)

第二篇　基本技能训练与技能实训

第十一章　基本技能训练 (185)
基本技能训练 1　微生物检验室常用仪器设备操作规程 (185)
基本技能训练 2　食品微生物检验中显微镜的使用 (191)
基本技能训练 3　细菌染色与细菌形态观察技能训练 (201)

基本技能训练 4　细菌的特殊染色法（芽孢、荚膜、鞭毛、细胞壁）……………（204）
　　基本技能训练 5　真菌形态的观察 ……………………………………………（209）
　　基本技能训练 6　酵母菌的制片与观察 ………………………………………（211）
　　基本技能训练 7　微生物细胞大小的测定 ……………………………………（213）
　　基本技能训练 8　食品微生物检验中培养基的制备 …………………………（215）
　　基本技能训练 9　食品微生物检验中的灭菌与消毒 …………………………（222）
　　基本技能训练 10　食品微生物检验中的微生物计数 ………………………（230）
　　基本技能训练 11　细菌鉴定中常用的生化反应检测技术 …………………（235）
　　基本技能训练 12　微生物实验室培养基的验收 ……………………………（237）
　　基本技能训练 13　微生物菌种保藏 …………………………………………（238）
　　基本技能训练 14　冷冻食品微生物检验样品的取样与样品制备 …………（242）
　　基本技能训练 15　食品微生物现场采样方案 ………………………………（248）
　　基本技能训练 16　食品中细菌总数测定 ……………………………………（250）
　　基本技能训练 17　食品中大肠菌群的测定 …………………………………（252）
　　基本技能训练 18　动物食品中蛋白质分解菌的检查与计数 ………………（256）
　　基本技能训练 19　食品中淀粉分解菌的检查 ………………………………（257）

第十二章　综合知识与技能提升实训 ……………………………………………（259）
　　综合知识与技能提升实训 1　食品微生物检验的技术质量要求与控制 …………（259）
　　综合知识与技能提升实训 2　食品微生物检验中培养基的配制使用
　　　　　　　　　　　　　　　 及其质量控制 …………………………………（261）
　　综合知识与技能提升实训 3　食品微生物检验中的目标微生物的分离
　　　　　　　　　　　　　　　 与接种技术 ……………………………………（261）
　　综合知识与技能提升实训 4　食品微生物检验中致病菌定性检测的
　　　　　　　　　　　　　　　 一般流程 ………………………………………（266）
　　综合知识与技能提升实训 5　食品微生物检验中样品采样方案及采样运送
　　　　　　　　　　　　　　　 测试与报告 ……………………………………（268）
　　综合知识与技能提升实训 6　动物源性食品沙门菌检测 ……………………（273）
　　综合知识与技能提升实训 7　动物源性食品金黄色葡萄球菌检测 …………（276）
　　综合知识与技能提升实训 8　动物源性食品中细菌的检测
　　　　　　　　　　　　　　　 ——以大肠埃希菌为例 ………………………（279）
　　综合知识与技能提升实训 9　动物源性食品中细菌的检测
　　　　　　　　　　　　　　　 ——以肉毒梭菌为例 …………………………（281）
　　综合知识与技能提升实训 10　动物源性食品中细菌的检测
　　　　　　　　　　　　　　　　——以李斯特菌为例 ………………………（285）

综合知识与技能提升实训 11　动物源性食品中细菌的检测
　　　　　　　　　　　　　——以志贺菌为例 ……………………………（288）
综合知识与技能提升实训 12　水中细菌总数检测 ……………………………（289）

知识巩固练习题及答案 ……………………………………………………………（291）
　练习题一 ……………………………………………………………………………（291）
　练习题一答案 ………………………………………………………………………（296）
　练习题二 ……………………………………………………………………………（299）
　练习题二答案 ………………………………………………………………………（303）
　练习题三 ……………………………………………………………………………（306）
　练习题三答案 ………………………………………………………………………（310）
　练习题四 ……………………………………………………………………………（313）
　练习题四答案 ………………………………………………………………………（318）
　练习题五 ……………………………………………………………………………（321）
　练习题五答案 ………………………………………………………………………（325）
　练习题六 ……………………………………………………………………………（327）
　练习题六答案 ………………………………………………………………………（332）

附录 …………………………………………………………………………………（335）
　附录 1　食品安全国家标准——微生物检验方法国家标准目录 ……………（335）
　附录 2　食品微生物检验的相关依据标准 ………………………………………（337）
　附录 3　技能操作视频 ……………………………………………………………（340）

参考文献 ……………………………………………………………………………（344）

第一篇 理论知识学习

第一章 食品微生物与食品安全

第一节 概述

自古以来，人们对食品以及食品安全尤为关注。自古有云"王者以民为天，而民以食为天"，神农尝百草的"尝"即含有安全与检测之意。面对生产经营主体量大、面广、各类风险交织的形势，靠"人盯人"监管，成本高，效果也不理想，必须完善监管制度，强化监管手段，形成覆盖从田间到餐桌的全过程监管制度。建立食品安全监管协调机制，设立相应管理机构，目的就是要解决多头分管、责任不清、职能交叉等问题。"定职能、分地盘"相对好办，但真正实现上下左右有效衔接，还要多下气力、多想办法。

随着人类科学技术的进步与发展，特别是人类城镇化率逐步提高（截止到2022年年底，我国常住人口城镇化率已经达到65.22%），人们的生活越来越多地依靠于加工过后的预包装食品。人类加工食品的历史可以追溯到8000年前，直到现代食品工业的出现和发展，如何防止食品腐败和避免食源性疾病的传播一直是食品加工过程中需要解决的基本问题。食品微生物检验与检测在现代食品加工中起到了重要的作用，检测食品原料、加工、运输、销售和贮藏等过程中微生物种类和数量的变化，已作为监控食品品质、保证食品安全的重要手段。

近年来，全球范围内重大食品安全事件不断发生，其中病原微生物引起的食源性疾病是影响食品安全最主要的因素之一，如大肠杆菌O157:H7、志贺菌、单增李斯特菌、空肠弯曲菌、副溶血性弧菌、耶尔森菌等，被公认为是主要的食源性病原微生物。此外，一些有害微生物产生的生物性毒素，如黄曲霉毒素、赭曲霉素毒等真菌毒素和肠毒素等细菌毒素，已成为食品中有害物质污染和中毒的主要因素。

第二节 与食品微生物检验相关的几个基本概念

一、食品

2015年4月24日第十二届全国人民代表大会常务委员会第十四次会议修订的《中华人民共和国食品安全法》中关于"食品"的含义：食品是指各种供人食用或者饮用的成品和原料，以及按照传统既是食品又是中药材的物品，但是不包括以治疗为目的的物品。

GB/T 15091—1994《食品工业基本术语》，对食品的定义为：可供人类食用或饮用的物质，包括加工食品、半成品和未加工食品，不包括烟草或只作药品用的物质。

从食品卫生立法和管理的角度，广义的食品概念还涉及：所生产食品的原料，食品原料种植、养殖过程中接触的物质和环境，食品的添加物质，所有直接或间接接触食品的包装材料、设施以及影响食品原有品质的环境。

食品与食物在概念上稍有不同，食品侧重于各种供人食用或者饮用的成品和原料的商品属性，而食物通常是指由碳水化合物、脂肪、蛋白质、水构成，能够进食或是饮用，为人类或者生物提供营养或愉悦的物质。

食物的来源可以是植物、动物或者其他界的生物，例如真菌，抑或发酵产品，如酒精。人类借由采集、耕种、畜牧、渔猎等许多种不同的方式获得食物。

二、微生物

微生物就是小到肉眼看不见，必须借助于显微镜才能看见的生物。

微生物包括细菌、病毒、真菌以及一些小型的原生生物、显微藻类等在内的一大类生物群体，它们个体微小，与人类关系密切，其涵盖了有益或有害的众多种类，广泛涉及食品、医药、工农业、环保、体育等多个领域。

一般情况下，在我国的教科书中，将微生物划分为8大类：细菌、病毒、真菌、放线菌、立克次体、支原体、衣原体、螺旋体。有些个别微生物是肉眼可以看见的，如属于真菌的蘑菇、灵芝、香菇等，但这是微生物中的少数。还有些微生物是一类由核酸和蛋白质等少数几种成分组成的"非细胞生物"，如我们经常谈论的病毒，就是"非细胞生物"的一种形式，因为这些"非细胞生物"个体非常微小，必须借助电子显微镜才能观察到。

三、食品微生物

食品微生物是与食品有关的微生物的总称，其包括生产型食品微生物（醋酸杆菌、酵母菌等）、使食物变质的微生物（霉菌、细菌等）以及食源性病原微生物（大肠杆菌、肉毒杆菌等）。食品微生物与人类关系紧密，人类对食品微生物的了解、利用和防治在很早以前就有很大进展了。因此，人们又将研究食品微生物的性状及其与食品相互关系的科学称为食品微生物学，它是一门由医学、农业、工业的微生物学中与食品生产有关的部分相互融合而成的一门学科。

人类对食品微生物的利用的起源很早。远在公元前16世纪至公元前11世纪，中国就会利用微生物酿酒。当时人们还不知道这是微生物的存在和作用。直到16世纪，荷兰人列文虎克首次制成了放大200~300倍的显微镜后，才看到微生物。1857年，微生物学家巴斯德证实酒精的发酵过程由酵母引起，并经长期研究，奠定了微生物学的基础，解决了当时法国由于酒的变质给酿造业带来的重大损失问题，开创了巴斯德灭菌法（现称巴氏灭菌法），这种灭菌方法至今仍应用于酒、醋、酱油、牛乳、果汁等食品的灭菌。20世纪以来，由于电子显微镜的发明，生物化学和化学分析技术等学科的发展，促进了微生物学从细胞水平、亚细胞水平进入了分子水平。尤其是20世纪70年代遗传工程科学的发展，有力地推动了食品微生物学的发展，通过诱变、细胞融合等技术，选育出高产的发酵食品微生物优良菌株，可提高产量，改变食品工业的面貌。

四、食品微生物分类

食品微生物无特殊的分类系统。按照微生物分类系统，可将与食品密切相关的微生物分为细菌、酵母菌、霉菌和病毒。

由于微生物种类繁多,很多微生物的亲缘关系(主要是根据生物的外部性状、内部结构、生活特性等加以确定)尚未清楚,所以尚不能完全按照亲缘关系进行分类。

细菌有 3 种不同的分类系统,即克拉西里尼科夫氏、伯杰氏和普雷沃氏分类系统,它们的通用分类单位命名法则和高等动物、植物一样,依次分为界、门、纲、目、科、属、种。种是分类的最基本单位。从某地区或某实验室分离到的菌种,称为菌株或品系。酵母菌为真菌的一部分,采用荷兰人洛德 1952 年发表的酵母分类系统分类。霉菌也为真菌的一部分,不同的真菌分类学者采用不同的霉菌分类系统,但在"纲"这一级分类意见都一致。

五、食品微生物的命名

世界各国都采用双名制的国际植物命名法命名微生物,命名后的名称为学名,它由两个拉丁文组成,前一个是属名,词首字母大写;后一个是种名,字母则一律小写。如 *Staphylococcus aureus*,前一个词是葡萄球菌属,后一个词是金黄色的意思,中译名称为金黄色葡萄球菌。有的还在学名后附上命名人和发表年份。当分离到未知菌名时,即根据其形态、生理、生化、生态以及免疫血清反应等特性,对照各分类系统进行鉴定,确认为某一菌种名。

六、食品微生物的培养

(一) 培养基

培养基,是指供给微生物、植物细胞或动物细胞生长繁殖的,由不同营养物质组合配制而成的营养基质。一般都含有碳水化合物、含氮物质、无机盐(包括微量元素)、维生素和水等几大类物质。

(二) 培养基的分类

培养基的名目繁多、种类各异,参考相关文献,以下按 3 个大类予以介绍,并各举几个实例,从而可获得较系统化的培养基知识。

1. 按培养基成分分类

(1) 天然培养基 (Natural Medium)　天然培养基是指一类利用动物、植物或微生物体包括用其提取物制成的培养基,这是一类营养成分既复杂又丰富、难以说出其确切化学组成的培养基。例如培养多种细菌所用的牛肉膏蛋白胨培养基,培养酵母菌的麦芽汁培养基等。天然培养基的优点是营养丰富、种类多样、配制方便、价格低廉;缺点是成分不清楚、不稳定。因此,这类培养基只适合于一般实验室中的菌种培养、发酵工业中生产菌种的培养和某些发酵产物的生产等。

在实验室中配制这类培养基时,除利用天然的动植物成分,如动物肉类、植物组织或其浸出物,以及牛乳、血清或土壤浸液外,还常用商品化形式的天然材料,包括酪蛋白、大豆蛋白、牛肉膏、酵母粉以及它们的酶解或酸解产物(如各种蛋白胨)等。

(2) 组合培养基 (Chemically Defined Medium)　组合培养基又称合成培养基或综合培养基 (Synthetic Medium),是一类按微生物的营养要求精确设计后用多种高纯化学试剂配制成的培养基。例如培养 *E. coli* 等细菌用的葡萄糖铵盐培养基,培养 *Streptomyces* spp.

(一些链霉菌）的淀粉硝酸盐培养基（常称"高氏Ⅰ号培养基"），培养真菌的蔗糖硝酸盐培养基（即察氏培养基）等。组合培养基的优点是成分精确、重现性高，缺点是价格较贵、配制麻烦，且微生物生长比较一般，因此通常仅适用于营养、代谢、生理、生化、遗传、育种、菌种鉴定或生物测定等对定量要求较高的研究工作中。

（3）半组合培养基（Semi-defined Medium） 组合培养基又称半合成培养基（Semi-synthetic Medium），指一类主要以化学试剂配制，同时还加有某种或某些天然成分的培养基，例如培养真菌的马铃薯蔗糖培养基等。严格地讲，凡含有未经特殊处理的琼脂的任何组合培养基，因其中含有一些未知的天然成分，故实质上也只能看作是一种半组合培养基。

2. 按培养基外观的物理状态分类

（1）液体培养基（Liquid Medium） 一类呈液体状态的培养基，在实验室和生产实践中用途广泛，尤其适用于大规模地培养微生物。

（2）固体培养基（Solid Medium） 一类外观呈固体状态的培养基。根据固态的性质又可分为：

① 固化培养基（Solidified Medium）：常称"固体培养基"，由液体培养基中加入适量凝固剂而成，例如加有 15~20g/L 琼脂或 50~120g/L 明胶的液体培养基，就可制成遇热可融化、冷却后则呈凝固态的用途最广的固化培养基。除琼脂和明胶外，海藻酸胶、脱乙酰吉兰糖胶和多聚醇 F127 也可以用作凝固剂，但是，琼脂是最优良的凝固剂，它自 1882 年（科赫听取了其助手 W. Hesse 的夫人 Fannie 的建议）开始用于配制微生物培养基以来，至今久盛不衰。

② 非可逆性固化培养基：指一类一旦凝固后不能再重新融化的固化培养基，如血清培养基或无机硅胶培养基等，后者专门用于化能自养细菌的分离和纯化等方面。

③ 天然固态培养基：由天然固态基质直接配制成的培养基，例如培养真菌用的由麸皮、米糠、木屑纤维或稻草粉配制成的培养基；由马铃薯片、胡萝卜条、大米、麦粒、大豆、面包或动物、植物组织直接制备的培养基等。

④ 滤膜（Membrane Filter）：是一种坚韧且带有无数微孔（孔径为 $0.22\sim0.45\mu m$）的乙酸纤维素、硝酸纤维素、尼龙、聚碳酸酯、聚四氟乙烯或聚偏二氯乙烯等的薄膜，一般放在合适的漏斗中在加压条件下进行过滤。若把滤膜制成圆片覆盖在营养琼脂或浸有液体培养基的纤维素衬垫上，就形成具有固化培养基性质的培养条件。滤膜主要用于对含菌量很少的水中微生物进行过滤、浓缩，然后揭下滤膜，把它放在含有适当液体培养基的衬垫上培养，待长出菌落后，就可计算单位水样中的实际含菌量。

固体培养基在科学研究和生产实践上的用途很广，例如，可用于菌种分离、鉴定、菌落计数、检验杂质的生物测定、获取大量真菌孢子，以及用于微生物的固体培养和大规模生产等。

（3）半固体培养基（Semi-solid Medium） 指在液体培养基中加入少量凝固剂而配制成的半固体状态培养基。

（4）脱水培养基（Dehydrated Culture Medium） 脱水培养基又称脱水商品培养基（Dehydrated Commercial Medium）或预制干燥培养基（Prefabricated Dried Medium），指含有除水以外的一切营养成分的商品化培养基，使用时只要加入适量水分并加以灭菌、分装即可，是一类成分精确、使用方便的现代化培养基。

3. 按培养基对微生物的功能分类

（1）选择性培养基　一类根据某微生物的特殊营养要求或其对某化学、物理因素的抗性而设计的培养基，具有使混合菌样中的劣势菌变成优势菌的功能，广泛用于菌种筛选等领域。

（2）鉴别培养基　一类在成分中加有能与目的菌的无色代谢产物发生显色反应的指示剂，从而达到只需用肉眼辨别颜色就能方便地从近似菌落中找出目的菌菌落的培养基。例如，伊红美蓝乳糖培养基（EMB）。

(三) **常见培养基**

1. 细菌培养基

（1）牛肉膏琼脂培养基　牛肉膏 0.3g，蛋白胨 1.0g，氯化钠 0.5g，琼脂 1.5g，水 100mL。

在烧杯内加水 100mL，放入牛肉膏、蛋白胨和氯化钠，用蜡笔在烧杯外做上记号后，放在火上加热。待烧杯内各组分溶解后，加入琼脂，不断搅拌以免粘底。等琼脂完全溶解后补足失水，用 10% 盐酸（体积分数，余同）或 100g/L 的氢氧化钠调整 pH 到 7.2~7.6，分装在各个试管里，加棉花塞，用高压蒸汽灭菌：0.1MPa、121℃维持 15~30min。

（2）牛心培养基　取新鲜牛心（除去脂肪和血管）250g，用刀细细剁成肉末后，加入 500mL 蒸馏水和 5g 蛋白胨。在烧杯上做好记号，煮沸，转用文火炖 2h。过滤，滤出的肉末干燥处理，滤液 pH 调到 7.5 左右。每支试管内加入 10mL 肉汤和少量碎末状的干牛心，灭菌，备用。

（3）根瘤菌培养基　葡萄糖 10g，磷酸氢二钾 0.5g，碳酸钙 3g，硫酸镁 0.2g，酵母粉 0.4g，琼脂 20g，水 1000mL，10g/L 结晶紫溶液 1mL。

先把琼脂加水煮沸溶解，然后分别加入其他组分，搅拌使溶解后，分装，灭菌，备用。

2. 放线菌培养基

（1）淀粉硝酸盐培养基（高氏一号培养基）　可溶性淀粉 2.0g，硝酸钾 0.1g，磷酸氢二钾 0.05g，氯化钠 0.05g，硫酸镁 0.05g，硫酸亚铁 0.001g，琼脂 2g，水 100mL。

先把淀粉放在烧杯里，用 5mL 水调成糊状后，倒入 95mL 水，搅匀后加入其他药品，使其溶解。在烧杯外做好记号，加热到煮沸时加入琼脂，不停搅拌，待琼脂完全溶解后，补足失水。调整 pH 到 7.2~7.4，分装后灭菌，备用。

（2）面粉琼脂培养基　面粉 60g，琼脂 20g，水 1000mL。

把面粉用水调成糊状，加水到 500mL，放在文火上煮 30min。另取 500mL 水，放入琼脂，加热煮沸到溶解后，把上述两液调匀，补充水分，调整 pH 到 7.4，分装，灭菌，备用。

3. 真菌培养基

（1）萨氏（Sabouraud's）培养基　蛋白胨 10g，琼脂 20g，麦芽糖 40g，水 1000mL。

先把蛋白胨、琼脂加水后，加热，不断搅拌，待琼脂溶解后，加入 40g 麦芽糖（或葡萄糖），搅拌，使其溶解，然后分装，灭菌，备用。

该培养基是培养许多种真菌类所常用的。

(2) 马铃薯糖琼脂培养基　把马铃薯洗净去皮，取 200g 切成小块，加水 1000mL，煮沸 0.5h 后，补足水分。在滤液中加入 10g 琼脂，煮沸溶解后加糖 20g（用于培养霉菌的加入蔗糖，用于培养酵母菌的加入葡萄糖），补足水分，分装，灭菌，备用。

培养基的 pH 调到 7.2~7.4，配方中的糖，如使用葡萄糖还可用来培养放线菌和芽孢杆菌。

(3) 豆芽汁培养基　黄豆芽 100g，琼脂 15g，葡萄糖 20g，水 1000mL。

洗净黄豆芽，加水煮沸 30min。用纱布过滤，滤液中加入琼脂，加热溶解后放入糖，搅拌使其溶解，补足水分到 1000mL，分装，灭菌，备用。

培养基的 pH 调到 7.2~7.4，可用来培养细菌和放线菌。

(4) 豌豆琼脂培养基　豌豆 80 粒，琼脂 5g，水 200mL。

取 80 粒干豌豆加水，煮沸 1h，用纱布过滤后，在滤液中加入琼脂，煮沸到溶解，分装，灭菌，备用。

（四）微生物接种方法

微生物的培养是指将微生物接种到培养基内，经一定条件使微生物生长繁殖的过程。要培养微生物，首先必须在培养基上对所要培养的微生物进行接种，常见的微生物接种方法有以下 6 种。

(1) 涂布法　将纯菌或含菌材料均匀地涂布在固体培养基表面。

(2) 划线法　用接种环蘸取含菌材料，在固体培养基表面划线。

(3) 倾注法　取少许含菌材料放入无菌培养皿中，然后倾入已熔化并已冷却至 48℃ 左右的琼脂灭菌培养基，摇匀后冷却凝固。

(4) 点植法　用接种针在固体培养基表面接触几点。

(5) 穿刺法　用接种针蘸取的微生物经穿刺而进入半固体深层培养基中。

(6) 浸洗法　用接种针挑取含菌材料，在液体培养基中洗下。

培养方法则根据微生物对氧的要求情况分为需氧和厌氧两种。需氧培养是指必须在有氧环境中进行培养，必要时用振荡或通气搅拌达到充分供氧；厌氧培养是培养过程一直保持在少氧或无氧的环境中。厌氧的方法可用物理、化学、生物等方法使培养容器内的氧气部分或全部消除。通常用抽真空方法，有时将物理、化学两种方法结合使用，使厌氧培养更为理想。接种、培养是食品微生物应用、研究过程中最基本和必不可少的方法。

七、食品微生物检验

食品微生物检验主要通过微生物的分离培养、生理生化反应、显微镜检查等方法检验食品中微生物的种类、数量、性质及其对人的健康的影响，以便对食品的质量及加工过程中的卫生情况进行可靠的评价，以判别食品是否符合质量标准的检测方法。

食品微生物检验主要包括细菌学检验，包括细菌总数、大肠菌群和致病菌的检验。经典的方法有固体培养基法（用于细菌总数的检验）、液体培养基发酵法（用于大肠菌群的检验），由于设备简单，适用范围广，因此是最为常用的检验法。操作简便、快捷的膜分离培养技术在食品微生物学检验中也有发展前景。

经典的食品微生物检测技术耗时长、效率低、敏感性差，不能及时检出食品中的病原菌。发展迅速、准确、高效的现代食品微生物检测技术，可以快速检出食品中的病原微生物，迅速对食品卫生质量做出评价，防止食物中毒的发生，有效地控制食源性疾病。

现代食品微生物技术研究内容主要有：食源性病原菌免疫学快速检测、食源性病原菌分子生物学快速检测技术、基于培养基生理生化特征的检测技术、食源性病原菌的自动化检测技术、食源性致病菌生物传感器检测技术等。

食品微生物检验方法是食品质量管理必不可少的重要组成部分，它是贯彻"预防为主"的方针，可以有效地防止或者减少食物人畜共患病的发生，保障人民的身体健康。食品微生物检验是衡量食品卫生质量的重要指标之一，也是判定被检食品是否可食用的科学依据之一。通过食品微生物检验，可以判断食品加工环境及食品卫生情况，能够对食品被细菌污染的程度做出正确的评价，为各项卫生管理工作提供科学依据。

第三节 食品中的微生物及其污染来源

自然界中广泛地存在着各种微生物，无论是高山、田地、江河、湖泊、海洋还是空气中。在植物和动物的体表、体内也存在多种微生物。因此，动物性食物、植物性食物或由它们加工成的各种食品，就不可避免地存在着微生物。

自然界中存在的微生物，有些可以用来制造食品或制药、制酶等，为人类所利用；有些能使食品腐败变质，以致这些食品不能被人们食用，造成浪费；还有的微生物能引起人体疾病，导致人们健康受损，甚至危及人的性命。

因此，加强食品及其原材料中存在的微生物的检验与检测，对于保障食品卫生、食品安全以及对食品中有害微生物的来源分析与防控、有益微生物的开发和利用都具有重要意义。

一、食品中的微生物

（一）食品中常见的微生物

食品中常见的细菌分为革兰染色阴性菌和革兰染色阳性菌，其中常见的革兰染色阴性菌主要包括假单胞菌属、醋酸杆菌属、无色杆菌属、产碱杆菌属、黄色杆菌属、大肠杆菌属与肠杆菌属、沙门菌属、志贺菌属、变形杆菌属等。常见的革兰染色阳性菌主要包括乳酸杆菌属、链球菌属、明串珠菌属、芽孢杆菌属、梭状芽孢菌属、微球菌属和葡萄球菌属等。

食品中常见的酵母菌主要包括酵母菌属、毕氏酵母属、汉逊酵母属、假丝酵母属、红酵母属、球拟酵母属、丝孢酵母属等。

食品中常见的霉菌主要包括毛霉属、根霉属、曲霉属、青霉属、木霉属、交链孢霉属、葡萄孢霉属、芽枝霉属、镰刀霉属、地霉属、链孢霉属、复端孢霉属、枝霉属、分枝孢霉属、红曲霉属等。

（二）食品中常见的致病菌

食品中常见的致病菌主要包括沙门菌、致病性大肠杆菌、葡萄球菌、肉毒梭菌、单核细胞增生李斯特菌、蜡状芽孢杆菌（也称蜡样芽胞杆菌）、志贺菌、变形杆菌、产气荚膜梭菌、空肠弯曲杆菌、阪崎肠杆菌、椰毒假单胞菌酵米面亚种、副溶血性弧菌、小肠结肠炎耶尔森菌、黄曲霉等。

二、食品中微生物污染的来源

食品微生物污染是指食品在加工、运输、贮藏、销售过程中被微生物及其毒素污染。研究并弄清食品微生物污染的来源与途径及其在食品中的消长规律，对于切断污染途径、控制其对食品的污染、延长食品保藏期、防止食品腐败变质与食物中毒的发生都具有非常重要的意义。

微生物在自然界中分布十分广泛，不同的环境中存在的微生物类型和数量不尽相同，因此，食品从原料、生产、加工、贮藏、运输、销售到烹调等各个环节，常常与环境发生各种方式的接触，进而导致微生物的污染。食品微生物污染的来源可分为土壤、空气、水、操作人员、动植物、加工设备、包装材料等方面。

（一）土壤

土壤是微生物的"天然培养基"，含有大量可被微生物利用的碳源和氮源，还含有大量的硫、磷、钾、钙、镁等无机元素及硼、钼、锌、锰等微量元素，加之土壤具有一定的保水性、通气性及适宜的酸碱度（pH3.5~10.5），和适宜的温度（10~30℃），这些都为微生物的生长繁殖提供了有利的营养条件和环境条件。虽然不同土壤中微生物的种群和数量可能不同，但总的来说，土壤中存在有自然界中绝大部分的微生物，它们也是食品中微生物存在的主要源头。

根据不同土壤的分析统计，每克肥沃土壤中，通常含有几亿到几十亿个微生物，贫瘠土壤中也含有几百万到几千万个微生物。在这些微生物中，以细菌最多，占土壤中微生物总数的70%~80%，其次是放线菌、霉菌及酵母菌等。按其营养类型来分，主要是异养菌，但自养型的细菌也普遍存在。

不同土壤中微生物的种类和数量有很大差异，地面下3~25cm是微生物最活跃的场所，肥沃的土壤中微生物的数量和种类较多，果园土壤中酵母的数量较多。在酸性土壤中，霉菌较多；碱性土壤和含有机质较多的土壤，细菌、放线菌较多；在森林土壤中，分解纤维素的微生物较多；在油田地区的土壤中，分解碳氢化合物的微生物较多；在盐碱地中，可分离出嗜盐微生物。

土壤中的微生物除了自身发展外，分布在空气、水和人及动物、植物体中的微生物也会不断进入土壤中。许多病原微生物就是随着动物、植物残体以及人和动物的排泄物进入土壤的。因此，土壤中的微生物既有非病原的，也有病原的。通常无芽孢菌在土壤中生存的时间较短，而有芽孢菌在土壤中生存的时间较长，例如沙门菌只能生存数天至数周，炭疽芽孢杆菌却能生存数年甚至更长时间。同时土壤中还存在着能够长期生活的土源性病原菌，霉菌及放线菌的孢子在土壤中也能够生存较长时间。

（二）空气

空气中不具备微生物生长繁殖所需的营养物质和充足的水分条件，加之室外经常接收来自日光的紫外线照射，所以空气不是微生物生长繁殖的场所。然而空气中也确实含有一定数量的微生物，这些微生物随风飘扬而悬浮在大气中或附着在飞扬起来的尘埃或液滴上。这些微生物可来自土壤、水、人和动植物体表的脱落物和呼吸道、消化道的排泄物等，同时由于微生物身小体轻，能随空气流动到处传播，因而微生物的分布是世界性的。

空气中的微生物主要是霉菌、放线菌的孢子和细菌的芽孢及酵母菌等。不同环境空气中微生物的数量和种类有很大差异,如公共场所、街道、畜舍、屠宰场及通气不良处的空气中微生物的数量较高;空气中的尘埃越多,所含微生物的数量也就越多;室内污染严重的空气微生物数量可达 10^6 个/m^3;海洋、高山、乡村、森林等空气清新的地方微生物的数量较少。空气中可能会出现一些病原微生物;它们直接来自人或动物的呼吸道、皮肤干燥脱落物及排泄物或间接来自土壤,如结核分枝杆菌、金黄色葡萄球菌、沙门菌、流感嗜血杆菌和病毒等。患病者口腔喷出的飞沫小滴可含有 1 万~2 万个细菌,如果口腔喷出的是病毒,可能会更多。

(三) 水

自然界中的江、河、湖、海等各种淡水与咸水水域中都生存着相应的微生物。由于不同水域中的有机物和无机物种类及含量,水体温度、酸碱度、含盐量、含氧量及不同深度光照度等的差异,因而各种水域中的微生物种类和数量呈明显差异。通常水中微生物的数量主要取决于水中有机物质的含量,有机物质含量越多,其中微生物的数量也就越大。

淡水域中的微生物可分为两大类型:一类是清水型水生微生物,这类微生物习惯于在洁净的湖泊和水库中生活,以自养型微生物为主,可被看作是水体环境中的土著微生物,如硫细菌、铁细菌及含有光合色素的蓝细菌、绿硫细菌和紫细菌等。也有部分腐生性微生物如细菌中的色杆菌属、无色杆菌属和微球菌属,霉菌中的水霉属和绵霉属等。此外还有单细胞和丝状的藻类以及一些原生动物常在水中生长,但它们的数量不大。另一类是腐败型水生微生物,它们是随腐败的有机物质进入水域,并获得营养而大量繁殖的,是造成水体污染、传播疾病的重要原因。其中数量最大的是革兰染色阴性菌(G^-),如变形杆菌属、大肠杆菌、产气肠杆菌和产碱杆菌属等,还有芽孢杆菌属、弧菌属和螺菌属中的一些种。当水体受到土壤和人畜排泄物的污染后,会使肠道菌的数量增加,如大肠杆菌、粪链球菌和魏氏梭菌、沙门菌、产气荚膜芽孢杆菌、炭疽杆菌、破伤风芽孢杆菌。污水中还会有纤毛虫类、鞭毛虫类原生动物。进入水体的动植物致病菌,通常因水体环境条件不能完全满足其生长繁殖的要求,故一般难以长期生存,但也有少数病原菌可以生存达数月之久。

海水中也含有大量的水生微生物,主要是细菌,它们均具有嗜盐性。近海中常见的细菌有假单胞菌、无色杆菌、黄杆菌、微球菌属、芽孢杆菌属和噬纤维菌属,它们能引起海产动植物的腐败,有的是海产鱼类的病原菌。海水中还存在有可能引起人类食物中毒的病原菌,如副溶血性弧菌。

矿泉水及深井水中通常含有很少量的微生物。

(四) 人及动物体

人体及各种动物,如犬、猫、鼠等的皮肤、毛发、口腔、消化道、呼吸道均带有大量的微生物,如未经清洗的动物被毛、皮肤等微生物数量可达 10^5~10^6 个/cm^2。当人或动物感染了病原微生物后,体内会存在有不同数量的病原微生物,其中有些菌种是人畜共患病原微生物,如沙门菌、结核分枝杆菌(俗称结核杆菌)、布氏杆菌,这些微生物可以通过直接接触或通过呼吸道和消化道向体外排出而污染食品。

蚊、蝇及蟑螂等各种昆虫也都携带有大量的微生物,其中可能有多种病原微生物,它们接触食品同样会造成污染。

(五) 加工机械及设备

各种加工机械及设备本身没有微生物所需的营养物质，但在食品加工过程中，由于食品的汁液或颗粒黏附于内外表面，食品生产结束时机械设备没有得到彻底的灭菌，使原本少量的微生物得以在其上大量生长繁殖，成为微生物的污染源。这种机械设备在后来的使用中会通过与食品接触而造成食品的微生物污染。

第四节　微生物与食品的腐败变质

新鲜的食品在常温20℃左右存放，由于附着在食品表面的微生物作用和食品内所含酶的作用，使食品的色、香、味和营养价值降低，如果久放，食品会腐败或变质，以致完全不能食用。从广义的角度来说，凡引起食品理化性质发生改变的现象，都称为食品变质。导致食品变质的因素有物理的、化学的，也有生物的，比如油脂的氧化酸败，主要是理化因素引起的；有时发现米、面放久了生了小虫，使之陈变不可食用，这是生物因素——昆虫为之。在大多数情况下，引起食品变质的主要因素是微生物。

一、食品腐败变质的概念

食品腐败变质是以食品本身的组成和性质为基础，在环境因素的影响下主要由微生物作用所引起，是微生物、环境因素、食品本身三者互为条件、相互影响、综合作用的结果，其过程实质上是食品中蛋白质、碳水化合物、脂肪等被污染微生物分解代谢的作用或自身组织酶进行的某些生化过程。

二、引起食品腐败变质的因素

引起食品腐败变质的原因主要有微生物的作用及食品本身的组成和性质，其中引起食品腐败的微生物有细菌、酵母菌和霉菌等，以细菌引起的食品腐败变质最为显著。而食品中存活的细菌只占自然界细菌中的一部分，这部分在食品中常见的细菌，在食品卫生学上被称为食品细菌。食品细菌包括致病菌、相对致病菌和非致病菌，有些致病菌还是引起食物中毒的原因，它们既是评价食品卫生质量的重要指标，也是食品腐败变质的原因。

三、引起食品腐败变质的微生物

在《伯杰氏系统细菌学手册》（1984—1989年）中，污染食品后可引起腐败变质、造成食物中毒和引起疾病的常见细菌主要有以下几种。

（一）需氧芽孢杆菌

需氧芽孢杆菌在自然界中分布极广，主要存在于土壤、水和空气中，食品原料经常被这类细菌污染。大部分需氧芽孢杆菌，生长适宜温度在28~40℃，有些能在55℃甚至更高的温度中生长，其中有些细菌是兼性厌氧菌，在密封保藏的食品中，不因缺氧而影响生长。这类细菌都有芽孢产生，对热的抵抗力特别强，由于这些原因，需氧芽孢杆菌是食品的主要污染菌。

食品中常见的需氧芽孢杆菌有枯草芽孢杆菌、蜡状芽孢杆菌、巨大芽孢杆菌、嗜热脂肪芽孢杆菌、地衣芽孢杆菌等。

(二) 厌氧芽孢杆菌

厌氧芽孢杆菌主要存在于土壤中，也有的存在于人和动物的肠道内，多数菌必须在厌氧的环境中才能良好生长，只极少数菌在有氧条件下生长。厌氧芽孢菌主要是通过直接或间接被土壤或粪便污染的植物性原料（如蔬菜、谷类、水果等）污染食品。

一般厌氧芽孢杆菌的污染比较少，但危害比较严重，常导致食品中蛋白质和糖类的分解，造成食品变色，产生异味、产酸、产气、产生毒素。

常见的有酪酸梭状芽孢杆菌、巴氏固氮梭状芽孢杆菌、魏氏梭菌、肉毒梭菌等。

(三) 无芽孢细菌

无芽孢细菌的种类远比有芽孢细菌的种类多，在水、土壤、空气、加工人员、工具中都广泛存在，因此污染食品的机会更多。

食品被无芽孢细菌污染是很难完全避免的，这些细菌包括大肠菌群、肠球菌、假单胞菌属、产碱杆菌属等。

(四) 酵母菌和霉菌

酵母菌和霉菌是食品加工中的重要生产菌种，例如用啤酒酵母制造啤酒，绍兴酒酵母制造绍兴米酒，利用毛霉、根霉和曲霉的菌种制造酒、醋、味精等。酵母菌、霉菌在自然界中广泛存在，可以通过生产的各个环节污染食品。

经常出现的酵母菌有假丝酵母属、圆酵母属、酵母属、隐球酵母属；霉菌有青霉属、芽枝霉属、念珠霉属、毛霉属等。

(五) 病原微生物

食品在原料、生产、贮藏过程中也可能污染一些病原微生物，如大肠杆菌、沙门菌及其他肠杆菌、葡萄球菌、魏氏梭菌、肉毒梭菌、蜡状芽孢杆菌以及黄曲霉、寄生曲霉、赭曲霉、蜂蜜曲霉等产毒素曲霉菌。

这些微生物的污染很容易导致食物中毒，在食品检验中，必须对这些致病性微生物引起足够的重视。

四、食品本身的组成和性质

一般来说食品总是含有丰富的营养成分，各种蛋白质、脂肪、碳水化合物、维生素和无机盐等都有存在，只是比例上的不同而已。如有一定的水分和温度，就十分适宜微生物的生长繁殖。但有些食品是以某些成分为主的，如油脂类则以脂肪为主，蛋品类则以蛋白质为主。不同微生物分解各种营养物质的能力也不同，因此只有当微生物所具有的酶所需的底物与食品营养成分相一致时，微生物才会引起食品的迅速腐败变质。当然，微生物在食品上的生长繁殖还受其他因素的影响。

(一) 食品自身的 pH

食品本身所具有的 pH 影响微生物在其上面的生长和繁殖。一般食品的 pH 都在 7.0 以下，有的甚至仅为 2~3。pH 在 4.5 以上者为非酸性食品，主要包括肉类、乳类和蔬菜等。pH 在 4.5 以下者称为酸性食品，主要包括水果和乳酸发酵制品等。因此，从微生物生长对 pH 的要求来看，非酸性食品较适宜于细菌生长，而酸性食品则较适宜于真菌的生长。但是食品被微生物分解会引起食品 pH 的改变，如食品中以糖类等为主，细菌分解后往往由于产生有机酸而使 pH 下降。如以蛋白质为主，则可能产氨而使 pH 升高。在混合型食品中，由于微生物利用基质成分的顺序性差异，pH 会出现先降后升或先升后降的波动情况。

（二）水分

食品本身所具有的水分含量影响微生物的生长繁殖。食品总含有一定的水分，这种水分包括结合态水和游离态水两种。决定微生物是否能在食品上生长繁殖的水分因素是食品中所含的游离态水，也即所含水的活性称为水活度。由于食品中所含物质的不同，即使含有同样的水分，但水活度可能不一样。因此各种食品防止微生物生长的含水量标准就很不相同。

（三）渗透压

食品的渗透压同样是影响微生物生长繁殖的一个重要因素。各种微生物对于渗透压的适应性很不相同。大多数微生物都只能在低渗环境中生活，也有少数微生物嗜好在高渗环境中生长繁殖，这些微生物主要包括霉菌、酵母菌和少数种类的细菌。根据它们对高渗透压的适应性不同，可以分为以下几类：①高度嗜盐细菌，最适宜于含 20%～30% 食盐的食品中生长，菌落产生色素，如盐杆菌。②中等嗜盐细菌，适宜于含 5%～10% 食盐的食品中生长，如腌肉弧菌。③低等嗜盐细菌，最适宜于含 2%～5% 食盐的食品中生长，如假单胞菌属、弧菌属中的一些菌种。④耐糖细菌，能在高糖食品中生长，如肠膜状明串珠菌。还有能在高渗食品上生长的酵母菌，如蜂蜜酵母、异常汉逊酵母。霉菌有曲霉、青霉、卵孢霉、串孢霉等。

五、食品腐败变质的过程

食品腐败变质的过程，实质上是食品中蛋白质、碳水化合物、脂肪的分解变化过程，其程度因食品种类、微生物种类和数量及环境条件的不同而异。

（一）蛋白质

富含蛋白质的食品如肉、鱼、蛋和大豆制品等的腐败变质，主要以蛋白质的分解为其腐败变质特征。由微生物引起蛋白质食品发生的变质，通常称为腐败。蛋白质在动物、植物组织酶以及微生物分泌的蛋白酶和肽链内切酶等的作用下，首先水解成多肽，进而裂解形成氨基酸。氨基酸通过脱羧基、脱氨基、脱硫等作用进一步分解成相应的氨、胺类、有机酸类和各种碳氢化合物，食品即表现出腐败特征。

蛋白质分解后所产生的胺类是碱性含氮化合物质，如胺、伯胺、仲胺及叔胺等具有挥发性和特异性的臭味。各种不同的氨基酸分解产生的腐败胺类和其他物质各不相同，甘氨酸产生甲胺，鸟氨酸产生腐胺，精氨酸产生色胺，进而又分解成吲哚，含硫氨基酸分解产生硫化氢和氨、乙硫醇等，这些物质都是蛋白质腐败产生的主要臭味物质。

（二）脂肪

脂肪的变质主要是酸败。食品中油脂酸败的化学反应，主要是油脂自身氧化过程，其次是加水水解。油脂的自身氧化是一种自由基的氧化反应；而水解则是在微生物或动物组织中解脂酶的作用下，使食物中的中性脂肪分解成甘油和脂肪酸等。

脂肪水解是指脂肪的加水分解作用，可产生游离脂肪酸、甘油及其不完全分解的产物，如甘油一酯、甘油二酯等。脂肪酸可进而断链形成具有不愉快味道的酮类或酮酸；不饱和脂肪酸的不饱和键可形成过氧化物；脂肪酸也可再氧化分解成具有特殊臭味的醛类和醛酸,即所谓的"哈喇"味,这就是食用油脂和含脂肪丰富的食品发生酸败后感官性状改变的原因。

脂肪自身氧化以及加水分解所产生的复杂分解产物,使食用油脂或食品中脂肪带有若干明显特征:首先是过氧化值上升,这是脂肪酸败最早期的指标;其次是酸度上升,羰基(醛酮)反应阳性。脂肪酸败过程中,由于脂肪酸的分解,其固有的碘值、熔点、密度、折射率、皂化值等也必然发生变化,因而导致脂肪酸败所特有的"哈喇"味;肉、鱼类食品脂肪的超期氧化变黄,鱼类的"油烧"现象等也常常被作为油脂酸败鉴定中较为实用的指标。

食品中脂肪及食用油脂的酸败程度,受脂肪的饱和度、紫外线、氧、水分、天然抗氧化剂以及铜离子、铁离子、镍离子等催化剂的影响。油脂中脂肪酸不饱和度、油料中动植物残渣等,均有促进油脂酸败的作用;而油脂的脂肪酸饱和程度、维生素C、维生素E等天然抗氧化物质及芳香化合物含量高时,则可减慢氧化和酸败。

(三) 碳水化合物

食品中的碳水化合物包括纤维素、半纤维素、淀粉、糖原以及双糖和单糖等,含这些成分较多的食品主要是粮食、蔬菜、水果和糖类及其制品。在微生物及动植物组织中的各种酶及其他因素作用下,这些食品组成成分被分解成单糖、醇、醛、酮、羧酸、二氧化碳和水等。由微生物引起糖类物质发生的变质,习惯上称为发酵或酵解。这个过程的主要变化是酸度升高,也可伴有其他产物所特有的气味,因此测定酸度可作为含大量糖类的食品腐败变质的主要指标。

六、食品腐败变质的现象

食品受到微生物的污染后,容易发生变质。其现象主要体现在以下几方面。

(一) 色泽

食品无论在加工前或加工后,本身均呈现一定的色泽,如有微生物繁殖引起食品变质时,色泽就会发生改变。有些微生物产生色素,分泌至细胞外,色素不断累积就会造成食品原有色泽的改变,如食品腐败变质时常出现黄色、紫色、褐色、橙色、红色和黑色的片状斑点或全部变色。另外由于微生物代谢产物的作用促使食品发生化学变化时也可引起食品色泽的变化。例如肉及肉制品的绿变就是由于硫化氢与血红蛋白结合形成硫化氢血红蛋白所引起的。腊肠由于乳酸菌增殖过程中产生了过氧化氢,促使肉色素褪色或绿变。

(二) 气味

食品本身有一定的气味,动植物原料及其制品因微生物的繁殖而产生极轻微的变质时,人们的嗅觉就能敏感地察觉到有不正常的气味产生,如氨、三甲胺、乙酸、硫化氢、乙硫醇、粪臭素等具有腐败臭味,这些物质在空气中浓度为 $10^{-11} \sim 10^{-8} mol/m^3$ 时,人们的嗅觉就可以察觉到。此外,食品变质时,其他胺类物质、甲酸、乙酸、酮、醛、醇类、酚类、靛基质化合物等也可察觉到。

食品中产生的腐败臭味,常是多种臭味混合而成的。有时也能分辨出比较突出的不良气味,例如霉味臭、醋酸臭、胺臭、粪臭、硫化氢臭、酯臭等。但有时产生的有机酸,水果变坏产生的芳香味,人的嗅觉习惯不认为是臭味。因此评定食品质量不是以香、臭味来划分,而是应该按照正常气味与异常气味来评定。

(三) 口味

微生物造成食品腐败变质时也常引起食品口味的变化，而口味改变中比较容易分辨的是酸味和苦味。一般碳水化合物含量多的低酸食品，变质初期产生酸是其主要的特征。但对于原来酸度就高的食品，如对番茄制品来讲，微生物造成酸败时，酸味稍有增高，辨别起来就不那么容易。另外，某些假单胞菌污染消毒乳后可产生苦味；蛋白质被大肠杆菌、微球菌等微生物作用也会产生苦味。

当然，口味的评定从卫生角度看是不符合卫生要求的，而且不同人评定的结果往往意见分歧较多，只能进行大概的比较，为此口味的评定应借助仪器来测试，这是食品科学需要解决的一项重要课题。

(四) 浑浊和沉淀

浑浊和沉淀主要发生于液体食品（如饮料、啤酒等）中，发生浑浊的原因，除了化学因素外，多数是由酵母（多为圆酵母属）产生酒精引起的。一些耐热强的霉菌如雪白丝衣霉菌、宛氏拟青霉也是造成食品浑浊的原因。

(五) 组织状态

固体食品变质时，动植物性组织因微生物酶的作用，可使组织细胞破坏，造成细胞内容物外溢，这样食品的性状即出现变形、软化；鱼肉类食品则呈现肌肉松弛、弹性差，有时组织体表出现发黏等现象；粉碎后加工制成的食品，如乳粉、果酱等变质后常出现黏稠、结块等表面变形、湿润或发黏现象。

液态食品变质后即会出现浑浊、沉淀，表面出现浮膜、变稠等现象，鲜乳因微生物作用引起变质可出现凝块、乳清析出、变稠等现象，有时还会产气等都是食品腐败变质现象的体现。

(六) 生白

酱油、醋等调味品，如果长时间于较高温度（25~37℃）保存，则表面容易形成厚的白醭，俗称"生白"，主要是由于产膜性酵母菌通过尘埃和不清洁的容器污染调味品后，大量生长繁殖造成的。此外，泡制菜的卤水也会因酵母菌大量繁殖而生白；污染需氧芽孢菌生白的调味品，会产生特殊的酸臭味，严重影响产品质量。

第五节　我国的食品安全国家标准体系

一、食品安全国家标准

《中华人民共和国食品安全法》实施条例如下：

第四条　食品生产经营者对其生产经营食品的安全负责。

食品生产经营者应当依照法律、法规和食品安全标准从事生产经营活动，保证食品安全，诚信自律，对社会和公众负责，接受社会监督，承担社会责任。

第二十五条　食品安全标准是强制执行的标准。除食品安全标准外，不得制定其他食品强制性标准。

目前，我国的食品安全标准体系分为通用标准、产品标准、生产经营规范标准和检验方法标准四大类，覆盖从原料到餐桌全过程。其中，例如食品中污染物、真菌毒素、食品中致病菌的检测、标签和食品添加剂使用等通用标准和乳品标准、肉制品等产品标准，主要限定各类食品及原料中的安全指标；检验方法标准是配套安全指标制订的检验方法；生产经营规范标准侧重过程管理，对食品生产经营过程提出了规范要求。四类标准相互衔接，从不同角度管控食品安全风险。

食品安全和营养关系到每个家庭、每个人的健康，居民营养状况也是反映国家经济社会发展和人群健康素质的重要指标。2022年6月27日，中华人民共和国国家卫生健康委员会（以下简称"卫健委"）召开"一切为了人民健康——我们这十年"系列新闻发布会，介绍党的十八大以来食品安全和营养健康工作的进展与成效。国家卫健委依据新的《食品安全法》规定，牵头将原来分散在15个部门管理、涉及食品的近5000余项相关标准进行了全面清理，把食用农产品安全标准、食品卫生、规格质量以及行业标准中强制执行的内容进行了整合，重点解决"标准一大堆，不知用哪个"的问题。

党的十八大以来，食品安全和营养健康各项工作取得积极进展：一是全面打造最严谨的标准体系，吃得放心，有章可依。截至2022年，已发布食品安全国家标准1455项，包含2万余项指标，涵盖了从农田到餐桌、从生产加工到产品的全链条、各环节主要的健康危害因素，保障包括儿童、老年等全人群的饮食安全。标准体系框架既契合中国居民膳食结构，又符合国际通行做法。我国连续15年担任国际食品添加剂、农药残留国际法典委员会主持国，牵头协调亚洲食品法典委员会食品标准工作，为国际和地区食品安全标准研制与交流发挥了积极作用。二是着力强化风险监测评估能力，及时预警，维护健康，建立了国家、省、市、县四级食品污染和有害因素监测、食源性疾病监测两大监测网络以及国家食品安全风险评估体系。食品污染和有害因素监测已覆盖99%的县区，食源性疾病监测已覆盖7万余家各级医疗机构。食品污染物和有害因素监测的食品类别涵盖我国居民日常消费的粮油、蔬果、蛋乳、肉禽、水产等全部32类食品。三是主动践行大食物观，助力"吃得安全"向"吃得健康"提升，大力推进国民营养计划和健康中国合理膳食行动。加强对一般人群和婴幼儿、孕产妇、老年人等特殊重点人群的科普宣教，广泛开展合理膳食指导服务。组织建设一批营养健康餐厅、食堂、学校等试点示范。

近年来，按照"最严谨的标准"要求，国家卫健委完善了以风险监测评估为基础的标准研制制度，建立了多部门、多领域合作的标准审查机制，持续制定、修订、完善了系列国家食品安全标准，截至2022年8月我国共出台系列国家食品安全标准1455项，其中微生物检验方法标准32项。

关于食品安全标准的立项，一方面国家卫健委注重标准制定与风险监测、评估衔接，及时将监测评估发现的安全问题转化为标准规定；另一方面，持续开展食品安全标准跟踪评价，及时发现标准实施中的问题，动态修订完善标准；此外，应注重与监管、产业健康发展需求的衔接，动态调整细化标准并指导实施，助力高质量发展。

就食品安全领域的检测标准而言，其食品微生物检测国家标准由GB或GB/T 4789、GB 29921等系列国标而定，如GB 4789.1—2016《食品安全国家标准 食品微生物学检验 总则》、GB 4789.2—2022《食品安全国家标准 食品微生物学检验 菌落总数测定》、GB 4789.16—2016《食品安全国家标准 食品微生物学检验 常见产毒霉菌的形态学鉴定》、GB 29921—2021《食品安全国家标准 预包装食品中致病菌限量》等，由前述可知，食品微生物检测国家标准是由一系列GB组成的国家标准体系来确定的。

二、我国食品微生物检验的国家标准

(一) 我国的食品安全国家标准建设

食品安全标准是我国唯一强制执行的食品标准,是食品安全监管重要的技术依据。加强食品安全监管,关系着群众"舌尖上的安全"。截至目前,我国初步构建起覆盖从农田到餐桌、与国际接轨的食品安全国家标准体系。截至2022年8月,我国发布了1455项食品安全国家标准,包括通用标准、产品标准、生产规范标准和检验方法标准四大类,这4类标准有机衔接、相辅相成,从不同角度管控不同的食品安全风险,涵盖我国居民消费的主要食品类别和主要健康危害因素,为"十四五"期间的食品安全标准工作奠定了良好基础。

1. 我国食品安全国家标准建设的原则

一是加强食品安全标准规划顶层设计。通过制定最严谨的标准,提高从农田到餐桌全过程的食品安全风险控制能力,提升食品全链条质量安全保障水平。

二是深入贯彻食品安全风险分析原则。食品安全标准的制定要基于风险评估的结果,采用我国的膳食暴露和食品污染数据,经过科学评估并考虑标准的社会影响和经济影响,进一步发挥食品安全风险监测网络的作用,以及食物消费量调查和总膳食研究资料的基础作用,完善风险评估技术,为食品安全标准制定提供科学支撑。

三是系统开展食品安全标准体系评估。开展好对现有标准的跟踪评价,从科学性、合理性、可行性3个方面对各类标准开展系统评估,及时发现存在的问题并加以调整和完善。在此基础上,建立科学客观的标准评价指标体系,评价标准在保护消费者健康、促进行业发展、影响食品国际贸易等方面发挥作用。

通过成本—效益分析模型,了解标准实施后获得的健康保护、产业发展等社会经济效益和标准实施成本之间的关系。

四是参与全球食品安全治理活动。发挥我国担任两个国际食品法典委员会主持国的作用,向全球食品安全治理活动贡献中国智慧和中国经验。完善我国食品安全基础数据对外分享机制,加强对国际标准的引领和参与。

履行好中国作为国际食品法典亚洲区域协调员的职责,与世界卫生组织、国际粮农组织等相关国际组织开展深入合作,推动亚洲区域国家食品安全能力建设和标准协调。

2. 对食品中主要致病菌、污染物限量的管理

食品中的致病菌、污染物(真菌毒素)对消费者健康危害较大。我国制定了GB 29921—2021《食品安全国家标准 预包装食品中致病菌限量》、GB 2761—2017《食品安全国家标准 食品中真菌毒素限量》和GB 2762—2022《食品安全国家标准 食品中污染物限量》,对食品中的主要致病菌、污染物进行限量管理。

据统计,我国每年由于致病菌引起的食源性疾病报告病例数,占全部报告病例数近一半。

食品安全法规定,食品安全标准应该对食品当中的致病性微生物、农药残留、兽药残留、重金属、污染物质以及其他危害人体健康的物质做出限量规定。我国致病菌限量标准2014年实施,2021年进行了修订。标准对肉制品、水产制品、即食蛋制品、粮食制品等11类食品中沙门菌、单核细胞增生李斯特菌、大肠埃希菌、金黄色葡萄球菌、副溶血性

弧菌 5 种致病菌提出限量要求。

污染物是食品从生产（包括农作物种植、动物饲养和兽医用药）、加工、包装、贮存、运输、销售，直到食用全过程中产生的或者由于环境污染带入食品当中的，特别强调的是非有意加入的化学性危害物质。

我国现行的真菌毒素限量标准和污染物限量标准都是 2017 年发布实施，两项标准中规定的污染物限量和真菌毒素限量如没有特别规定的情况，都是以食品一般可食用部分计算。可食用部分是食品原料经过机械手段去除非食用部分之后所得到的用于食用的部分。这里强调机械手段，如谷物碾磨、水果剥皮、坚果去壳、肉去骨、鱼去刺等，而不可采用任何非机械手段。3 项标准都是对我国消费者健康风险较高的食品当中的主要致病菌、污染物（真菌毒素）制定的限量标准，在实施过程中，对标准未涵盖的其他致病菌、污染物（真菌毒素），或未制定限量要求的其他食品，食品生产加工经营者均应当在加工过程中采取适当措施，使食品中致病菌、污染物（真菌毒素）含量达到尽可能低的水平。同时，在做好食品生产加工经营过程安全控制的同时，要做好食品原料的控制，从食品源头降低和控制食品污染。

（二）《食品安全国家标准　食品中致病菌限量》与《食品安全国家标准　预包装食品中致病菌限量》

在食品微生物检验技术领域，我国制定了系列标准，如涉及食品中不同致病菌的具体的检验检测技术 GB 4789 系列，以及《食品安全国家标准　食品中致病菌限量》（GB 29921—2013，目前已废止）、《食品安全国家标准　预包装食品中致病菌限量》（GB 29921—2021）。以上标准的制定，体现了我国对人民健康以及食品安全的高度重视，接下来，从 GB 29921—2013 到 GB 29921—2021 的变化予以讲解。

1. GB 29921—2013、GB 29921—2021 标准的制定目的

致病菌是常见的致病性微生物，能够引起人或动物疾病。食品中的致病菌主要有沙门菌、副溶血性弧菌、大肠杆菌、金黄色葡萄球菌等。据统计，我国每年由食品中致病菌引起的食源性疾病报告病例数占全部报告的 40%~50%。

《中华人民共和国食品安全法》规定，食品安全标准应当包括食品、食品相关产品中的致病性微生物、农药残留、兽药残留、重金属、污染物质以及其他危害人体健康的物质的限量规定。目前，我国涉及食品致病菌限量的现行食品标准共计 500 多项，标准中致病菌指标的设置存在重复、交叉、矛盾或缺失等问题。

为控制食品中致病菌污染，预防微生物性食源性疾病发生，同时整合分散在不同食品标准中的致病菌限量规定，原国家卫生计生委委托国家食品安全风险评估中心牵头起草《食品安全国家标准　食品中致病菌限量》（GB 29921—2013）。标准经食品安全国家标准审评委员会审查通过，于 2013 年 12 月 26 日发布，自 2014 年 7 月 1 日正式实施。2021 版标准由《食品安全国家标准　食品中致病菌限量》修改为《食品安全国家标准　预包装食品中致病菌限量》，GB 29921—2021 新标准于 2021 年 11 月 22 日正式实施。GB 29921 属于通用标准，适用于预包装食品。其他相关规定与本标准不一致的，应当按照本标准执行。其他食品标准中如有致病菌限量要求，应当引用本标准规定或者与本标准保持一致。

2. GB 29921 规定的预包装食品中常见的致病菌

（1）沙门菌　沙门菌是引起全球和我国细菌性食源性疾病的主要致病菌，也是各国和国际组织普遍管控的致病菌，它广泛分布于自然界，常常寄居在人和动物体内，特别是家禽、家畜及宠物的肠道中。沙门菌主要污染的食品有：乳制品、肉制品、蛋制品等。由于沙门菌不分解蛋白质，食物被其感染后表面看起来似乎并没有变化，因此食用肉、蛋、乳等食品前应彻底加热。沙门菌感染最常见的症状是胃肠炎，如呕吐、腹泻、腹痛，重者可引发脱水、休克，部分病人可发展为败血症，多见于儿童和免疫力低下的人群。

GB 29921—2021 中规定了沙门菌的限量要求，包括乳制品、肉制品、水产制品、即食蛋制品、粮食制品、即食豆制品、巧克力类及可可制品、即食果蔬制品、饮料、冷冻饮品、即食调味品、坚果与籽类食品和特殊膳食用食品 13 类食品，要求同批次采集 5 份样品，均不得检出沙门菌。

（2）金黄色葡萄球菌　金黄色葡萄球菌是我国细菌性食源性疾病爆发的主要致病菌之一，它广泛分布于自然界，人和动物是其优良居所，健康人的咽喉、鼻腔、皮肤上常有它的踪迹，伤口化脓感染处和上呼吸道感染者的鼻腔更是主要聚集地。金黄色葡萄球菌常污染蛋白质或淀粉含量丰富的食品，如乳制品、肉制品、粮食制品等。金黄色葡萄球菌本身杀伤力有限，但如果在食物中大量繁殖，就会产生金黄色葡萄球菌肠毒素，这种毒素才是真正的"致病元凶"。患者摄入含有金黄色葡萄球菌肠毒素的食物后 30min 至 8h 内，会出现恶心、剧烈呕吐、腹痛、腹泻等急性胃肠炎症状，病程短。易感人群为儿童，且年龄越小对该毒素越敏感。

GB 29921—2021 中规定了金黄色葡萄球菌的限量要求，包括乳制品、肉制品、粮食制品、即食豆制品、即食果蔬制品、冷冻饮品、即食调味品、特殊膳食用食品 8 类食品。与 GB 29921—2013 相比，GB 29921—2021 结合近年来我国食源性疾病监测归因分析结果，修改了部分乳制品、水产制品、即食调味品、特殊膳食用食品中金黄色葡萄球菌的限量要求。乳制品中删除了乳清粉和乳清蛋白粉、稀奶油、奶油和无水奶油中的金黄色葡萄球菌限量要求。水产制品中由金黄色葡萄球菌引起食源性疾病的风险较低，不再对其中的金黄色葡萄球菌做限量要求。特殊膳食用食品是为满足特殊的身体或生理状况和（或）满足疾病、紊乱等状态下的特定膳食需求而专门加工或配方的食品，消费人群为婴幼儿、病人等特殊人群，本次标准修订对特殊膳食用食品统一设置了金黄色葡萄球菌的限量要求。

（3）致泻大肠埃希菌　近几年我国细菌性食源性疾病爆发事件中，致泻大肠埃希菌引起的事件数已经上升到第五位，高危食品主要为肉制品、蔬菜、水果等。任何人都可能因感染致泻大肠埃希菌而生病，但老人和儿童更易被感染，且感染后往往症状较重。常见症状包括水样便、腹痛、恶心、发热、粪便中有少量黏液和血等，婴幼儿多表现为 2 周以上的持续性腹泻。

GB 29921—2021 中规定了致泻大肠埃希菌的限量要求，包括肉制品和即食果蔬制品。与 GB 29921—2013 相比，GB 29921—2021 将"大肠埃希菌 O157:H7"修改为"致泻大肠埃希菌"，并对肉制品中的牛肉制品、即食生肉制品、发酵肉制品类，即食果蔬制品中的去皮或预切的水果、去皮或预切的蔬菜及上述类别混合食品规定了限量要求。

（4）单核细胞增生李斯特菌　近几年，国际上发生多起由单核细胞增生李斯特菌导致的爆发感染事件，它的生命力顽强，尤其在冰箱的冷藏温度下仍可以生长繁殖，它常污染乳制品、肉制品、水产制品等，在生肉和即食食品中污染率最高。单核细胞增生李斯特菌一般会导致肠道感染，病人会出现发热、肌肉酸疼、恶心、呕吐等症状，它也能侵入神经系统和循环系统，潜伏期长达2~12周，引起严重的脑膜炎和败血症，发病率虽低，病死率却较高。

GB 29921—2021中规定了单核细胞增生李斯特菌的限量要求，包括乳制品、肉制品、水产制品、即食果蔬制品和冷冻饮品。与GB 29921—2013相比，GB 29921—2021增加了对水产制品中即食生制动物性水产制品，冷冻饮品，即食果蔬制品中的去皮或预切的水果、去皮或预切的蔬菜及上述类别混合食品中单核细胞增生李斯特菌的限量要求。

（5）副溶血性弧菌　副溶血性弧菌是我国细菌性食源性疾病爆发的首要致病菌，它存在于海水、沿海环境、海底沉积物和鱼贝类等海产品中，生命力顽强，在抹布和砧板上能生存1个月以上。高危食品主要为即食生制动物性水产品或因生熟不分而交叉污染的肉制品，多发生在餐饮环节。副溶血性弧菌感染的典型疾病是急性胃肠炎，表现为呕吐、头痛、腹泻和低热等症状，剧烈腹痛、脐部阵发性绞痛为主要特点。

GB 29921—2021中规定了副溶血性弧菌的限量要求，包括水产制品和即食调味品。与GB 29921—2013相比，GB 29921—2021仅保留其高危食品——即食生制动物性水产制品的限量要求，删除对熟制水产品和即食藻类等水产制品中副溶血性弧菌的限量要求。

（6）克罗诺杆菌属（阪崎肠杆菌）　克罗诺杆菌属（阪崎肠杆菌）具有耐热、耐干燥、对渗透压的忍耐力较强等特点，可长时间生存在干燥的环境中。如果乳粉在冲调、存放时操作不当，就可能被环境中的克罗诺杆菌属（阪崎肠杆菌）污染。克罗诺杆菌属（阪崎肠杆菌）是一种条件致病菌，根据联合国粮农组织/世界卫生组织（FAO/WHO）微生物风险评估联合专家委员会（Joint Expert Committee on Microbial Risk Assessment, JECMRA）最新评估结果，该菌仅对6月龄以下婴儿具有较高风险，可引发新生儿脑膜炎、菌血症等严重疾病。

GB 29921—2021中规定了克罗诺杆菌属（阪崎肠杆菌）的限量要求，包括特殊膳食用食品（仅适用于0~6月婴儿配方的食品、特殊医学用途婴儿配方食品）。与GB 29921—2013相比，GB 29921—2021修订整合了《食品安全国家标准　婴儿配方食品》（GB 10765—2010）和《食品安全国家标准　特殊医学用途婴儿配方食品通则》（GB 25596—2010）中阪崎肠杆菌的限量要求，并维持不变。同时，按照国际最新分类研究进展，并与现行检验方法标准保持一致，将"阪崎肠杆菌"修改为"克罗诺杆菌属（阪崎肠杆菌）"（GB 4789.40—2016）"。

3. GB 29921—2021标准的制定原则与制定过程

（1）以健康保护为目的　GB 29921制定的目的是控制食品中致病菌污染，预防食源性疾病。起草组分析我国2005—2011年食源性疾病发生的原因，参照国际管理经验，对"致病菌-食品"组合开展风险评估，根据风险监测和风险评估结果，优先制定高危食品中的重要致病菌限量，降低高危致病菌导致食源性疾病的风险。

（2）以科学为依据　起草组在食品中致病菌风险监测和风险评估基础上，综合分析相关致病菌或其代谢产物可能造成的健康危害、原料中致病菌情况、食品加工、贮藏、销售和消费等各环节致病菌变化情况，充分考虑各类食品的消费人群和相关致病菌指标的应用成本/效益分析等因素，科学设置致病菌限量指标。

（3）参考国外评估结果和标准，完善标准规定　GB 29921参考了相关国际组织致病菌风险评估结果和标准规定，包括国际食品法典委员会（Codex Alimentarius Commission，CAC）食品微生物标准的制定和应用原则、联合国粮农组织/世界卫生组织食品微生物风险评估专家委员会评估报告、国际食品微生物标准委员会（International Commission of Microbiological Specializations on Food，ICMSF）微生物危害及其潜在风险分析及分级采样方案等。标准还借鉴了美国、欧盟、澳大利亚和新西兰、日本、加拿大等国家和地区食品中致病菌限量标准规定。

（4）广泛听取意见，做到公开透明　标准起草过程中多次召开研讨会，听取相关部门、研究机构、行业协会和企业意见，两次通过国家原卫生计生委网站向社会公开征求意见并向世贸组织成员通报，在分析反馈意见基础上，完善标准文本，确保了标准制定过程公开、透明。

4. GB 29921—2021标准的适用范围和主要内容

GB 29921适用于预包装食品。GB 29921规定了肉制品、水产制品、即食蛋制品、粮食制品、即食豆类制品、巧克力类及可可制品、即食果蔬制品、饮料、冷冻饮品、即食调味品、坚果籽实制品11类食品中沙门菌、单核细胞增生李斯特菌、大肠埃希菌O157∶H7、金黄色葡萄球菌、副溶血性弧菌5种致病菌的限量规定。非预包装食品的生产经营者应当严格生产经营过程中的卫生管理，尽可能降低致病菌污染风险。

注意：罐头食品应达到商业无菌要求，不适用于本标准。

5. GB 29921—2021标准适用的主要食品类别

（1）肉制品　GB 29921中的肉制品包括熟肉制品和即食生肉制品。熟肉制品是指以猪、牛、羊、鸡、兔、狗等畜、禽肉为主要原料，经酱、卤、熏、烤、腌、蒸、煮等任何一种或多种加工方法制成的直接可食用的肉类加工制品。即食生肉制品是指以畜、禽等肉为主要原料经发酵或特殊工艺加工制成的直接可食用的生肉制品。

（2）水产制品　GB 29921中的水产制品包括熟制水产品、即食生制水产品和即食藻类制品。熟制水产品是指以鱼类、甲壳类、贝类、软体类、棘皮类等动物性水产品为主要原料，经蒸、煮、烘烤、油炸等加热熟制过程制成的直接食用的水产加工制品。即食生制水产品是指食用前经洁净加工而不经过加热或加热不彻底就可直接食用的生制水产品，包括活、鲜、冷冻鱼（鱼片）、虾、头足类及活蟹、活贝等，也包括以活泥螺、活蟹、活贝、鱼子等为原料，采用盐渍或糟、醉加工制成的可直接食用的腌制水产品。即食藻类制品是指以藻类为原料，按照一定工艺加工制成的可直接食用的藻类制品，包括经水煮、油炸或其他加工方式的藻类。

（3）即食蛋制品　GB 29921中的即食蛋制品是指以生鲜禽蛋为原料，添加或不添加辅料，经相应工艺加工制成的直接可食用的再制蛋（不改变物理性状）及蛋制品（改变其物理性状）。

（4）粮食制品　GB 29921中的粮食制品是指以大米、小麦、杂粮、块根植物、玉米等为主要原料或提取物，经加工制成的、带或不带馅（料）的各种熟制制品，包括即食谷物（麦片类）、方便面米制品、速冻面米食品（熟制）和焙烤类食品。焙烤类食品是指以粮食、油脂、食糖、蛋为主要原料，添加适量的辅料，经配制、成型、熟制等工序制成的各种焙烤类食品，包括糕点、蛋糕、片糕、饼干、面包等食品。

（5）即食豆类制品 GB 29921中的即食豆类制品包括发酵豆制品和非发酵豆制品。即食发酵豆制品包括腐乳、豆豉、纳豆和其他湿法生产的发酵豆制品。即食非发酵豆制品包括豆浆、豆腐、豆腐干（含豆干再制品）、大豆蛋白类和其他湿法生产的非发酵豆制品，也包括各种熟制豆制品。

（6）巧克力类及可可制品 GB 29921中的巧克力类及可可制品包括巧克力类（包括巧克力及其制品、代可可脂巧克力及其制品，相应的酱、馅）、可可制品（包括可可液块、可可饼块、可可粉）。GB 29921未对作为原料的各种可可脂进行致病菌限量规定。

（7）即食果蔬制品 GB 29921中的即食水果制品是指以水果为原料，按照一定工艺加工制成的即食水果制品，包括冷冻水果、水果干类、醋/油或盐渍水果、果酱、果泥、蜜饯凉果、水果甜品、发酵的水果制品及其他加工的即食鲜果制品。即食蔬菜制品是指以蔬菜为原料，按照一定工艺加工制成的即食蔬菜制品，包括冷冻蔬菜、干制蔬菜、腌渍蔬菜、蔬菜泥/酱（番茄沙司除外）、发酵蔬菜制品及其他加工的即食新鲜蔬菜制品。

（8）饮料（包装饮用水、碳酸饮料除外） GB 29921中的饮料包括果蔬汁类、蛋白饮料类、水基调味饮料类、茶、咖啡、植物饮料类、固体饮料类、其他饮料类等（不包括饮用水和碳酸饮料）。

（9）冷冻饮品 GB 29921中的冷冻饮品包括冰淇淋类、雪糕（泥）类和食用冰、冰棍类。冷冻饮品是指以饮用水、食糖、乳制品、水果制品、豆制品、食用油等为主要原料，添加适量的辅料制成的冷冻固态饮品。

（10）即食调味品 GB 29921中的即食调味品包括酱油（酿造酱油、配制酱油）、酱（酿造酱、配制酱）、即食复合调味料（沙拉酱、肉汤、调味清汁及以动物性原料和蔬菜为基料的即食酱类）及水产调味料（鱼露、蚝油、虾酱）等。GB 29921不对香辛料类调味品规定致病菌限量。

（11）坚果籽实制品 GB 29921中的坚果籽实制品包括坚果及籽类的泥（酱）以及腌制果仁类制品。

6. GB 2992标准中的致病菌指标设置

（1）沙门菌 沙门菌是全球和我国细菌性食物中毒的主要致病菌，各国普遍提出该致病菌的限量要求。起草组梳理我国现行食品标准中沙门菌规定，参考CAC、ICMSF、欧盟、澳大利亚和新西兰、美国、加拿大等国际组织、国家或地区的即食食品中沙门菌限量标准及规定，按照二级采样方案对所有11类食品设置沙门菌限量规定，具体为$n=5$，$c=0$，$m=0$（即在被检的5份样品中，不允许任一样品检出沙门菌）。

（2）单核细胞增生李斯特菌 单核细胞增生李斯特菌是重要的食源性致病菌。鉴于我国没有充足的临床数据支持，根据我国风险监测结果，从保护公众健康角度出发，参考联合国粮农组织/世界卫生组织即食食品中单核细胞增生李斯特菌的风险评估报告和CAC、欧盟、ICMSF等国际组织和地区即食食品中单核细胞增生李斯特菌限量标准，按二级采样方案设置了高风险的即食肉制品中单核细胞增生李斯特菌限量规定，具体为$n=5$，$c=0$，$m=0$（即在被检的5份样品中，不允许任一样品检出）。

（3）大肠埃希菌 O157:H7　美国、日本等相关国家曾发生牛肉和蔬菜引起的大肠埃希菌 O157:H7 食源性疾病。我国虽无典型的预包装熟肉制品引发的大肠埃希菌 O157:H7 食源性疾病，但为降低消费者健康风险，结合风险监测和风险评估情况，按二级采样方案设置熟牛肉制品和生食牛肉制品、生食果蔬制品中大肠埃希菌 O157:H7 限量规定，具体为 $n=5$，$c=0$，$m=0$（即在被检的 5 份样品中，不允许任一样品检出）。

（4）金黄色葡萄球菌　金黄色葡萄球菌是我国细菌性食物中毒的主要致病菌之一，其致病力与该菌产生的金黄色葡萄球菌肠毒素有关。根据风险监测和评估结果，参考 CAC、ICMSF、澳大利亚和新西兰等国际组织、国家或地区不同类别即食食品中金黄色葡萄球菌限量标准，按三级采样方案设置肉制品、水产制品、粮食制品、即食豆类制品、即食果蔬制品、饮料、冷冻饮品及即食调味品 8 类食品中金黄色葡萄球菌限量，具体为 $n=5$，$c=1$，$m=100\text{CFU/g}$（mL），$M=1000\text{CFU/g}$（mL），即食调味品中金黄色葡萄球菌限量为 $n=5$，$c=2$，$m=100\text{CFU/g}$（mL），$M=10000\text{CFU/g}$（mL）。

上述 n、c、m、M 为食品卫生微生物学检验中采样方案的二级和三级采样方案中的相关物理量。二级采样方案设有 n、c 和 m 值，三级采样方案设有 n、c、m 和 M 值，其中，n：同一批次产品应采集的样品件数；c：最大可允许超出 m 值的样品数；m：微生物指标可接受水平的限量值（三级采样方案）或最高安全限量值（二级采样方案）；M：微生物指标的最高安全限量值。

（5）副溶血性弧菌　副溶血性弧菌是我国沿海及部分内陆区域食物中毒的主要致病菌，主要污染水产制品或者交叉污染肉制品等，其致病性与带菌量及是否携带致病基因密切相关。起草组梳理现行水产品中副溶血性弧菌的相关标准，结合风险监测和风险评估结果，参考 ICMSF、欧盟、加拿大、日本、澳大利亚和新西兰等国际组织、国家或地区的水产品中副溶血性弧菌限量标准，按三级采样方案设置水产制品、水产调味品中副溶血性弧菌的限量，具体为 $n=5$，$c=1$，$m=100\text{MPN/g}$（mL），$M=1000\text{MPN/g}$（mL），MPN 表示最近似数法。

7. GB 29921—2013、GB 29921—2021 标准的新、旧版本变化对比

《中华人民共和国食品安全法》规定，食品安全标准应当包括食品、食品相关产品中的致病性微生物、农药残留、兽药残留、重金属、污染物质以及其他危害人体健康物质的限量规定。目前，我国涉及食品致病菌限量的现行食品标准共计 500 多项，标准中致病菌指标的设置存在重复、交叉、矛盾或缺失等问题。

该标准实施过程中遇到很多问题，在历年食品安全抽检实施过程中得到反馈的问题较多，因此相关部门于 2017 年 1 月正式启动修订，2019 年 12 月公开征求意见，现 GB 29921—2021 于 2021 年 9 月 7 日发布，2021 年 11 月 21 日实施。同期公布的 GB 31607—2021《食品安全国家标准　散装即食食品中致病菌限量》也如约而至，这两个新标准的正式实施将为食品行业工作人员提供强有力的法规支持，GB 29921—2021 较 GB 29921—2013 变化如下所示。

（1）修改标准名称　2021 版标准由《食品安全国家标准　食品中致病菌限量》修改为《食品安全国家标准　预包装食品中致病菌限量》。

（2）修改适用范围　修改适用范围见表 1-1。

表 1-1　　　　　　　　　　　　　　　适用范围修改表

GB 29921—2013	GB 29921—2021
本标准规定了食品中致病菌指标、限量要求和检验方法 本标准适用于预包装食品 本标准不适用于罐头类食品	本标准规定了预包装食品中致病菌指标及其限量要求和检验方法 本标准适用于 GB 29921—2021 中的表 1 类别中的预包装食品，不适用于执行商业无菌要求的食品、包装饮用水、饮用天然矿泉水

（3）应用原则　见表 1-2。

表 1-2　　　　　　　　　　　　　　　应用原则

GB 29921—2013	GB 29921—2021
无论是否规定致病菌限量，食品生产、加工、经营者均应采取控制措施，尽可能降低食品中的致病菌含量水平及导致风险的可能性 按 GB 4789.1 规定采样后，按 GB 29921—2013 中的表 1 中的检验方法检验	无论是否规定致病菌限量，食品生产、加工、经营者均应采取控制措施，尽可能降低食品中的致病菌含量水平及导致风险的可能性 样品的采集和处理按 GB 4789.1 执行 采样方案和检验方法按 GB 29921—2021 中的表 1 规定执行。n 为同一批次产品应采集的样品件数，c 为最大可允许超出 m 值的样品数，m 为致病菌可接受水平限量值（三级采样方案）或最高安全限量值（二级采样方案），M 为致病菌指标的最高安全限量值，以上均无量纲单位 GB 29921—2013 中的表 1，GB 29921—2021 中的表 1 和附录 A 用于界定致病菌限量适用的食品类别

（4）指标要求

① 食品类别增加：增加了乳及乳制品、特殊膳食用食品的致病菌限量要求，食品类别由 11 类增加到 13 类。

② 肉制品：删除 2013 版肉制品类别下的熟肉制品和即食生肉制品。删除大肠埃希菌 O157:H7 要求。增加致泻大肠埃希菌要求，并在备注中限定仅用于牛肉制品，即食生肉制品、发酵肉制品。

③ 水产制品：删除 2013 版水产制品类别下熟制水产品、即食生制水产品、即食藻类制品；增加单核细胞增生李斯特菌要求，删除金黄色葡萄球菌要求。

④ 即食蛋制品：无变化。

⑤ 粮食制品：删除粮食制品类别下熟制粮食制品（含焙烤类）、熟制带馅（料）面米制品、方便面米制品。金黄色葡萄球菌检验方法由 GB 4789.10 第二法改为 GB 4789.10，不再限定金黄色葡萄球菌检验方法为第二法。

⑥ 即食豆制品：删除即食豆制品类别下发酵豆制品、非发酵豆制品。金黄色葡萄球菌检验方法由 GB 4789.10 第二法改为 GB 4789.10，不再限定金黄色葡萄球菌检验方法为第二法。同时 m 和 M 单位由 CFU/g 改为 CFU/g（mL）。

⑦ 巧克力类及可可制品：无变化。

⑧ 即食果蔬制品：删除大肠埃希菌 O157:H7 要求。增加致泻大肠埃希菌要求，并在

备注中限定仅用于牛肉制品,即食生肉制品、发酵肉制品。金黄色葡萄球菌检验方法由 GB 4789.10 第二法改为 GB 4789.10,不再限定金黄色葡萄球菌检验方法为第二法。增加单核细胞增生李斯特菌要求。单核细胞增生李斯特菌和致泻大肠埃希菌要求仅适用于去皮或预切的水果、蔬菜及上述类别混合食品。

⑨ 饮料:删除饮料食品类别下(包装饮用水、碳酸饮料除外)金黄色葡萄球菌要求。

⑩ 冷冻饮品:删除冷冻饮品类别下冰淇淋类、雪糕(泥)类、食用冰、冰棍类。金黄色葡萄球菌检验方法由 GB 4789.10 第二法改为 GB 4789.10,不再限定金黄色葡萄球菌检验方法为第二法。

⑪ 即食调味品:删除即食调味品类别下酱油、酱及酱制品、水产调味品、复合调味料(沙拉酱等)。金黄色葡萄球菌检验方法由 GB 4789.10 第二法改为 GB 4789.10,不再限定金黄色葡萄球菌检验方法为第二法。

⑫ 坚果与籽类食品:食品类别由坚果籽实制品修改为坚果与籽类食品,同时删除坚果及籽类的泥(酱)、腌制果仁类。

三、食品中致病菌国外标准情况

国际食品法典委员会(CAC)的国际食品卫生法典委员会(CCFH)是制定和协调全球食品微生物标准的国际政府间技术委员会,负责提出微生物风险评估的优先领域以及需要解决的问题,制定并审议食品微生物风险管理措施等。1999 年 CCFH 启动了重要的"食品-病原"组合的风险管理模式,并加速制定高危食品中的微生物限量标准。CAC 公布了《应用食品卫生通则控制即食食品中单核细胞增生李斯特氏菌的准则》(CAC/GL 61—2007)、《婴幼儿粉状配方食品卫生操作规范》(CAC/RCP 66—2008),对即食食品中的单核细胞增生李斯特菌和婴儿配方粉(适用于 6 个月以下婴儿的配方粉)中的阪崎肠杆菌进行了限量规定。

国际食品微生物标准委员会(ICMSF)在食品微生物标准的制定和应用原则(1995)以及国际贸易食品中微生物安全标准采样方案(1996)中提出分级采样方案,被国际社会广泛认可和采纳。ICMSF《食品中的微生物(第八卷)》对 18 类食品中的微生物危害及其潜在风险进行了系统分析,按照食品类别及加工工艺特点提出了应该加以控制的主要致病菌及其限量值。

欧盟、美国、澳大利亚和新西兰、日本、加拿大等国家或地区参照 CAC 的标准制定原则,对即食食品和生食食品制定了致病菌限量标准。欧盟、澳大利亚和新西兰、加拿大等国家和地区还针对食品中常见的微生物制定公布了食品微生物限量通用标准。

第二章　微生物检验实验室的质量管理

第一节　概述

食品是人们维持生命活动的第一需要，食品的卫生状况与人民健康的关系极为密切，但由于食品原料本身以及在生产、加工、运输、储藏和销售过程中，易被自然界中广泛分布的细菌、霉菌等众多微生物污染，引起食品霉变或腐败和带毒，进而造成食物中毒和食源性疾病；同时还会影响生产企业的声誉，造成停产和产品滞销，甚至不得不销毁而带来经济损失。进行食品微生物学检验的目的，就是为了监督生产，及早发现微生物的污染，并采取治理或控制措施，以保障消费，为社会提供优质、卫生、安全的食品。

食品安全国家标准食品微生物学检验（GB 4789 系列）对食品的微生物检验方法、步骤等做了具体的规定，但在实际工作中还存在着许多复杂的因素，忽视这些因素，很可能给检验结果带来偏差甚至错误，从而无法正确判断食品的卫生状况，无法正确指导与监督食品生产，也就无法保证食品的安全，这就涉及如何对影响检验结果的诸多因素采取控制手段以保证检验结果的正确性，即食品卫生的微生物学检验的质量控制问题。本章将就实际工作中存在的问题，从基础质量控制、环节质量控制、结果质量控制三个方面，对食品微生物检验的质量控制做一概述。

一、基础质量控制

微生物检验的基础质量控制包括检验人员素质保证、仪器设备保证、药品与培养基保证、检验环境保证等多个方面。

（一）检验人员的素质保证

作为一个微生物学检验人员，必须具有严肃认真的工作态度、精密细致的观察和操作习惯及较强的工作责任感；具有发现问题、解决问题的能力；具有健康检查合格证（无传染性疾病），注重个人卫生，无不良卫生习惯。食品微生物检验人员还必须具有多方面的专业技术知识，如下所示。

第一，具备微生物检验技术，且经过严格考试后才能上岗；对于负责鉴定和签发报告的专业技术人员应有更高的要求，必须熟悉食品微生物学的全面知识。

第二，熟悉计量学的基本知识、计量法令和法规以及有关的质量保证体系知识；熟悉计量标准、标准物质和检验仪器设备的验收、使用、保管、降级及报废制度；能够正确使用法定计量单位。

第三，掌握国家食品卫生微生物检验方法、食品卫生的微生物检验标准以及与食品卫生有关的其他法律、法规；能正确理解各种标准的适用范围、对象。

第四，能妥善地处理由食物引起的中毒、疾病及其控制的问题。目前，由于不熟悉或不能正确理解食品微生物检验知识，造成鉴定错误或不能正确处理有关问题的情况还相当普遍。为此，食品微生物检验室的领导或主管部门应定期对检验人员进行专业知识和操作熟练程度的考核，以提高检验人员的素质。

（二）仪器设备保证

微生物检验室必须配备足够满足检验工作需要的仪器和设备，所有的仪器和设备均应按照生产厂家提供的方法和有关规定正确使用。需要强制性定期检定的仪器和设备，经有关计量站认准合格后方可使用。对于常用的贵重仪器和设备，在使用前应加以检查，使用后要登记，要做到定期检修，以保证仪器、设备处于良好的工作状态。

（三）药品与培养基保证

食品微生物检验用的各种药品、试剂和干粉培养基，必须是专业厂家生产的，产品质量必须符合有关的质量标准，保存也应符合要求，防止潮解、结块等。药品、试剂须在分析纯（AR）级以上。

干粉培养基易受潮变性，是需要引起重视的一个主要问题。为保证干粉培养基质量指标，在实际工作中应注意：加强包装的密封性能；使用时尽量缩短开盖时间；一般干性培养基放在低温干燥的环境中保存，对于易受潮的品种，启用后宜放入干燥器中保存；由于配制水分不同或启用次数或时间增加，干粉培养基的pH可能会有所变化，应随时略加调整。

干粉培养基所要求的理化指标，可以从下面几个方面进行初步检查，即干粉培养基应为疏松颗粒状或粉末状，颜色正常、一致；溶解后清澈透明，无沉淀；pH为7.2 ± 0.2（45℃）；熔化温度70℃左右，凝固温度为35~40℃；水分含量符合标准。在利用药品、试剂配制标准溶液、染色液、缓冲液及其他试剂时应注意：按要求选取溶剂；用带塞的试剂瓶盛装；易分解的试剂宜用棕色瓶；挥发性的试剂瓶口应予以密封；如发现溶液有变质现象，应停止使用；标准溶液应定时标定。

培养基的配制应严格按照 GB 4789.28—2013《食品安全国家标准 食品微生物学检验 培养基和试剂的质量要求》规定的方法进行操作，并做好原始记录。

为了保证培养基的质量，在配制时应注意：制备培养基必须在玻璃容器、搪瓷缸或铝锅中进行，如用铜、铁器皿，会对微生物生长有毒害作用；配制培养基时应按检验项目规定的配方添加，不得随意增减或更改培养基成分。

此外，要用专用的角匙取药品，避免交叉污染而影响检验结果；培养基配制最好用蒸馏水，避免使用自来水，因其中含有氯等抗菌物质；不同类型的微生物对pH的要求是不同的，所以，配制培养基时应测调pH，如测定结果与所要求的pH不符，则用1mol/L NaOH或1mol/L HCl溶液进行调节；制备好的培养基应及时使用，使用不完的，如无特殊需求，可室温保存，2周内用完，琼脂平板应放置40℃的冰箱内，一般不超过4d，如用塑料袋密封，保存期可延长，但不应超过2周，有产酸、产气等被污染迹象或干裂现象的则不能再使用。

每批培养基使用前，还应做无菌培养试验和效果试验。无菌培养试验可将无菌的培养基放入37℃的培养箱培养24~48h（对于细菌培养基）或放入28℃的培养箱中培养5~7d（用于细菌培养以外的其他培养基），以检查灭菌是否彻底；效果试验是指按不同的培养基接相应的菌株，观察细菌的发育、菌落形态、色素、溶血等特征，据此判断培养基是否符合要求。

(四) 检验环境保证

食品微生物检验均在检验室进行，既不能让微生物散布出去，又必须使样品不再受污染，更不能允许病原菌感染检验人员，为此，检验室的环境要求和卫生管理制度甚为重要。

食品微生物检验室要求内外环境整洁，布局合理，操作区域与办公区域分开。洗涤室、培养室、消毒间、无菌室应分开，设有专室。无菌室要设有套间或缓冲间，最好设推拉门，以防空气振荡太大。微生物检验室应备有脚踩式洗手池和固定的消毒设施。

微生物检验室应制订合理、完善的卫生管理制度，工作人员必须每天坚持做好环境卫生工作，并采用湿式保洁，防止灰尘飞扬，定期对操作环境进行消毒。对经培养后的培养基、培养液、用过的检样及其他废弃物，应投入指定的容器内，经无害化处理后方可排放，禁止乱扔，以防某些病原微生物扩散。

二、环节质量控制

微生物检验环节质量控制包括采集样品、样品预处理、检验和报告四个方面的质量保证。

(一) 采样的质量保证

整批食品的微生物学卫生状况是通过对检样的微生物检验来评价的，因此，采样显得十分重要，稍微不慎，将会引起严重后果。

采集食品样品的过程中应注意以下几个方面的问题。

(1) 采样工具和容器宜选用耐消毒灭菌的材料，如玻璃、陶瓷、搪瓷、铝、不锈钢、牛皮纸等，使用之前应进行认真清洗、干燥和相应的灭菌处理。采样工具和容器不能用消毒剂消毒，样品中也不得加入防腐剂，以免影响检验结果的正确性。

(2) 在严格无菌操作的条件下，按国家规定的样品采集标准均匀而准确地取样，并及时封口，使样品具有准确性和代表性。

(3) 每件样品封口后，贴上标签，做好记录（如样品名称、采样地点、时间、数量，储藏情况，食用或中毒情况，采集或送检单位及姓名，采样现场温度、湿度及卫生状况等），采集后的样品，一般可保存在0~5℃的环境中，如果样品是冷冻食品，应保持在冷冻状态，并及时送检。

(4) 采样数量不能少于全部检验需要量的三倍，以供检验、复检、备查。

(二) 样品预处理的质量保证

食品微生物检验室在收到样品后，必须及时准备条件、组织力量进行检验。送检的样品，一般需保持在0~5℃的环境中，对于冷冻食品应保持在冷冻状态，直到检验为止。冻藏的样品应尽快放在冷藏的温度下解冻，也可放在适宜温度（45℃）下短时间（15min）使其解冻，但温度必须较低，以防止病原菌死亡，冻结样品化冻时，必须小心防止处于生长温度下而使细菌数量增加。

从容器中取出样品、称取样品应注意无菌操作。

(三) 检验的质量保证

除按国家标准方法对所需检验项目进行检测外，在实际工作中还应注意以下几个方面，否则会影响检验结果的准确性。

（1）在定量检验时用重量法还是用体积法，检验结果会有误差，因为相对密度不等于1的样品，1mL 和 1g 的化验结果绝不会相等。一般固态的样品宜用重量法，液态样品宜用体积法。但对于黏性液体（如酸牛乳），如用体积法，会黏附一定量的样品在吸管上，因此，此类样品最好用重量法。

（2）如检样需用无菌水或无菌生理盐水稀释，则最好用匀质器或组织捣碎机，以 8000~10000r/min 的转速，处理 1min，可制成均匀的菌悬液。

（3）在样品稀释时，常会滞留少量样品在吸管内外，应多加注意；吸管插入样品或稀释液中应深浅一致，否则会影响检验结果；吸入液体后，应沿管壁慢慢注入递增的稀释液中，特别注意此时吸管尖端切不可碰到稀释液中。

（4）在培养基倾注入检样、菌悬液时，注意培养基温度宜在 45~50℃，并使培养基与检样、菌悬液充分混合。

（5）微生物培养时，应根据要求选择正确的培养温度和时间。

（6）应用无菌水或无菌生理盐水做空白对照，如果在空白对照中检出细菌，则可认为培养基质量存在问题或在操作过程中存在污染情况。另外，用标准菌种做阳性对照，观察培养基的质量情况。

（7）整个检验过程应严格遵守无菌操作。

（8）及时检查结果，做好原始数据记录。

（四）报告的质量保证

对原始数据进行整理，用回归分析法和方差分析法进行处理，去除不必要的误差，获得准确的数据，编制微生物学检验报告。

报告要求，①主题明确——符合检样要求和分析目的；②内容准确——定性判断和定量计算应准确无误；③文字简明——文字、表格简洁明了，表达适当；④书写清楚——菌类名称（学名）、有关数字及其他文字说明必须书写清楚。

此外，还应注意检验结果应与卫生标准的表示方法一致，定量检测以 $N \times 10^n$ 表示，N 为两位有效数字，对定性检测的报告，一定要用汉字"阳性"或"阴性"表示。

三、结果质量控制

上述的微生物学检验报告，必须经过规定的手续进行复查，并对照国家标准对食品卫生的微生物学质量进行全面准确的评价和做出合理的解释。有关人员签字后，加盖检验单位印章，以示生效。这样，才能使检验结果既有法律依据又有学术依据。

四、质量控制相关的概念

（1）**质量控制** 质量控制是指满足质量要求的操作技术和活动。

（2）**质量保证** 质量保证是指为了满足实验室质量要求，制订相应的计划，实施证明（记录）所进行的一系列的系统活动。

（3）**外部质量控制** 外部质量控制是指通过互相校准和/或检验对实验室的操作和结果所进行的控制。

（4）**内部质量控制** 内部质量控制是指实验室内部采取的以对比分析、跟踪以及相关方法，对实验室工作的连续性控制计划。

(5) 质量手册　质量手册是描述质量系统元素的文件或文件的集合。

第二节　微生物检验菌株的管理和使用

菌株是微生物实验室检验工作中不可缺少的重要生物资源，常用于培养基验收、实验对照、人员培训考核、方法确认等方面的质量控制。因此为了确保工作菌株的生物特性和纯度、实现工作菌株方便快捷的使用及溯源，菌种的相关管理工作在微生物实验室就显得尤为重要，按统一操作程序制备的菌株是微生物实验结果一致性的重要保证。

一、菌株管理相关概念

(1) 标准菌株　标准菌株即0代菌种，是指从官方菌种保藏机构获得并至少定义到属或种的水平的菌株。实验室的标准菌株应有明确来源。

(2) 标准储备菌株　从国内或国外菌种保藏机构获得的标准菌株经过复活并在适宜的培养基中生长后，即为标准储备菌株。

(3) 储存菌株　储存菌株通常是从冻干或超低温保存的标准储备菌株进行制备。

(4) 工作菌株　工作菌株是指标准储备菌株或储存菌株经继代培养后得到的菌株。工作菌株不可替代标准菌株。

(5) 标准培养物　标准培养物是标准菌株、标准储备菌株、工作菌株的统称。

(6) 商业派生菌株　商业派生菌株是指即用型与标准菌株所有相关特性等效的可以溯源的商业衍生物。常见的有定量工作菌株。

以上几种微生物检验菌株的来源与递进关系如图2-1所示。

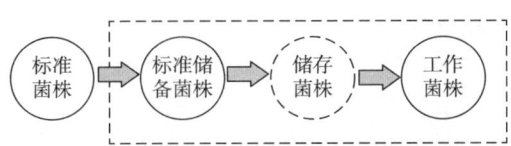

图2-1　微生物检验菌株的来源与递进关系

二、标准菌株的获取

食品（药品）微生物检验用的试验菌应为有明确来源的标准菌株，或使用与标准菌株所有相关特性等效的可以溯源的商业派生菌株。

标准菌株应来自认可的国内或国外菌种保藏机构。《中国药典》（2020版）以及国标中涉及的菌株主要来自两大菌种保藏中心：中国医学细菌保藏管理中心（CMCC）、美国标准菌种保藏中心（ATCC）。

菌株购买前需根据实验室检测需求制订采购计划，经审批后，向认可的国内或国外的菌种保藏机构购买标准菌株。标准菌株到达实验室后，菌种管理人应检查其名称、数量以及每一支的完整性，同时将菌种的所有信息填写记录（包括菌种名称、编号、数量、代数、来源、接收日期、接收人等），并将其贮存在规定温度的冰箱里。

三、标准菌株的复苏、复壮和保存

标准菌株的复苏、复壮或培养物的制备及保存应按供应商提供的说明或按已验证的方法进行。复苏、复壮应选择营养成分丰富且全面的培养基［例如胰酪大豆胨琼脂培养基（TSA）、胰酪大豆胨液体培养基（TSB）、基础培养基（NB）、沙氏葡萄糖液体培养基（SDB）、沙氏琼脂培养基等（SDA）］，一般不使用选择性较强的培养基；特殊的一些菌株在普通的培养基上生长不好，可能还需添加生长因子。

标准储备菌株应进行纯度和特性确认。纯度确认包括：平板划线查看菌落形态、革兰染色、显微镜观察菌体形态等。关键特性确认可选择：特征生化反应确认、试剂盒鉴定、菌种鉴定仪鉴定等。需要注意的是，从开启、复苏、复壮到纯度和特性的确认，都应做好实验记录。

标准储备菌株保存时，可将培养物等份悬浮于抗冷冻的培养基中，并分装于小瓶中，《中国药典》（2020版）建议采用低温冷冻干燥、液氮贮存、超低温冷冻（低于-30℃）等方法保存。低于-70℃或低温冷冻干燥方法可以延长菌种保存时间。菌种应设专人管理，菌种保藏的地点应采取一定的措施使非管理者不能轻易获取，例如加锁保管、双人保管等。

标准储备菌株可用于制备每月或每周1次转种的工作菌株。冷冻菌种一旦解冻转种制备工作菌株后，不得重新冷冻和再次使用。

从保藏机构获取的冻干菌种为0代菌种，每转接一次增加一代（1代是指将活的培养物接种到微生物生长的新鲜培养基中培养，任何形式的转种均被认为传代一次），工作菌株的传代次数应严格控制，不得超过5代，以防止过度的传代增加菌株变异的风险。微生物检验从标准菌株制备成标准储备菌株的工艺流程详见图2-2。

商业派生菌株要求相关特性与标准菌株等效，除此之外，还有关键的一点就是"可以溯源"。微生物"溯源"通常包含两层意思，一是指程序、途径合法有序，来源和去向清晰可控；另外是技术层面的佐证，比如株水平的鉴定识别等。这两个层面互为补充支撑，以保证菌种准确无误、合法有效。

选择使用商业派生菌株时，建议做好实验室检测结果与标准菌株的差异分析和风险评估。综合评估之后，选择合适的商业派生菌株，见表2-1，表2-2，图2-3。

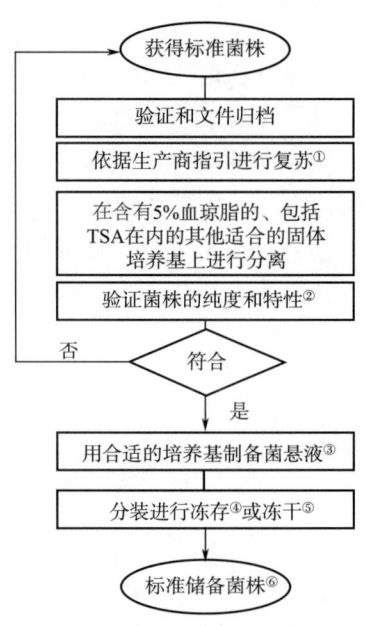

图2-2 微生物检验从标准菌株制备成标准储备菌株的工艺流程
（GB 4789.28—2013）

①通常悬浮于营养肉汤中适宜时间进行复苏。②验证菌落形态和革兰染色或用生化试验进行鉴定。③例如，在TSB中添加10%~15%甘油作为冷冻保护，以避免该液体培养基被冷冻而影响微生物检测检验的分离效果。④冻存管可含有多孔的小珠子。⑤在不高于-70℃低温冷冻保存可延长保存的时间。禁止采用较高的温度保存。⑥可作为工作菌株来使用。

表 2-1　微生物检验实验室菌株的管理与使用涉及的相关法规

《中国药典》（2020 版）9203 药品微生物实验室质量管理指导原则
《中国药典》（2020 版）9204 微生物鉴定指导原则
《中国药典》（2020 版）9205 药品洁净实验室微生物监控和控制指导原则
药品生产质量管理规范（2010 年修订）
CNAS—CL03—A001—2019 能力验证提供者认可准则在微生物领域的应用说明
CNAS—CL05—2009 实验室生物安全认可准则
GB 4789.28—2013 食品安全国家标准　食品微生物学检验　培养基和试剂的质量要求
GB/T 27405—2008 实验室质量控制规范　食品微生物检测
GB 4789.1—2016 食品安全国家标准　食品微生物学检验　总则
SN/T 1538.1—2016 培养基制备指南　第 1 部分　实验室培养基制备质量保证通则
SN/T 1538.2—2016 培养基制备指南　第 2 部分　培养基性能测试实用指南
SN/T 2660—2010 食品微生物实验室菌种保藏方法

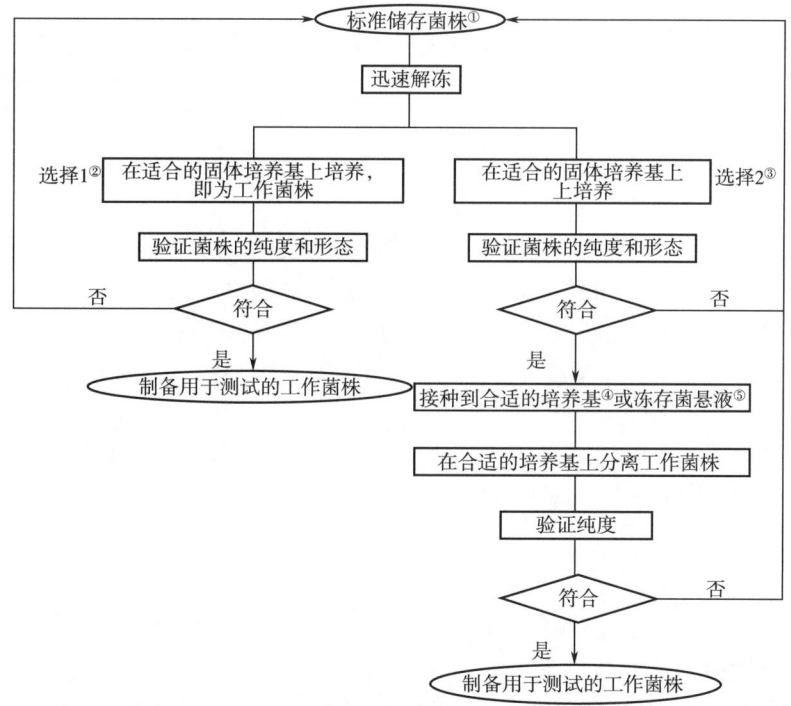

图 2-3　微生物检验工作菌株的制备流程工艺图（GB 4789.28—2013）

①如果标准储存菌株来源于别处，应加以验证及归档。②此流程更合适。③此流程对某些菌株是必须的，如定量试验，应对所有阶段进行归档。④例如，可接种到 TSA 斜面、TSA 血琼脂斜面或其他合适的培养基，培养 24h，然后在合适的温度（依据不同微生物在 18~25℃或 2~8℃）可存放 4 周。⑤例如，TSB 添加 10%~15%甘油（质量分数，余同）作为冷冻保护培养基。在不高于-70℃低温冷冻保存可延长保存的时间。禁止采用较高的温度保存。

表 2-2　标准菌株和商业派生菌株比较

项目	标准菌株	商业派生菌株
来源	法定认可的菌种保藏机构	标准菌株的派生菌株

续表

项目	标准菌株	商业派生菌株
形式	以冻干为主	即用型
代次	0代	3~5代（工作菌株）
特点	需实验室进行传代、保藏、确认等工作，记录工作量大	即用即得，记录工作量小

第三节　食品微生物检验实验室操作技术要求

一、实验室管理制度

（1）实验室应制订仪器配备管理、使用制度，药品管理、使用制度，玻璃器皿管理、使用制度，并根据安全制度和环境条件的要求，实验室工作人员应严格掌握，认真执行。

（2）进入实验室必须穿工作服，进入无菌室换无菌衣、帽、鞋，戴好口罩，非实验室人员不得进入实验室，应严格执行安全操作规程。

（3）实验室内物品应摆放整齐，试剂定期检查并有明晰标签，仪器定期检查、保养、检修，严禁在冰箱内存放和加工私人食品。

（4）各种器材应建立请领消耗记录，贵重仪器有使用记录，破损遗失应填写报告；药品、器材、菌种不经批准不得擅自外借和转让，更不得私自拿出。

（5）禁止在实验室内吸烟、进餐、会客、喧哗，实验室内不得带入私人物品，离开实验室前认真检查水电，对于有毒、有害、易燃、污染、腐蚀的物品和废弃物品应按有关要求执行。

（6）负责人严格执行本制度，出现问题立即报告，造成病原扩散等责任事故者，应视情节直至追究法律责任。

二、仪器配备、管理使用制度

（1）食品微生物实验室应具备下列仪器　培养箱、高压锅、普通冰箱、低温冰箱、厌氧培养设备、显微镜、离心机、超净台、振荡器、普通天平、千分之一天平、烤箱、冷冻干燥设备、匀质器、恒温水浴箱、菌落计数器、生化培养箱、电位pH计、高速离心机。

（2）实验室所使用的仪器、容器应符合标准要求，保证准确可靠，凡计量器具须经计量部门检定合格方能使用。

（3）实验室仪器安放合理，贵重仪器有专人保管，建立仪器档案，并备有操作方法，保养、维修、说明书及使用登记本，做到经常维护、保养和检查，精密仪器不得随意移动，若有损坏需要修理时，不得私自拆动，应写出报告，通知管理人员，由经理同意填报修理申请，送仪器维修部门。

（4）各种仪器（冰箱、温箱除外），使用完毕后要立即切断电源，旋钮复原归位，待仔细检查后方可离去。

（5）一切仪器设备未经设备管理人员同意，不得外借，使用后按登记本的内容进行登记。

（6）仪器设备应保持清洁，一般应有仪器套罩。

（7）使用仪器时，应严格按操作规程进行，对违反操作规程的因管理不善致使仪器设备损坏，要追究当事者责任。

三、药品管理、使用制度

（1）依据本实验室检测任务，制订各种药品试剂采购计划，写清品名、单位、数量、纯度、包装规格、出厂日期等，领回后建立账目，专人管理，每半年做出消耗表，并清点剩余药品。

（2）药品试剂陈列整齐，放置有序、避光、防潮、通风干燥，瓶签完整，剧毒药品加锁存放，易燃、挥发、腐蚀性品种单独贮存。

（3）领用药品试剂进行食品微生物检测，需填写药品试剂清单，由使用人和科室负责人共同签字；任何人无权私自出借或馈送药品试剂，本单位科、室间或外单位互借时需经科室负责人签字。

（4）称取药品试剂应按操作规范进行，用后盖好，必要时可封口或用黑纸包裹，不使用过期或变质药品。

四、玻璃器皿管理、使用制度

（1）根据测试项目的要求，申报玻璃仪器的采购计划详细注明规格、产地、数量、要求，硬质中性玻璃仪器应经计量验证合格。

（2）大型器皿建立账目，每年清查一次，一般低值易耗器皿损坏后随时填写损耗登记清单。

（3）玻璃器皿使用前应除去污垢，并用清洁液或2%（体积分数，余同）稀盐酸溶液浸泡24h后，用清水冲洗干净备用。

（4）器皿使用后随时清洗，染菌后应严格高压灭菌，不得乱弃乱扔。

五、安全制度

（1）进入实验室工作衣、鞋、帽必须穿戴整齐。

（2）在进行高压、干燥、消毒等工作时，工作人员不得擅离现场，应认真观察温度、时间。蒸馏易挥发、易燃液体时，不准直接加热，应置水浴锅上进行，试验过程中如产生毒气时应在避毒柜内操作。

（3）严禁用口直接吸取药品和菌液，应按无菌操作进行，如发生菌液、病原体溅出容器外时，应立即用有效消毒剂进行彻底消毒，安全处理后方可离开现场。

（4）工作完毕，两手用洗手液洗净，必要时可用新洁尔灭、过氧乙酸泡手，然后用水冲洗，工作服应经常清洗，保持整洁，必要时用高压消毒。

（5）实验完毕，即时清理现场和实验用具，对染菌带毒物品，进行消毒灭菌处理。

（6）每日下班，尤其节假日前后应认真检查水、电和正在使用的仪器设备，关好门窗，方可离去。

六、环境条件要求

(1) 实验室内要经常保持清洁卫生,每天上下班应进行清扫整理,桌柜等表面应每天用消毒液擦拭,保持无尘,杜绝污染。

(2) 实验室应井然有序,不得存放实验室以外及个人物品、仪器等,实验室用品要摆放合理,并有固定位置。

(3) 随时保持实验室卫生,不得乱扔纸屑等杂物,测试用过的废弃物要倒在固定的箱筒内,并及时处理。

(4) 实验室应具有优良的采光条件和照明设备。

(5) 实验室工作台面应保持水平和无渗漏,墙壁和地面应当光滑和容易清洗。

(6) 实验室布局要合理,一般实验室应有准备间和无菌室,无菌室应有良好的通风条件,如安装空调设备及过滤设备,无菌室内空气测试应基本达到无菌。

(7) 严禁利用实验室作为会议室及其他文娱活动和学习场所。

七、实验室技术操作要求

(一) 无菌操作要求

食品微生物实验室工作人员,必须有严格的无菌观念,许多实验要求在无菌条件下进行,主要原因:一是防止实验操作中人为污染样品,二是保证工作人员安全,防止检出的致病菌由于操作不当造成个人污染。

(1) 接种细菌时必须穿工作服、戴工作帽。

(2) 接种食品样品时,必须穿专用的工作服、帽及拖鞋,应放在无菌室缓冲间,工作前经紫外线消毒后使用。

(3) 接种食品样品时,应在进入无菌室前用洗手液洗手,然后用75%酒精棉球将手擦干净。

(4) 进行接种所用的吸管、培养皿及培养基等必须经消毒灭菌,打开包装未使用完的器皿,不能放置后再使用,金属用具应高压灭菌或用95%酒精点燃灼烧三次后使用。

(5) 从包装中取出吸管时,吸管尖部不能触及外露部位,使用吸管接种于试管或培养皿时,吸管尖不得触及试管或培养皿边。

(6) 接种样品、转种细菌必须在酒精灯前操作,接种细菌或样品时,吸管从包装中取出后及打开试管塞都要通过火焰消毒。

(7) 接种环和针在接种细菌前应经火焰烧灼全部金属丝,必要时还要烧到环和针与杆的连接处,接种结核菌和传染性、感染性较强的微生物菌株的接种环应在沸水中煮沸5min,再经火焰灼烧。

(8) 吸管吸取菌液或样品时,应用相应的橡皮头吸取,不得直接用口吸。

(二) 无菌间使用要求

(1) 无菌间通向外面的窗户应为双层玻璃,并要密封,不得随意打开,并设有与无菌间大小相应的缓冲间及推拉门,另设有 $0.5 \sim 0.7 m^2$ 的小窗,以备进入无菌间后传递物品。

(2) 无菌间内应保持清洁,工作后用2%~3%煤酚皂溶液消毒,擦拭工作台面,不得存放与实验无关的物品。

(3) 无菌间使用前后应将门关紧，打开紫外灯，如采用室内悬吊紫外灯消毒时，需30W紫外灯，距离在1.0m处，照射时间不少于30min，使用紫外灯，应注意不得直接在紫外线下操作，以免引起损伤，灯管每隔两周需用酒精棉球轻轻擦拭，除去上面灰尘和油垢，以减少紫外线穿透的影响。

(4) 处理和接种食品标本时，应进入无菌间操作，不得随意出入，如需要传递物品，可通过小窗传递。

(5) 在无菌间内如需要安装空调时，则应有过滤装置。

(三) 消毒灭菌要求

微生物检测用的玻璃器皿、金属用具及培养基、被污染和接种的培养物等，必须经灭菌后方能使用。

1. 高压蒸汽锅灭菌使用方法

(1) 灭菌前准备

① 所有需要灭菌的物品首先应清洗晾干，玻璃器皿如吸管、培养皿用纸包装严密，如用金属筒应将上面通气孔打开。

② 装培养基的三角瓶塞，用纸包好，试管盖好盖，注射器须将管芯抽出，用纱布包好。

(2) 装放

① 干热灭菌器：装放物品不可过挤，且不能接触箱的四壁。

② 大型高压蒸汽锅：放置灭菌物品应分别包扎好，直接放入消毒筒内，物品之间不能过挤。

(3) 设备检查

① 检查门的开关是否灵活，橡皮圈有无损坏，是否平整。

② 检查压力表蒸汽排尽时是否停留在零位，关好门和盖，通蒸汽或加热后，观察是否漏气，压力表与温度计所标示的状况是否吻合，管道有无堵塞。

③ 对有自动电子程序控制装置的灭菌器，使用前应检查规定的程序，是否符合进行灭菌处理的要求。

(4) 灭菌处理

① 干热灭菌法：此法适应于在干热情况下，不损坏、不变质、不蒸发的物品，较常用于玻璃器皿、金属制品、陶瓷制品等的灭菌。

a. 器械器皿应清洗后再干烤，以防附着在表面的污物炭化。

b. 灭菌时安放物品不能过挤，不要直接接触底和箱壁，物品之间留有空隙。

c. 灭菌时将箱门关紧，接上电源，先将排气孔打开约30min，排除灭菌器中的冷空气，温度升至160℃调节指示灯，维持1.5~2h。

d. 灭菌完毕后或温度升温过程中，须在60℃以下才能打开箱门。

② 手提式高压锅或立式压力蒸汽灭菌器的使用应按下列步骤进行。

a. 手提式高压锅在主体内加入3L清水，立式高压锅加水16L（重复使用时应将水量补足，水变浑浊需更换）。

b. 手提式压力锅应将顶盖上的排气管插入消毒桶内壁的方管中（无软管或软管锈蚀破裂的灭菌器不得使用）。

c. 盖好顶盖拧紧，勿使漏气；置灭菌器于火源上加热，立式压力锅通上电源，并打开顶盖上的排气阀放掉冷气（水沸腾后排气 10~15min）。

d. 关闭排气阀，使蒸汽压上升到规定要求，并维持规定时间（按灭菌物品性质与有关情况而定）。

e. 达到规定时间后，对需干燥的物品，立即打开排气阀排出蒸汽，待压力恢复到零时，自然冷却至 60℃ 后开盖取物，如为液体物品，不要打开排气阀，而应立即将锅除去热源，待锅自然冷却，压力恢复至零，温度降到 60℃ 以下再开盖取物，以防突然减压液体剧烈沸腾或容器爆破。

③ 卧式压力锅蒸汽灭菌器的使用按下列步骤进行。

a. 关紧锅门，打开进气阀，将蒸汽引入夹层进行预热，夹层内冷空气经阻汽器自动排出。

b. 夹层达到预定温度后，打开锅室进汽阀，将蒸汽引入锅室，锅室内冷空气经锅室阻汽器自动排出。

c. 待锅室达到规定的压力与温度时，调节进汽阀，使锅室压力与温度保持恒定，至灭菌所需时间。

d. 自然或人工降温至 60℃ 再开门取物，不得使用快速排出蒸汽法，以防突然降压，液体剧烈沸腾或容器爆破。

e. 使用自动程序控制式压力蒸汽灭菌器，在放好物品关紧门后，应根据物品类别按动相应开关，以便按要求程序自动进行灭菌，灭菌时必须利用附设仪表记录温度与时间以备查，操作要求应严格按照厂家说明书进行。

（5）灭菌温度与时间

① 干热灭菌器灭菌温度 160℃，1.5~2h。

② 压力蒸汽灭菌锅灭菌温度 121℃，30min。

2. 间歇灭菌方法

（1）间歇灭菌方法是指利用反复多次的流通蒸汽加热，杀灭所有微生物、包括芽孢。某些物质经高压蒸汽灭菌容易破坏，可用此法灭菌。

① 将欲灭菌物品置于锅内，盖上顶盖，打开排水口，使器内余水排尽。

② 关闭排水口，打开进气门，根据需要消毒 10~20min。

③ 灭菌完毕关闭进气门，取出物品待冷至室温，放入 37℃ 温箱过夜，次日仍按上述方法消毒，如此三次，即可达到灭菌目的。

（2）血清凝固器使用方法，培养基中含有血清或鸡蛋特殊成分时，因高热会破坏其营养成分，故用低温，可使血清凝固，又可达到灭菌目的。

① 在使用该法灭菌的血清等分装时，需严格遵守无菌操作，试管、培养皿也经灭菌后使用。

② 将培养基按要求使成斜面或高层，加足水后，接上电源，升温 75~90℃，1h 灭菌，放 37℃ 温箱过夜，再如此灭菌三次。

（3）煮沸消毒　可用煮锅或煮沸消毒器，水沸腾后再煮 5~15min，也可在水中加入 2%（体积分数）苯酚煮沸 5min，加入 0.02%（体积分数）甲醛，80℃ 煮 60min 均可达到灭菌目的，但选用煮沸消毒的增效剂时，应注意对物品的腐蚀性。

（4）灭菌处理　灭菌后物品按正常情况已属无菌，从灭菌器中取出应仔细检查放置，以免再度污染。

① 物品取出，随即检查包装的完整性，若有破坏或棉塞脱掉，不可作为无菌物品使用。

② 取出的物品，如包装有明显的水浸者，不可作为无菌物品使用。

③ 培养基或试剂等，应检查是否达到灭菌后的色泽或状态，未达到者应废弃。

④ 启闭式容器，在取出时应将筛孔关闭。

⑤ 取出的物品掉落在地或误放不洁处，或沾有水液，均视为受到污染，不可作为无菌物品使用。

⑥ 取出的合格灭菌物品，应存放于贮藏室或防尘柜内，严禁与未灭菌物品混放。

⑦ 凡属合格物品，应标有灭菌日期及有效期限。

⑧ 每批灭菌处理完成后，记录灭菌品名、数量、温度、时间、操作者。

（四）有毒、有菌污物处理要求

微生物实验所用实验器材、培养物等未经消毒处理，一律不得带出实验室。

（1）经培养的污染材料及废弃物应放在严密的容器或铁丝筐内，并集中存放在指定地点，待统一进行高压灭菌。

（2）经微生物污染的培养物，必须经121℃，30min 高压灭菌。

（3）染菌后的吸管，使用后放入5%煤酚皂溶液或石炭酸溶液中，最少浸泡24h（消毒液体不得低于浸泡的高度）再经121℃，30min 高压灭菌。

（4）涂片染色冲洗片的液体，一般可直接冲入下水道，烈性菌的冲洗液必须冲在烧杯中，经高压灭菌后方可倒入下水道，染色的玻片放入5%煤酚皂溶液中浸泡24h后，煮沸洗涤。做凝集试验用的玻片或培养皿，必须高压灭菌后洗涤。

（5）打碎的培养物，立即用5%煤酚皂溶液或石炭酸溶液喷洒和浸泡被污染部位，浸泡半小时后再擦拭干净。

污染的工作服或进行传染性、感染性较强的微生物菌株试验所穿戴的工作服、帽、口罩等，应放入专用消毒袋内，经高压灭菌后方能洗涤。

（五）培养基制备要求

培养基制备的质量将直接影响微生物生长。因为各种微生物对其营养要求不完全相同，依培养目的的不同，各种培养基制备要求如下所示。

（1）根据培养基配方的成分按量称取，然后溶于蒸馏水中，在使用前对应用的试剂药品应进行质量检验。

（2）pH 测定及调节　pH 测定要在培养基冷至室温时进行，因在热或冷的情况下，其pH 有一定差异，当测定好时，按计算量加入碱或酸混匀后，应再测试一次。培养基 pH 一定要准确，否则会影响微生物的生长或影响结果的观察。但需注意因高压灭菌可影响一些培养基的 pH 降低或升高，故灭菌压力不宜过高或次数太多，以免影响培养基的质量，指示剂、去氧胆酸钠、琼脂等一般在调完 pH 后再加入。

（3）培养基需保持澄清，以便于观察细菌的生长情况，培养基加热煮沸后，可用脱脂棉花或绒布过滤，以除去沉淀物，必要时可用鸡蛋清澄清处理，所用琼脂条要预先洗净晾干后使用，避免因琼脂含杂质而影响透明度。

（4）盛装培养基不宜用铁、铜等容器，使用洗净的中性硬质玻璃容器为好。

（5）培养基的灭菌既要达到完全灭菌的目的，又要注意不因加热而降低其营养价值，一般121℃，15min即可，如为含有不耐高热物质的培养基如糖类、血清、明胶等，则应采用低温灭菌或间歇法灭菌，一些不能加热的试剂如亚碲酸钾、卵黄、氯化三苯基四氮唑（TTC）、抗菌素等，待基础琼脂高压灭菌后凉至50℃左右再加入。

（6）每批培养基制备好后，应做无菌生长试验及所检菌株生长试验。如果是生化培养基，应使用标准菌株接种培养，观察生化反应结果，应呈正常反应，培养基不应贮存过久，必要时可置4℃冰箱存放。

（7）目前各种干燥培养基较多，每批需用标准菌株进行生长试验或生化反应观察，各种培养基用相应菌株生长试验良好后方可应用，新购进的或存放过久的干燥培养基，在配制时也应测pH，使用时需根据产品说明书用量和方法进行。

（8）每批制备的培养基所用化学试剂、灭菌情况及菌株生长试验结果、制作人员等应做好记录，以备查询。

（六）样品采集及处理要求

（1）所采集的检验样品一定要具有代表性，采样时应首先对该批食品原料、加工、运输、贮藏方法条件、周围环境卫生状况等进行详细调查，检查是否有污染源存在。

（2）根据食品的种类及数量，采样数量及方法应按标准检验方法的要求进行。

（3）采样应注意无菌操作，容器必须灭菌，避免环境中微生物污染，容器不得使用煤酚皂溶液、新洁尔灭、酒精等消毒药物灭菌，更不能含有此类消毒药物或抗生素类药物，以避免杀死样品中的微生物，所用剪、刀、匙用具也需灭菌后方可使用。

（4）样品采集后应立即送往检验室进行检验，送检过程中一般不超过3h，如路程较远，可保存在1~5℃环境中，如需冷冻者，则在冻存状态下送检。

（5）检验室收到样品后，进行登记（样品名称、送检单位、数量、日期、编号等），观察样品的外观，如果发现有下列情况之一者，可拒绝检验。

① 样品经过特殊高压、煮沸或其他方法杀菌者，失去代表原食品检验意义者。

② 瓶、袋装食品已开启者，熟肉及其制品、熟禽等食品已折碎不完整者，即失去原食品性状者（食物中毒样品除外）。

③ 按规定采样数量不足者。

对送检符合要求的样品，检验室收到后，应立即进行检验，如果条件不具备，应置4℃冰箱存放，及时准备创造条件，然后进行检验。

（6）样品检验时，根据其不同性状，应进行以下适当处理。

① 液体样品接种时，应充分混合均匀，按量吸取进行接种。

② 固体样品，用灭菌取样工具取固体样品不同部位样品共25g，置于225mL灭菌生理盐水或其他溶液中，用均质器搅碎混匀后，按量吸取接种。

③ 瓶、袋装食品应用灭菌操作后开启，根据性状选择上述方法处理后接种。

（七）样品检验、记录和报告的要求

（1）检验室收到样品后，首先进行外观检验，及时按照国家标准检验方法进行检验，检验过程中要认真、负责、严格进行无菌操作，避免环境中微生物污染。

（2）样品检验过程中所用方法、出现的现象和结果等均要用文字写出实验记录，以作为对结果分析、判定的依据，记录要求详细、清楚、真实、客观，不得涂改和伪造。

第三章　食品工厂微生物检验实验室的建设方案

微生物检验是一项要求高、技术性较强的工作，为了确保微生物检验工作的顺利进行，微生物检验实验室的建设很重要，可以使检验工作快速、方便。

食品工厂微生物实验室的装备条件，直接影响产品微生物检验结果的准确性、可靠性和科学性。本章就食品工厂微生物检验实验室的建设进行介绍，为一般食品工厂建立微生物检验实验室提供参考。

第一节　食品工厂微生物检验实验室的硬件建设

实验室的房屋建设应符合《中华人民共和国建筑法》的总则和国家的建筑工程安全标准，提高房屋建筑设计水平。微生物检验实验室的建设除了要符合质量安全外，还要根据其使用目的和特殊情况，要因地制宜地建造经济、实用、科学、合理的实验室。实验室的周围环境要安静无明显粉尘污染，且要避开有毒有害场所和远离住宅区。

一、微生物检验实验室建设常用的材料设备

（一）常用的建筑材料

食品厂微生物检验实验室建设所用的主要建筑材料有：钢材、木材、水泥、塑料、大理石、瓷砖、玻璃及铝合金属等，微生物检验实验室的建设中各功能室可根据具体情况来选材建造。

（二）主要仪器设备

微生物检验实验室常用的仪器设备主要有：显微镜、电冰箱、培养箱、水浴锅、均质器、电子天平、电炉、分光光度计、灭菌锅、超净工作台、紫外灯等，仪器设备可根据工厂实际情况和检验项目进行选择和配置。

二、微生物检验实验室的各功能室

食品厂微生物检验实验室的功能室主要包括：办公室、通用实验室、灭菌室、准备室、更衣室、缓冲室、无菌室、培养室等。

（一）办公室

微生物检验实验室的办公室是检验工作人员办公的地方，其面积应在 $20m^2$ 左右，通风采光好，内设基本的办公桌、椅、电脑、存放资料和留样的柜等。检验工作人员可以在办公室里登记待检验的样品、出检验报告和处理有关的文件资料等，也可供工作人员在工作过程中放松休息，以便更清醒地思考、分析和解决问题，极大地提高工作效率。

(二) 通用实验室

通用实验室是进行微生物检验准备工作和非无菌操作实验时使用，也可供理化检验及科研工作使用。通用实验室应设有较大的长方形工作台作为实验操作台，台下设计了各专用仪器柜，台面用石板加塑胶垫等不易腐蚀和稳固耐用的材料设置，并设有专用搁物架。另外，还应设置一个适当大小的通风橱，内配有排气系统和安装给排水系统，如水槽及水槽上的各种水龙头。实验室的地面设计为水磨石地面，这样既容易清洁，也不易积水，方便工作，并有良好的通风照明设备和消防设施。

通用实验室为了方便实验工作的开展，通常配备了常用的仪器（分光光度计、pH 计、烘箱、电炉等）及常用的各种玻璃器皿和常用的各种化学试剂、药品。此外，还应配有清洁用工具和工作服。如果工厂条件许可，检验人员可以根据分工，各自拥有专用的实验工作台或工作地方以达到快速、高效地完成检验任务。

(三) 灭菌室

灭菌室是培养基及有关的检验材料灭菌的场所。灭菌设备是高压设备，具有一定的危险性，所以灭菌室应与办公室保持一定距离以保证安全，使用时应有专人操作，但也要方便工作，通常设在通用实验室附近并与之保持一定距离（如隔一条走廊的距离或小房间的距离），以减少影响。灭菌室内安装有灭菌锅等灭菌设备。如果有条件的工厂可以配置更好的仪器设备（如双扇高压灭菌柜和安全门等设施）。另外，灭菌室里应水电齐备，并有防火措施和设备，人员要遵守安全操作制度。

(四) 更衣室

更衣室是微生物检验时进入无菌室之前，工作人员更衣、洗手的地方，室内设置无菌室及缓冲室的电源控制开关和放置无菌操作时穿戴的工作服、鞋、帽子、口罩等。有时还设有装有鼓风机的小型房间，其作用是减少工作人员带入的杂菌，但相应其成本也很高。

(五) 缓冲室

缓冲室是进入无菌室之前所经过的房间，安装有鼓风机，以减少操作人员进入无菌室时的污染，保证实验结果的准确性。进口和出口通常是呈对角线位置，以减少空气直接对流造成的污染。要求比较高的微生物检验项目如致病菌的检验，应设有多个缓冲室。

(六) 无菌室

无菌室是微生物检验过程无菌操作的场所，要求密封、清洁，安装紫外灯和空调设备（带过滤设备）及传递物品用的传递小窗，传递小窗应向缓冲室内开口以减少污染和方便工作。另外，无菌室内还应配备超净工作台和普通工作台。有条件的工厂可设置生物安全柜。

(七) 培养室

培养室是微生物检验时培养微生物的房间，通常要配备恒温培养箱、恒温水浴锅及振荡培养箱等设备，或整个房间安装保温、控温设备。房间要求保持清洁，有防尘、隔噪声等功能。

出于实际工作情况考虑，灭菌室与准备室可以合并在一起使用，有条件的工厂还可以设置样品室和仪器室。总的来说，微生物检验室的硬件建设要合理和实用，讲究科学性。

第二节 食品工厂微生物检验实验室的软件建设

微生物检验实验室软件建设主要包括：工作人员的配置、工作管理制度的建设、微生物检验项目的安排。

一、工作人员配置

工作人员配置是实验室建设的重要组成部分，一般微生物检验实验室通常有检验工作人员和管理人员，有条件的实验室还可配备专职清洁人员。

（一）检验工作人员

检验工作人员是指从事食品的微生物检验和理化检验工作，并对食品原材料和食品包装材料进行检验的人员。微生物项目实验室通常配备3~5人，具有相关学历并取得职业资格职称的从业者。另外，由于从事食品生产工作，还要求从业人员有健康证等有效证明资料。从业人员还应该具有良好的卫生习惯和职业道德，工作认真负责。

（二）管理人员

管理人员的职责是负责管理整个实验室的工作，主要从事监督和安排其他人员的工作并处理其他重要事件，也是最终责任人。因此，管理人员必须有经验、有能力和能灵活处理各种有关事务，负责管理整个组织系统的各方面工作。

二、工作管理制度的建设

每个企业都有自己的规章制度，对于食品生产工厂除要遵守国家的有关法律法规外，还要根据具体情况来制订严格的规章制度。微生物检验实验室的制度直接影响食品微生物检验的结果，是关系到广大消费者的身体健康问题，所以必须遵守国家的有关标准并结合工厂实际情况制订相关制度，做到各项规章制度健全、规范，使工厂工作达到程序化、规范化、科学化。

微生物检验实验室制度的建设主要包括实验室制度建设和实验室技术操作要求。

（一）实验室制度建设

食品工厂微生物检验实验室制度主要包括：实验室管理制度（仪器配备和管理制度）；药品管理和使用制度（玻璃器皿管理和使用制度）；安全制度；环境条件要求等。

（二）实验室技术操作要求

食品工厂微生物检验实验室技术操作主要要求：无菌操作要求；无菌间使用要求；消毒灭菌要求（有毒有菌污染物处理要求）；菌种保管要求；培养基制备要求；样品采集及处理要求；样品检验、记录和报告要求等。

具体的工作管理制度在此不做详细讨论，企业可根据具体情况结合实际需要进行适当调整使用。

三、微生物检验项目的安排

微生物广泛分布于自然界中，其中绝大多数的微生物是有益的，但对于食品而言由于微生物的污染，造成粮食和食品的霉变、腐败，以致引起食物中毒和传染疾病等，此时对人类是有害的，直接关系到广大人民群众的人身安全。食品的微生物检验项目主要有：菌落总数的测定、大肠菌群的测定和致病菌的测定等。

（一）菌落总数的测定

菌落总数是指食品样品经过处理，在一定条件下培养后（如培养基成分、培养温度、时间、pH、需氧性质等），所得 1mL（g）样品中所含菌落的总数，是用来判定食品被细菌污染的程度及卫生质量，反映食品在生产过程中是否符合卫生要求，以便对被检样品做出适当的卫生学评价。菌落总数测定可参考 GB 4789.2—2022《食品安全国家标准　食品微生物学检验　菌落总数测定》。

（二）大肠菌群的测定

大肠菌群是指一群能发酵乳糖、产酸产气、需氧和兼性厌氧的革兰染色阴性无芽孢杆菌，主要包括：大肠埃希菌、柠檬酸杆菌、产气克雷伯菌、阴沟肠杆菌等，该菌群主要来源于人畜粪便，故以此作为粪便污染指标来评价食品的卫生质量，推断食品中大肠菌群及肠道致病菌污染，发现潜伏的食物中毒可能。大肠菌群测定可参考 GB 4789.3—2016《食品安全国家标准　食品微生物学检验　大肠菌群计数》。

（三）致病菌的测定

致病菌的测定对实验室及检验人员的条件要求较高，一般食品厂主要以送检的形式来测定，由专门的权威性机构进行检测。对于致病菌的测定在此不做详细论述。

一般来说，技术监督部门对食品工厂微生物检验实验室建设都有严格的要求和规定，除符合技术监督部门的要求外，要建设实用、经济、科学的微生物检验实验室，最好以国家标准为准并结合实际情况来建设。

食品微生物检验实验室进行致病菌的测定时，须配备一支高水平的专业技术人员队伍，制订良好、高效的工作管理制度和安全制度，拥有齐全的各种硬件设备。这样不仅利于保证产品质量的稳定性，保障食品的安全性，而且还使产品有强大的竞争能力，从而促进技术进步和产品质量改进，有利于生产企业的自身发展。

第四章 食品微生物检验样品的采集与制备

第一节 食品微生物检验概述

一、食品微生物检验的概念及特点

食品微生物检验是在应用微生物学的理论与方法，研究食品中微生物种类、分布、生物学特性及作用机理的基础上，解决食品中有关微生物的污染、毒害、检验方法、卫生标准等问题的一门学科。食品微生物检验是微生物学的一个分支，是近年来形成的一门新的学科。食品微生物检验是食品检验、食品加工以及公共卫生方面的从业人员必须熟悉和掌握的专业知识之一。

不同种类以及在不同的生产加工过程与条件下，食品中含有微生物的种类、数量、分布存在较大差异，研究各类食品中存在的微生物种类、分布及其与食品的关系，才能辨别食品中有益的、无害的、致病的、致腐的或者有毒的微生物，以便对食品的卫生做出正确评价，为制订各类食品的微生物学标准提供科学依据。食品在生产、贮藏和销售过程中，存在微生物对食品的污染问题。研究微生物对食品污染的来源与途径，采取合理措施，加强食品卫生监督和管理，防止微生物对食品污染，从根本上提高食品的卫生质量。研究食品中的致病性微生物和产毒素微生物，弄清食品中微生物污染来源及其在食品中的消长变化规律，制订控制措施和无害处理方法，研究各类食品中微生物检验指标及方法，实现对食品中微生物的监测控制，是食品微生物检验学的重要任务。

食品微生物检验的主要特点如下所示。

（1）食品微生物检验涉及的微生物范围广，采集样品比较复杂　食品中微生物种类繁多，包括引起食品污染和腐败的微生物，食源性病原微生物以及有益的微生物。

（2）食品微生物检验需要准确性、快速性和可靠性　食品微生物检验是判断食品及食品加工环境的卫生状况，正确分析食品的微生物污染途径，预防食物中毒与食源性感染发生的重要依据，需要检验工作尽快获得结果，对检验方法的准确性和可靠性提出了很高的要求。

（3）食品中待检测细菌数量少，杂菌数量多，对检验工作干扰严重　食品中的致病菌数量很少，却能造成很大危害。进行检验时，有大量的非致病性微生物干扰，两者之间比例悬殊。此外有些致病菌在热加工、冷加工中受了损伤，使目的菌不易检出。上述这些因素给检验工作带来一定困难，影响检验结果。

（4）食品微生物检验受法规约束，具有一定法律性质　世界各国及相关国际组织机构已建立了食品安全管理体系和法规，均规定了食品微生物检验指标和统一的相关标准检验方法,并以法规的形式颁布,食品微生物检验的实验方法、操作流程和结果报告都必须遵守相关法规标准的规定。

二、食品微生物检验的范围

食品微生物检验的范围包括以下几个方面。
（1）生产环境的检验　包括生产车间用水、空气、地面、墙壁、操作台等。
（2）原辅料的检验　包括动物、植物食品原料、添加剂等原辅料。
（3）食品加工过程、贮藏、销售等环节的检验　从业人员的健康及卫生状况、加工工具、运输车辆、包装材料的检验等。
（4）食品的检验　包括对出厂食品、可疑食品及食物中毒食品的检验。

三、食品微生物检验的指标

食品在食用前的各个环节中,被微生物污染往往是不可避免的。食品微生物检验的指标是根据食品卫生的要求,从微生物学的角度,对各种食品提出的具体指标要求。中华人民共和国国家卫生健康委员会颁布的食品微生物检验指标有菌落总数、大肠菌群和致病菌等项目,具体检验的主要指标项目如下。

（一）菌落总数

菌落总数是指食品检样经过处理,在一定条件下培养后所得 1g、1mL 或 $1cm^2$（表面积）检样中所含细菌菌落的总数,它可以反映食品的新鲜度、被细菌污染的程度、生产过程中食品是否变质和食品生产的一般卫生状况等,因此它是判断食品卫生质量的重要依据之一。

（二）大肠菌群

大肠菌群是指一群在 37℃ 培养 24h 能发酵乳糖、产酸、产气,需氧和兼性厌氧的革兰染色阴性无芽孢杆菌,这些细菌是寄居于人及温血动物肠道内的常居菌,它随着大便排出体外。食品中如果大肠菌群数越多,说明食品受粪便污染的程度越大。故以大肠菌群作为粪便污染食品的卫生指标来评价食品的质量,具有广泛的意义。

（三）致病菌

致病菌是能够引起人们发病的细菌。对不同的食品和不同的场合,应该选择一定的参考菌群进行检验。例如海产品以副溶血性弧菌作为参考菌群；蛋与蛋制品以沙门菌、金黄色葡萄球菌、变形杆菌等作为参考菌群；米、面类食品以蜡状芽孢杆菌、变形杆菌、霉菌等作为参考菌群；罐头食品以耐热性芽孢菌作为参考菌群等。

（四）霉菌及其毒素

我国还没有制订出霉菌的具体检验项目,鉴于有很多霉菌能够产生毒素,引起疾病,故应该对产毒霉菌进行检验。例如曲霉属的黄曲霉、寄生曲霉等,青霉属的橘青霉、岛青霉等,镰刀霉属的串珠镰刀霉、禾谷镰刀霉等。

（五）其他指标

微生物指标还应包括病毒,如肝炎病毒、猪瘟病毒、鸡新城疫病毒、马立克病毒、口蹄疫病毒、狂犬病病毒、猪水疱病病毒等；另外,从食品检验的角度考虑,寄生虫也被很多学者列为微生物检验的指标,如旋毛虫、囊尾蚴、蛔虫、肺吸虫、弓形体、螨等。

四、食品微生物检验的意义

食品微生物检验的广泛应用和不断改进，是制订和完善有关法律法规的基础和执行的依据，是制订各级预防、监控和预警系统的重要组成部分，是食品微生物污染的溯源、控制和降低的重要有效手段，对促进人民身体健康、经济可持续发展和社会稳定都很重要，具有较大的经济和社会意义。

食品微生物检验是衡量食品卫生质量的重要指标之一，是判断被检食品能否食用的科学依据之一。通过食品微生物检验，可以判断食品加工环境及食品卫生环境，能对食品的微生物污染程度做出正确的评价，为各级卫生管理工作提供科学依据，为传染病和食物中毒提供防治措施。食品微生物检测能够有效地防止或减少食物中毒、人畜共患病现象的发生。食品微生物检验技术对提高产品质量、避免经济损失、保证出口等方面具有重要意义。

第二节 食品微生物检验的基本程序

食品微生物检验是一门应用微生物学理论与实验方法的科学，是对食品中微生物的存在与否及种类和数量的验证。众所周知，在生物科学中，微生物学是实践性很强的学科之一，它有一套自己独特的研究方法。食品微生物检验从业者，应具备医学微生物学、兽医微生物学、食品微生物学、传染病学、病理学等学科的基础知识，要了解食物中毒的临床症状和流行病学，熟悉各种致病菌的生物学特性；掌握各种致病菌、霉菌和病毒的检验程序。

食品微生物检验的一般步骤可按图4-1的程序进行，此图对各类食品各项微生物指标的检验具有一定的指导性。

一、检验前准备

（1）准备好所需的各种仪器，如冰箱、恒温水浴箱、显微镜等。

（2）各种玻璃仪器，如吸管、培养皿、广口瓶、试管等均需刷洗干净（121℃，20min）或干法（160~170℃，2h）灭菌，冷却后送无菌室备用。

（3）准备好实验所需的各种试剂、药品，做好普通琼脂培养基或其他选择性培养基，根据需要分装试管或灭菌后倾注平板或保存在46℃的水浴中或保存在4℃的冰箱中备用。

（4）无菌室灭菌 如用紫外灯法灭菌，时间不应少于45min，关灯半小时后方可进入工作；如用超净工作台，需提前半小时开机。必要时进行无菌室的空气检验，把琼脂平板暴露在空气中15min，培养后每个平板上不得超过15个菌落。

（5）检验人员的工作衣、帽、鞋、口罩等灭菌后备用。工作人员进入无菌室后，实验没完成前不得随便出入无菌室。

二、样品的采集与处理

在食品的检验中，样品的采集是极为重要的一个步骤。所采集的样品必须具有代表性，这就要求检验人员不但要掌握正确的采样方法，而且要了解食品加工的批号、原料的

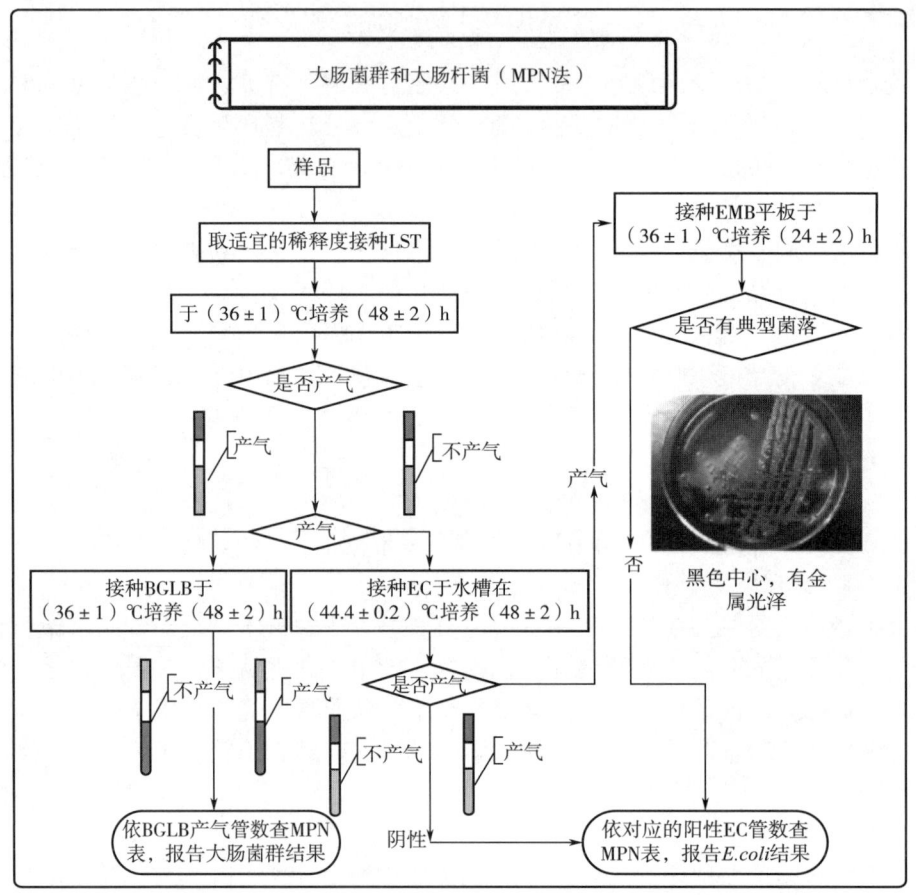

1. 样品抽取和保存：按一定的频率抽取样品于灭菌的袋中密封好，存放于-18℃以下。
2. 样品处理：称取25g样品于灭菌的样品袋中，加入225mL灭菌的蒸馏水中，用STOMACHER均质15s，备用。
3. 根据样品的污染程度对样品进行稀释。

图4-1　食品微生物检验的一般步骤（以大肠菌群、大肠杆菌检测为例）
STOMACHER—英国世沃德（Seward）公司斯托马克（Stomacher）拍打式均质器
BGLB—煌绿乳糖胆盐肉汤培养基　MPN—最可能数　LST—月桂基硫酸盐胰蛋白胨

来源、加工方法、保藏条件、运输、销售中的各环节，以及销售人员的责任心和卫生知识水平等。样品可分为大样、中样、小样3种。大样是指一整批，中样是从样品各部分取的混合样，一般为200g 小样又称为检样，一般以25g为准，用于检验。样品的种类不同，采样的数量及采样的方法也不一样，但是，一切样品的采集必须具有代表性，即所取的样品能够代表食物的所有成分。如果采集的样品没有代表性，即使一系列检验工作非常精密、准确，其结果也毫无价值，甚至会出现错误的结论。

取样及样品处理是任何检验工作中最重要的组成部分，以检验结果的准确性来说，实验室收到的样品是否具有代表性及其状态如何是关键问题。如果取样没有代表性或对样品的处理不当，得出的检验结果可能毫无意义。如果根据一小份样品的检验结果去说明一大批食品的质量或一起食物中毒的性质，那么设计一种科学的取样方案及采取正确的样品制备方法是必不可少的条件。下面以大肠菌群、大肠杆菌检测为例简要说明一下食品微生物检验的一般步骤。

三、食品微生物检验的取样方案

采用什么样的取样方案主要取决于检验的目的,例如用一般的食品卫生学微生物检验去判定一批食品合格与否;查找食物中毒的病原微生物;鉴定畜禽产品中是否含有人畜共患病原体等。目的不同,取样方案也不同。

(一) 食品卫生学微生物检验的取样方案

目前国内外使用的取样方案多种多样,如一批产品采若干个样后混合在一起检验,按百分比抽样;按食品的危害程度不同抽样;按数理统计的方法决定抽样个数等。不管采取何种方案,对抽样代表性的要求是一致的。最好对整批产品的单位包装进行编号,实行随机抽样。下面列举较为常见的几种取样方案。

1. 国际食品微生物标准委员会取样方案

国际食品微生物标准委员会(International Commission of Microbiological Specializations on Food,简称ICMSF)的取样方案是依据事先给食品进行的危害程度划分来确定的,将所有食品分成三种危害度:Ⅰ类危害,老人和婴幼儿食品及在食用前可能会增加危害的食品;Ⅱ类危害,立即食用的食品,在食用前危害基本不变;Ⅲ类危害,食用前经加热处理,危害减小的食品。另外,采样方法是从统计学原理来考虑,将检验指标对食品卫生的重要程度分成一般、中等和严重三档,根据以上危害度的分类,又将取样方案分成二级法和三级法。

(1) 二级法 设定取样数 n,指标值 m,超过指标值 m 的样品数为 c,只要 $c>0$,就判定整批产品不合格。

(2) 三级法 设定取样数 n,指标值 m,附加指标值 M,介于 m 与 M 的样品数 c。只要有一个样品值超过 M 或 c 规定的数就判整批产品不合格。具体使用方法见表4-1。

表4-1　　　　　　　　　　ICMSF制订的取样方案

限值:$n=5$,$c=2$,$m=10^2$,$M=10^4$

序号	结果(取样数)	c	判定	结果判定说明
1	90,80,75,60,50	0	合格	5个检样结果均$<m$
2	100,100,80,75,100	0	合格	5个检样结果均$\leq m$,其中3个检样结果$=m$
3	90,85,1.0×10^3,100,80	1	合格	4个检样结果$\leq m$,1个检样结果$>m$且$<M$
4	90,85,1.0×10^3,1.2×10^3,80	2	合格	3个检样结果$\leq m$,2个检样结果$>m$且$<M$
5	90,85,1.0×10^4,1.2×10^3,80	2	合格	3个检样结果$\leq m$,1个检样结果$>m$且$<M$,1个检样结果$\leq M$
6	90,85,1.0×10^4,1.0×10^4,80	2	合格	3个检样结果$\leq m$,2个检样结果$\leq M$
7	90,85,1.0×10^3,1.2×10^3,1.4×10^3	3	不合格	2个检样结果$\leq m$,3个检样结果$>m$且$<M$

续表

		限值：$n=5$, $c=2$, $m=10^2$, $M=10^4$			
序号	结果（取样数）	c	判定	结果判定说明	
8	90, 85, 1.8×10⁴, 100, 80	—	不合格	4个检样结果≤m，1个检样结果>M	

注：①n：系指一批产品采样个数；c：系指该批产品的检样菌数中，超过限量的检样数，即结果超过合格菌数限量的最大允许数；m：系指合格菌数限量，将可接受与不可接受的数量区别开；M：系指附加条件，判定为合格的菌数限量，表示边缘的可接受数与边缘的不可接受数之间的界限。②由于产品执行标准中限量都是$n=5$，$c=2$；所以很多人认为三级采样n就应该固定是5，c就应该固定是2，这种想法是错误的，n和c值的确定是基于风险分析通过统计学制订的，如果产品微生物风险过高就需要增大n或减小c，国外一些标准n就是采用20。③取样数为无量纲单位。

2. 美国FDA的取样方案

FDA的取样方案与ICMSF的取样方案基本一致，所不同的是严重指标菌所取的15、30、60个样可以分别混合，混合的样品量最大不超过375g。也就是说所取的样品每个为100g，从中取出25g样品，然后将15个25g样品混合成一个375g样品，混匀后再取25g作为试样检验，剩余样品妥善保存备用。

（二）现场采样注意事项

确定了采样方案以后，采样方法对采样方案的有效执行和保证样品的有效性、代表性至关重要。

（1）采样必须遵循无菌操作程序，采样工具如整套不锈钢勺子、镊子、剪刀等应当高压灭菌，防止一切可能的外来污染。

（2）容器必须清洁、干燥、防漏、广口、灭菌，大小适合盛放检样。

（3）采样全过程中，应采取必要的措施防止食品中固有微生物的数量和生长能力发生变化。

（4）确定检验批，应注意产品的均质性和来源，确保检样的代表性。

（5）当用自动采样器取不需要冷却的粉状或固体食品时，必须履行相应的管理办法，保证产品的代表性不被人为破坏。

四、现场采样

1. 直接食用的小包装食品

直接食用的小包装食品尽可能取原包装，直到检验前不要开封，以防污染。

2. 液体样品采样

（1）采样前摇动或用灭菌棒搅拌液体，尽量使其达到均质。

（2）以无菌操作开启包装，用100mL无菌注射器抽取，注入无菌容器。

（3）如为非冷藏易腐食品，应迅速将所采样品冷却至0~4℃。

3. 半固体样品采样

以无菌操作拆开包装，用无菌勺子从几个部位挖采样品，放入无菌容器。

4. 固体样品采样

（1）每份样品应用灭菌采样器由几个不同部位采取，一起放入一个灭菌容器内。

(2) 大块整体食品应用无菌刀具和镊子从不同部位割取，割取时应兼顾表面与深部，注意样品的代表性；小块大包装食品应从不同部位的小块上切采样品，放入无菌容器。

(3) 若为检验食品的污染情况，可取表层样品；若为检验食品品质的情况，应从深部采样。

(4) 注意不要使样品过度潮湿，以防食品中固有的细菌增殖。

五、冷冻样品采样

(1) 对大块冷冻食品，应从几个不同部位用灭菌工具采样，使之有充分的代表性。

(2) 大包装小块冷冻食品按小块个体采取；大块冷冻食品可以用无菌刀从不同部位削采样品或用无菌小手锯从冻块上锯采样品，也可以用无菌钻头钻取碎屑状样品，放入容器中。

(3) 冷冻食品的采样还应注意检验目的，若需检验食品污染情况，可取表层样品；若需检验其品质情况，应取深部样品。

(4) 在将样品送达实验室前，要始终保持样品处于冷冻状态。样品一旦融化，不可使其再冻，保持冷却即可。

六、生产过程中的采样

1. 车间用水

自来水样从车间各水龙头上采取冷却水；汤料等从车间容器不同部位用100mL无菌注射器抽取。如用固定在贮液桶或流水作业线上的采样龙头采样时，应事先将龙头消毒。

2. 车间台面、用具及加工人员手的卫生监测

用$5cm^2$孔无菌采样板及5支无菌棉签擦拭$25cm^2$面积。若所采表面干燥，则用无菌稀释液润湿棉签后擦拭；若表面有水，则用干棉签擦拭，擦拭后立即将棉签头用无菌剪刀剪入盛样容器中。

3. 车间空气采样（空气尘降法）

将5个直径90mm的普通营养琼脂平板分别置于车间的四角和中部，打开培养皿盖，暴露采样后，盖盖送检。

4. 设备采样

(1) 涂抹法　（适用于表面平坦的设备和工器具产品接触面）取经过灭菌的$50cm^2$铝片框放在需检查的部位上，用无菌棉签蘸上无菌生理盐水擦拭后放入盛样容器中。

(2) 贴纸法　（适用于表面不平坦的设备和工器具接触面）将两张纸面积共$50cm^2$的无菌规格纸用无菌生理盐水泡湿后，分别贴于需测部分，后放入盛样容器。

七、食品微生物检验采样样品的处理

样品处理应在无菌室内进行，若是冷冻样品必须事先在原容器中解冻2~5℃不超过18h或45℃不超过15min。

一般固体食品的样品处理方法有以下几种。

1. 捣碎均质方法

将100g或100g以上样品剪碎混匀，从中取25g放入带225mL稀释液的无菌均质杯中

8000~10000r/min 均质 1~2min，这是对大部分食品样品都适用的办法。

2. 剪碎振摇法

将 100g 或 100g 以上样品剪碎混匀，从中取 25g 进一步剪碎，放入带有 225mL 稀释液和适量 45mm 左右玻璃珠的稀释瓶中，盖紧瓶盖，用力快速振摇 50 次，振幅不小于 40cm。

3. 研磨法

将 100g 或 100g 以上样品剪碎混匀，取 25g 放入无菌乳钵充分研磨后再放入带有 225mL 无菌稀释液的稀释瓶中，盖紧盖后充分摇匀。

4. 整粒振摇法

有完整自然保护膜的颗粒状样品（如蒜瓣、青豆等）可以直接称取 25g 整粒样品装入带有 225mL 无菌稀释液和适量玻璃珠的无菌稀释瓶中，盖紧瓶盖，用力快速振摇 50 次，振幅在 40cm 以上。冻蒜瓣样品若剪碎或均质，由于大蒜素的杀菌作用，所得结果大大低于实际水平。

5. 胃蠕动均质法

胃蠕动均质法是国外使用的一种新型的均质样品的方法，将一定量的样品和稀释液放入无菌均质袋中，开机均质。均质器有一个长方形金属盒，其旁安装有金属叶板，可打击塑料袋，金属模板由恒速马达带动，进行前后移动而撞碎样品。

八、采样样品的送检与检验

（1）采集好的样品应及时送到食品微生物检验室，越快越好，一般不应超过 3h，如果路途遥远，可将不需冷冻的样品保持在 1~5℃ 的环境中，勿使冻结，以免细菌遭受破坏；如需保持冷冻状态，则需保存在泡沫塑料隔热箱内（箱内有干冰可维持在 0℃ 以下），应防止反复冰冻和溶解。

（2）样品送检时，必须认真填写申请单，以供检验人员参考。

（3）检验人员接到送检单后，应立即登记，填写序号，并按检验要求放在冰箱或冰盒中，并积极准备条件进行检验。

（4）食品微生物检验室必须备有专用冰箱存放样品，一般阳性样品发出报告后 3d（特殊情况可适当延长）方能处理样品；进口食品的阳性样品，需保存六个月方能处理，每种指标都有一种或几种检验方法，应根据不同的食品、不同的检验目的来选择恰当的检验方法。本书重点介绍的是通常所用的常规检验方法，主要参考现行国家标准。但除了国标外，国内尚有行业标准（如出口食品微生物检验方法），国外尚有国际标准（如 FAO 标准、WHO 标准等）和每个食品进口国的标准（如美国 FDA 标准、日本厚生省标准、欧盟标准等）。总之应根据食品的消费去向选择相应的检验方法。

九、结果报告

样品检验完毕后，检验人员应及时填写报告单，签名后送主管人核章，以示生效，并立即交给食品卫生监督人员处理。

第三节　常见食品微生物检验样品的采集与处理方法

取样方法对抽样方案的有效执行和保证样品的有效性及代表性至关重要。采样必须遵循无菌操作程序，在采集过程中，应防止食品中固有微生物的数量和生长能力发生变化。确定检验批，要注意产品的均质性和来源，以确保检样的代表性。食品常用的采样方法如下所示。

（1）液体食品应充分混匀，用无菌操作开启包装，用 100mL 无菌注射器抽取，注入无菌盛样容器。

（2）半固体食品应用无菌操作拆开包装，用无菌勺子从几个部位挖取样品，放入无菌盛样容器。

（3）固体样品，大块整体食品应用无菌刀具和镊子从不同部位割取，割取时应兼顾表面与深部，注意样品的代表性，小块大包装食品应从不同部位的小块上切取样品，放入无菌盛样容器；样品是固体粉末，应边取样边混合。

（4）冷冻食品，大包装小块冷冻食品按小块个体采取，大块冷冻食品可以用无菌刀从不同部位削取样品或用无菌小手锯从冻块上锯取样品，也可以用无菌钻头钻取碎屑状样品，放入盛样容器。

（5）若需检验食品污染情况，可取表层样品；若需检验其品质情况，应取深部样品。

所有盛样容器必须有和样品一致的标记。标记应牢固，具防水性。采样结束后需尽快将样品送往检验室检验。如不能及时运送，冷冻样品应存放在-20℃冰箱或冷藏库内；冷却和易腐食品存放在 0~4℃冰箱或冷却库内；其他食品可放在常温冷暗处。样品存放一般不超过 36h。

样品采集后，应由专人立即送检，并做好样品运送记录，写明运送条件、日期、到达地点及其他需要说明的情况，并由运送人签字。

样品的制备是指对所采集的样品再进行分取、粉碎以及混匀等过程。制备的方法可以根据被检食品的性状和检验要求，采用振摇、搅拌、粉碎、研磨等方法。

下面介绍几类常见食品微生物检验样品的采集与处理方法。

一、肉与肉制品样品的采集与处理

健康畜禽的肉、血液以及有关脏器组织，一般是无菌的。随着加工过程的顺序进行取样检验，前面工序的肉可检出的菌数少，越到后面的工序和最后的肉以及包装之前细菌污染越严重，1g 肉可检出亿万个细菌，少者也有几万个细菌。

肉制品大多要经过浓盐或高温处理，肉上的微生物（包括病原微生物），凡不耐浓盐和高温的，都会死亡。但形成的芽孢或孢子却不受高浓度盐或高温的影响而保存下来，如肉毒杆菌的芽孢体，可以在腊肉、火腿、香肠中存活。

（一）样品的采集和送检

1. 生肉及脏器检样

屠宰场宰后的畜肉，可于开腔后，用无菌刀采取两腿内侧肌肉各 150g（或劈半后采取两侧背最长肌肉各 150g）；冷藏或销售的生肉，可用无菌刀取腿肉或其他部位的肌肉

250g/只（头）。检样采取后放入无菌容器内，立即送检；如条件不许可时，最好不超过3h。送检时应注意冷藏，不得加入任何防腐剂。检样送往化验室应立即检验或放置冰箱暂存。

2. 禽类（包括家禽和野禽）

禽类应采取整只，放无菌容器内，以后处理要求同生肉。

3. 各类熟肉制品

各类熟肉制品，包括酱卤肉、熟灌肠、熏烤肉、肉松、肉脯、肉干等，一般采250g，熟禽采取整只，均放无菌容器内，立即送检。

4. 腊肠、香肚等生灌肠

腊肠、香肚等生灌肠采取整根、整只；小型的可采数根、数只，其总量不得少于250g。

（二）检样的处理

1. 生肉及脏器检样的处理

将检样先进行表面消毒（在沸水内烫3~5s，或灼烧消毒），再用无菌剪子剪取检样深层肌肉25g，放入无菌乳钵内用灭菌剪子剪碎后，加灭菌海砂或玻璃砂研磨，磨碎后加入灭菌水225mL，混匀后即为1：10稀释液。

2. 鲜家禽检样的处理

将检样先进行表面消毒，用灭菌剪子或刀去皮后，剪取肌肉25g，以下处理同生肉。带毛野禽去毛后，同家禽检样处理。

3. 各类熟肉制品检样的处理

各类熟肉制品检样应直接切取或称取25g，以下处理同生肉。

4. 腊肠、香肠等生灌肠检样处理

先对生灌肠表面进行消毒，用灭菌剪子剪取内容物25g，以下处理同生肉。

以上均以检验肉禽及其制品内的细菌含量来判断其质量鲜度。若需检验样品受外界环境污染的程度或是否带有某种致病菌，应用棉拭子采样法。

（三）棉拭子采样法和检样处理

检验肉禽及其制品受污染的程度，一般可用板孔$5cm^2$的金属制规板压在受检物上，将灭菌棉拭子稍蘸湿，在板孔$5cm^2$的范围内揩抹多次，然后将板孔规板移压另一点，用另一棉拭子揩抹，如此共移压揩抹10次，总面积$50cm^2$，共用10支棉拭子。每支棉拭子在揩抹完毕后应立即剪断或烧断后投入盛有50mL灭菌水的三角烧瓶或大试管中，立即送检。检验时先充分振摇三角烧瓶、管中的液体，作为原液，再按要求做10倍递增稀释。

检验致病菌，不必用规板，在可疑部位用棉拭子揩抹即可。

二、乳与乳制品样品的采集与处理

（一）样品的采集和送检

1. 散装或大型包装的乳品

用灭菌刀、勺取样，在移采另一件样品前，刀、勺应先清洗灭菌。采样时要注意采样部位具有代表性。每件样品数量不少于250g，放入灭菌容器内及时送检。鲜乳一般不应超过4h，在气温较高或路途较远的情况下应进行冷藏，不得使用任何防腐剂。

2. 小型包装的乳品

小型包装的乳品应采取整件包装,采样时应注意包装的完整。各种小型包装的乳与乳制品,每件样品量为:牛乳1瓶或1包;消毒乳1瓶或1包;乳粉1瓶或1包(大包装者250g);奶油1块;酸乳1瓶或1罐;炼乳1瓶或1罐;乳酪(干酪)1个。

3. 成批产品

对成批产品进行质量鉴定时,其采样数量每批以千分之一计算,不足千件者抽取1件。

(二) 检样的处理

1. 鲜乳、酸乳

以无菌操作去掉瓶口的纸罩、纸盖,瓶口经火焰消毒后,以无菌操作吸取25mL检样,放入装有225mL灭菌生理盐水的三角烧瓶内,振摇均匀(酸乳如有水分析出于表层,应先去除)。

2. 炼乳

将瓶或罐先用温水洗净表面,再用点燃的酒精棉球消毒瓶或罐的上表面,然后用灭菌的开罐器打开罐(瓶),以无菌操作称取25g(mL)检样,放入装有225mL灭菌生理盐水的三角瓶内,振摇均匀。

3. 奶油

以无菌操作打开包装,取适量检样置于灭菌三角烧瓶内,在45℃水浴或温箱中加温,溶解后立即将烧瓶取出,用灭菌吸管吸取25mL奶油放入另一含225mL灭菌生理盐水或灭菌奶油稀释液的烧瓶内(瓶装稀释液应预置于45℃水浴中保温,做10倍递增稀释时所用的稀释液也相同),振摇均匀,从检样熔化到接种完毕,时间不应超过30min。

4. 乳粉

罐装乳粉的开罐取样同炼乳处理,袋装乳粉应用蘸有75%酒精的棉球涂擦消毒袋口,以无菌操作开封取样,称取检样25g,放入装有适量玻璃珠的灭菌三角烧瓶内,将225mL温热的灭菌生理盐水徐徐加入(先用少量生理盐水将乳粉调成糊状,再全部加入以免乳粉结块),振摇使之充分溶解和混匀。

5. 乳酪

先用灭菌刀削去表面部分封蜡,用点燃的酒精棉球消毒表面,然后用灭菌刀切开乳酪,以无菌操作切取表层和深层检样各少许,称取25g置于含225mL灭菌生理盐水的均质器内打碎。

三、蛋与蛋制品样品的采集与处理

(一) 样品的采集和送检

(1) 鲜蛋用流水冲洗外壳,再用75%酒精棉球涂擦消毒后放入灭菌袋内,加封做好标记后送检。

(2) 巴氏消毒全蛋粉、蛋黄粉、蛋白片 将包装铁箱上开口处用75%酒精棉球消毒,然后将盖开启,用灭菌的金属制双层旋转式套管采样器斜角插入箱底,使套管旋转收取检样,再将采样器提出箱外,用灭菌小匙自上、中、下部收取检样,装入灭菌广口瓶中,每个检样质量不少于100g,标明后送检。

(3) 巴氏消毒冰全蛋、冰蛋黄、冰蛋白　先将铁听开口处用75%酒精棉球消毒，然后将盖开启，用灭菌电钻由顶到底斜角钻入，徐徐钻取检样，然后抽出电钻，从中取出250g检样装入灭菌广口瓶中，标明后送检。

(4) 对成批产品进行质量鉴定时的采样数量　巴氏消毒全蛋粉、蛋黄粉、蛋白片等产品以一日或一班生产量为一批，检验沙门菌时，按每批总量5%抽样（即每100箱中抽检5箱，每箱一个检样），最少不得少于3个检样；测定菌落总数和大肠菌群时，每批按装听过程前、中、后取样3次，每次取样100g，每批合为一个检样。

巴氏消毒冰全蛋、冰蛋黄、冰蛋白等产品按每500kg取样一件。菌落总数测定和大肠菌群测定时，在每批装听过程前、中、后取样3次，每次取样100g合为一个检样。

(二) 检样的处理

1. 鲜蛋外壳

用灭菌生理盐水浸湿的棉拭子充分擦拭蛋壳，然后将棉拭子直接放入培养基内增菌培养，也可将整只鲜蛋放入灭菌小烧杯或培养皿中，按检样要求加入定量灭菌生理盐水或液体培养基，用灭菌棉拭子将蛋壳表面充分擦洗后，以擦洗液作为检样检验。

2. 鲜蛋蛋液

将鲜蛋在流水下洗净，待干后再用75%酒精棉球消毒蛋壳，然后根据检验要求，开蛋壳取出蛋白、蛋黄或全蛋液，放入带有玻璃珠的灭菌瓶内充分摇匀待检。

3. 全蛋粉、巴氏消毒全蛋粉、蛋白片、冰蛋黄

将检样放入带有玻璃珠的灭菌瓶内，按比率加入灭菌生理盐水充分摇匀待检。

4. 巴氏消毒冰全蛋、冰蛋白、冰蛋黄

将装有冰蛋检样的瓶子浸泡于流动冷水中，待检样融化后取出，放入带有玻璃珠的灭菌瓶内，充分摇匀待检。

5. 各种蛋制品沙门菌增菌培养

以无菌操作称取检样，接种于缓冲蛋白胨水中（此培养基预先置于盛有适量玻璃珠的灭菌瓶内），盖紧瓶盖，充分摇匀，然后放入（36±1）℃温箱中培养8~18h。

6. 接种以上各种蛋与蛋制品数量及培养基的数量和浓度

凡用亚硒酸盐胱氨酸和四硫黄酸钠煌绿进行增菌培养时，各种蛋与蛋制品的检样接种数量都为25g。

四、水产食品样品的采集与处理

(一) 样品的采集和送检

现场采取水产食品样品时，应按检验目的和水产品的种类确定采样量。除个别大型鱼类和海兽只能割取其局部作为样品外，一般都采完整的个体，待检验时再按要求在一定部位采取检样。以判断质量鲜度为目的时，鱼类和体型较大的贝甲类虽然应以个体为一件样品，单独采取，但若需对一批水产品进行质量判断时，应采取多个个体做多件检样以反映全面质量；鱼糜制品（如灌肠、鱼丸等）和熟制品采取250g，放入灭菌容器内。

水产食品含水较多，体内酶的活力旺盛，容易发生变质。采样后应在3h以内送检，在送检过程中一般加冰保藏。

（二）检样的处理

1. 鱼类（采取检样的部位为背肌）

用流水将鱼体体表冲净、去鳞，再用75%酒精的棉球擦净鱼背，待干后用灭菌刀在鱼背部沿脊椎切开5cm，沿垂直于脊椎的方向切开两端，使两块背肌分别向两侧翻开，用无菌剪子剪取25g鱼肉，放入灭菌乳钵内，用灭菌剪子剪碎，加灭菌海砂或玻璃砂研磨（有条件的情况下可用均质器），检样磨碎后加入225mL灭菌生理盐水，混匀成稀释液。

鱼糜制品和熟制品应放在乳钵内进一步捣碎后，再加入生理盐水混匀成稀释液。

2. 虾类（采取检样的部位为腹节内的肌肉）

将虾体在流水下冲净，摘去头胸节，用灭菌剪子剪除腹节与头胸节连接处的肌肉，然后挤出腹节内的肌肉，称取25g放入灭菌乳钵内，以后操作同鱼类检样处理。

3. 蟹类（采取检样的部位为胸部肌肉）

将蟹体在流水下冲净，剥去壳盖和腹脐，去除鳃条，再置流水下冲净。用75%酒精棉球擦拭前后外壁，置灭菌搪瓷盘上待干。然后用灭菌剪子剪开成左右两片，用双手将一片蟹体的胸部肌肉挤出（用手指从足根一端向剪开的一端挤压），称取25g，置灭菌乳钵内。以下操作同鱼类检样处理。

4. 贝壳类（采样部位为贝壳内容物）

用流水刷洗贝壳，刷净后放在铺有灭菌毛巾的清洁的搪瓷盘或工作台上，采样者将双手洗净，75%酒精棉球涂擦消毒，用灭菌小钝刀从贝壳的张口处缝隙中缓缓切入，撬开壳、盖，再用灭菌镊子取出整个内容物，称取25g置灭菌乳钵内，以下操作同鱼类检样处理。

以上检样处理的方法和检验部位均以检验水产食品肌肉内细菌含量，从而判断其鲜度质量为目的。若检验水产食品是否污染某种致病菌时，检样部位应为胃肠消化道和鳃等呼吸器官；鱼类检取肠管和鳃；虾类检取头胸节内的内脏和腹节外沿处的肠管；蟹类检取胃；贝类中的螺类检取腹足肌肉以下的部分；贝类中的双壳类检取覆盖在足节肌肉外层的内脏和瓣鳃等。

五、清凉饮料样品的采集与处理

（一）样品的采集和送检

（1）瓶装汽水、果味水、果子露、鲜果汁水、酸梅汤、可乐型饮料 应采取原袋、原盒装样品；散装者应用无菌操作采取500mL，放入灭菌磨口瓶中。

（2）冰淇淋、冰棍 采取原包装样品；散装者用无菌操作采取，放入灭菌磨口瓶中，再放入冷藏或隔热容器中。

（3）食用冰块 取冷冻冰块放入灭菌容器内。

所有的样品采取后，应立即送检，最长不得超过3h。

（二）检样的处理

1. 瓶装饮料

用点燃的酒精棉球灼烧瓶口灭菌，用石炭酸纱布盖好，塑料瓶口可用75%酒精棉球擦拭灭菌，用灭菌开瓶器将盖开启，含有二氧化碳的饮料可倒入另一个灭菌容器内，口勿盖紧，覆盖一灭菌纱布，轻轻摇荡。待气体全部逸出后进行检验。

2. 冰棍

用灭菌镊子除去包装纸，将冰棍部分放入灭菌磨口瓶内，木棒留在瓶外，盖上瓶盖，用力抽出木棒，或用灭菌剪子剪掉木棒，置于45℃水浴30min。融化后立即进行检验。

3. 冰淇淋

放在灭菌容器内，待其融化，立即进行检验。

六、调味品样品的采集与处理

（一）样品的采集和送检

1. 酱油和食醋

装瓶者采取原包装，散装样品可用灭菌吸管采取。

2. 酱类

用灭菌勺子采取，放入灭菌磨口瓶内送检。

（二）检样的处理

1. 瓶装调味品

用点燃的酒精棉球灼烧瓶口灭菌，用石炭酸纱布盖好，再用灭菌开瓶器开启后进行检验。

2. 酱类

用无菌操作称取25g检样，放入灭菌容器内，加入灭菌蒸馏水225mL，制成混悬液。

3. 食醋

用20%~30%灭菌的碳酸钠溶液调pH到中性。

七、冷食菜、豆制品样品的采集与处理

（一）样品的采取和送检

1. 冷食菜

将样品混匀，采取后放入灭菌容器内。

2. 豆制品

采集接触盛器边缘、底部及上面不同部位样品，放入灭菌容器内。

（二）检样的处理

以无菌操作称取25g检样，放入225mL灭菌蒸馏水，制成混悬液。

八、糖果、糕点、果脯样品的采集与处理

糕点、果脯等此类食品大多是由糖、牛乳、鸡蛋、水果等为原料而制成的甜食。部分食品有包装纸，污染机会较少，但由于包装纸、盒不清洁，或没有包装的食品放于不洁的容器内也可造成污染。带馅的糕点往往因加热不彻底，存放时间长或温度高，可使细菌大量繁殖。带有裱花的糕点存放时间长时，细菌可大量繁殖，造成食品变质。

（一）样品的采集和送检

糕点、果脯可用灭菌镊子夹取不同部位样品，放入灭菌容器内；糖果采取原包装样品，采取后立即送检。

(二) 样品采集数量

1. 糕点

糕点如为原包装,用灭菌镊子夹下包装纸,采取外部及中心部位;如为带馅糕点,取外皮及内馅25g;裱花糕点,采取裱花及糕点部分各一半共25g,加入225mL灭菌生理盐水中,制成混悬液。

2. 果脯

果脯采取不同部位称取25g检样,加入灭菌生理盐水225mL,制成混悬液。

3. 糖果

糖果用灭菌镊子夹取包装纸,称取数块共25g,加入预温至45℃的灭菌生理盐水225mL,待溶化后检验。

九、酒类样品的采集与处理

酒类一般不进行微生物学检验,进行检验的主要是酒精度低的发酵酒。因酒精度低,不能抑制细菌生长。污染主要来自原料或加工过程中不注意卫生操作而沾染水、土壤及空气中的细菌,尤其是散装生啤酒,因不加热往往生存大量细菌。

(一) 样品的采集和送检

瓶装酒类应采取原包装样品;散装酒类应用灭菌容器采取,放入灭菌磨口瓶中。

(二) 检样的处理

1. 瓶装酒类

用点燃的酒精棉球灼烧瓶口灭菌,用石炭酸纱布盖好,再用灭菌开瓶器将盖开启,含有二氧化碳的酒类可倒入另一灭菌容器内,口勿盖紧,覆盖一纱布,轻轻摇荡,待气体全部逸出后,进行检验。

2. 散装酒类

散装酒类可直接吸取,进行检验。

十、粮食样品的采集与处理

粮食最易被霉菌污染,由于遭受到产毒霉菌的侵染,粮食不但发生霉败变质,造成经济上的巨大损失,而且能够产生各种不同性质的霉菌毒素。因此,加强对粮食中的霉菌检验具有重要意义。

(一) 样品的采集

根据粮囤、粮垛的大小和类型,按"三层五点法"取样,或分层随机采取不同的样品混匀,取500g左右做检验用,每增加1000g,增加一个混样。

(二) 样品的处理

为了分离侵染粮粒内部的霉菌,在分离培养前,必须先将附在粮粒表面的霉菌除去。取粮粒10~20g,放入灭菌的150mL三角瓶中,以无菌技术加入无菌水超过粮粒1~2cm,塞好棉塞充分振荡1~2min,将水倒净,再换水振荡,如此反复洗涤10次,最后将水弃去,将粮粒倒在无菌培养皿中备用。如为原粮(如玉米、小麦等)须先用75%酒精浸泡1~2min以脱去粮粒表面的蜡质,倾去酒精后再用无菌水洗涤粮粒,备用。

第四节　饮用水的卫生要求及水样的采集与处理

水是一种宝贵的自然资源，无论是工业生产、农业灌溉、交通运输还是日常生活都不能缺少水，水质量的好坏直接影响人类健康和食品质量的高低。

一、饮用水的卫生要求及标准

由于水中具备微生物生长繁殖的基本条件，如营养元素、溶解氧、pH、温度等而成为微生物栖息的第二大主要场所。自然水域中的微生物主要来自土壤、空气、动植物残体以及分泌排泄物、工业生产废物废水、城市生活污水等。许多土壤中的微生物在水体中也可以见到，但由于各水体营养物水平、酸碱度、渗透压、温度等的差异，各水域中所含微生物种类和数量各不相同。

（一）饮用水的卫生要求

为保障人类饮用水的卫生、安全，饮用水应满足以下几点要求：①流行病学上安全，没有传染病的危险。②毒理学上可靠，在饮用过程中不会产生毒害作用。③水质成分或化学组成适合人体生理需要，含有必要的营养物质而不会造成损害或不良影响。④感官上良好，没有臭味。

（二）饮用水、水源水卫生标准

饮用水、水源水卫生标准见表4-2。

表4-2　　　　　　　　　　饮用水、水源水卫生标准

	用途	大肠菌群个数/100mL	菌落总数/mL
饮用水	—	1L水中不超过3个	≤100
水源水	准备加氯消毒后供饮用的水	≤1000	—
	准备净化处理及加氯消毒后供饮用的水	≤10000	—

二、水样的采集与处理

水中含有大量的细菌，因此进行水的微生物检验，在保证饮水和食品安全及控制传染病上具有十分重要的意义。水样的采集与处理方法如下所示。

（1）注意无菌操作，防止杂菌混入　盛水容器在采样前须洗刷干净，并进行高温高压灭菌。常用的采水器是不锈钢采水器，其适用于微生物（细菌）等分析指标的水样采集以及含酸碱等腐蚀性样品的水样采集；适合于海洋中的海水采样。不锈钢取样器由桶体、带轴的两个半圆上盖和活动底板等组成，采样时液体从采水器中通过，可以在需要的深度提取样品，而且取样准确。常见的采水器规格有：500、1000、2500mL，如图4-2所示。

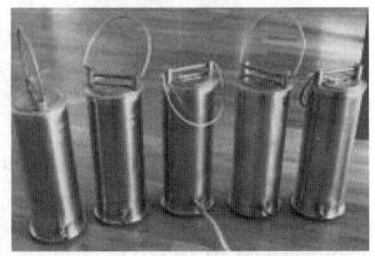

图4-2　不锈钢采水器

（2）取自来水时，需先用清洁布将水龙头擦干，再用酒精灯灼烧水龙头灭菌，然后把水龙头完全打开，放水5~10min后再将水龙头关小，采集水样。经常取水的水龙头放水1~3min即可采集水样。

（3）采取江、湖、河、水库、蓄水池、游泳池等地面水源的水样时，一般在居民常取水的地点，应先将无菌采水器浸入水下10~15cm，井水在水下50cm深处，然后掀起瓶塞采集水样，流动水区应分别采取靠岸边及水流中心的水。

（4）采取经氯处理的水样（如自来水、游泳池水）时，应在采样前按每500mL水样加入硫代硫酸钠粉末0.03g或浓度为1.5%的硫代硫酸钠水溶液2mL，目的是作为脱氯剂除去残余的氯，避免剩余氯对水样中细菌的杀害作用，而影响结果的可靠性。

（5）水样采取后，应于2h内送到检验室 若路途较远，应连同水样瓶一并置于6~10℃的冰瓶内运送，运送时间不得超过6h，洁净的水最多不超过12h。水样送到后，应立即进行检验，如条件不许可，则可将水样暂时保存在冰箱中，但不超过4h。

（6）运送水样时应避免玻璃瓶摇动，水样溢出后又回流瓶中，从而增加污染。

（7）检验时应将水样摇匀。

三、水样的检验

检验室一般只检验水中的菌落总数和大肠菌群最近似数，以此来判定水的卫生质量。至于水中致病菌的检验，方法复杂、时间较长，只有在某种特殊情况下，如流行病学调查时才有必要进行。

（一）水中菌落总数的测定

1. 测定细菌总数的意义

在37℃营养琼脂培养基中能生长的细菌代表在人体温度下能繁殖的腐生细菌，细菌总数越大，说明水污染也越严重，因此这项测定有一定的卫生学意义；当水被人畜粪便及其污染物污染时，细菌就会大量繁殖，细菌总数急剧增加，说明水中有大量有机腐败产物，从而推测有致病菌污染的可能，但不能据此判断水被粪便污染；水中细菌总数可用来判断水质的清洁程度，卫生学意义不如大肠菌群，含有少量的致病菌的水比含有大量的腐生菌的水更可怕；对于检查自来水厂中各个处理设备的处理效率，细菌总数的测定则有一定的实用意义，因为如果设备的运转稍有失误，立刻就会影响到水中细菌的数量。

细菌总数按定义表示为能适应特定的培养条件而生长的总细菌菌落数量，而不是水中所有的细菌数；37℃的确定主要是致病菌的最适生长温度为37℃，又是人体体温，这种条件下检出的细菌都可在人体内繁殖和致病；细菌总数的评价有局限性，但具有相对性，尤其对水处理的效果方面有一定的作用。

2. 细菌总数的测定

将1mL被检水样接种于营养琼脂培养基中，在37℃下培养24h后，数出生长的细菌菌落数，然后根据接种的水样数量及稀释比即可算出每毫升水中所含的细菌总数。具体见第六章第一节。

（二）水中大肠菌群的测定

在正常情况下，肠道中主要有大肠菌群、粪链球菌和厌氧芽孢杆菌三类。这些细菌都可随人畜排泄物进入水源，由于大肠菌群在肠道内数量最多，在外界环境中生存条件与肠道致病菌相似，所以水源中大肠菌群数可作为一项重要指标直接反映水源受人畜排泄物污染的程度，因而对饮用水均须进行大肠菌群的检查。

大肠菌群是指在37℃，24h能发酵乳糖产酸、产气，需氧或兼性厌氧革兰染色阴性无芽孢杆菌。水中大肠菌群是指以100mL水检样内允许含有大肠菌群数的实际数值，以大肠菌群最近似数（MPN）表示。

水中大肠菌群的检验方法中，常用的发酵法可适用于各种水样的检验，但操作繁琐，时间长。滤膜法仅适用于自来水和深井水，操作简便、快速，但不适用于杂质太多、易于阻塞滤孔的水样。

1. 发酵法

（1）生活饮用水或食品生产用水的检验

① 初步发酵试验：在2个各装有50mL的3倍浓缩乳糖胆盐蛋白胨培养液的大试管或烧瓶中（内有倒置小管），以无菌操作各加水样100mL。在10支装有5mL的三料乳糖胆盐发酵管中（内有倒置小管），以无菌操作各加入水样10mL。如果饮用水的大肠菌群数变异不大，也可接种3份100mL水样。摇匀后，37℃培养24h。

② 平板分离：经培养24h后，将产酸产气及只产酸的发酵管，分别接种于伊红美蓝琼脂（Eosin-methylene blue aga）或远藤琼脂（Endo's medium aga）、麦康凯琼脂（Mac conkey aga，MA）等培养基上，37℃培养18~24h。大肠杆菌在伊红美蓝琼脂平板上，菌落呈紫黑色，具有或略带金属光泽；远藤琼脂平板上，菌落呈淡粉红色；MA板上菌落呈玫瑰红色。挑取符合上述特征的菌落进行涂片，革兰染色，并镜检。

③ 复发酵试验：将革兰染色阴性无芽孢杆菌菌落的另一部分接种于单料乳糖胆盐发酵管中，为防止遗漏，每管可接种来自同一初发酵管的最典型的菌落1~3个，37℃培养24h，有产酸产气者，即证实有大肠菌群存在。

④ 报告：根据证实有大肠菌群存在的复发酵管的阳性管数，查大肠菌群检索表（表4-3、表4-4），报告每升水样中的大肠菌群数。

表4-3　　　　　　　　　　大肠菌群检索表（饮用水）

1000mL水量的阳性瓶数	0	1	2	备注
	每升水样中大肠菌群数	每升水样中大肠菌群数	每升水样中大肠菌群数	
0	<3	4	11	
1	4	8	18	
2	7	13	27	
3	11	18	38	
4	14	24	52	接种水样总量300mL
5	18	30	70	（100mL 2份，10mL 10份）
6	22	36	92	
7	27	43	120	
8	31	51	161	
9	36	60	230	
10	40	69	>230	

表 4-4　　　　　　　　　　　　大肠菌群数差异不大的饮用水

阳性管数	0	1	2	3	接种水样总量300mL（100mL，3份）
1L水样中大肠菌群数	<3	4	11	>18	

（2）水源水的检验　用于培养的水量，应根据预计水源水的污染程度选用下列各量。

严重污染水：1、0.1、0.01、0.001mL 各 1 份。

中度污染水：10、1、0.1、0.01mL 各 1 份。

轻度污染水：100、10、1、0.1mL 各 1 份。

大肠菌群差异不大的水源水：10mL 10 份。

操作步骤同生活饮用水或食品生产用水的检验，同时应注意，接种量1mL及1mL以下者，用单料乳糖胆盐发酵管，接种量在1mL以上者，用双料乳糖胆盐发酵管。然后根据证实有大肠菌群存在的阳性管（瓶）数，查表4-5至表4-8，并报告每升水中的大肠菌群数。

2. 滤膜法

滤膜法所使用的滤膜为微孔滤膜。将水样注入已灭菌的放有滤膜的滤器中进行抽滤，细菌可均匀地被截留在滤膜上，然后将滤膜贴于大肠杆菌选择性培养基上进行培养。再鉴定滤膜上生长的大肠菌群菌落，计算出每升水样中含有的大肠菌群数。

表 4-5　　　　　　　　　　　　大肠菌群检验表（严重污染的水）

接种水样量/mL				每升水样中大肠菌群数	备注
1	0.1	0.01	0.001		
—	—	—	—	<900	
—	—	—	+	900	
—	—	+	—	900	
—	+	—	—	950	
—	—	+	+	1800	
—	+	—	+	1900	
—	+	+	—	2200	
+	—	—	—	2300	接种水样总量为1.111mL（1、0.1、0.01、0.001mL各1份）
—	+	+	+	2800	
+	—	—	+	9200	
+	—	+	—	9400	
+	—	+	+	18000	
+	+	—	—	23000	
+	+	—	+	96000	
+	+	+	—	238000	
+	+	+	+	>238000	

表 4-6　　　　　　　　　　大肠菌群检验表（中度污染水）

接种水样量/mL				每升水样中大肠菌群数	备注
10	1	0.1	0.01		
—	—	—	—	<90	
—	—	—	+	90	
—	—	+	—	90	
—	+	—	—	95	
—	—	+	+	180	
—	+	—	+	190	
—	+	+	—	220	接种水样总量为 11.11mL（10、1、0.1、0.01mL 各 1 份）
+	—	—	—	230	
—	+	+	+	280	
+	—	—	+	920	
+	—	+	—	940	
+	—	+	+	1800	
+	+	—	—	2300	
+	+	—	+	9600	
+	+	+	—	23800	
+	+	+	+	>23800	

表 4-7　　　　　　　　　　大肠菌群检验表（轻度污染水）

接种水样量/mL				每升水样中大肠菌群数	备注
100	10	1	0.1		
—	—	—	—	<9	
—	—	—	+	9	
—	—	+	—	9	
—	+	—	—	9.5	
—	—	+	+	18	
—	+	—	+	19	
—	+	+	—	22	接种水样总量为 111.1mL（100、10、1、0.1mL 各 1 份）
+	—	—	—	23	
—	+	+	+	28	
+	—	—	+	92	
+	—	+	—	94	
+	—	+	+	180	
+	+	—	—	230	
+	+	—	+	960	
+	+	+	—	2380	
+	+	+	+	>2380	

表 4-8　　　　　　　　　　　　　　大肠菌群差异不大的水源水

阳性管数	0	1	2	3	4	5	6	7	8	9	10
1L 水样中大肠菌群数	<10	11	22	36	51	69	92	120	160	230	>230
备注				接种水样总量100mL（10mL，10份）							

（1）准备工作

① 滤膜灭菌：将 3 号滤膜放入烧杯中，加入蒸馏水，置于沸水浴中蒸煮灭菌 3 次，每次 15min，前两次煮沸后需要换水洗涤 2~3 次，以除去残留溶剂。

② 滤器灭菌：准备容量为 500mL 的滤器，用 121℃ 高压灭菌 20min，也可用点燃的酒精棉球火焰灭菌。

③ 培养：将品红亚硫酸钠培养基放入 37℃ 培养箱内保温 30~60min。

（2）过滤水样

① 用无菌镊子夹取灭菌滤膜边缘部分，将粗糙面向上贴放于已灭菌的滤床上，轻轻固定好滤器的漏斗。待水样摇匀后，取 333mL 注入滤器中，加盖，打开滤器阀门在 -50kPa 大气压下进行抽滤。

② 滤完后抽气约 5s，关上滤器阀门，取下滤器。用无菌镊子夹取滤膜边缘部分，移放在预温好的品红亚硫酸钠培养基上，将滤膜截留细菌面向上并与培养基完全紧贴，两者间不得留有间隙或气泡。如有气泡可用镊子轻轻压实，倒放在 37℃ 培养箱内培养 16~18h。

（3）结果判定

① 挑选符合下列特征的菌落进行革兰染色：紫红色，具有金属光泽的菌落；深红色，不带或略带金属光泽的菌落；淡红色，中心颜色较深的菌落。

② 凡属于革兰染色阴性无芽孢杆菌，再接种于乳糖蛋白胨半固体培养基中，37℃ 培养 6~8h 产气者，则判定为大肠菌群。

③ 1L 水样中大肠菌群数等于滤膜上生长的大肠菌群菌落数乘以 3。

（三）水中病原菌的检验

水中一般不进行病原菌的检验。在水源性传染病（如霍乱、伤寒、痢疾）流行时，可对怀疑的水源做病原菌检验。可将灭菌滤膜或滤板安装在滤菌器内，将 1000~3000mL 水样通过滤菌器，然后取滤膜或滤板放在增菌液内（如碱性蛋白胨水）进行增菌培养，然后按有关病原菌的检验方法进行进一步检验。

第五节　生产环境的卫生标准及空气样品的采集与处理

一、生产环境的卫生标准及消毒方法

（一）空气中微生物的来源和分布

空气中不含微生物生长可直接利用的营养物质及充足的水分，加上日光中紫外线的照射，并不是微生物生活的天然环境，所以空气中的微生物含量很少。但是，无论什么地方的空气中都含有数量不等、种类不同的微生物，其主要来源于土壤中飞扬起来的尘埃、水面吹起的小水滴、人和动物体表的干燥脱落物，以及呼吸道分泌物和排泄物等。

空气中微生物的地域分布差异很大（表4-9），在公共场所、医院、宿舍、城市街道等尘埃多的空气中，微生物的含量较高；而在海洋、高山、高空、森林等尘埃较少的空气中，微生物的含量较少，甚至无菌。此外，空气中微生物的数量和种类还受温度、季节等多种因素的影响。

表 4-9　　　　　　　　　空气中微生物的地域分布

地点	空气含菌数/（个/m^3）	地点	空气含菌数/（个/m^3）
畜舍	1000000~2000000	公园	200
宿舍	20000	海面上	1~2
城市街道	5000	北极	0~1

（二）空气的卫生标准

如表4-10所示，空气中的卫生是以常存于口腔和鼻腔中的链球菌作为主要指标的，通常以1m^3中菌落总数的多少及链球菌数的多少来表示。

表 4-10　　　　室内（限于通风不良的房屋）空气的卫生标准（供参考）

房屋室内空气清洁程度	夏季		冬季	
	菌落总数/（个/m^3）	溶血性链球菌与绿色链球菌	菌落总数/（个/m^3）	溶血性链球菌与绿色链球菌
清洁	<1500	<26	<4500	<36
污染	>2500	>36	>7000	>124

注：①大量的大肠杆菌和魏氏梭菌存在时，说明空气被含粪便的尘土污染。②大量的变形杆菌存在时，说明空气被各种腐败物质的分解物污染。③各种需氧芽孢杆菌存在时，表示空气被尘土污染。

（三）空气的消毒方法

在进行微生物检验、外科手术、生物药品制造以及其他方面的微生物学研究时必须保持周围空气中无菌，这也就需要对空气进行消毒或灭菌。

在密闭的场所内，可采用稀释的消毒液喷雾，以达到灭菌或使其沉降的目的。用紫外灯光照射无菌室，也可以杀死空气中的微生物，时间应不少于45min，还应注意关闭紫外灯后不能立即开日光灯，应保持15min左右的黑暗，从而彻底杀灭微生物。

此外，还可以应用熏蒸法来消灭空气中的微生物，最常用的消毒剂是福尔马林。在密闭的房间内，置高锰酸钾1份于一较深的缸中，加入福尔马林两份（质量体积比），操作者迅速退出，将房门关紧，24h后开门通气，消毒结束。每1000m^3的空间应使用高锰酸钾250g和福尔马林500mL。因为福尔马林刺激性过大，可用乳酸熏蒸，或用三乙烯乙二醇喷雾，效果也很好。

二、空气样品的采集与处理

空气是人类、畜禽传播疾病的主要媒介。因此,测定空气中微生物的数量和种类,对于保证食品的安全性以及预防某些传染病都有着十分重要的意义。

空气样品的微生物检验,通常是测定 $1m^3$ 空气中的细菌数和空气污染的标志菌(溶血性链球菌和绿色链球菌),只有在特殊情况下才进行病原微生物的检查。空气体积大,菌数相对稀少,并因气流、日光、温度及湿度和人、动物的活动,使细菌在空气中的分布和数量不稳定,即使在同一室内,分布也不均匀,检查时常得不到精确的结果。

空气的采样方法,常见的有以下三种,即直接沉降法、过滤法、气流撞击法。气流撞击法最为完善,因为这种方法能较准确地表示出空气中细菌的真正含量。

(一)直接沉降法

在检验空气中细菌含量的各种沉降法中,郭霍简单培养皿法是最早的方法之一。郭霍简单培养皿法就是将琼脂平板或血琼脂平板放在空气中暴露一定时间 t,然后于37℃培养48h,计算所生长的菌落数,按奥梅梁斯基计算法,即在面积 A 为 $100cm^2$ 的培养基表面,5min 沉降下来的细菌数相当于10L 空气中所含的细菌数(N)。见式(4-1)。

$$1m^3 \text{细菌数} = 1000 \div \left(\frac{A}{100} \times t \times \frac{10}{5}\right) \times N \tag{4-1}$$

将上述公式简化后得式(4-2):

$$1m^3 \text{细菌数} = \frac{50000}{At} \times N \tag{4-2}$$

由于应用上述方法检验出空气中的细菌数约比克罗托夫仪器获得的菌数少 2/3。因此,有人建议将面积 $100cm^2$ 的培养基(培养皿直径约为 11cm)暴露 5min 后,即放入37℃下培养 24h,所得的细菌数可看作 3L(而不是 10L)空气中所含有的细菌数。

$$1m^3 \text{细菌数} = 1000 \div \left(\frac{A}{100} \times t \times \frac{3}{5}\right) \times N \approx \frac{167000}{At} N$$

设:$A = 100cm^2$,$t = 5min$

则:

$$1m^3 \text{细菌数} = \frac{167000}{At} \times N = 334N$$

(二)过滤法

过滤法的原理是使定量的空气通过吸收剂,而后培养吸收剂,计算出菌落数。

如图 4-3 所示,使空气通过盛有定量无菌生理盐水及玻璃珠的三角瓶。液体能阻挡空气中的尘粒通过,并吸收附着其上的细菌,通过空气时须振荡玻璃瓶数次,使得细菌充分分散于液体内,然后将此生理盐水 1mL 接种至琼脂培养基,在37℃下培养 48h,计算菌落数。由已知吸收空气的体积和液体量推算出 $1m^3$ 空气中的细菌数,见式(4-3)。若欲检查空气中病原微生物,可接种于特殊培养基上观察。

图 4-3 过滤法收集空气样品装置

$$1\text{m}^3 \text{细菌数} = \frac{1000NV}{V'} \tag{4-3}$$

式中　V——吸收液体体积，mL

　　　V'——滤过空气量，L

　　　N——细菌数，个

检验空气也可采用滤膜法，其步骤是：在无菌滤器上放两块圆形的灭菌滤纸，然后再放上滤膜，把滤器拧紧，以每分钟 5~10L 的速度吸取检验所需的空气 50~100L。将滤膜轻轻取下，平放在培养基表面，经过培养后，各种菌落可在滤膜上生长出来。也可将滤膜上的细菌用无菌水洗下，以洗液做倾注培养。

（三）气流撞击法

气流撞击法需要特殊仪器，如 LMC-1 型离心式空气生物采样器、克罗托夫采样器、安德森采样器、JWC 型空气生物采样器等，空气通过采样器，使含菌气流撞击到琼脂平面，细菌即滞留在琼脂表面上，根据培养计数和气样量，算出空气细菌总数。该方法对细菌捕获率较高，定量相对准确，但需特殊仪器，在基层不易推广，也存在一定问题，如采气量受电流、电压的变化影响，现场采样面小，采样时间短，致使测定结果的代表性不够强等。

直接沉降法的培养皿琼脂表面接受自然沉降的含菌粒子，并以每 100cm^2 培养皿，5min 接收的细菌相当于 10L 空气的含菌量为基础，推算每立方米空气含菌量。实际调查研究表明，培养皿沉降法测定的细菌总数比撞击法多，培养皿沉降法易受气流影响，重复样品偏差比撞击法大也是该法不足之处。尽管如此，培养皿沉降法优点很多，如不需特殊仪器，操作简便，采样面大，与撞击法的测定结果密切相关。为了便于培养皿沉降法调查资料的可比性，建议统一布点、统一采样的数量和方法以及培养基成分、培养温度和时间。为了提高最低检出量和减少重复样品的偏差，每个调查点最少应设置 5 个直径 9cm 培养皿，暴露时间保证 10min。

虽然微生物在空气中是不均匀的分散相，时空变化也较大，任何方法采样的结果都不能百分之百得到微生物的实际数量，培养基种类、培养温度和时间也都限制一些微生物长出的数量，仪器采样也只是比培养皿沉降采样更接近一些实际数量，但实际调查结果表明，仪器法和培养皿沉降法的测定结果都能反映空气中微生物的污染趋势。

三、空气样品的检验

（一）空气中菌落总数的测定

空气中菌落总数的测定选用普通营养琼脂培养基，按上述方法取样，经培养后计数。

（二）空气中链球菌的检验

链球菌的检验可应用上述空气中菌落总数检验 3 种方法中的任一种，只要用血琼脂平板代替普通琼脂平板即可。一般用血琼脂平板做沉降法检验，经培养后，计算培养基上溶血性链球菌和绿色链球菌数，经涂片，革兰染色，镜检证实。

（三）空气中霉菌的检验

空气中霉菌的检验，可用马铃薯琼脂培养基或玉米粉琼脂培养基曝置在空气中做直接沉降法检验，（27±1）℃培养 3~5d 计算霉菌菌落数。

第六节　食品生产工具样品的采集与处理

在食品的生产过程中，食品的原料都是含菌的，经过清洗、紫外线照射、蒸煮、烘烤、超高温杀菌等加热杀菌工艺后，微生物含量急剧下降或达到商业性无菌状态。但是，这些经过高温制作的食品在冷却、输送、灌装、封口、包装过程中，往往会被微生物二次污染。因此，除保持空气的清洁度和生产人员的卫生外，保持与食品直接接触的各种机械设备的清洁卫生和无菌，是防止和减少成品二次污染的关键。

一、食品生产工具样品的采集与处理

（一）表面擦拭法

设备表面的微生物检验，也常用表面擦拭法进行取样，一般是用刷子擦洗法或海绵擦拭法。

1. 刷子擦洗法

刷子擦洗法是指用无菌刷子在无菌溶液中蘸湿，反复刷洗设备表面 $200\sim400cm^2$ 的面积，然后把刷子放入盛有 225mL 无菌生理盐水的容器中充分洗涤，将此含菌液进行微生物检验。

2. 海绵擦拭法

海绵擦拭法是指用无菌镊子或戴橡胶手套取体积为 4cm×4cm×4cm 的无菌海绵或无菌脱脂棉球，浸蘸无菌生理盐水，反复擦洗设备表面 $100\sim200cm^2$，然后将带菌海绵或脱脂棉球放入 225mL 无菌生理盐水中，进行充分洗涤，将此含菌液进行微生物检验。

（二）冲洗法

一般容器和设备可用一定量无菌生理盐水反复冲洗与食品接触的表面，然后用倾注法检查此冲洗液中的活菌总数，必要时进行大肠菌群或致病菌项目的检验。

对于较大型设备，可以用循环水通过设备。采集定量的冲洗水，用滤膜法进行微生物检测。

二、食品生产工具样品的检验

一般情况下，设备卫生的微生物检验只进行菌落总数的测定，报告设备表面每平方厘米的含菌量。特殊情况下，需再进行大肠菌群检测、致病菌或特殊目标菌检验，具体内容参考后面有关内容。

第五章　食品微生物检验基础实验技术

第一节　生理生化实验技术

各种微生物均含有各自独特的酶系统，用于进行合成代谢及分解代谢。在代谢过程中产生的分解产物及合成产物也有各自的特点，因此可借以区分和鉴定微生物的种类。通过利用生物化学的方法来测定微生物的代谢产物、代谢方式和条件等，从而鉴别细菌的类别、属种的实验称为生化实验或生化反应。

一、生理生化实验的原理及方法

食品中致病菌的检验，首先通过观察菌落的特征和革兰染色形态学进行初步鉴定。对分离的未知致病菌要鉴定其属或种，主要通过生理生化实验和血清学反应来完成，故生理生化实验是建立在菌落特征和形态染色反应基础上的。未知致病菌的鉴定最后还要依赖血清学实验。

生理生化实验是将已分离细菌菌落的一部分，接种到一系列含有特殊物质和指示剂的培养基中，观察所要分离的微生物在培养基内生长时所引起的培养基 pH 改变，是否产生某种特殊的代谢产物。生化实验的项目很多，应根据检验目的需要适当选择，现将一些常用的方法介绍如下。

（一）糖类代谢实验

糖类代谢实验主要用于观察微生物对某些糖类分解的能力以及不同的分解产物，从而进行微生物学鉴定。

1. 糖（醇、苷）类发酵实验

（1）原理　不同的细菌含有发酵不同糖（醇、苷）类的酶，所以分解糖（醇、苷）类的能力各不相同，即使能分解同一种糖（醇、苷）类，其代谢产物也可能因不同的细菌而不同，有的细菌分解糖类只产酸不产气，有的细菌既产酸又产气，因此可以利用糖（醇、苷）类发酵实验对细菌进行鉴别。细菌分解糖（醇、苷）类以后所生成的酸，可以降低培养基的 pH，使酸碱指示剂变色，所以可以通过观察培养基颜色的变化判定细菌是否分解糖（醇、苷）类；如果细菌分解糖（醇、苷）类时除了产酸外，还产生大量的气体，可在液体培养基试管中放置一个小导管（发酵管或杜氏小管），以便观察，也可以利用半固体培养基观察气体。

可以供糖（醇、苷）类发酵实验的碳水化合物有单糖类（葡萄糖、果糖、甘露糖、半乳糖、阿拉伯糖、木糖、鼠李糖、核糖）、双糖（麦芽糖、乳糖、蔗糖、海藻糖、纤维二糖）、三糖（棉籽糖、落叶松糖）、多糖（菊糖、淀粉、肝糖、糊精）、醇类（甘油、赤丝藻醇、侧金盏花醇、阿拉伯糖醇、木糖醇、甘露醇、卫矛醇、肌醇和山梨醇）和糖苷类（水杨苷、七叶苷、松柏苷、熊果苷、苦杏仁苷、α-甲基葡萄糖苷）。一般糖（醇、苷）类在培养基中的含量为5~10g/L。糖（醇、苷）类发酵培养基中常用的指示剂有：溴麝香草酚蓝、溴甲酚紫、酸性复红、酚红等，其中以溴麝香草酚蓝的反应较为敏感，因此最为常用。

（2）培养基　液体糖发酵管最常用，也可以采用半固体糖发酵管或固体斜面培养基做糖（醇、苷）类发酵实验。

（3）实验方法　将分离得到的待试菌纯种培养物接种到糖（醇、苷）类发酵培养基（液体、半固体或固体斜面）中，于（36±1）℃培养，一般2~3d观察结果，迟缓反应需培养14~30d。若用微量发酵管或需要长时间培养时，注意保持一定的湿度，防止培养基干燥。

（4）应用　糖（醇、苷）类发酵实验是鉴定细菌的生化反应中最常用的重要方法，特别是肠杆菌科的细菌鉴定。如大肠杆菌能分解乳糖和葡萄糖，而沙门菌只能分解葡萄糖，不能分解乳糖。大肠杆菌有甲酸解氢酶，能将分解糖所生成的甲酸进一步分解成二氧化碳和氢气，故产酸又产气，而沙门菌无甲酸解氢酶，分解葡萄糖仅产酸而不产气。在进行大肠菌群测定时，就是根据这一原理而采用乳糖发酵实验进行验证的。

2. 葡萄糖代谢类型鉴别实验

此实验又被称为氧化/发酵实验、O/F实验或是Hugh-Leifson（HL）实验。

（1）原理　某些细菌在分解葡萄糖的过程中，必须有分子氧参加的为氧化型，氧化型的细菌在无氧的环境中不能分解葡萄糖；细菌在分解葡萄糖的过程中，可以进行无氧降解的，称为发酵型。发酵型的细菌不论在有氧或无氧的环境中都可以分解葡萄糖；不分解葡萄糖的细菌，称为产碱型。

（2）培养基　Hugh-Leifson（HL）培养基。

（3）实验方法　挑取待试菌纯种培养物分别穿刺接种到两支Hugh-Leifson培养基中，其中一支接种后滴加熔化的10g/L琼脂液于培养基表面，也可加灭菌液体石蜡或凡士林，高度约1cm，于（36±1）℃培养，一般培养48h以上，观察结果。

（4）结果判断　结果见表5-1。

表5-1　　　　　　　　　葡萄糖代谢类型鉴别实验结果

反应类型	封口的培养基	开口的培养基
氧化型	不变	产酸（变黄）
发酵型	产酸（变黄）	产酸（变黄）
产碱型	不变	不变

（5）应用　主要用于鉴别葡萄球菌（发酵型）和微球菌（氧化型）。更重要的是对革兰染色阴性杆菌的鉴别，肠杆菌科的细菌全是发酵型，而绝大多数非发酵菌则为氧化型或产碱型细菌。

3. 甲基红（MR）实验

（1）原理　某些微生物如大肠杆菌、志贺菌等，在糖代谢过程中能够分解葡萄糖产生丙酮酸，丙酮酸进一步分解而生成甲酸、乙酸、乳酸、琥珀酸等，酸类增多而使培养基的酸度增高；当培养基的pH降至4.5以下，甲基红指示剂（10mg甲基红溶于30mL 95%乙醇中，然后加入20mL蒸馏水）呈红色（即为阳性反应）。若细菌分解葡萄糖产酸量少，或产生的酸进一步转化为其他物质（如醇、酮、醛、气体和水）；培养基pH高于4.5，呈黄色（即阴性反应）。

（2）培养基　葡萄糖缓冲蛋白胨水。

（3）实验方法　挑取新鲜的待试培养物少许，接种于磷酸盐葡萄糖蛋白胨水培养基，于（36±1）℃或30℃（以30℃较好）培养3~5d，从第48小时起，每日取培养液1mL，加入甲基红指示剂1~2滴，立即观察结果。

（4）结果判断　鲜红色为阳性，橘红色为弱阳性，黄色为阴性。

（5）应用　主要用于大肠埃希菌和产气肠杆菌的鉴别，前者为阳性，后者为阴性。肠杆菌科中的肠杆菌属、哈夫尼亚菌属为阴性，而沙门菌属、志贺菌属、柠檬酸杆菌属、变形杆菌属等为阳性。

4. V-P实验

（1）原理　某些微生物如产气杆菌等能在分解葡萄糖产生丙酮酸后，再使丙酮酸脱羧成为中性的乙酰甲基甲醇，乙酰甲基甲醇在碱性环境下被空气中的氧所氧化，生成二乙酰（丁二酮），二乙酰与培养基中的精氨酸等所含的胍基结合，生成红色化合物，即V-P实验阳性。如果培养基中胍基太少时，可在培养基中加入肌酸、肌酐等，可加速反应。

（2）培养基　葡萄糖缓冲蛋白胨水。

（3）实验方法　将分离得到的待试菌纯种培养物接种到葡萄糖缓冲蛋白胨水中，于（36±1）℃培养2~5d，每1mL培养基中，加入6%α-萘酚-乙醇溶液0.5mL和40%氢氧化钾溶液0.2mL，充分振摇试管，观察结果。本实验可采用产气肠杆菌作为阳性对照菌，采用大肠埃希菌作为阴性对照菌。

（4）结果判断　阳性反应立刻或于数分钟内出现红色，如为阴性，应放在（36±1）℃下培养4h再进行观察。

（5）应用　本实验常与MR实验一起使用，一般情况下，前者为阳性的细菌，后者为阴性，反之亦然。但肠杆菌科的细菌并不一定都遵循此规律，如蜂房哈夫尼亚菌属和奇异变形杆菌的V-P实验和MR实验常同为阳性。

5. β-半乳糖苷酶实验

（1）原理　肠杆菌科的细菌发酵乳糖时，需要依靠两种不同系统的酶作用，一为半乳糖渗透酶，可将乳糖透过细胞壁，送到细菌细胞内；另一为β-半乳糖苷酶，可将乳糖分解成葡萄糖和半乳糖。具有上述两种酶的细菌，能迅速分解乳糖。当细菌只有β-半乳糖苷酶，而缺乏半乳糖苷渗透酶，或是其活性较弱，不能很快将乳糖运送到细菌细胞内，所以需要几天时间的培养才能迟缓分解乳糖。

2-硝基苯基-β-D-吡喃半乳糖苷（ONPG）是乳糖的类似物，且相对分子质量小，不需要半乳糖渗透酶就可进入细菌细胞中，ONPG由细菌细胞内的β-半乳糖苷酶分解为半乳糖和邻硝基酚，后者为黄色而使培养基呈现黄色。

（2）培养基　ONPG培养基。

（3）实验方法　挑取待试菌纯种培养物一满环接种于ONPG培养基中，于（36±1）℃

培养1~3h或24h观察结果。此反应可采用柠檬酸杆菌或亚利桑那菌属作为阳性对照菌,可采用沙门菌作为阴性对照菌。

(4) 结果判断　培养基呈现黄色为阳性结果,一般可在1~3h显色;24h不呈现黄色为阴性结果。

(5) 应用　由于本实验对于迅速及迟缓发酵乳糖的细菌均可在短时间内呈现阳性,因此可用于延缓发酵乳糖细菌的快速鉴定。埃希菌属、柠檬酸杆菌属、克雷伯菌属、肠杆菌属、哈夫尼亚菌属和沙雷菌属等为阳性反应,沙门菌、变形杆菌和普罗菲登斯菌属等为阴性反应。

6. 淀粉水解实验

(1) 原理　某些细菌可以产生淀粉酶,可将培养基中的淀粉水解为糖类,在培养基上滴加碘试剂后,可与培养基中未转化的淀粉作用呈深蓝色反应,而菌落周围的淀粉由于被淀粉酶水解与碘不发生反应而呈现透明圈。

(2) 培养基　淀粉血清琼脂平板。

(3) 实验方法　挑取待试菌纯种培养物划线接种于淀粉血清琼脂平板,于(36±1)℃培养24h,在菌落上滴加革兰碘液,观察结果。

(4) 结果判断　培养基呈深蓝色,菌落周围有透明圈为阳性,菌落周围没有透明圈为阴性。

(5) 应用　重型白喉棒状杆菌产生淀粉酶,能分解淀粉,可用于鉴定。

(二) 蛋白质及氨基酸代谢实验

1. 靛基质(吲哚)实验

(1) 原理　某些细菌具有色氨酸酶,能分解培养基中的色氨酸,产生靛基质,与对二甲氨基苯甲醛作用时,形成玫瑰吲哚而呈红色。

(2) 培养基　蛋白胨水或厌氧菌蛋白胨水。

(3) 试剂　以下两种试剂选其一即可。

① 柯凡克试剂:将5g对二甲氨基苯甲醛溶解于75mL戊醇中,然后缓慢加入浓盐酸25mL。

② 欧-波试剂:将1g对二甲氨基苯甲醛溶解于75mL 95%乙醇中,然后缓慢加入浓盐酸25mL。

(4) 实验方法　挑取分离得到的待试菌纯种培养物小量接种于蛋白胨水中,(36±1)℃培养1~2d,必要时可培养4~5d。观察结果时可加柯凡克试剂0.5mL,轻摇试管;或者加欧-波试剂0.5mL,沿管壁流下,覆盖培养基表面。

(5) 结果判断　阳性结果者加入柯凡克试剂后,试剂层为红色,或者加入欧-波试剂后,液面接触处呈玫瑰红色;不变色的为阴性结果。

(6) 应用　主要用于肠杆菌科细菌的鉴定。

2. 硫化氢实验

(1) 原理　某些细菌(如沙门菌、变形杆菌等)能分解培养基中的含硫氨基酸(如胱氨酸、半胱氨酸等)产生硫化氢,硫化氢遇到铅盐或铁盐,发生反应而生成黑色的硫化铅或硫化铁。

(2) 培养基　多用硫酸亚铁琼脂,也可采用醋酸铅试纸培养基或厌氧菌醋酸铅培养基。

（3）实验方法　挑取待试菌纯种固体琼脂培养物，沿硫酸亚铁琼脂管壁穿刺，如采用醋酸铅试纸培养基，穿刺后还要悬挂醋酸铅纸条，于（36±1）℃培养1~2d，观察结果。

（4）结果判断　试纸或培养基变成黑色为阳性结果，培养基和试纸均不变色则为阴性。

（5）应用　肠杆菌科中的沙门菌属、柠檬酸杆菌属、爱德华菌属和变形杆菌属多为阳性，其他菌属为阴性。沙门菌属中的甲型副伤寒沙门菌、仙台沙门菌和猪霍乱沙门菌等为阴性，部分伤寒沙门菌菌株也为阴性。

3. 尿素酶实验

（1）原理　某些细菌能产生尿素酶，将尿素分解产生氨，氨使培养基变为碱性，使酚红指示剂变为红色。培养基由黄色变为红色，为阳性，以此鉴别细菌。

（2）培养基　尿素琼脂或尿素液体培养基。

（3）实验方法　挑取待试菌纯种培养物在尿素琼脂斜面划线接种，也可挑取少量接种到尿素液体培养基中，（36±1）℃培养4~6h或24h，观察结果。

（4）结果判断　阳性者由于产生碱性物质使培养基变成红色，不变色者为阴性结果。

（5）应用　主要用于肠杆菌科中变形杆菌属的鉴定。奇异变形杆菌和普通变形杆菌尿素酶阳性，普罗菲登斯菌和摩氏摩根菌阳性，斯氏普罗菲登斯菌和碱化普罗菲登斯菌为阴性。

4. 氨基酸脱羧酶实验

（1）原理　某些细菌有氨基酸脱羧酶，可使氨基酸脱羧，产生胺类和二氧化碳。胺类的生成使培养基变成碱性，使酸碱指示剂溴甲酚紫变色呈深紫色。常用于脱羧酶实验的氨基酸有鸟氨酸、赖氨酸和精氨酸。

（2）培养基　氨基酸脱羧酶实验培养基。

（3）实验方法　从琼脂斜面上挑取待试菌纯种培养物接种于氨基酸脱羧酶实验培养基和对照培养基，于（36±1）℃培养18~24h，每天观察结果。本实验可设对照菌株，赖氨酸脱羧酶实验采用产气肠杆菌作为阳性指示菌，阴沟肠杆菌作为阴性指示菌；鸟氨酸脱羧酶实验可采用阴沟肠杆菌作为阳性指示菌，克雷伯菌作为阴性指示菌；精氨酸脱羧酶试验可采用阴沟肠杆菌作为阳性指示菌，产气肠杆菌作为阴性指示菌。

（4）结果判断　氨基酸脱羧酶阳性者由于产生碱性物质，培养基应呈紫色；阴性者无碱性产物，但因葡萄糖产酸而使培养基变为黄色。对照管应为黄色。

（5）应用　赖氨酸和鸟氨酸脱羧酶实验对沙门菌均为阳性，但伤寒沙门菌和鸡沙门菌鸟氨酸脱羧酶实验为阴性，甲型副伤寒沙门菌氨基酸脱羧酶实验为阴性；柠檬酸杆菌属和志贺菌属均为氨基酸脱羧酶实验阴性，但宋内志贺菌为鸟氨酸脱羧酶实验阳性，柠檬酸杆菌中少数为鸟氨酸脱羧酶实验阳性；埃希菌属结果不定。

5. 苯丙氨酸脱氨实验

（1）原理　某些细菌具有氨基酸脱氨酶，可使多种氨基酸发生氧化脱氨基作用，生成α-酮酸，进而与加入的三氯化铁试剂发生反应，呈现不同的颜色变化。例如，异亮氨酸和缬氨酸为橙色反应，甲硫氨酸为紫色反应，亮氨酸为灰紫色反应，组氨酸为绿色反应。

如果产生苯丙氨酸脱氨酶，能将苯丙氨酸氧化脱氨，形成苯丙酮酸。苯丙酮酸遇到三氯化铁时，即呈蓝绿色。延长反应时间，其产生的绿色会较快褪色。

（2）培养基　苯丙氨酸培养基。

（3）实验方法　自琼脂斜面上挑取大量待试菌纯种培养物，划线接种于苯丙氨酸琼脂中，在（36±1）℃培养18~24h。滴加10%三氯化铁溶液2~3滴，自斜面培养物上流下，观察结果。本实验可以采用普通变形杆菌作为阳性对照菌，以产气肠杆菌为阴性对照菌。

（4）结果判断　斜面呈现绿色为阳性结果；斜面不变色为阴性结果。

（5）应用　主要用于肠杆菌科中细菌的鉴定。变形杆菌属、摩根菌属和普罗菲登斯菌属细菌均为阳性，肠杆菌科中其他细菌均为阴性。

6. 明胶液化实验

（1）原理　有些细菌具有明胶酶（也称类蛋白水解酶），能将明胶先水解为多肽，又进一步将多肽水解为氨基酸，明胶失去凝胶性质，使培养基由固态变为液态。

（2）培养基　明胶培养基。

（3）实验方法　自琼脂斜面上挑取待试菌纯种培养物，穿刺接种于明胶培养基，在22~25℃培养，每天观察结果，记录液化时间，若采用（36±1）℃培养，因为明胶在此温度下自溶，故在观察结果前，先将培养基放在冰箱中30min，然后取出观察结果，不再重新凝固时为阳性结果。

（4）结果判断　在规定时间内培养基液化为阳性结果，没有液化的为阴性结果。

（5）应用　普通变形杆菌、奇异变形杆菌、沙雷菌和阴沟肠杆菌等能液化明胶，肠杆菌科中的其他细菌很少液化明胶。有些厌氧菌如产气荚膜梭菌、脆弱类杆菌也能液化明胶。另外，许多假单胞菌也能产生明胶酶而使明胶液化。

（三）呼吸酶类实验

1. 氧化酶实验

（1）原理　氧化酶即细胞色素氧化酶，是细胞色素呼吸酶系统的终端呼吸酶。做氧化酶实验时，此酶并不直接与氧化酶试剂发生反应，而是首先使细胞色素C氧化，然后氧化型的细胞色素C再使对苯二胺氧化，产生颜色反应，如果和α-萘酚结合，会生成吲哚酚蓝（靛酚蓝），呈蓝色反应。此实验与氧气和细胞色素C的存在有关。

（2）试剂

① 1%盐酸四甲基对苯二胺溶液或1%盐酸二甲基对苯二胺溶液，注意试剂配制好后盛于棕色磨口玻璃瓶内，置冰箱中可避光保存两周。

② 1% α-萘酚-乙醇溶液。

（3）实验方法

① 滤纸法：取白色洁净滤纸条，蘸取菌落少许，加试剂1滴，阳性者立即呈现粉红色，5~10s呈深紫色。再加α-萘酚1滴，阳性者于0.5min内呈现鲜蓝色，阴性于2min内不变色。

② 菌落法：以毛细滴管取试剂，直接滴加于菌落上，其显色反应同滤纸法。

本实验应避免接触含铁物质，否则易出现假阳性。可以采用铜绿假单胞菌作为阳性对照菌，采用大肠埃希菌作为阴性对照菌。

（4）应用　该实验用于区别革兰染色阴性杆菌中的肠杆菌科（阴性）及弧菌科（阳性）。奈瑟菌属细菌均为阳性，莫拉菌属细菌阳性。

2. 细胞色素氧化酶实验

（1）原理　此实验同氧化酶实验实际上为同一实验。待检菌如果有细胞色素氧化酶，在分子氧存在的情况下，首先使细胞色素 C 氧化，然后氧化型的细胞色素 C 再使对苯二胺氧化，并和 α-萘酚结合，生成吲哚酚蓝（靛酚蓝），呈蓝色反应。因此，此实验离不开氧气和细胞色素 C。

（2）试剂

① 1%盐酸二甲基对苯二胺溶液。

② 1% α-萘酚乙醇溶液。

（3）实验方法　取 37℃（或低于 37℃）培养 20h 的待试菌纯种斜面培养物一支，将两种试剂各 2~3 滴，从斜面上端滴下，并将斜面略加倾斜，使试剂混合液流经斜面上的培养物，如果是平板培养物，则可直接用试剂混合液滴在菌落上。本实验应避免接触含铁物质，否则易出现假阳性。可以采用铜绿假单胞菌作为阳性对照菌，采用大肠埃希菌作为阴性对照菌。

（4）结果判断　阳性者 30s 内产生蓝色反应，阴性反应观察至 2min。要注意超过 2min 后，由于试剂在空气中被氧化而出现假阳性反应。

3. 过氧化氢酶（触酶）实验

（1）原理　大多好氧或兼性厌氧微生物能产生过氧化氢酶，将过氧化氢酶分解成水和分子态的氧而释放出氧气。一般厌氧微生物则不产生此酶。

$$2H_2O_2 \xrightarrow{过氧化氢酶} 2H_2O + O_2 \uparrow$$

（2）试剂　3% H_2O_2 溶液。

（3）实验方法　挑取待试菌纯种培养物一接种环，置于洁净试管内，滴加 3%过氧化氢溶液 2mL，观察结果。本实验可以采用金黄色葡萄球菌作为阳性对照菌，采用链球菌作为阴性对照菌。为了避免出现假阳性结果，3% H_2O_2 溶液要临用时配制，实验菌不能用血平板上的培养物。

（4）结果判断　阳性培养物半分钟内产生大量气泡；阴性培养物不产生气泡。

（5）应用　绝大多数含细胞色素的需氧和兼性厌氧菌均产生过氧化氢酶，但链球菌属为阴性。此外，金氏杆菌属的细菌也为阴性。分枝杆菌的属间鉴别则用耐热触酶实验。

4. 过氧化物酶实验

（1）原理　有些细菌可产生过氧化物酶，可以将过氧化氢中的氧转移给可氧化的物质，反应如下所示。

$$RH_2 + 2H_2O_2 \xrightarrow{过氧化物酶} RO_2 + 2H_2O + H_2 \uparrow$$

（2）试剂

① 2%儿茶酚溶液。

② 3%过氧化氢溶液。

（3）实验方法　挑取固体培养基上待试菌纯种培养物一接种环，置于洁净试管内，滴加 2%儿茶酚溶液 1mL 及 3%过氧化氢溶液 1mL，静置于室温中 30~60min。

（4）结果判断　细菌变为黑褐色的为阳性结果；阴性结果不变色。

5. 硝酸盐还原实验

（1）原理　硝酸盐还原反应包括两个过程：一是在合成过程中，硝酸盐还原为亚硝酸盐和氨，再由氨转化为氨基酸和细胞内其他含氮化合物；二是在分解代谢过程中，硝酸盐或亚硝酸盐代替氧作为呼吸酶系统中的终末受氢体。能使硝酸盐还原的细菌从硝酸盐中获得氧而形成亚硝酸盐和其他还原性产物。但硝酸盐还原的过程因细菌不同而异，有的细菌仅使硝酸盐还原为亚硝酸盐，如大肠埃希菌和产气荚膜梭菌；有的细菌则可使其还原为亚硝酸盐和离子态的铵；有的细菌能使硝酸盐或亚硝酸盐还原为氮，如沙雷菌和假单胞菌等。有些细菌还可以将其还原产物在合成代谢中完全利用。硝酸盐或亚硝酸盐如果还原生成气体终端产物如氮或氧化氮，就称为脱硝化作用。

硝酸盐还原实验是测定还原过程中所产生的亚硝酸盐，在酸性环境下，亚硝酸盐能与对氨基苯磺酸作用，生成对重氮苯磺酸。当对重氮苯磺酸与 N-萘胺相遇时，则结合成为紫红色的偶氮化合物 N-萘胺偶氮苯磺酸。

（2）培养基　硝酸盐培养基。

（3）实验方法　挑取分离得到的待试菌纯种培养物接种到硝酸盐培养基中，在（36±1）℃培养 1~4d，加入甲液（对氨基苯磺酸 0.8g 溶解于 2.5mol/L 乙酸溶液 100mL 中）和乙液（将甲萘胺 0.5g 溶解于 2.5mol/L 乙酸溶液 100mL 中）各一滴，观察结果。若要检查是否有氮气产生，可在培养基管内加一小倒管，如有气泡产生，表示有氮气生成。此实验可以采用大肠埃希菌作为阳性对照菌，采用乙酸钙不动杆菌作为阴性对照菌。

（4）结果判断　立刻或 10min 内出现红色为阳性。若加入试剂后无颜色反应，其原因可能有 3 个：①硝酸盐没有被还原，实验阴性。②硝酸盐被还原为氨和氮等其他产物而导致假阴性结果，这时应在试管内加入少许锌粉，如出现红色则表明实验确实为阴性。若仍不产生红色，表示实验为假阴性。③培养基不适合细菌生长。

（5）应用　本实验在细菌鉴定中广泛应用。肠杆菌科细菌均能还原硝酸盐为亚硝酸盐；铜绿假单胞菌、嗜麦芽单胞菌、斯氏假单胞菌等假单胞菌可产生氮气，鼻疽假单胞菌能还原硝酸盐为亚硝酸盐；有些厌氧菌如韦荣球菌等实验结果也为阳性。

（四）有机酸及铵盐利用实验

1. 柠檬酸盐利用实验

（1）原理　某些细菌能利用铵盐作为唯一的氮源，同时利用柠檬酸盐作为唯一的碳源。它们可在柠檬酸盐培养基上生长，并分解柠檬酸钠生成碳酸钠，分解铵盐生成氨，使培养基变碱，此时，培养基中的指示剂——溴麝香草酚蓝就由原来的草绿色变成蓝色。本实验可以用产气肠杆菌作为阳性对照菌，用大肠埃希菌作为阴性对照菌。

（2）培养基　西蒙柠檬酸盐培养基。

（3）实验方法　将分离得到的待试菌纯种培养物挑取少量划线接种到西蒙柠檬酸盐培养基中，也可将待试菌纯种培养物做成生理盐水菌悬液后，挑取一环划线接种于西蒙柠檬酸盐培养基中，（36±1）℃培养 1~4d，每天观察结果。本实验可以用产气肠杆菌作为阳性对照菌，用大肠埃希菌作为阴性对照菌。

（4）结果判断　阳性者斜面上有菌落生长，同时培养基变成蓝色；阴性者斜面上无细菌生长，培养基仍然保持原色（绿色）。

（5）应用　此实验常作为肠杆菌科中各菌属间的鉴别试验，埃希菌属、变形杆菌属、志贺菌属、爱德华菌属、摩根菌属等为阴性，其他菌属通常为阳性。

2. 丙二酸盐利用实验

（1）原理　琥珀酸脱氢是三羧酸循环的一个重要环节。在丙二酸浓度较高的情况下，丙二酸与琥珀酸会竞争琥珀酸脱氢酶。琥珀酸脱氢酶则不能被释放出来催化琥珀酸脱氢反应，故抑制了三羧酸循环，因而微生物的生长也受到了抑制。而有些微生物可以利用丙二酸钠作为唯一的碳源，在丙二酸钠培养基上生长，分解丙二酸钠产生碳酸钠，使培养基变碱，指示剂溴百里酚蓝也从草绿色变为蓝色。所用的丙二酸钠培养基中，除含有丙二酸钠外，还含有硫酸铵作为氮源，铵盐被分解产生氨导致碱性增强。本实验可以用大肠埃希菌作为阳性对照菌，用普通变形杆菌作为阴性对照菌。

（2）培养基　丙二酸钠培养基。

（3）实验方法　将新鲜培养的待试菌纯种培养物挑取少量接种到丙二酸钠培养基中，于（36±1）℃培养48h，观察结果。

（4）结果判断　培养基变成蓝色者为阳性，培养基仍然保持原色（绿色）者为阴性。

（5）应用　肠杆菌科中，亚利桑那菌属和克雷伯菌属为阳性，柠檬酸杆菌属、肠杆菌属和哈夫尼亚菌属有不同的生物型，其他各菌属均为阴性。

3. 葡萄糖胺实验

（1）原理　有些细菌可利用铵盐作为唯一氮源，且不需要烟酸和某些氨基酸作为生长因子时，可以在葡萄糖胺培养基上生长，并分解葡萄糖产酸，酸碱指示剂溴麝香草酚蓝变色，培养基变成蓝色。

（2）培养基　葡萄糖胺培养基。

（3）实验方法　用接种针轻轻触及培养物的表面，在盐水管内做成极稀的悬液，肉眼不见浑浊，以每一接种环内含菌数在20~100个为宜。将接种环灭菌后挑取菌液接种；同时再以同法接种普通斜面一支作为对照，于（36±1）℃培养24h，观察结果。本实验要求比较严格，要防止烟酸的污染，注意实验容器使用前用清洁液浸泡，并用新棉花做成棉塞，否则易造成假阳性的结果。

（4）结果判断　阳性者在对照培养基上生长良好，同时在葡萄糖胺培养基变成黄色，且斜面上形成正常菌落；阴性者只在对照培养基上生长良好，葡萄糖胺培养基无菌落生长，仍保留原来颜色（绿色）。如在葡萄糖胺斜面上生长极微小的菌落可视为阴性结果。

（5）应用　肠杆菌科中埃希菌属葡萄糖胺实验为阳性，志贺菌属虽然也可以利用铵盐为唯一氮源，但因其生长需要烟酸等所谓生长因子，因此葡萄糖胺实验为阴性；变形杆菌属和摩根菌属不能利用铵盐为唯一氮源，因此葡萄糖胺实验为阴性。

（五）毒性酶类实验

1. 卵磷脂酶实验

（1）原理　有些细菌能产生卵磷脂酶，即 α-毒素，在有钙离子存在时，能迅速分解卵磷脂，生成甘油酯和水溶性磷酸胆碱。当这些微生物在卵黄琼脂培养基上生长时，菌落周围会形成浑浊带，在卵黄胰胨培养液中生长时，可出现白色沉淀。

（2）培养基　10%卵黄琼脂平板。

（3）实验方法　将分离得到的待试菌纯种培养物划线接种于卵黄琼脂平板上，也可将其点种在培养基上。置（36±1）℃培养3~6h，观察结果。

（4）结果判断　卵磷脂阳性的菌株，在（36±1）℃培养3h，就会在菌落周围形成乳白色浑浊环，6h后可扩展至5~6mm。

（5）应用　此实验主要用于厌氧菌的鉴定。产气荚膜梭菌、诺维梭菌为卵磷脂酶实验阳性，其他梭菌不产生卵磷脂酶。蜡状芽孢杆菌也产生卵磷脂酶。

2. 血浆凝固酶实验

（1）原理　致病性葡萄球菌能产生两种凝固酶，一种和细胞壁结合，它直接作用于血浆中的纤维蛋白原，使之成为不溶解性纤维蛋白，附于细菌表面，生成凝块，因而有对抗吞噬的作用，玻片实验的阳性结果也是由此酶产生的；另一种凝固酶由菌体生成后释放于培养基中，称为游离凝固酶，它能使凝血酶原变成血浆凝固酶，从而使抗凝的血浆发生凝固，试管法的阳性结果是由此酶产生的。

（2）培养基

① 培养基配方：高盐甘露醇培养基是血浆凝固酶实验的常用培养基，培养基成分组成如表5-2所示。

表5-2　　　　　　　　　　　　　高盐甘露醇培养基组成成分

成分	含量/（g/L）	成分	含量/（g/L）
蛋白胨	10.0	酚红	0.025
牛肉粉	1.0	琼脂	13.0
D-甘露醇	10.0	无菌水	1L
氯化钠	75.0	pH（7.4±0.2）	25℃

② 培养基制备：

a. 称取本品109.0g，加入1000mL蒸馏水，加热溶解并不停搅拌煮沸1min。

b. 121℃高压灭菌15min，冷却至45~50℃时，倾入无菌培养皿，备用。

c. 使用前，把制备好的平板放置室温10~20min。

（3）实验方法

① 玻片法：取未稀释的血浆及生理盐水各1滴，分别滴于洁静玻片上，挑取分离得到的待试菌纯种培养物，分别与生理盐水及血浆混合，立即观察结果。

② 试管法：取新鲜配制的兔血浆0.5mL，放入小试管中，再加入待试菌BHI肉汤24h培养物0.2~0.3mL，振荡摇匀，置（36±1）℃培养箱或水浴锅内，每半小时观察一次，观察6h。同时，以血浆凝固酶实验阳性和阴性的葡萄球菌菌株肉汤培养物作为对照。也可用商品化的试剂，按说明书操作，进行血浆凝固酶实验。

试管法和玻片法两者所出现的阳性反应，可以得出不同结果。除应注意血浆中可能会含有特异凝集素而使玻片法出现假阳性外，如果玻片法结果为阴性时，仍应做试管法进行最后确定。

（4）结果判断　玻片法的血浆中有明显颗粒出现，而盐水中无自凝者为阳性结果；试管法中的小试管在6h内呈现凝固（即将试管倾斜或倒置时，呈现凝块），或凝固体积大于原体积的一半，被判定为阳性结果。

(5) 应用 在检验葡萄球菌属时，常以它们能否凝固抗凝的人血浆或兔血浆作为区别是否有致病性的依据。

3. 链激酶实验

(1) 原理 A型溶血性链球菌能产生血浆凝固酶，分两种：一种结合在细菌细胞壁上，遇到血浆直接作用于血浆的纤维蛋白，使细菌凝成颗粒状，实验使用玻片法；另一种血浆凝固酶分泌到细菌细胞外，称为游离血浆凝固酶，能使血浆中的纤维蛋白原变为纤维蛋白，实验使用试管法。产生链激酶的链球菌主要有A、C及G等群。

(2) 实验方法 取草酸钾人血浆0.2mL，加入无菌生理盐水0.8mL，再加入实验菌18~24h肉汤培养物0.5mL，混合后，再加入2500mg/L氯化钙水溶液0.25mL（如氯化钙已潮解，可适当加大到0.3%~0.35%），振荡摇匀，置于（36±1）℃水浴锅中10min，血浆混合物自行凝固（凝固程度至试管倒置，内容物不流动），然后观察凝固块重新完全溶解的时间。

草酸钾人血浆：草酸钾0.01g放入灭菌小试管中，再加入5mL健康人血，混匀，经离心沉淀，吸取上清液即为草酸钾人血浆。

(3) 结果判断 在24h内凝固块完全溶解为阳性，24h后不溶解即为阴性。

(4) 应用 在检验溶血性链球菌时，常以它们能否溶化凝固的人血浆来判断是否为A型溶血性链球菌，溶化时间越短，表示该菌产生的链激酶越多，强烈者可在15min内完全溶化凝固的血浆。

（六）抑菌实验

1. 氰化钾实验

(1) 原理 氰化钾可以抑制某些细菌的呼吸酶系统。细胞色素、细胞色素氧化酶、过氧化氢酶和过氧化物酶以铁卟啉作为辅基，氰化钾能和铁卟啉结合，使这些酶失去活性，使细菌的生长受到抑制。有的细菌在含有氰化钾的培养基中因呼吸链末端受到抑制而阻断了生物氧化，故不能生长；有的微生物则对氰化钾具有抗性，在含有氰化钾的培养基中仍能生长。

(2) 培养基 氰化钾培养基。

(3) 实验方法 将分离得到的待试菌纯种培养物接种于蛋白胨水中成为稀释菌液，挑取一环接种于氰化钾培养基中，并另挑取一环接种于对照培养基中。在（36±1）℃培养1~2d，观察结果。本实验可采用产气肠杆菌作为阳性对照菌，大肠埃希菌作为阴性对照菌。试验时注意氰化钾为剧毒药物。此实验失败的主要原因是封口不严，氰化钾逸出，造成假阳性结果。

(4) 结果判断 如培养基对照管均生长，实验管也生长者为阳性结果，表示待检菌不受氰化钾抑制；实验管无细菌生长为阴性，表示该菌受氰化钾抑制。

(5) 应用 本实验常用于肠杆菌科各属的鉴别。沙门菌属、志贺菌属和埃希菌属的细菌可受氰化钾抑制，而肠杆菌科中的其他类各菌不受抑制。

2. 杆菌肽敏感实验

(1) 原理 杆菌肽敏感实验是用来进行链球菌鉴别的一种实验方法，一般A族链球菌对杆菌肽都是敏感的。链球菌是导致人类致病的常见革兰染色阳性菌，可以引起急性扁桃体炎或者肺炎等疾病，也可以导致变态反应性疾病，例如急性肾小球肾炎。对杆菌肽敏感的 A 族链球菌，也称为化脓性链球菌，它可以引起急性呼吸道的传染病，如猩红热。另外，风湿热也多是由 A 族链球菌引起。还有化脓性的炎症，如皮肤的蜂窝织炎、丹毒等疾病，以及扁桃体炎、咽峡炎、中耳炎等都可以由 A 族链球菌引起。因此，杆菌肽敏感实验有助于鉴别感染的类型以及具体感染的病原菌是哪一种。

（2）培养基　血琼脂培养基。

（3）实验方法　用灭菌的棉拭子或涂布器取待检菌的肉汤培养物，均匀涂布于血平板上，用灭菌镊子夹取每片含有 0.04U（U 表示每片杆菌肽单位有效值）的杆菌肽纸片置于上述平板上，(36±1)℃培养 18~24h，观察结果。用已知的阳性菌株作对照。

（4）结果判断　如有抑菌圈出现即为阳性。临床上判断结果的依据为抑菌环大于 10mm 者为对杆菌肽敏感，抑菌环小于 10mm 者则对杆菌肽有耐药性。

（5）应用　主要用于 A 群与非 A 群链球菌的鉴别。从临床分离的菌种中有 5%~15% 非 A 群链球菌也对杆菌肽敏感。

（七）三糖铁实验

1. 原理

本培养基适合于肠杆菌科的鉴定。用于观察细菌对糖的利用和硫化氢（变黑）的产生。本培养基含有乳糖、蔗糖和葡萄糖的比例为 10∶10∶1（质量比）。只能利用葡萄糖的细菌，葡萄糖被分解产酸可使斜面先变黄，但产酸量少，生成的少量酸因接触空气而氧化，加之细菌利用培养基中含氮物质，生成碱性产物，故使斜面后来又变红，底部由于是在厌氧状态下，酸类不被氧化，所以仍保持黄色。而发酵乳糖或蔗糖的细菌，则产生大量的酸，使斜面变黄，底层也呈现黄色。如果细菌能分解含硫氨基酸，生成硫化氢，与培养基中的铁盐反应，生成黑色的硫化亚铁沉淀，接种培养后，产生黑色沉淀。

2. 培养基

三糖铁培养基。

3. 实验方法

以接种针挑取待试菌可疑菌落或纯培养物，穿刺接种并涂布于斜面，置 (36±1)℃培养 18~24h，观察结果。

4. 结果判断

（1）糖发酵情况　如果斜面碱性（红色）/底层碱性（红色），则表明实验菌不发酵葡萄糖、乳糖和蔗糖；如果斜面碱性（红色）/底层酸性（黄色），则表明实验菌只发酵葡萄糖，不发酵乳糖和蔗糖；如果斜面酸性（黄色）/底层酸性（黄色），则表明实验菌至少分解乳糖或蔗糖中的一种。

（2）分解糖类产气情况　如果培养基中有气泡，或者培养基呈裂开现象，或者琼脂被气体推挤上去，表明实验菌分解葡萄糖、乳糖或者蔗糖，既产酸又产气。

（3）H_2S 产生情况　如果培养基底部形成黑色，表明试验菌可分解含硫氨基酸，生成硫化氢。

二、生理生化实验注意事项

利用生理生化实验鉴定微生物种属时，为了提高实验的准确性及待检菌的检出率，应注意：待检菌应是新鲜培养物，一般采用培养 18~24h 的培养物做生理生化实验；待检菌应是纯种培养物；遵守观察反应的时间；观察结果的时间多为 24h 或 48h；应做必要的对照实验；提高阳性检出率，至少挑取 2~3 个待检的疑似菌落分别进行实验。

第二节 血清学实验技术

血清学实验是根据抗原与相应抗体在体外发生特异性结合，并在一定条件下出现各种抗原-抗体反应的现象，用于检验抗原或抗体的技术。近年来，血清学检验技术发展迅速，新的技术不断涌现，应用范围也越来越广泛，不仅在传染病的诊断、病原微生物的分类鉴定及抗原分析、测定毒素与抗毒素的单位等方面广泛应用，而且扩大到生物学、生物化学、遗传学等各方面，并且都广泛地采用。

一、抗原与抗体

（一）抗原

凡是能刺激有机体产生抗体，并能与相应抗体发生特异性结合的物质，称为抗原。这一概念包括两个基本内容：一是刺激机体产生抗体，通常称为抗原性或免疫原性；另一是能和相应抗体发生特异性结合，称为反应原性。

1. 抗原的基本性质

（1）异源性 抗原必须是非自身物质，而且生物种系差异越大，抗原性越好。机体对它本身的物质，一般不产生抗体，而各种微生物以及某些代谢产物（如外毒素等）对动物机体来说是异种物质，具有很好的抗原性。

（2）大相对分子质量 凡是有抗原性的物质，相对分子质量都在 1 万以上。相对分子质量越大，抗原性越强。在天然抗原中．蛋白质的抗原性最强，其相对分子质量多在 7 万~10 万。一般的多糖和类脂物质因相对分子质量不够大，只有与蛋白质结合后才能有抗原性。

（3）特异性 抗原刺激机体后只能产生相应的抗体并能与之结合，这种特异性是由抗原表面的抗原决定簇决定的。所谓抗原决定簇也仅仅是抗原物质表面的一些具有化学活性的基因。

2. 抗原的种类

抗原物质的种类很多，关于它们的分类，至今尚无统一意见。按来源可分为天然抗原（如细菌抗原）和人工抗原；按抗原性完整与否及其在机体内刺激抗体产生的特点，可分为完全抗原和不完全抗原。

（1）完全抗原 能在机体内引起抗体形成，在体外（试管内）可与抗体发生特异性结合，并在一定条件下出现可见反应的物质，称为完全抗原，如细菌、病毒等微生物蛋白质及外毒素等。

（2）不完全抗原 或称为半抗原，不能单独刺激机体产生抗体（若与蛋白质或胶体颗粒结合后，则可刺激机体产生抗体），但在试管内可与相应抗体发生特异性结合，并在一定条件下出现可见反应的物质。如肺炎双球菌的多糖，炭疽杆菌的荚膜多肽，这一类半抗原又称复杂半抗原。还有一些半抗原在体外（试管内）虽与相应抗体发生了结合，但不出现可见反应，却能阻止抗体再与相应抗原的结合，这一类又称简单半抗原。

(3) 细菌抗原 细菌的结构虽然简单,但其蛋白质以及与蛋白质结合的多糖和类脂等,都具有不同强弱的抗原性。主要的细菌抗原有以下几种。

① 菌体抗原:细菌的主要抗原,存在细胞壁上,其主要成分为脂多糖,一般称为菌体抗原为 O 抗原。细菌的 O 抗原往往由数种抗原成分所组成,近缘菌之间的 O 抗原可能部分或全部相同,因此对某些细菌可根据 O 抗原的组成不同进行分群。如沙门菌属,按 O 抗原的不同分成 42 个群。O 抗原耐热,121℃,2h 不被破坏。

② 鞭毛抗原:存在于鞭毛中,也称为 H 抗原,是由蛋白质组成,具有不同的菌种和株型特异性,故通过对 H 抗原构造的分析,可进行菌型鉴别。H 抗原不耐热,56~80℃,30~40min 即遭破坏。在制取 O 抗原时,常据此用煮沸法消除 H 抗原。

③ 表面抗原:包围在细菌细胞壁最外面的抗原,故称为表面抗原。随菌种和结构的不同可有不同的名称,如肺炎双球菌的表面抗原称为荚膜抗原,大肠杆菌、痢疾杆菌的表面抗原称为包膜抗原或 K 抗原,沙门菌属的表面抗原称为 Vi 抗原等。

④ 菌毛抗原:存在于菌毛中的抗原,也具有特异的抗原性。

⑤ 外毒素和类毒素:细菌外毒素具有很强的抗原性,能刺激机体产生抗毒素抗体。外毒素经 0.3%~0.4%甲醛溶液处理后使其失去毒性但仍保持抗原性,即成为类毒素,如白喉类毒素及破伤风类毒素等。白喉外毒素经 0.3%~0.4%甲醛溶液处理后可使外毒素的电荷发生改变,封闭其自由氨基,产生了甲烯化合物。其他基团(如吲哚异吡唑环)与侧链的关系也可变成为类毒素。抗原决定簇与毒性基团二者是不同的,但在空间排列上是相互靠近的基团。因此,当抗毒素与相应抗原决定簇结合时,可能掩盖了毒性基团,不呈现出毒素的毒性作用。

(二) 抗体

抗体是机体受抗原刺激后,在体液中出现的一种能与相应抗原发生反应的球蛋白,也称为免疫球蛋白(Immunoglobulin, Ig)。含有免疫球蛋白的血清,通常称为免疫血清或抗血清。

1. 抗体的基本性质

(1) 抗体是一些具有免疫活性的球蛋白,具有和一般球蛋白相似的特性,不耐热,加热至 60~70℃即被破坏。抗体可被中性盐沉淀,生产上常用硫酸铵从免疫血清中沉淀免疫球蛋白,以提纯抗体。

(2) 抗体在试管内能与相应抗原发生特异性结合,在机体内能在其他防御机能的协同作用下,杀灭病原微生物。但某些抗体在机体内与相应抗原相遇时,能引起变态反应,如青霉素过敏等。

(3) 抗体的相对分子质量都很高,实验证明,抗体主要由丙种球蛋白所组成,但不是所有的丙种球蛋白都是抗体。

2. 抗体的分类

抗体的分类也很不一致,目前的分类方法有以下几种。

(1) 根据抗体获得方式分类

① 免疫抗体:是指动物患传染病后或经人工注射疫苗后产生的抗体。

② 天然抗体:是指动物先天就有的抗体,而且可以遗传给后代。

③ 自身抗体:是指机体对自身组织成分产生的抗体,这种抗体是引起自身免疫疾病

的原因之一。

（2）根据抗体作用对象分类

① 抗菌性抗体：是指细菌或内毒素刺激机体所产生的抗体，如凝集素等，此抗体作用于细菌后，可凝集细菌。

② 抗毒性抗体：是指细菌外毒素刺激机体所产生的抗体，又称抗毒素，具有中和毒素的能力。

③ 抗病毒性抗体：是病毒刺激机体而产生的抗体，具有阻止病毒侵害细胞的作用。

④ 过敏性抗体：是异种动物血清进入机体后所产生的使动物发生过敏反应的一种抗体。

（3）根据抗体与抗原在试管内是否出现可见反应分类

① 完全抗体：即一般所说的抗体，是指在试管中与相应抗原结合后，在介质的参与下可出现可见反应的抗体。

② 不完全抗体：是指结合后不出现可见反应的抗体。

需要说明的是，所谓完全抗体和不完全抗体是根据它们与相应抗原结合后能否出现可见反应而区分的，并不是以免疫球蛋白分子结构上的完全或不完全来区分的。

二、血清学实验

抗原与相应抗体无论在体外或体内均能发生特异性结合，并根据抗原的性质、反应条件及其他参与反应的因素，表现为各种反应，统称为免疫反应。抗原和抗体在体外发生的特异性结合反应，称为血清学实验。

（一）血清学反应的一般特点

1. 特异性和交叉性

血清学反应具有高度特异性，但两种不同抗原分子上如有相同的抗原决定簇，则与抗体结合时可出现交叉反应，如肠炎沙门菌血清能凝集鼠伤寒沙门菌，反之亦然。

2. 可逆性

抗体与抗原的结合是分子表面的结合，虽然相当稳定，但却是可逆的。因为抗原-抗体的结合犹如酶与底物的结合，是非共价键的结合，在一定条件下可以发生解离。两者分开后，抗原或抗体的性质不变。

3. 结合比例

抗原-抗体的结合是按一定比例进行的，只有两者分子比例适合时才出现可见的反应。如抗原过多或抗体过多，都会抑制可见反应的出现，此即所谓的"带现象"。如沉淀反应，两者分子比例合适，沉淀物产生既快又多，体积大。分子比例不合适，则沉淀物产生少、体积少，或者根本不产生沉淀物。为了克服"带现象"，在进行血清学实验时，须将抗原与抗体进行适当的稀释。

4. 敏感性

抗体-抗原反应不仅具有高度特异性，而且还有高度的敏感性，不仅可用于定性，还可以定量、定位，其敏感性大大超过了当前所应用的化学方法。

5. 阶段性

血清学反应分两个阶段：第一阶段为抗原-抗体的特异性结合，此阶段需时很短，仅几秒至几分钟，但无可见现象；紧随着第二阶段为可见反应阶段，表现为凝集、沉淀、细胞溶解、破坏等，此阶段需时很长，从数分钟、数小时至数日。反应现象的出现受多种因素的影响。

(二) 影响血清学反应的条件

1. 电解质

抗原与抗体一般均为蛋白质，它们在溶液中都具有胶体的性质，当溶液的 pH 大于它们的等电点时，如中性和弱碱性的水溶液中，它们大多表现为亲水性，且带有一定的负电荷。特异性抗体和抗原有相对应的极性基团。抗原与抗体的特异性结合，也就是这些极性基团的相互吸附。抗原和抗体结合后就由亲水性变为疏水性，此时抗体已受电解质影响，如有适当浓度的电解质存在，就会使它们失去一部分负电荷而相互凝集，于是出现明显的凝集或沉淀现象。若无电解质存在，则不发生可见现象。因此血清学反应中，通常应用 0.85% 的 NaCl 水溶液作为抗原和抗体的稀释液，供应适当浓度的电解质。

2. 温度

抗原-抗体反应与温度有密切关系，一定的温度可以增加抗原-抗体碰撞结合的机会，并加快反应速度。一般在 37℃ 水浴锅中保持一定的时间，即出现可见的反应，但若温度过高，超过 56℃ 后，则抗原-抗体将变性破坏，反应速率往往降低。

3. pH

合适的 pH 是抗体-抗原反应的必要条件之一，pH 过高过低可直接影响抗原-抗体的理化性质，当 pH 低至 3 时，因接近细菌抗原的等电点，将出现非特异性酸凝集，造成假象，严重影响血清学反应的可靠性。过高或过低的 pH 均可以使抗原-抗体复合物重新解离。大多数血清学反应的适宜 pH 为 6~8。

4. 杂质异物

反应中如存在与反应无关的蛋白质、类脂、多糖等非特异性物质时，往往会抑制反应的进行或引起非特异性反应。

(三) 血清学反应的类型

1. 凝集反应

细菌、细胞等颗粒性抗原悬液加入相应抗体，在适量电解质存在的条件下，抗原抗体发生特异性结合，且进一步凝集成肉眼可见的小块，称为凝集反应。其参与反应的颗粒性抗原称为凝集原，参与反应的抗体称为凝集素。该类反应可分为直接凝集反应和间接凝集反应。直接凝集反应是抗原与抗体直接结合而发生的凝集。如细菌、红细胞等表面的结构抗原与相应抗体结合时所出现的凝集。直接凝集反应又分为玻片法和试管法，其中在食品微生物检验中最常用的是玻片法。

玻片法通常为定性实验，用已知抗体检测未知抗原。鉴定分离菌种时，可取已知抗体滴加在玻片上，用接种环取待检菌涂于抗体溶液中。轻轻转动玻片，使其充分混匀，静置数分钟，观察结果。如出现细菌凝集成块的现象，即为阳性反应。该方法简便快速，除鉴定菌种外，尚用于菌种分型，测定人类红细胞的 ABO 血型等。

2. 沉淀反应

可溶性抗原（如血清蛋白、细菌培养滤液、细菌浸出液、组织浸出液等）与相应抗体发生特异性结合，在有适量电解质存在的条件下，形成肉眼可见的沉淀物，称为沉淀反应。参加反应的可溶性抗原称为沉淀原,参加反应的抗体称为沉淀素。沉淀原可以是多糖、蛋白质或它们的结合物等。同凝集原比较,沉淀原的分子小,单位体积内所含的抗原量多,与抗体结合的总面积大。沉淀反应的实验方法有环状法、絮状法和琼脂扩散法三种基本类型。

在做定量实验时,为了不使抗原过剩而生成不可见的可溶性抗原抗体复合物,应稀释抗原,并以抗原的稀释度作为沉淀反应的效价。

3. 补体结合反应

补体结合反应是可溶性抗原与相应抗体结合后,形成的抗原-抗体复合物与补体结合,引起红细胞破坏,根据是否出现溶血反应来判断反应系统中是否存在相对应的抗原和抗体,此反应为补体结合反应。补体结合反应中的抗体主要是 IgG 和 IgM,补体结合反应是诊断人畜传染病常用的血清学诊断方法之一。

补体是一组球蛋白,存在于动物血清中,本身没有特异性,能与任何抗原抗体复合物结合,但不能与单独的抗原或抗体结合。被抗原抗体复合物结合的补体不再游离。实验中常以新鲜的豚鼠血清作为补体的来源。实验时,先将抗原与血清在试管内混合,然后加入补体。如果抗原与血清相对应,则发生特异性结合,加入的补体被它们的复合物结合而被固定。如果抗原与抗体不对应,则补体仍游离存在。但因补体是否已被抗原-抗体复合物结合,不能用肉眼察及,所以还需借助于溶血系统,即再加入绵羊红细胞和溶血素。如果不发生溶血,说明检验系统中的抗原与抗体相对应,补体已被它们的复合物结合而固定;如果发生溶血,说明被检系统中的抗原-抗体不相对应,或者二者缺一,补体仍游离存在而激活了溶血系统。

第六章 食品卫生细菌学检验技术

第一节 菌落总数检验技术

食品中菌落总数是指食品检样经过处理,在一定条件下(如培养基、培养温度和培养时间等)培养后,所得每克(毫升)检样中形成的微生物菌落总数。

菌落总数主要作为判别食品被污染程度的标志,也可以应用这一方法观察细菌在食品中繁殖的动态,以便为被检样品进行卫生学评价时提供依据。从食品卫生学观点来看,食品中菌落总数越多,说明病原菌污染的可能性越大,食品质量越差。菌落总数的检验技术是每一位食品检验工应掌握的基本技能。

每种细菌都有它一定的生理特性,培养时只有分别满足不同的培养条件(如培养温度、培养时间、pH、需氧性质等),才能将各种细菌培养出来。但在实际工作中,细菌菌落总数的测定一般都只用一种常用方法,即平板活菌计数法,因而并不能测出每克或每毫升中的实际总活菌数,如厌氧菌、微嗜氧菌和嗜冷菌在此条件下不生长,有特殊营养要求的一些细菌也受到了限制,因此所得结果只反映一群在平板计数琼脂中发育的、嗜温的、需氧和兼性厌氧的细菌菌落的总数。此外,菌落总数并不能区分细菌的种类,所以有时被称为杂菌数或需氧菌数等。

菌落总数的测定(平板活菌计数法)是根据微生物在固体培养基上所形成的菌落(即由一个单细胞繁殖而成,且肉眼可见的子细胞群体)的生理及培养特征进行的,也就是说,一个菌落即代表一个单细胞。但食品检样中的细菌细胞是以单个、成双、链状、葡萄状或成堆的形式存在,因而在营养琼脂平板上出现的菌落可以来源于细胞块,也可以来源于单个细胞,因此平板上所得的需氧和兼性厌氧菌菌落的数字不应报告为活菌数,而应以单位质量、容积或表面积内的菌落数或菌落形成单位数(Colony Forming Units,CFU)报告。

中华人民共和国国家卫生健康委员会、国家市场监督管理总局2022年12月30日发布了《食品安全国家标准 食品微生物学检验 菌落总数测定》(GB 4789.2—2022),该标准适用于食品中菌落总数的测定。以下将按照GB 4789.2—2022要求介绍食品卫生细菌学菌落总数的检验技术。

一、设备和材料

除微生物实验室常规灭菌及培养设备外,其他设备和材料如下所示。

(1)恒温培养箱 (36±1)℃,(30±1)℃。
(2)冰箱 2~5℃。

(3) 恒温装置 （48±2）℃。

(4) 天平 感量为 0.1g。

(5) 均质器。

(6) 振荡器。

(7) 无菌吸管 1mL（具 0.01mL 刻度）、10mL（具 0.1mL 刻度）或微量移液器及吸头。

(8) 无菌锥形瓶 容量 250mL、500mL。

(9) 无菌培养皿 直径 90mm。

(10) pH 计或 pH 比色管或精密 pH 试纸。

(11) 放大镜或/和菌落计数器。

二、培养基和试剂

(1) 平板计数琼脂（Plate Count Agar，PCA）培养基。

(2) 菌落总数测试片应符合 GB 4789.28 中平板计数琼脂培养基质量控制要求，且主要营养成分与平板计数琼脂培养基配方一致。

(3) 无菌磷酸盐缓冲液，应符合 GB 4789.2—2022。

(4) 无菌生理盐水，应符合 GB 4789.2—2022。

三、检验程序

检验程序见图 6-1。

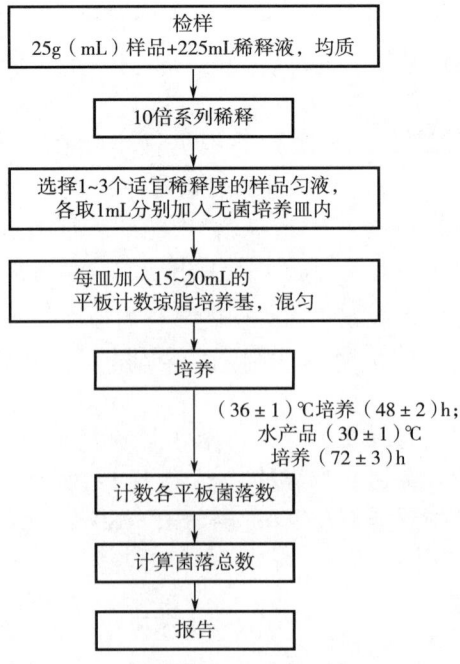

图 6-1 菌落总数的检验程序

四、操作步骤

(一) 样品的稀释

(1) 固体和半固体样品　称取 25g 样品置于盛有 225mL 无菌磷酸盐缓冲液或无菌生理盐水的无菌均质杯内，8000~10000r/min 均质 1~2min，或放入盛有 225mL 稀释液的无菌均质袋中，用拍击式均质器拍打 1~2min，制成 1:10（质量体积比）的样品匀液。

(2) 液体样品　以无菌吸管吸取 25mL 样品置于盛有 225mL 无菌磷酸盐缓冲液或无菌生理盐水的无菌锥形瓶（瓶内可预置适当数量的无菌玻璃珠）中，充分混匀，或放入盛有 225mL 稀释液的无菌均质袋中，用拍击式均质器拍打 1~2min，制成 1:10（质量体积比，余同）的样品匀液。当结果要求为每克样品中菌落总数时，按"(1) 固体和半固体样品"操作。

(3) 用 1mL 无菌吸管或微量移液器吸取 1:10 样品匀液 1mL，沿管壁缓慢注于盛有 9mL 稀释液的无菌试管中（注意吸管或吸头尖端不要触及稀释液面），在振荡器上振荡均匀，制成 1:100 的样品匀液。

(4) 按 (3) 操作程序，制备 10 倍系列稀释样品匀液。每递增稀释一次，换用 1 支 1mL 无菌吸管或吸头。

(5) 根据对样品污染状况的估计，选择 1~3 个适宜稀释度的样品匀液（液体样品可包括原液），吸取 1mL 样品匀液于无菌培养皿内，每个稀释度做两个培养皿。同时，分别吸取 1mL 空白稀释液加入两个无菌培养皿内作为空白对照。

(6) 及时将 15~20mL 冷却至 46~50℃ 的平板计数琼脂培养基［可放置于 (48±2)℃ 恒温装置中保温］倾注培养皿，并转动培养皿使其混合均匀。

(二) 培养

(1) 水平放置待琼脂凝固后，将平板翻转，(36±1)℃ 培养 (48±2)h。水产品 (30±1)℃ 培养 (72±3)h。如果样品中可能含有在琼脂培养基表面蔓延生长的菌落，可在凝固后的琼脂培养基表面覆盖一薄层平板计数琼脂培养基（约 4mL），凝固后翻转平板，进行培养。

(2) 如使用菌落总数测试片，应按照测试片所提供的相关技术规程操作。

(三) 菌落计数

可用肉眼观察，必要时用放大镜或菌落计数器，记录稀释倍数和相应的菌落数量。菌落计数以菌落形成单位（CFU）表示。

(1) 选取菌落数在 30~300CFU、无蔓延菌落生长的平板计数菌落总数。低于 30CFU 的平板记录具体菌落数，大于 300CFU 的可记录为多不可计。每个稀释度的菌落数应采用两个平板的平均数。

(2) 其中一个平板有较大片状菌落生长时，则不宜采用，而应以无较大片状菌落生长的平板作为该稀释度的菌落数；若片状菌落不到平板的一半，而其余一半中菌落分布又很均匀，可计算半个平板后乘以 2，代表一个平板菌落数。

(3) 当平板上出现菌落间无明显界线的链状生长时，则将每条单链作为一个菌落计数。

五、结果与报告

(一) 菌落总数的计算方法

(1) 若只有一个稀释度平板上的菌落数在适宜的计数范围内,则计算两个平板菌落数的平均值,再将平均值乘以相应稀释倍数,作为每克(毫升)样品中菌落总数结果,示例见表6-1。

表6-1 每克(毫升)样品中菌落总数结果示例1

稀释度	1:10	1:100	1:1000	计算结果
菌落数/CFU	多不可计,多不可计	124,138	11,14	13100

注:上述数据按本节"五、结果与报告"中"(二)菌落总数的报告"中的"(2)"进行数字修约后,表示为13000或1.3×10^4。

(2) 若有两个连续稀释度的平板菌落数在适宜的计数范围内时,按式(6-1)计算,示例见表6-2。

$$N = \frac{\sum C}{(n_1 + 0.1 n_2) d} \tag{6-1}$$

式中 N——样品中菌落数,CFU

$\sum C$——平板(含适宜范围菌落数的平板)菌落数之和

n_1——第一稀释度(低稀释倍数)平板个数

n_2——第二稀释度(低稀释倍数)平板个数

d——稀释因子(第一稀释度)

表6-2 每克(毫升)样品中菌落总数结果示例2

稀释度	1:100(第一稀释度)	1:1000(第二稀释度)	计算结果
菌落数/CFU	232,244	33,35	24727

注:上述数据按本节"五、结果与报告"中"(二)菌落总数的报告"中的"(2)"进行数字修约后,表示为25000或2.5×10^4。

(3) 若所有稀释度的平板上菌落数均大于300CFU,则对稀释度最高的平板进行计数,其他平板可记录为"多不可计",结果按平均菌落数乘以最高稀释倍数计算,示例见表6-3。

表6-3 每克(毫升)样品中菌落总数结果示例3

稀释度	1:10	1:100	1:1000	计算结果
菌落数/CFU	多不可计,多不可计	多不可计,多不可计	442,420	431000

注:上述数据按本节"五、结果与报告"中"(二)菌落总数的报告"中的"(2)"进行数字修约后,表示为430000或4.3×10^5。

(4) 若所有稀释度的平板菌落数均小于30CFU,则应按稀释度最低的平均菌落数乘以稀释倍数计算，示例见表6-4。

表6-4　　　　　　　　　每克（毫升）样品中菌落总数结果示例4

稀释度	1:10	1:100	1:1000	计算结果
菌落数/CFU	14, 15	1, 0	0, 0	145

注：上述数据按本节"五、结果与报告"中"（二）菌落总数的报告"中的"（2）"进行数字修约后，表示为150或1.5×10^2。

（5）若所有稀释度（包括液体样品原液）平板均无菌落生长，则以小于1乘以最低稀释倍数计算，示例见表6-5。

表6-5　　　　　　　　　每克（毫升）样品中菌落总数结果示例5

稀释度	1:10	1:100	1:1000	计算结果
菌落数/CFU	0, 0	0, 0	0, 0	<10

注：上述数据表示为<1。

（6）若所有稀释度的平板菌落数均不在30~300CFU，其中一部分小于30CFU或大于300CFU时，则以最接近30CFU或300CFU的平均菌落数乘以稀释倍数计算，示例见表6-6。

表6-6　　　　　　　　　每克（毫升）样品中菌落总数结果示例6

稀释度	1:10	1:100	1:1000	计算结果
菌落数/CFU	312, 306	14, 19	2, 4	3090

注：上述数据按本节"五、结果与报告"中"（二）菌落总数的报告"中的"（2）"进行数字修约后，表示为3100或3.1×10^3。

(二) 菌落总数的报告

（1）菌落总数小于100CFU时，按"四舍五入"原则修约，以整数报告。
（2）菌落总数大于或等于100CFU时，第三位数字采用"四舍五入"的原则修约后，采用两位有效数字，后面用0代替位数；也可用10的指数形式来表示，按"四舍五入"原则修约后，采用两位有效数字。
（3）若空白对照上有菌落生长，则此次检验结果无效。
（4）重量取样以CFU/g为单位报告，体积取样以CFU/mL为单位报告。

第二节　大肠菌群检验技术

大肠菌群是指一群在一定培养条件下能发酵乳糖、产酸产气的需氧和兼性厌氧革兰染色阴性无芽孢杆菌，包括埃希菌属、柠檬酸菌属、肠杆菌属（又称产气杆菌属，包括阴沟肠杆菌和产气肠杆菌）、克雷伯菌属中的一部分和沙门菌属的第Ⅲ亚属（能发酵乳糖）的细菌。

大肠菌群主要来源于人畜粪便，故以此作为粪便污染指标来评价食品的卫生质量，具有广泛的卫生学意义。它反映了食品是否被粪便污染，同时间接地指出食品是否有肠道致病菌污染的可能性。

人类消费的食品应有较好的卫生品质，不应含有病原微生物。由于许多传染病都能通过消化道传染，尤其是肠道传染病，疾病的传播主要是病原微生物随粪便排出后污染了饮水、食品等，经口传染的污染病原微生物的食品除可引起食物中毒外，还可传播人畜共患性疾病或者其他疾病，成为传播病原微生物，引起疾病传播。检测人员要从食品中直接检测出病原微生物的存在有一定的困难，这是因为：第一，肠道病原微生物的种类很多，要逐个检查并非易事，难以经常进行；第二，污染的病原微生物数目较少，不易检查出来；第三，随病原菌同时污染的非病原菌所占比例比病原菌大得多，在培养时又比病原菌繁殖快，从而阻碍了病原菌的生长；第四，有些病原微生物，如病毒的检出需要较复杂的设备和条件，一般实验室难以进行这类检验工作。因此，最简便易行，而又能说明问题的方法是通过对肠道细菌的检验来作为粪便污染的指标，这样既能说明食品的清洁卫生程度，又可间接地表示有无病原微生物污染的可能。早在19世纪末就有人用检查大肠杆菌的办法来确定水中有无伤寒沙门菌。水受到沙门菌的污染，有时水中该菌的数量很少，不易直接检出，若水中检出一定数量的大肠杆菌，则说明水已被粪便污染，沙门菌或其他肠道病原菌就有可能存在。

正常粪便中的细菌种类很多，但符合理想指标菌条件和特性的细菌主要有三种类群，即大肠杆菌、粪链球菌和产气荚膜梭菌。在粪便中大肠杆菌数量最多，每克粪便中可达30亿个，其在外界环境中的存活期限与主要肠道致病菌大致相同，可作为粪便污染食品、饮用水等的指标菌。粪链球菌在粪便中数量中等，其存活期较病原菌要短一些，仅可作为近期粪便污染的指标，同时它对低温的耐受性比大肠杆菌强，有不少研究认为，以它作为冷冻食品中粪便污染的指标菌更为确切。产气荚膜梭菌在粪便中数量较少，且其形成的芽孢在外界存活时间较长，以它作为指标菌不如前两种细菌。

根据以上三种细菌的情况来看，它们虽与粪便及肠道致病菌密切相关，而其中以大肠杆菌更甚，但从大肠菌群变异实验的结果来看，该菌群由粪便排出体外后，其菌群的形态在外界环境下即开始改变。初期以典型大肠杆菌占优势，但随放置时间的延长而逐渐向大肠菌群中的其他型转化，放置两周后，其他型即占绝对优势。另外的研究表明，正常人类粪便以典型大肠杆菌为主，而腹泻患者粪便则大肠菌群其他形态有明显的增加。所以单一以大肠杆菌作为指标菌，不仅检出方法繁杂不够快速，而且并不确切，比不上以大肠菌群作为指标菌所具有较好的指标条件和特异性。故以大肠菌群作为食品被粪便污染的指标细菌，现已广泛地应用于世界上许多国家，其中也包括我国在内。而粪便中的其他细菌，只是在特定的情况下被选为粪便污染菌，均未列为公认的粪便污染指标细菌。

下面按 GB 4789.3—2016《食品安全国家标准　食品微生物学检验　大肠菌群计数》要求介绍检验大肠菌群的技术。

一、设备和材料

食品中大肠菌群的检验，除微生物实验室常规灭菌及培养设备外，其他设备和材料如下所示。

(1) 恒温培养箱 (36±1)℃。
(2) 冰箱 2~5℃。
(3) 恒温水浴箱 (46±1)℃。
(4) 天平 感量0.1g。
(5) 均质器。
(6) 振荡器。
(7) 无菌吸管 1mL（具0.01mL刻度）、10mL（具0.1mL刻度）或微量移液器及吸头。
(8) 无菌锥形瓶 容量500mL。
(9) 无菌培养皿 直径90mm。
(10) pH计或pH比色管或精密pH试纸。
(11) 菌落计数器。

二、培养基和试剂

食品中大肠菌群的检验所需要的培养基和试剂如下所示。
(1) 月桂基硫酸盐胰蛋白胨（Lauryl Sulfate Tryptose，LST）肉汤。
(2) 煌绿乳糖胆盐（Brilliant Green Lactose Bile，BGLB）肉汤培养基。
(3) 结晶紫中性红胆盐琼脂（Violet Red Bile Agar，VRBA）。
(4) 磷酸盐缓冲液
① 储存液：称取34.0g的磷酸二氢钾溶于500mL蒸馏水中，用大约175mL的1mol/L NaOH溶液调节pH，用蒸馏水稀释至1000mL后储存于冰箱。
② 稀释液：取储存液1.25mL，用蒸馏水稀释至1000mL，分装于适宜容器中，121℃高压灭菌15min。
(5) 0.85%无菌生理盐水。
(6) 无菌1mol/L NaOH溶液 称取40g氢氧化钠溶于1000mL蒸馏水中，121℃高压灭菌15min。
(7) 无菌1mol/L HCl溶液 移取浓盐酸90mL，用蒸馏水稀释至1000mL，121℃高压灭菌15min。

三、大肠菌群MPN计数法（第一法）

（一）检验程序
大肠菌群MPN计数的检验程序见图6-2。
（二）操作步骤
1. 样品的稀释
(1) 固体和半固体样品 称取25g样品，放入盛有225mL磷酸盐缓冲液或生理盐水的无菌均质杯内，8000~10000r/min均质1~2min，或放入盛有225mL磷酸盐缓冲液或生理盐水的无菌均质袋中，用拍击式均质器拍打1~2min，制成1:10的样品匀液。
(2) 液体样品 以无菌吸管吸取25mL样品置盛有225mL磷酸盐缓冲液或生理盐水的无菌锥形瓶（瓶内预置适当数量的无菌玻璃珠）中，充分混匀，制成1:10的样品匀液。

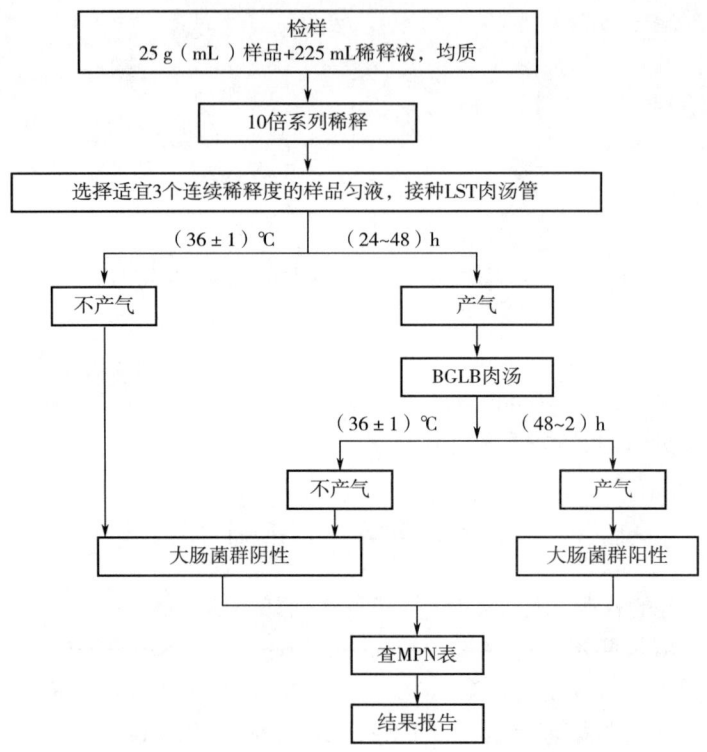

图 6-2 大肠菌群 MPN 计数法检验程序

(3) 样品匀液的 pH 应在 6.5~7.5，必要时分别用 1mol/L NaOH 溶液或 1mol/L HCl 溶液调节。

(4) 用 1mL 无菌吸管或微量移液器吸取 1:10 样品匀液 1mL，沿管壁缓缓注入 9mL 磷酸盐缓冲液或生理盐水的无菌试管中（注意吸管或吸头尖端不要触及稀释液面），振摇试管或换用 1 支 1mL 无菌吸管反复吹打，使其混合均匀，制成 1:100 的样品匀液。

(5) 根据对样品污染状况的估计，按上述操作，依次制成 10 倍递增系列的稀释样品匀液。每递增稀释一次，换用 1 支 1mL 无菌吸管或吸头。从制备样品匀液至样品接种完毕，全过程不得超过 15min。

2. 初发酵试验

每个样品，选择 3 个适宜的连续稀释度的样品匀液（液体样品可以选择原液），每个稀释度接种 3 管 LST 肉汤，每管接种 1mL（如接种量超过 1mL，则用双料 LST 肉汤），(36±1)℃培养 (24±2)h，观察导管内是否有气泡产生，(24±2)h 产气者进行复发酵试验，如未产气则继续培养至 (48±2)h，产气者进行复发酵试验。未产气者为大肠菌群阴性。

3. 复发酵试验

用接种环从产气的 LST 肉汤管中分别取培养物 1 环，移种于 BGLB 管中，(36±1)℃培养 (48±2)h，观察产气情况。产气者，计为大肠菌群阳性管。

4. MPN 报告

按复发酵试验确证的大肠菌群 LST 阳性管数，检索 MPN 表（表 6-7），报告每 1g (mL) 样品中大肠菌群的 MPN 值。

表 6-7　　　　　　　　　　　　　　MPN 检索表

阳性管数			MPN	95%可信限		阳性管数			MPN	95%可信限	
0.10	0.01	0.001		下限	上限	0.10	0.01	0.001		下限	上限
0	0	0	<3.0	—	9.5	2	2	0	21	4.5	42
0	0	1	3.0	0.15	9.6	2	2	1	28	8.7	94
0	1	0	3.0	0.15	11	2	2	2	35	8.7	94
0	1	1	6.1	1.2	18	2	3	0	29	8.7	94
0	2	0	6.2	1.2	18	2	3	1	36	8.7	94
0	3	0	9.4	3.6	38	3	0	0	23	4.6	94
1	0	0	3.6	0.17	18	3	0	1	38	8.7	110
1	0	1	7.2	1.3	18	3	0	2	64	17	180
1	0	2	11	3.6	38	3	1	0	43	9	180
1	1	0	7.4	1.3	20	3	1	1	75	17	200
1	1	1	11	3.6	38	3	1	2	120	37	420
1	2	0	11	3.6	42	3	1	3	160	40	420
1	2	1	15	4.5	42	3	2	0	93	18	420
1	3	0	16	4.5	42	3	2	1	150	37	420
2	0	0	9.2	1.4	38	3	2	2	210	40	430
2	0	1	14	3.6	42	3	2	3	290	90	1000
2	0	2	20	4.5	42	3	3	0	240	42	1000
2	1	0	15	3.7	42	3	3	1	460	90	2000
2	1	1	20	4.5	42	3	3	2	1100	180	4100
2	1	2	27	8.7	94	3	3	3	>1100	420	—

注：①本表采用 3 个稀释度［0.1g（mL）、0.01g（mL）、0.001g（mL）］，每个稀释度接种 3 管。
②表内所列检样量如改用 1g（mL）、0.1g（mL）和 0.01g（mL）时，表内数字应相应降低 10 倍；如改用 0.01g（mL）、0.001g（mL）和 0.0001g（mL）时，则表内数字应相应增高 10 倍，其余类推。

四、大肠菌群平板计数法（第二法）

（一）检验程序

大肠菌群平板计数法的检验程序见图 6-3。

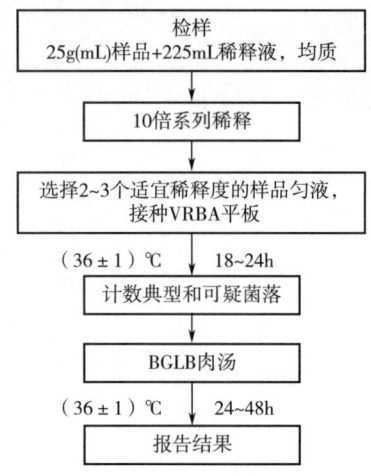

图 6-3　大肠菌群平板计数法检验程序

(二) 操作步骤

1. 样品的稀释

样品的稀释按本节"三、大肠菌群 MPN 计数法（第一法）（二）操作步骤 1. 样品的稀释"进行。

2. 平板计数

（1）选取 2~3 个适宜的连续稀释度，每个稀释度接种 2 个无菌培养皿，每皿 1mL。同时取 1mL 生理盐水加入无菌培养皿作空白对照。

（2）及时将 15~20mL 冷至 46℃ 的结晶紫中性红胆盐琼脂（VRBA）倾注于每个培养皿中。小心旋转培养皿，将培养基与样液充分混匀，待琼脂凝固后，再加 3~4mL VRBA 覆盖平板表层。翻转平板，置于（36±1）℃培养（18~24）h。

3. 平板菌落数的选择

选取菌落数在 15~150CFU 的平板，分别计数平板上出现的典型和可疑的大肠菌群菌落。典型菌落为紫红色，菌落周围有红色的胆盐沉淀环，菌落直径为 0.5mm 或更大。

4. 证实试验

从 VRBA 平板上挑取 10 个不同类型的典型和可疑菌落，分别移种于 BGLB 肉汤管内，（36±1）℃培养 24~48h，观察产气情况。凡 BGLB 肉汤管产气，即可报告为大肠菌群阳性。

5. 大肠菌群平板计数的报告

经最后证实为大肠菌群阳性的试管比例乘以"操作步骤 3 平板菌落数的选择"中计数的平板菌落数，再乘以稀释倍数，即为每 1g（mL）样品中大肠菌群数。例 10^{-4} 样品稀释液 1mL，在 VRBA 平板上有 100 个典型和可疑菌落，挑取其中 10 个接种 BGLB 肉汤管，证实有 6 个阳性管，则该样品的大肠菌群数为：100×（6/10）×10^4=6.0×10^5CFU/g（mL）。

第七章 食品中常见食源性致病细菌检验

第一节 食源性疾病的定义

一、食源性疾病与人类健康

凡是通过食品摄入人体内的有毒、有害物质所引起的中毒性或感染性疾病，统称为食源性疾病。有害物质包括化学性的、生物性的、动植物性的等。食品工业的规模化进程、食品流通的广泛性和快速性、农场生产模式的转型、饮食习惯的变化，甚至国内和国际旅游人群的增加都是食源性疾病发病率升高、扩散速度加快的重要原因，食源性疾病已经成为全球公共卫生面临的严峻挑战之一。在发达国家，每年患食源性疾病的人数高达30%；在美国每年每6人中就有1人因为吃了被污染的食品而生病，每年仅仅是沙门菌感染造成的直接医疗费用损失就达到3.65亿美元，发展中国家的情况更加令人忧心。据世界卫生组织（WHO）统计，全球每年5岁以下儿童的腹泻病例达15亿例次，造成约300万个儿童伤亡，其中，70%是由各种致病微生物污染的食品和饮水所致。

1984年世界卫生组织（WHO）将"食源性疾病"一词作为正式的专业术语，以代替历史上使用的"食物中毒"一词，并将食源性疾病定义为"通过摄食方式进入人体内的各种致病因子引起的通常具有感染或中毒性质的一类疾病"。

健康长寿是人类生存的根本追求，人均平均寿命是健康长寿的基本判断指标之一，也是"人类发展指数"（Human Development Index，HDI）的三项指标之一。1990年，联合国开发计划署（United Nations Development Programme，UNDP）创立了HDI，即预期寿命、教育水平和生活质量，在三项基础变量之上，按照一定的计算方法，得出综合指标，用其来衡量一个国家的人类发展水平。人均预期寿命代表国民的健康水平，另两项是代表知识水平的文盲率和代表经济水平的人均GDP。

食品安全是人类生命安全、健康长寿的基本保障，2022年5月，我国发布的《"十四五"国民健康规划》显示2015—2020年，我国人均预期寿命从76.34岁提高到77.93岁，到2025年，人均预期寿命在2020年的基础上继续提高1岁左右，到2035年，我国将建立与基本实现与社会主义现代化相适应的卫生健康体系，中国特色基本医疗卫生制度更加完善，人均预期寿命达到80岁以上，人均健康预期寿命逐步提高。

人均预期寿命这一指标是衡量一个国家居民健康水平的重要数据，人均预期寿命的提升也可以反映出我国社会的发展进步、居民生活水平的提高。中华人民共和国刚成立的时候，人均预期寿命不足35岁，如今这一指标已经实现翻番，增长至78.2岁。2022年7月，联合国人类住区规划署给出的全球人均寿命排行榜，对全球202个国家和地区进行了调查研究，研究结果显示，2022年我国大陆（不含港澳台）人均预期寿命在世界排名第62位。排在第一的是中国香港地区，人均预期寿命为85.29岁，日本作为世界上有名的长寿国，人均预期寿命85.03岁，排在中国香港地区之后，位列第二。我国澳门地区排在第3位，人均预期寿命是84.68岁；我国台湾地区排在第36位，人均预期寿命是81.04岁。

二、食源性疾病的特征

（一）食物传播

所有的食物中毒都是以食物和水源为载体使致病因子进入机体引起的疾病。

（二）爆发性

一起食源性疾病爆发少则几人，多则成百上千人。在发病形式上，微生物性食物中毒多为集体爆发，潜伏期较长（6~39h）；非微生物性食物中毒为散发或爆发，潜伏期较短（数分钟至数小时）。

（三）散发性

化学性食物中毒和某些有毒动物、植物食物中毒多以散发病例出现，各病例间在发病时间和地点上无明显联系，如毒蕈中毒、河豚中毒、有机磷中毒等。

（四）地区性

地区性是指某些食源性疾病常发生于某一地区或某一人群。例如，肉毒杆菌中毒在中国以新疆地区多见；副溶血性弧菌食物中毒主要发生在沿海地区；霉变甘蔗中毒多发生在北方地区；牛带绦虫病主要发生于有生食或半生食牛肉习俗的地区。

（五）季节性

某些疾病在一定季节内发病率升高。例如，细菌性食物中毒一年四季均可发生，但以夏秋季发病率最高；毒蘑菇、鲜黄花菜中毒易发生在春夏生长季节，霉变甘蔗中毒主要发生在2~5月。

三、预包装食品中致病菌限量

（一）预包装食品

预包装食品是指预先定量包装或者制作在包装材料和容器中的食品，包括预先定量包装以及预先定量制作在包装材质和容器中并且在一定限量范围内具有统一的质量或体积标识的食品，如酸乳、饼干、饮料、袋装大米等。预包装食品已经是城市居民日常饮食的一部分，超市已经成为我国城市居民购买预包装食品的主要渠道，随着互联网的兴起，网络成为主要渠道。

食源性疾病对人群健康有着极大的影响。无论是发达国家还是发展中国家，食源性疾病都在时刻威胁着人群的健康和生命安全。目前，我国最大的食品安全问题仍然是食源性疾病。《食品安全法》关于食源性疾病的定义为：食品中致病因素进入人体引起的感染性、中毒性等疾病，包括食物中毒。

（二）预包装食品中常见的致病菌

预包装食品中致病菌污染是导致食源性疾病的重要原因，预包装食品中常见的致病菌主要有沙门菌、金黄色葡萄球菌、单核细胞增生李斯特菌、致泻大肠埃希菌、副溶血性弧菌、克罗诺杆菌属（阪崎肠杆菌）等。

(三) 预包装食品中致病菌相关的国家标准

《食品安全国家标准 食品中致病菌限量》(GB 29921—2013) 于 2013 年制定并发布,该标准对保障食品安全、控制食源性疾病的发生发挥了积极作用。2021 年,我国修订并发布了《食品安全国家标准 预包装食品中致病菌限量》(GB 29921—2021)。本次修订将标准名称由《食品中致病菌限量》修改为《预包装食品中致病菌限量》,整合了乳制品和特殊膳食用食品中的致病菌限量要求,增加了食品类别(名称)说明的附录,对乳制品、肉制品、水产制品、即食蛋制品、粮食制品、即食豆类制品、巧克力类及可可制品、即食果蔬制品、饮料、冷冻饮品、即食调味品、坚果与籽类食品、特殊膳食用食品 13 类食品中的沙门菌、单核细胞增生李斯特菌、致泻大肠埃希菌、金黄色葡萄球菌、副溶血性弧菌、克罗诺杆菌属(阪崎肠杆菌)6 种致病菌指标和限量进行了调整。

第二节 沙门菌检验技术

一、沙门菌病原学特性

沙门菌是肠杆菌中的一个大菌属,广泛存在于水和土壤中,在工厂和厨房设施的表面上都发现有该类细菌。到目前为止,已发现有近 2000 个血清型和生化型。它们主要寄生在人和动物的肠道内,可使宿主发生疾病。沙门菌为革兰染色阴性短杆菌,不产芽孢及荚膜,周生鞭毛,能运动,兼性厌氧,嗜温性,最适生长温度 37℃,但在 18~20℃ 时也能生长繁殖,且具有相当的抗寒性,如在 0℃ 以下的冰雪中能存活 3~4 个月。在自然环境的粪便中可存活 1~2 个月。沙门菌的耐盐性很强,在含盐 10%~15% 的腌鱼、腌肉中能存活 2~3 个月。高水活度下生长良好,当水活度低于 0.94 则生长受抑。沙门菌抗热性差,在 60℃ 经 20~30min 就可被杀死。因此,蒸煮、巴氏消毒、正常家庭烹调、注意个人卫生等均可防止沙门菌污染。沙门菌不产生尿素酶,不利用丙二酸钠,不液化明胶,在含有氰化钾的培养基上不能生长。能使赖氨酸、精氨酸、鸟氨酸脱羧基,不发酵蔗糖、乳糖、水杨苷等,在三糖铁(TSI)琼脂选择性培养基、亚硫酸铋(BS)琼脂选择性培养基、HE(Hektoen Enteric)琼脂选择性培养基、胆硫乳(DHL)琼脂选择性培养基等选择性培养基上生长,都产生该菌特有的菌落特征。

二、沙门菌食物中毒

沙门菌很容易通过食品传染给人,发生食物中毒。沙门菌食物中毒的主要临床症状为急性肠胃炎症状,如呕吐、腹痛、腹泻,腹泻一天可达数次,甚至十多次,还可引起头痛、发热等。沙门菌食品中毒的潜伏期一般为 12~36h,潜伏期的长短与进食菌的数量以及菌的致病力强弱有关。致病力强的沙门菌,当每克或每毫升食品中含菌量在 2×10^5 个时,即可导致发病。中毒严重者可引起死亡。

沙门菌可以通过人和动物的患者或带菌者,再以各种途径散布,也可以是被污染的食品、物品通过人手、老鼠或苍蝇等作为媒介再污染其他食品,因而引发食物中毒。

三、检验方法

食品中沙门菌的检验是食品卫生和检验工作者所必须掌握的一项基本技术。沙门菌检验目前通用的方法分为五个步骤：前增菌、选择性增菌、选择性平板分离、生物化学筛选和血清学鉴定。

中华人民共和国卫生部 2010 年 3 月 16 日发布了《食品安全国家标准　食品微生物学检验　沙门氏菌检验》（GB 4789.4—2010，现为 GB 4789.4—2016），该标准与 GB 4789.4—2008、GB 4789.4—2010 比较，主要修改了培养基和试剂，修改了设备和材料，并说明了该标准的适用范围是食品中沙门菌的检验。下面按 GB 4789.4—2016 要求介绍沙门菌检验技术。

（一）设备和材料

检验食品中沙门菌所需设备和材料，除微生物实验室常规灭菌及培养设备外，其他设备和材料如下所示。

(1) 冰箱　2~5℃。

(2) 振荡器。

(3) 恒温培养箱　(36±1)℃，(42±1)℃。

(4) 均质器。

(5) 电子天平　感量 0.1g。

(6) 无菌锥形瓶　容量 500mL，250mL。

(7) 无菌吸管　1mL（具 0.01mL 刻度）、10mL（具 0.1mL 刻度）或微量移液器及吸头。

(8) 无菌培养皿　直径 90mm。

(9) 无菌试管　3mm×50mm、10mm×75mm。

(10) 无菌毛细管。

(11) pH 计或 pH 比色管或精密 pH 试纸。

(12) 全自动微生物生化鉴定系统。

（二）培养基和试剂

沙门菌检验所需的培养基和试剂如下所示。

(1) 缓冲蛋白胨水（BPW）。

(2) 四硫黄酸钠煌绿增菌液（TTB）。

(3) 亚硒酸盐胱氨酸增菌液（SC）。

(4) 亚硫酸铋（BS）琼脂。

(5) HE 琼脂。

(6) 木糖赖氨酸脱氧胆酸盐（XLD）琼脂。

(7) 沙门菌属显色培养基（生化试剂商店有购）。

(8) 三糖铁（TSI）琼脂。

(9) 蛋白胨水、靛基质试剂。

(10) 尿素琼脂（pH 7.2）。

(11) 氰化钾（KCN）培养基。

(12) 赖氨酸脱羧酶试验培养基。

(13) 糖发酵管。

(14) 邻硝基酚 β-D-半乳糖苷（ONPG）培养基。

（15）半固体琼脂。
（16）丙二酸钠培养基。
（17）沙门菌 O 和 H 诊断血清。
（18）生化鉴定试剂盒。

（三）检验程序

沙门菌检验程序如图 7-1 所示。

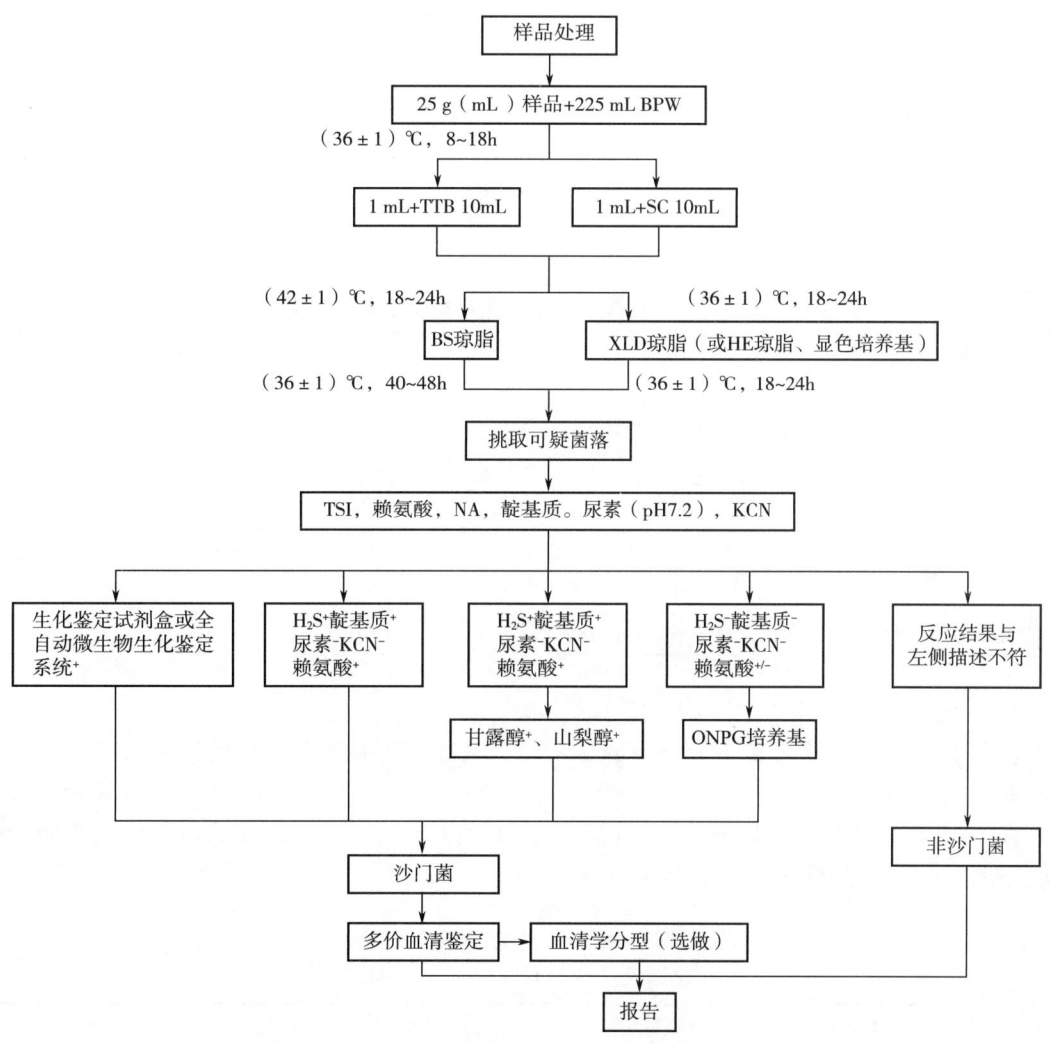

图 7-1　沙门菌检验程序（参见 GB 4789.4—2016）

BPW—缓冲蛋白胨水　TTB—四硫黄酸钠煌绿增菌液　SC—亚硒酸盐胱氨酸增菌液　BS—亚硫酸铋
XLD—木糖赖氨酸脱氧胆酸盐　ONPG—邻硝基酚 β-D-半乳糖苷

（四）操作步骤

1. 前增菌

称取 25g（mL）样品放入盛有 225mL BPW 的无菌均质杯中，以 8000~10000r/min 均

质1~2min，或置于盛有225mL BPW的无菌均质袋中，用拍击式均质器拍打1~2min。若样品为液态，不需要均质，振荡混匀。如需测定pH，用1mol/mL无菌NaOH或HCl调pH至6.8±0.2。无菌操作将样品转至500mL锥形瓶中，如使用均质袋，可直接进行培养，于（36±1）℃培养8~18h。

如为冷冻产品，应在45℃以下不超过15min，或2~5℃不超过18h解冻。

2. 增菌

轻轻摇动培养过的样品混合物，移取1mL，转种于10mL TTB内，于（42±1）℃培养18~24h。同时，另取1mL，转种于10mL SC内，于（36±1）℃培养18~24h。

3. 分离

分别用接种环取增菌液1环，划线接种于一个BS琼脂平板和一个XLD琼脂平板（或HE琼脂平板或沙门菌属显色培养基平板）。于（36±1）℃分别培养18~24h（XLD琼脂平板、HE琼脂平板、沙门菌属显色培养基平板）或40~48h（BS琼脂平板），观察各个平板上生长的菌落特征（表7-1）。

表7-1　沙门菌属在不同选择性琼脂平板上的菌落特征（参见GB 4789.4—2016）

选择性琼脂平板	沙门菌
BS琼脂	菌落为黑色有金属光泽、棕褐色或灰色，菌落周围培养基可呈黑色或棕色；有些菌株形成灰绿色的菌落，周围培养基不变
HE琼脂	蓝绿色或蓝色，多数菌落中心黑色或几乎全黑色；有些菌株为黄色，中心黑色或几乎全黑色
XLD琼脂	菌落呈粉红色，带或不带黑色中心，有些菌株可呈现大的带光泽的黑色中心，或呈现全部黑色的菌落；有些菌株为黄色菌落，带或不带黑色中心
沙门菌属显色培养基	按照显色培养基的说明进行判定

4. 生化试验

（1）自选择性琼脂平板上分别挑取2个以上典型或可疑菌落，接种三糖铁琼脂，先在斜面划线，再于底层穿刺；接种针不要灭菌，直接接种赖氨酸脱羧酶试验培养基和营养琼脂平板，于（36±1）℃培养18~24h，必要时可延长至48h。在三糖铁琼脂和赖氨酸脱羧酶试验培养基内，沙门菌属的反应结果见表7-2。

表7-2　沙门菌在三糖铁琼脂和赖氨酸脱羧酶试验培养基内的反应结果（参见GB 4789.4—2016）

三糖铁琼脂				赖氨酸脱羧酶试验培养基	初步判断
斜面	底层	产气	硫化氢		
K	A	+（−）	+（−）	+	可疑沙门菌属
K	A	+（−）	+（−）	−	可疑沙门菌属
A	A	+（−）	+（−）	+	可疑沙门菌属
A	A	+/−	+/−	−	非沙门菌
K	K	+/−	+/−	+/−	非沙门菌

注：K表示产碱，A表示产酸；+表示阳性，−表示阴性；+（−）表示多数阳性，少数阴性；+/−表示阳性或阴性。

（2）接种三糖铁琼脂和赖氨酸脱羧酶试验培养基的同时，可直接接种蛋白胨水（供做靛基质试验）、尿素琼脂（pH7.2）、氰化钾（KCN）培养基，也可在初步判断结果后从营养琼脂平板上挑取可疑菌落接种；于（36±1）℃培养 18～24h，必要时可延长至 48h，按表 7-3 判定结果。将已挑菌落的平板储存于 2～5℃或室温至少保留 24h，以备必要时复查。

表 7-3　　　　　　　　　　　　沙门菌属生化反应初步鉴别表（Ⅰ）

反应序号	硫化氢	靛基质	pH 7.2 尿素	氰化钾	赖氨酸脱羧酶
A1	+	−	−	−	+
A2	+	+	−	−	+
A3	−	−	−	−	+/−

注：+表示阳性；−表示阴性；+/−表示阳性或阴性。

①反应序号 A1：典型反应判定为沙门菌属，如尿素、KCN 和赖氨酸脱羧酶 3 项中有 1 项异常，按表 7-4 可判定为沙门菌，如有 2 项异常为非沙门菌。

表 7-4　　　　　　　　　　　　沙门菌属生化反应初步鉴别表（Ⅱ）

pH 7.2 尿素	氰化钾	赖氨酸脱羧酶	判定结果
−	−	−	甲型副伤寒沙门菌（要求血清学鉴定结果）
−	+	+	沙门菌Ⅳ或Ⅴ（要求符合本群生化特性）
+	−	+	沙门菌个别变体（要求血清学鉴定结果）

注：+表示阳性；−表示阴性。

②反应序号 A2：补做甘露醇和山梨醇试验，沙门菌靛基质阳性变体两项试验结果均为阳性，但需要结合血清学鉴定结果进行判定。

③反应序号 A3：补做 ONPG。ONPG 阴性为沙门菌，同时赖氨酸脱羧酶阳性，甲型副伤寒沙门菌为赖氨酸脱羧酶阴性。

④必要时按表 7-5 进行沙门菌生化群的鉴别。

表 7-5　　　　　　　　　　　　沙门菌属各生化群的鉴别

项目	Ⅰ	Ⅱ	Ⅲ	Ⅳ	Ⅴ	Ⅵ
卫矛醇	+	+	−	−	+	−
山梨醇	+	+	+	+	+	−
水杨苷	−	−	−	+	−	−
ONPG	−	−	+	−	+	−
丙二酸	−	+	+	−	−	−

续表

项目	I	II	III	IV	V	VI
KCN	−	−	−	+	+	−

注：+表示阳性；−表示阴性。

（3）如选择生化鉴定试剂盒或全自动微生物生化鉴定系统，可根据（1）的初步判断结果，从营养琼脂平板上挑取可疑菌落，用生理盐水制成浊度适当的菌悬液，使用生化鉴定试剂盒或全自动微生物生化鉴定系统进行鉴定。

四、结果与报告

在实际工作中，常常根据以上试验就可判断检样中沙门菌生长情况，并做出报告。

若需要进一步分型鉴定，则还应做血清学反应试验。根据血清学分型鉴定的结果，按照有关沙门菌属抗原表判定菌型。如果需要做血清学分型试验，则可查阅相关资料。综合以上生化试验和血清学鉴定的结果做出报告。即报告为：25g（mL）样品中检出或未检出沙门菌。

第三节　金黄色葡萄球菌检验技术

金黄色葡萄球菌在自然界中无处不在，空气、土壤、水及人和动物的排泄物中都可找到，因而食品受其污染的机会很多。近年来，美国疾病控制与预防中心报告，由金黄色葡萄球菌引起的感染占第二位，仅次于大肠杆菌。金黄色葡萄球菌肠毒素是个世界性卫生问题，在美国由金黄色葡萄球菌肠毒素引起的食物中毒占整个细菌性食物中毒的33%，加拿大则更多，占45%，我国每年发生的此类中毒事件也非常多。

金黄色葡萄球菌的流行病学一般有如下特点：多见于春夏季；中毒食品以乳、肉、蛋、鱼及其制品常见。此外，剩饭、油煎蛋、糯米糕及凉粉等引起的中毒事件也有报道。上呼吸道感染患者鼻腔带菌率83%，所以人畜化脓性感染部位常成为污染源。

一般说，金黄色葡萄球菌可通过以下途径污染食品：食品加工人员、炊事员或销售人员带菌，造成食品污染；食品在加工前本身带菌，或在加工过程中受到了污染，产生了肠毒素，引起食物中毒；熟食制品包装不严，运输过程中受到污染；乳牛患化脓性乳腺炎或禽畜局部化脓时，对肉体其他部位的污染等。

食品中金黄色葡萄球菌的检出主要应用细菌学检验技术，首先将检样进行涂片镜检，如发现有典型的金黄色葡萄球菌存在，便可初步判断检样中存在金黄色葡萄球菌。但有时因检样中菌数太少，或不为典型的葡萄状，因此，需进行培养分离后再进行鉴定。有时也可把检样接种到葡萄糖肉汤培养基中，30℃增菌培养24~48h，再进行涂片镜检。

《食品安全国家标准　食品微生物学检验　金黄色葡萄球菌检验》（GB 4789.10—2016），规定了食品中金黄色葡萄球菌（*Staphylococcus aureus*）的检验方法。下面以GB 4789.10—2016介绍金黄色葡萄球菌的检验技术。

该标准第一法适用于食品中金黄色葡萄球菌的定性检验；第二法适用于金黄色葡萄球菌含量较高的食品中金黄色葡萄球菌的计数；第三法适用于金黄色葡萄球菌含量较低而杂

菌含量较高的食品中金黄色葡萄球菌的计数。

一、金黄色葡萄球菌生物学特性

典型的金黄色葡萄球菌为球形，直径 $0.5 \sim 1\mu m$，显微镜下排列成葡萄串状。金黄色葡萄球菌无芽孢、鞭毛，大多数无荚膜，革兰染色阳性。金黄色葡萄球菌对营养要求不高，在普通培养基上生长良好，需氧或兼性厌氧，最适生长温度37℃，最适生长 pH 7.4。平板上菌落厚、有光泽、圆形凸起，直径 $1 \sim 2mm$。血平板菌落周围形成不透明的溶血环，有时也为白色、大而凸起、圆形表面光滑，在 Baird-Parker 平板上菌落为圆形、光滑凸起、湿润，直径 $2 \sim 3mm$，颜色灰色到黑色，边缘为淡色，周围为一浑浊带，在其外层有一透明圈。用接种针接触菌落似有奶油至树胶的硬度，但无浑浊带及透明圈。长期保存的冷冻或干燥食品中所分离的菌落比典型菌落所产生的黑色较淡些，外观可能粗糙并干燥。金黄色葡萄球菌有高度的耐盐性，可在 $10\% \sim 15\%$ NaCl 肉汤中生长，可分解葡萄糖、麦芽糖、乳糖、蔗糖，产酸不产气。甲基红反应阳性，V-P 反应弱阳性。许多菌株可分解精氨酸，水解尿素，还原硝酸盐，液化明胶。金黄色葡萄球菌具有较强的抵抗力，对磺胺类药物敏感性低，但对青霉素、红霉素等高度敏感。

金黄色葡萄球菌是人类化脓感染中最常见的病原菌，可引起局部化脓感染，也可引起肺炎、胃肠炎、心包炎等，甚至败血症、脓毒症等全身感染。金黄色葡萄球菌的致病力强弱主要取决于其产生的毒素，如溶血毒素、杀白细胞素、肠毒素以及侵袭性酶，如血浆凝固酶、脱氧核糖核酸酶等。

二、设备和材料

检验金黄色葡萄球菌所需设备和材料除微生物实验室常规灭菌及培养设备外，其他设备和材料如下所示。

(1) 恒温培养箱　(36 ± 1)℃。
(2) 冰箱　$2 \sim 5$℃。
(3) 恒温水浴箱　$37 \sim 65$℃。
(4) 天平　感量 0.1g。
(5) 均质器。
(6) 振荡器。
(7) 无菌吸管　1mL（具 0.01mL 刻度）、10mL（具 0.1mL 刻度）或微量移液器及吸头。
(8) 无菌锥形瓶　容量 100mL、500mL。
(9) 无菌培养皿　直径 90mm。
(10) 注射器　0.5mL。
(11) pH 计或 pH 比色管或精密 pH 试纸。

三、培养基和试剂

检验金黄色葡萄球菌所需培养基和试剂如下所示。
(1) 10%氯化钠胰酪胨大豆肉汤。
(2) 营养琼脂小斜面。

(3) 血脂平板。

(4) Baird – Parker 琼脂平板。

(5) 7.5%氯化钠肉汤。

① 成分：蛋白胨 10.0g，牛肉膏 5.0g，氯化钠 75g，蒸馏水 1000mL，pH 7.4。

② 制法：将上述成分加热溶解，调节 pH，分装，每瓶 225mL，121℃ 高压灭菌 15min。

(6) 脑心浸出液肉汤（BHI）

① 成分：胰蛋白质胨 10.0g，氯化钠 5.0g，磷酸氢二钠（12H_2O）2.5g，葡萄糖 2.0g，牛心浸出液 500mL，pH 7.4±0.2。

② 制法：加热溶解，调节 pH，分装 16mm×160mm 试管，每管 5mL 置 121℃，15min 灭菌。

(7) 兔血浆

① 成分：取柠檬酸钠 3.8g，加蒸馏水 100mL，溶解后过滤，装瓶，121℃ 高压灭菌 15min。

② 制法：取 3.8%柠檬酸钠溶液 1 份，加全兔血 4 份（质量比），混好静置（或以 3000r/min 离心 30min），使血液细胞下降，即可得血浆。

(8) 磷酸盐缓冲液

① 成分：磷酸二氢钾（KH_2PO_4）34.0g，蒸馏水 500mL，pH 7.2。

② 储存液制法：称取 34.0g 的磷酸二氢钾溶于 500mL 蒸馏水中，用大约 175mL 的 1mol/L NaOH 溶液调节 pH 至 7.2，用蒸馏水稀释至 1000mL 后储存于冰箱。

③ 稀释液：取储存液 1.25mL，用蒸馏水稀释至 1000mL，分装于适宜容器中，121℃ 高压灭菌 15min。

(9) 革兰染色液。

(10) 0.85%无菌生理盐水。

四、金黄色葡萄球菌定性检验（第一法）

（一）检验程序

金黄色葡萄球菌定性检验程序见图 7-2。

（二）操作步骤

1. 样品的处理

称取 25g 样品至盛有 225mL 7.5%氯化钠肉汤或 1%氯化钠胰酪胨大豆肉汤的无菌均质杯内，8000~10000r/min 均质 1~2min，或放入盛有 225mL 7.5%氯化钠肉汤或 10%氯化钠胰酪胨大豆肉汤的无菌均质袋中，用拍击式均质器拍打 1~2min。若样品为液态，吸取 25mL 样品至盛有 225mL 7.5%氯化钠肉汤或 10%氯化钠胰酪胨大豆肉汤的无菌锥形瓶（瓶内可预置适当数量的无菌玻璃珠）中，振荡混匀。

2. 增菌和分离培养

（1）将上述样品匀液于（36±1）℃培养 18~24h。金黄色葡萄球菌在 7.5%氯化钠肉汤中呈浑浊生长，污染严重时在 10%氯化钠胰酪胨大豆肉汤内呈浑浊生长。

（2）将上述培养物，分别划线接种到 Baird-Parker 平板和血平板，血平板（36±1）℃

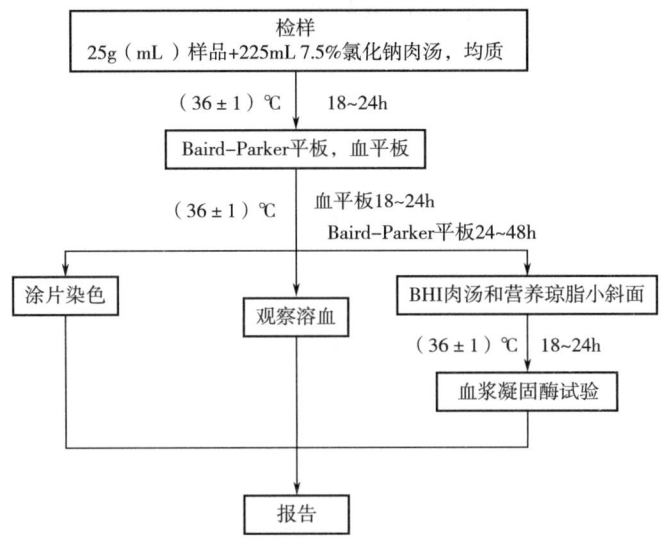

图 7-2 金黄色葡萄球菌定性检验程序
BHI——脑心浸出液

培养 18~24h。Baird-Parker 平板（36±1）℃培养 18~24h 或 45~48h。

（3）金黄色葡萄球菌在 Baird-Parker 平板上，菌落直径为 2~3mm，颜色呈灰色到黑色，边缘为淡色，周围为一浑浊带，在其外层有一透明圈。用接种针接触菌落有似奶油至树胶样的硬度，但无浑浊带及透明圈。长期保存的冷冻或干燥食品中所分离的菌落比典型菌落所产生的黑色较淡些，外观可能粗糙并干燥。在血平板上，形成的菌落较大、圆形、光滑凸起、湿润、金黄色（有时为白色），菌落周围可见完全透明溶血圈。挑取上述菌落进行革兰染色镜检及血浆凝固酶试验。

3. 鉴定

（1）染色镜检 金黄色葡萄球菌为革兰阳性球菌，排列呈葡萄球状，无芽孢，无荚膜，直径为 0.5~1μm。

（2）血浆凝固酶试验 挑取 Baird-Parker 平板或血平板上可疑菌落 1 个或以上，分别接种到 5mL BHI 和营养琼脂小斜面上，（36±1）℃培养 18~24h。

取新鲜配制的兔血浆 0.5mL，放入小试管中，再加入 BHI 培养物 0.2~0.3mL，振荡摇匀，置（36±1）℃温箱或水浴箱内，每半小时观察一次，观察 6h，如呈现凝固（即将试管倾斜或倒置时，呈现凝块）或凝固体积大于原体积的一半，被判定为阳性结果。同时以血浆凝固酶试验阳性和阴性的肉汤培养物作为对照。也可用商品化的试剂，按说明书操作，进行血浆凝固酶试验。结果如可疑，可挑取营养琼脂小斜面的菌落到 5mL BHI 中，（36±1）℃培养 18~48h，重复试验。

（三）结果与报告

（1）结果判定 符合附录 2 的附件 9 中"5.5 确证鉴定"的要求可判定为金黄色葡萄球菌。

（2）结果报告 在 25g（mL）样品中检出或未检出金黄色葡萄球菌。

五、金黄色葡萄球菌 Baird-Parker 平板计数（第二法）

（一）检验程序
金黄色葡萄球菌平板计数程序见图 7-3。

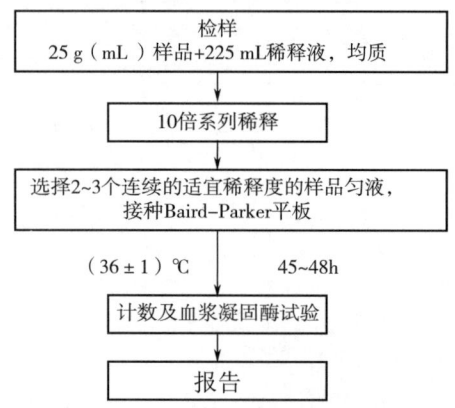

图 7-3　金黄色葡萄球菌 Baird-Parker 平板法检验程序

（二）操作步骤

1. 样品的稀释

（1）固体和半固体样品　称取 25g 样品置盛有 225mL 磷酸盐缓冲液或生理盐水的无菌均质杯内，8000~10000r/min 均质 1~2min，或置于盛有 225mL 稀释液的无菌均质袋中，用拍击式均质器拍打 1~2min，制成 1∶10 的样品匀液。

（2）液体样品　以无菌吸管吸取 25mL 样品，置盛有 225mL 磷酸盐缓冲液或生理盐水的无菌锥形瓶（瓶内预置适当数量的无菌玻璃珠）中，充分混匀，制成 1∶10 的样品匀液。

（3）用 1mL 无菌吸管或微量移液器吸取 1∶10 样品匀液 1mL，沿管壁缓慢注于盛有 9mL 稀释液的无菌试管中（注意吸管或吸头尖端不要触及稀释液面），振摇试管或换用 1 支 1mL 无菌吸管反复吹打使其混合均匀，制成 1∶100 的样品匀液。

（4）按（3）操作程序，制备 10 倍系列稀释样品匀液。每递增稀释一次，换用 1 次 1mL 无菌吸管或吸头。

2. 样品的接种

根据对样品污染状况的估计，选择 2~3 个适宜稀释度的样品匀液（液体样品可包括原液），在进行 10 倍递增稀释时，每个稀释度分别吸取 1mL 样品匀液以 0.3、0.3、0.4mL 接种量分别加入 3 块 Baird-Parker 平板，然后用无菌 L 形棒涂布整个平板，注意不要触及平板边缘。平板使用前，如 Baird-Parker 平板表面有水珠，可放在 25~50℃ 的培养箱里干燥，直到平板表面的水珠消失。

3. 培养

在通常情况下，涂布后，将平板静置 10min，如样液不易吸收，可将平板放在培养箱（36±1）℃ 培养 1h；等样品匀液吸收后翻转培养皿，倒置于培养箱，（36±1）℃ 培养，

45~48h。

4. 典型菌落计数和确认

（1）金黄色葡萄球菌在 Baird-Parker 平板上，菌落直径为 2~3mm，颜色呈灰色到黑色，边缘为淡色，周围为一浑浊带，在其外层有一透明圈。用接种针接触菌落有似奶油至树胶样的硬度，偶然会遇到非脂肪溶解的类似菌落，但无浑浊带及透明圈。长期保存的冷冻或干燥食品中所分离的菌落比典型菌落所产生的黑色较淡些，外观可能粗糙并干燥。

（2）选择有典型的金黄色葡萄球菌菌落的平板，且同一稀释度 3 个平板所有菌落数合计在 20~200CFU 的平板，计数典型菌落数。

① 只有一个稀释度平板的菌落数在 20~200CFU 且有典型菌落，计数该稀释度平板上的典型菌落。

② 最低稀释度平板的菌落数小于 20CFU 且有典型菌落，计数该稀释度平板上的典型菌落。

③ 某一稀释度平板的菌落数大于 200CFU 且有典型菌落，但下一稀释度平板上没有典型菌落，应计数该稀释度平板上的典型菌落。

④ 某一稀释度平板的菌落数大于 200CFU 且有典型菌落，且下一稀释度平板上有典型菌落，但其平板上的菌落数不在 20~200CFU，应计数该稀释度平板上的典型菌落。

以上按式（7-1）计算。

⑤ 2 个连续稀释度的平板菌落数均在 20~200CFU，按式（7-2）计算。

（3）从典型菌落中任选 5 个菌落（小于 5 个全选），分别按附录 2 的附件 9 中"5.4 初步鉴定"的操作要求做血浆凝固酶试验。

（三）结果计算

结果计算见式（7-1）。

$$T = \frac{AB}{Cd} \tag{7-1}$$

式中　T——样品中金黄色葡萄球菌菌落数
　　　A——某一稀释度典型菌落的总数
　　　B——某一稀释度血浆凝固酶阳性的菌落数
　　　C——某一稀释度用于血浆凝固酶试验的菌落数
　　　d——稀释因子

结果计算见式（7-2）。

$$T = \frac{A_1 B_1 / C_1 + A_2 B_2 / C_2}{1.1 d} \tag{7-2}$$

式中　T——样品中金黄色葡萄球菌菌落数
　　　A_1——第一稀释度（低稀释倍数）典型菌落的总数
　　　A_2——第二稀释度（高稀释倍数）典型菌落的总数
　　　B_1——第一稀释度（低稀释倍数）血浆凝固酶阳性的菌落数
　　　B_2——第二稀释度（高稀释倍数）血浆凝固酶阳性的菌落数
　　　C_1——第一稀释度（低稀释倍数）用于血浆凝固酶试验的菌落数
　　　C_2——第二稀释度（高稀释倍数）用于血浆凝固酶试验的菌落数

1.1——计算系数

d——稀释因子（第一稀释度）

（四）结果与报告

根据 Baird-Parker 平板上金黄色葡萄球菌的典型菌落数，按式（7-1）、式（7-2）计算报告每克（毫升）样品中金黄色葡萄球菌数，以 CFU/g（mL）表示；如 T 值为 0，则以小于 1 乘以最低稀释倍数报告。

六、金黄色葡萄球菌 MPN 计数（第三法）

（一）检验程序

金黄色葡萄球菌 MPN 计数程序见图 7-4。

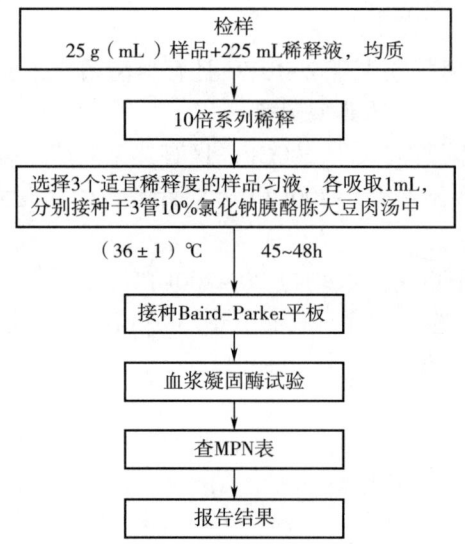

图 7-4　金黄色葡萄球菌 MPN 计数程序

（二）操作步骤

1. 样品的稀释

样品的稀释按"五、金黄色葡萄球菌 Baird-Parker 平板计数（第二法）"中的"（二）操作步骤 1. 样品的稀释"进行。

2. 接种和培养

（1）根据对样品污染状况的估计，选择 3 个适宜稀释度的样品匀液（液体样品可包括原液），在进行 10 倍递增稀释时，每个稀释度分别吸取 1mL 样品匀液接种到 10%氯化钠胰酪胨大豆肉汤管中，每个稀释度接种 3 管，将上述接种物于（36±1）℃培养 45~48h。

（2）用接种环从有细菌生长的各管中，移取 1 环，分别接种 Baird-Parker 平板，（36±1）℃培养 45~48h。

3. 典型菌落确认

从典型菌落中至少挑取 1 个菌落接种到 BHI 肉汤和营养琼脂斜面，（36±1）℃培养 18~24h。进行血浆凝固酶试验，见"五、金黄色葡萄球菌 Baird-Parker 平板计数（第二法）"中的"典型菌落计数和确认"部分。

(三) 结果与报告

计算血浆凝固酶实验阳性菌落对应的管数，查MPN检索表（表7-6），报告每克（毫升）样品中金黄色葡萄球菌的最可能数，以MPN/g（mL）表示。

表7-6 金黄色葡萄球菌MPN检索表

阳性管数			MPN	95%置信区间		阳性管数			MPN	95%置信区间	
0.10g（mL）	0.01g（mL）	0.001g（mL）		下限	上限	0.10g（mL）	0.01g（mL）	0.001g（mL）		下限	上限
0	0	0	<3.0	—	9.5	2	2	0	21	4.5	42
0	0	1	3.0	0.15	9.6	2	2	1	28	8.7	94
0	1	0	3.0	0.15	11	2	2	2	35	8.7	94
0	1	1	6.1	1.2	18	2	3	0	29	8.7	94
0	2	0	6.2	1.2	18	2	3	1	36	8.7	94
0	3	0	9.4	3.6	38	3	0	0	23	4.6	94
1	0	0	3.6	0.17	18	3	0	1	38	8.7	110
1	0	1	7.2	1.3	18	3	0	2	64	17	180
1	0	2	11	3.6	38	3	1	0	43	9	180
1	1	0	7.4	1.3	20	3	1	1	75	17	200
1	1	1	11	3.6	38	3	1	2	120	37	420
1	2	0	11	3.6	42	3	1	3	160	40	420
1	2	1	15	4.5	42	3	2	0	93	18	420
1	3	0	16	4.5	42	3	2	1	150	37	420
2	0	0	9.2	1.4	38	3	2	2	210	40	430
2	0	1	14	3.6	42	3	2	3	290	90	1000
2	0	2	20	4.5	42	3	3	0	240	42	1000
2	1	0	15	3.7	42	3	3	1	460	90	2000
2	1	1	20	4.5	42	3	3	2	1100	180	4100
2	1	2	27	8.7	94	3	3	3	>1100	420	—

注：本表采用3个稀释度 [0.1g（mL）、0.01g（mL）和0.001g（mL）]，每个稀释度接种3管。

第四节 致泻大肠埃希菌检验技术

致泻大肠埃希菌俗称大肠杆菌，属肠杆菌科埃希菌属。大肠杆菌是埃希菌属的代表，与非病原性大肠埃希菌一样都是人畜的肠道细菌，可随粪便一起污染环境和食品，故在卫生学上被作为卫生监督的指示菌。

正常情况下，大肠埃希菌不致病，而且还能合成 B 族维生素和维生素 K，产生大肠菌素，对机体有利，但当机体抵抗力下降或大肠埃希菌侵入肠外组织或器官时，可作为条件性致病菌而引起肠道外感染，有些血清型可引起肠道感染。

一、大肠埃希菌病原学特性

（一）形态特征

大肠杆菌为两端钝圆的短小杆菌，一般大小为 (1.0~3.0)μm×(0.5~0.8)μm，革兰染色阴性，此菌多单独或成双存在，但不成长链状排列。因生长条件不同，个别菌体可呈现近似球状或长丝状。有 50% 左右的菌株具有周生鞭毛而能运动，但多数菌体只有 1~4 根，一般不超过 10 根，该菌菌体动力弱；多数菌株生长有比鞭毛细、短、直且数量多的菌毛，有的菌株具有荚膜；该菌不形成芽孢，对普通碱性染料着色良好。

（二）培养特性

（1）需氧及兼性厌氧菌。

（2）对营养的需求不高，在普通的琼脂上就生长良好，在 15~45℃ 均可生长，但最适生长温度为 37℃，最适 pH 为 7.2~7.4。

（3）在普通琼脂平板上培养 24h，可形成圆形、凸起、光滑、湿润、半透明、边缘整齐、中等大小的菌落，其菌落与沙门菌比较相似，但是，观察菌落（45°折射）可见荧光。

（4）在肉汤培养基中生长 18~24h，肉汤培养基变为均匀的液体，而后底部出现黏性沉淀物，并伴有臭味。

（5）在鲜血琼脂平板上生长，有些菌株可见 β 溶血环。

（6）在远藤琼脂上长成带金环光泽的红色菌落。

（7）在 SS 琼脂平板上多不生长，少数生长的细菌，也因发酵乳糖产酸而形成红色菌落。

（8）在伊红美蓝琼脂上形成紫黑色具有金属光泽的菌落。

（9）在麦康凯琼脂上培养 24h 后菌落呈红色。

（三）生化特性

（1）可发酵葡萄糖、乳糖、麦芽糖、甘露醇产酸产气，有些不典型的菌株不发酵或迟缓发酵乳糖。

（2）不同菌株对蔗糖、卫矛糖、水杨苷发酵结果不一致。

（3）可使赖氨酸脱羧，不能使苯丙氨酸脱氨。

（4）不产生 H_2S，不溶化明胶，不分解尿素。

（5）不能在氰化钾培养基上生长，靛基质试验阳性，V-P 试验阴性。后四项生化特性是典型的大肠埃希菌，与此不一致的即为非典型大肠埃希菌。

二、致病性大肠埃希菌引起的食物中毒

（一）流行病学

致病性大肠埃希菌在自然界的分布非常广泛，常污染食品及餐具。人及动物均有健康带菌现象，牛、猪带菌对本菌引起的食物中毒至关重要。人的健康带菌在流行病学上具有

重要意义。

本菌引起的食品中毒以动物性食品比较多，主要为肉食品类。动物生前感染以及带菌，是引起本菌食物中毒的重要原因。

(二) 致病力和致病机制

1. 侵袭力

大肠杆菌具有 K 抗原和菌毛，K 抗原具有抗吞噬作用，有抵抗抗体和补体的作用，菌毛能帮助细菌黏附于肠黏膜表面。有侵袭力的菌株可以侵犯肠道黏膜引起炎症。

2. 内毒素

大肠杆菌细胞壁具有内毒素的活性，其脂类 A 是毒性部位，而 O 特异多糖有助于细菌抵抗宿主的防御机制。

3. 肠毒素

肠毒素是由肠产毒性大肠杆菌在生长繁殖过程中释放的外毒素，分为耐热和不耐热两种。①不耐热肠毒素（Labile toxin，LT）：对热不稳定，65℃经 30min 即失活，为蛋白质，分子质量大，有免疫原性。由 A、B 两个亚单位组成，A 又分成 A1 和 A2，其中 A1 是毒素的活性部分。B 亚单位与小肠黏膜上皮细胞膜表面的 GM1 神经节苷脂受体结合后，A 亚单位穿过细胞膜与腺苷酸环化酶作用，使胞内 ATP 转化 cAMP。当 cAMP 增加后，导致小肠液体过度分泌，超过肠道的吸收能力而出现腹泻。LT 的免疫原性与霍乱弧菌肠毒素相似，两者的抗血清有交叉中和作用。②耐热肠毒素（Stable toxin，ST）：对热稳定，100℃经 20min 仍不被破坏，分子质量小，免疫原性弱。ST 可激活小肠上皮细胞中的鸟苷酸环化酶，使胞内 cGMP 增加，在空肠部分改变液体的运转，使肠腔积液而引起腹泻。ST 与霍乱毒素无共同的抗原关系。

(三) 所致疾病

1. 肠道感染

大肠杆菌是引起人类泌尿系统感染最常见的病原菌，也是革兰染色阴性杆菌败血症的常见病因。此外该菌还可引起胆囊炎、肺炎，以及新生儿或婴儿脑膜炎等。

2. 腹泻

能引起腹泻的大肠杆菌主要有以下四组。

（1）肠道产毒素大肠埃希菌（ETEC） 是婴幼儿及旅游者腹泻的主要原因。本组细菌的主要特点是能产生 ST 和 LT 两种肠毒素，其所致疾病的临床表现为轻度腹泻，也可出现严重的类似霍乱的症状。

（2）肠道致病性大肠埃希菌（EPEC） 是婴儿腹泻的主要原因，严重者可致死。本组细菌不产生肠毒素，它主要寄生于十二指肠、空肠和回肠上端。

（3）肠道侵袭性大肠埃希菌（EIEC） 本组细菌主要引起较大龄儿童和成年人腹泻，有时能形成爆发流行。不产生肠毒素，该菌主要侵袭大肠上皮细胞，临床上表现出类似痢疾的症状。该菌具有 H 抗原但无动力，常有非典型的生化反应，对乳糖迟缓发酵或不发酵，其中某些菌型与痢疾杆菌有共同抗原，因此常被误诊为细菌性痢疾。

（4）肠道出血性大肠埃希菌（EHEC） 此菌是 1982 年首次在美国发现的、引起出血性肠炎的病原菌，1984 年在日本发现 O157:H 引起腹泻病例，1996 年夏季在日本大规模流行。O157:H 食物中毒是由细菌自身和其产生的毒素协同作用引起的，它的致病机制还不十分清楚,主要临床症状是潜伏期长(4~9d),轻者表现为腹泻、腹痛、呕吐,重者表现为水样腹泻,易引起老幼患者死亡。

三、检验方法

(一) 设备和材料

冰箱、恒温培养箱、恒温水浴锅、显微镜、离心机、酶标仪、均质器(或灭菌乳钵)、架盘药物天平、Mac Farland 3 号细菌浓度比浊管、500mL 灭菌广口瓶、250mL 灭菌锥形瓶、500mL 灭菌锥形瓶、1mL 灭菌吸管、5mL 灭菌吸管、灭菌培养皿、灭菌试管(10mm×75mm,16mm×160mm)、灭菌的刀子、剪子、镊子、注射器(0.25mL,连接内径 1mm 塑料小管一段)、小白鼠(1~4 日龄)、硝酸纤维滤膜(150mm×50mm,直径 0.45μm。临用时切成两张,每张 75mm×50mm,用铅笔画格,每格 6mm×6mm,每行 10 格,分 6 行,灭菌备用)。

(二) 培养基和试剂

1. 培养基

乳糖胆盐发酵管、营养肉汤、肠道菌增菌肉汤、麦康凯琼脂、伊红美蓝琼脂(EMB)、三糖铁琼脂(TSI)、克氏双糖铁琼脂(KI)、糖发酵管(乳糖、鼠李糖、木糖和甘露醇)、赖氨酸脱羧酶实验培养基、尿素琼脂(pH7.2)、氰化钾(KCN)培养基、半固体琼脂、Honda 产毒肉汤、Elek 培养基。

2. 试剂

蛋白胨水,靛基质试剂,氧化酶试剂,革兰染色液,致病性大肠埃希菌诊断血清,侵袭性大肠埃希菌诊断血清,产肠毒素大肠埃希菌诊断血清,出血性大肠埃希菌诊断血清,产肠毒素大肠埃希菌 LT 和 ST 酶标诊断试剂盒,产肠毒素 LT 和 ST 大肠埃希菌标准菌株,抗 LT 抗毒素,多黏菌素 B 纸片(300IU,直径 16mm),0.1%硫柳汞溶液,2%伊文思蓝溶液。

四、检验程序

致泻大肠埃希菌检验程序见图 7-5。

五、操作步骤

(一) 增菌

增菌样品采集后应尽快检验,除了易腐食品在检验之前预冷藏外,一般不冷藏。以无菌操作取检样 25g(mL),加在 225mL 营养肉汤中,以均质器打碎 1min 或用乳钵加灭菌砂磨碎,取出适量,接种乳糖胆盐培养基,以测定大肠菌群 MPN,其余的移入 500mL 广口瓶内,于(36±1)℃培养 6h。挑取一环,接种于 1 管 30mL 肠道菌增菌肉汤内,于 42℃培养 18h。

(二) 分离培养

将乳糖发酵阳性的乳糖胆盐发酵管和增菌液分别划线接种至麦康凯或伊红美蓝琼脂平板;污染严重的检样,可将检样匀液直接划线在麦康凯或伊红美蓝琼脂平板,于(36±1)℃培养 18~24h,观察菌落,不但要注意乳糖发酵的菌落,同时也要注意乳糖不发酵和

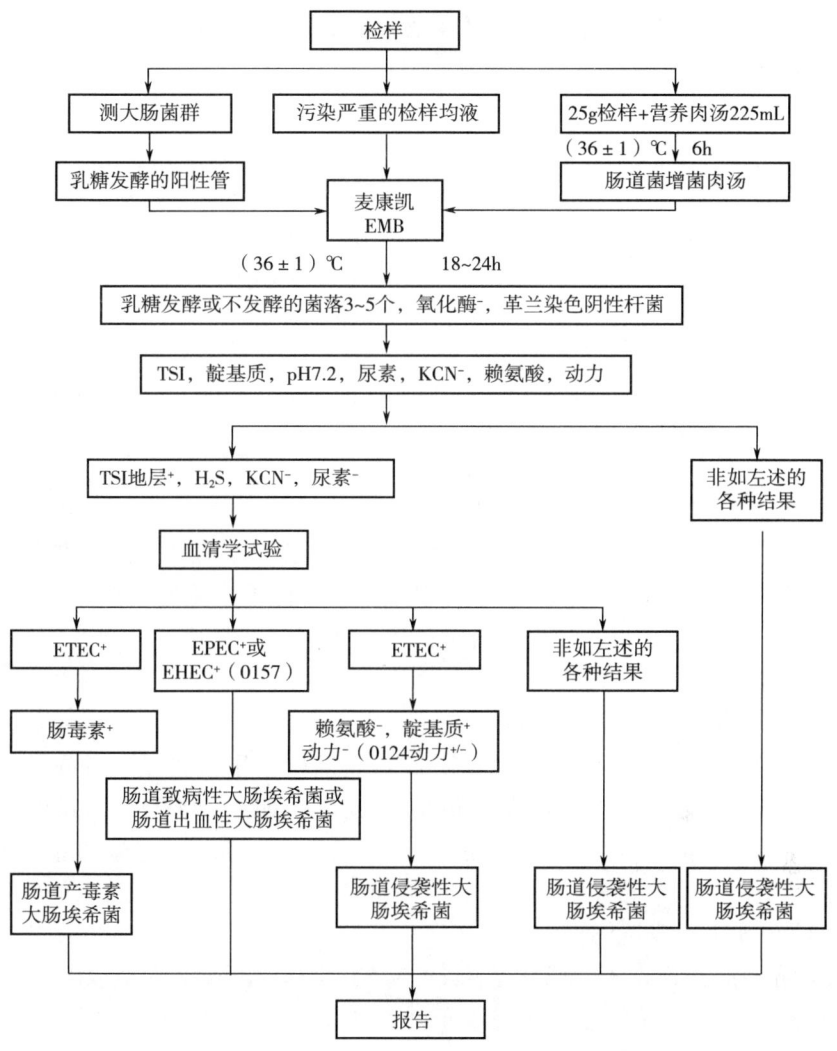

图7-5 致泻大肠埃希菌检验程序图

迟缓发酵的菌落。

(三) 生化试验

(1) 自鉴别平板上直接挑取数个菌落分别接种于三糖铁琼脂（TST）或克氏双糖铁琼脂（KI）上。同时将这些培养物分别接种蛋白胨水、半固体、pH7.2尿素琼脂、KCN肉汤和赖氨酸脱羧酶实验培养基。以上培养物均在36℃培养过夜。

(2) TSI斜面产酸或不产酸，底层产酸，H_2S阴性，KCN阴性和尿素阴性的培养物为大肠埃希菌。TSI底层不产酸，或H_2S、KCN、尿素有任一项为阴性的培养物，均非大肠埃希菌，必要时做氧化酶试验和革兰染色。

(四) 血清学试验

(1) 假定试验 挑取经生化试验证实为大肠埃希菌的琼脂培养物，用致病性大肠埃希菌、侵袭性大肠埃希菌和产肠毒素大肠埃希菌，多价O血清和出血性大肠埃希菌O157血清做玻片凝集实验,当某一种多价 O 血清凝集时,再与该多价血清所包含的单价 O 血清做实验。致泻大肠埃希菌所包括的 O 抗原群见表 7-7。若与某一个单价 O 血清呈现强凝集反应,即为假定实验阳性。

表 7-7　　　　　　　　　　致泻大肠埃希菌所包括的 O 抗原群

大肠埃希菌的种类	所包括的 O 抗原群
EPEC	O26、O55、O86、O111ab、O114、O119、O125ac、O127、O128ab、O142、O148
EHEC	O157
EIEC	O28ac、O29、O112ac、O115、O124、O135、O136、O143、O144、O152、O164、O167
ETEC	O6、O11、O15、O20、O25、O27、O63、O78、O85、O114、O115、O126、O128ac、O148、O149、O159、O166、O167

(2) 证实实验　制备 O 抗原悬液,稀释至与马克弗兰德 3 号(MacFarland 3)比浊管相当的浓度,原效价为(1∶320)~(1∶160)的 O 血清,用 0.5% 盐水稀释至 1∶40。稀释血清与抗原悬液在 10mm×75mm 试管内等量混合,做单管凝集实验。混匀后放于 50℃ 水浴锅内,经 16h 后观察结果。如出现凝集,可证实为该 O 抗原。

(五) 肠毒素实验

1. 酶联免疫吸附实验检测 LT 和 ST

(1) 产毒培养　将实验菌株和阳性及阴性对照菌株分别接种于 0.6mL 致病性大肠埃希菌产毒培养基(CAYE)内,37℃ 振荡培养过夜。加入 20000IU/mL 的多黏菌素 B 0.05mL,于 37℃ 1h,离心 4000r/min 15min,分离上清液,加入 0.1% 硫柳汞 0.05mL,于 4℃ 保存待用。

(2) LT 检测方法(双抗体夹心法)

① 包被:先在肠道产毒素大肠埃希菌 LT 和 ST 酶标诊断试剂盒中取出包被用 LT 抗体管,加入包被液 0.5mL,混匀后全部吸出于 3.6mL 包被液中混匀,以每孔 100μL 量加入 40 孔聚苯乙烯硬反应板中,第一孔留空白对照,于 4℃ 冰箱湿盒中过夜。

② 洗板:将板中溶液甩去,用洗涤液 I(0.1% 硫汞柳酸钠溶液)洗 3 次,甩尽液体,翻转反应板,在吸水纸上拍打,去尽孔中残留液体。

③ 封闭:每孔加 100μL 封闭液,于 37℃ 水浴中 1h。

④ 洗板:用洗涤液 II(2% 伊文思蓝溶液)洗 3 次,操作同上。

⑤ 加样本:每孔分别加各种试验菌株产毒培养液 100μL,37℃ 水浴中 1h。

⑥ 洗板:用洗涤液 II 洗 3 次,操作同上。

⑦ 加酶标抗体:先在酶标 LT 抗体管中加 0.5mL 稀释液,混匀后全部吸出于 3.6mL 稀释液中混匀,每孔加 100μL,37℃ 水浴中 1h。

⑧ 洗板:用洗涤液 II 洗 3 次,操作同上。

⑨ 酶底物反应:每孔(包括第一孔)各加基质液 100μL,室温下避光作用 5~10min,加入终止液 50μL。

⑩ 结果判定:以酶标仪在波长 492nm 下测定吸光度 OD 值,待测标本值大于阴性对照

3倍以上为阳性，目测颜色为橘黄色或明显高于阴性对照为阳性。

2. ST检测方法（抗原竞争法）

（1）包被　先在包被用ST抗原管中加入0.5mL包被液，混匀后全部吸出，于1.6mL包被液中混匀，每孔加50μL于40孔聚苯乙烯软反应板中。加液后轻轻敲板，使液体布满孔底。第一孔留空作为对照，置4℃冰箱湿盒中过夜。

（2）洗板　用洗涤液Ⅱ洗3次，操作同上。

（3）封闭　每孔加100μL封闭液，于37℃水浴中1h。

（4）洗板　用洗涤液Ⅱ洗3次，操作同上。

（5）加样本及ST单克隆抗体　每孔分别加各种试验菌株产毒培养液50μL，稀释的ST单克隆抗体50μL（先在ST单克隆抗体管中加0.5mL稀释液，混匀后全部吸出于1.6mL稀释液中，混匀备用），37℃水浴1h。

（6）洗板　用洗涤液Ⅱ洗3次，操作同上。

（7）加酶标记免抗鼠1g复合物　在加酶标记免抗鼠1g复合物管中加0.5mL稀释液，混匀后全部吸出于3.6mL稀释液中混匀，每孔加100μL，37℃水浴1h。

（8）洗板　用洗涤液Ⅱ洗3次，操作同上。

（9）酶底物反应　每孔（包括第一孔）各加基质液100μL，室温下避光作用5～10min，再加入终止液50μL。

（10）结果判定　以酶标仪在波长492nm下测定吸光度（OD）值，计算见式（7-3）。

$$吸光度（\%）=\frac{阴性对照OD值-待测样品OD值}{阴性对照OD值}\times 100\% \quad (7-3)$$

吸光度大于等于50%为阳性，目测无色或明显淡于阴性对照为阳性。

3. 双向琼脂扩散实验检测LT

将被检菌株按五点环形接种于Elek培养基上，以同样操作，共做两份，于36℃培养48h。在每株菌的菌苔上放多黏菌素B纸片，于36℃经5～6h，使肠毒素渗入琼脂中，在五点环形菌苔各5mm处的中央，挖一个直径4mm的圆孔，并用一滴琼脂垫底。在平板的中央孔内滴加LT抗毒素30μL，用已知产LT和不产毒菌株作为对照，于36℃经15～20h观察结果。在菌斑和抗毒素孔之间出现白色沉淀带者为阳性，无沉淀带者为阴性。

4. 乳鼠灌胃实验检测ST

将被检菌株接种于Honda产毒肉汤内，于36℃培养24h，以30000r/min离心30min，取上清液经薄膜过滤器过滤，加热60℃ 30min，每一毫升滤液中加入2%伊文思蓝溶液0.02mL。将此溶液用塑料小管注入1～4d龄的乳鼠胃内0.1mL，同时接种3～4只，禁食3～4h后用三氯甲烷麻醉，取出全部肠管，称量肠管（包括积液）重量及剩余体重，肠管重量及剩余体重之比大于0.09为阳性，0.07～0.09为可疑。

六、结果与报告

综合以上生化实验、血清学实验、肠毒素实验做出报告。

七、注意事项

克氏铁琼脂与三糖铁琼脂的主要区别在于后者加蔗糖可以排除一些发酵蔗糖的非致病

性肠道杆菌科细菌，二者主要用于初步鉴别肠杆菌科的细菌。

第五节　志贺菌检验技术

一、病原学特性

（一）形态特性及培养特性

志贺菌属的形态与一般肠道杆菌无明显区别，为革兰染色阴性杆菌，大小（2~3）μm×（0.5~0.7）μm，无鞭毛，有菌毛。菌落呈圆形、微凸、光滑湿润、无色、半透明、边缘整齐，直径为2mm，在液体培养基中均匀浑浊生长，无菌膜形成。

本菌属都能分解葡萄糖，产酸不产气，大多不发酵乳糖。甲基红实验阳性，V-P实验阴性，不分解尿素，不产生H_2S。需氧或兼性厌氧菌，最适温度37℃，pH6.4~7.8，在普通琼脂培养基和SS平板上，形成圆形、微凸、光滑湿润、无色半透明、边缘整齐、中等大小的菌落。宋氏志贺菌菌落较大，较不透明，粗糙而扁平，在SS平板上可迟缓发酵乳糖，菌落呈玫瑰红色，在肉汤中呈均匀浑浊生长，无菌膜。

（二）生化特性

（1）分解葡萄糖，产酸不产气。除宋氏志贺菌，均不发酵乳糖。
（2）V-P实验阴性，不分解尿素，不形成硫化氢，不能利用柠檬酸盐作为碳源。
（3）不发酵侧金盏花醇、肌醇、水杨苷。
（4）甲基红实验阳性。
（5）痢疾志贺菌不分解甘露醇，其他（福氏、鲍氏、宋内）都可分解甘露醇。

二、志贺菌引起的食物中毒

志贺菌属（通称痢疾杆菌）是细菌性痢疾的病原菌，临床上能引起痢疾症状的病原微生物很多，有志贺菌、沙门菌、变形杆菌、大肠杆菌等，其中以志贺菌引起的细菌性痢疾最为常见。志贺菌病常见为食物爆发型或经水传播。与志贺菌病相关的食品包括沙拉（土豆、金枪鱼、虾、通心粉、鸡）、生的蔬菜，乳和乳制品，禽类，水果，面包制品，汉堡包和有鳍鱼类。志贺菌在拥挤和不卫生的条件下能迅速传播，经常发现于人员大量集中的地方，如餐厅、食堂。食源性志贺菌流行的最主要原因是食品加工行业人员患菌痢或带菌者污染食品，食品接触人员个人卫生差，存放已污染的食品温度不适当等。

志贺菌引起的细菌性痢疾主要通过消化道途径传播。根据宿主的健康状况和年龄，只需少量病菌（为10个以上）进入，就有可能致病。志贺菌的致病作用，主要是侵袭力、菌体内毒素及个别菌株产生的外毒素。内毒素作用于肠壁，使其通透性增高，从而促进毒素的吸收，继而作用于中枢神经系统及心血管系统，引起临床上一系列毒血症症状，如发热、神志障碍，甚至中毒性休克。外毒素为蛋白质，不耐热，75~80℃ 1h即可破坏，其作用是使肠黏膜通透性增加，并导致血管内皮细胞损害。一般认为具有外毒素的志贺菌引起的痢疾比较严重。因此，志贺菌成了食品中病原微生物检验的重要内容之一。

三、检验方法

（一）设备和材料

除微生物实验室常规灭菌及培养设备外，其他设备和材料有：恒温培养箱（36±1）℃；冰箱（2~5℃）；膜过滤系统；厌氧培养装置［(41.5±1)℃］；电子天平（感量0.1g）；显微镜（10×~100×）；均质器；振荡器；无菌吸管（1mL 具0.01mL刻度、10mL具0.1mL刻度或微量移液器及吸头）；无菌均质杯或无菌均质袋（容量500mL）；无菌培养皿（直径90mm）；pH计或pH比色管或精密pH试纸；全自动微生物生化鉴定系统。

（二）培养基和试剂

志贺菌增菌肉汤—新生霉素；麦康凯（MAC）琼脂；木糖赖氨酸脱氧胆酸盐（XLD）琼脂；志贺菌显色培养基；三糖铁（TSI）琼脂；营养琼脂斜面；半固体琼脂；葡萄糖铵培养基；尿素琼脂；β-半乳糖苷酶培养基；氨基酸脱羧酶实验培养基；糖发酵管；西蒙柠檬酸盐培养基；黏液酸盐培养基；蛋白胨水、靛基质试剂；志贺菌属诊断血清；生化鉴定试剂盒。

（三）检验程序

志贺菌检验程序见图7-6。

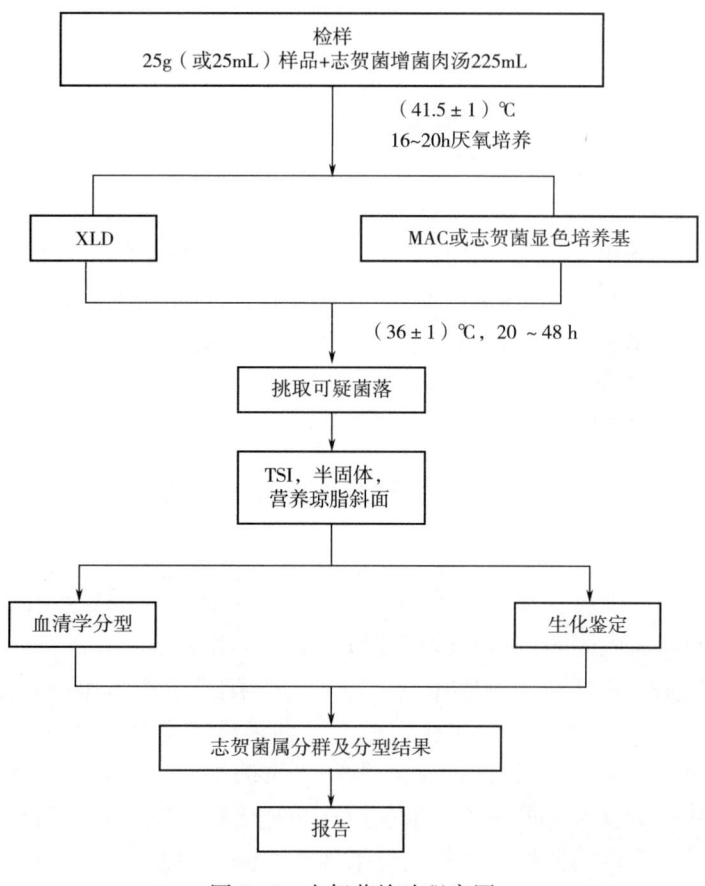

图7-6 志贺菌检验程序图

四、操作步骤

(一) 增菌

以无菌操作取检样25g (mL)，加入装有灭菌225mL志贺菌增菌肉汤的均质杯中，用旋转刀片式均质器以8000~10000r/min均质；或加入225mL志贺菌增菌肉汤的均质袋中，用拍击式均质器连续均质1~2min，液体样品振荡混匀即可。于 (41.5±1)℃，厌氧培养16~20h。

(二) 分离

取增菌后的志贺菌增菌液分别划线接种于XLD琼脂平板和MAC琼脂平板或志贺菌显色培养基平板上，于 (36±1)℃培养20~24h，观察各个平板上生长的菌落形态。宋内志贺菌的单个菌落直径大于其他志贺菌。若出现的菌落不典型或菌落较小不易观察，则继续培养至48h再进行观察。志贺菌在不同选择性琼脂平板上的菌落特征见表7-8。

表7-8　　　　　　　　志贺菌在不同选择性琼脂平板上的菌落特征

选择性琼脂平板	志贺菌的菌落特征
MAC琼脂	无色至浅粉红色，半透明、光滑、湿润、圆形、边缘整齐或不齐
XLD琼脂	粉红色至无色，半透明、光滑、湿润、圆形、边缘整齐或不齐
志贺菌显色培养基	按照显色培养基的说明进行判定

(三) 初步生化实验

(1) 自选择性琼脂平板上分别挑取2个以上典型或可疑菌落，分别接种于TSI、半固体和营养琼脂斜面各一管，置 (36±1)℃培养20~24h，分别观察结果。

(2) 凡是三糖铁琼脂中斜面产碱、底层产酸（发酵葡萄糖，不发酵乳糖、蔗糖）、不产气（福氏志贺菌6型可产生少量气体）、不产硫化氢、半固体管中无动力的菌株，挑取其上述中已培养的营养琼脂斜面上生长的菌苔，进行生化实验和血清学分型。

五、生化实验及附加生化实验

(一) 生化实验

用初步生化实验中已培养的营养琼脂斜面上生长的菌苔，进行生化实验，即β-半乳糖苷酶、尿素、赖氨酸脱羧酶、鸟氨酸脱羧酶以及水杨苷和七叶苷的分解实验。除宋内志贺菌、鲍氏志贺菌13型的鸟氨酸阳性；宋内志贺菌和痢疾志贺菌1型，鲍氏志贺菌13型的β-半乳糖苷酶为阳性以外，其余生化实验志贺菌属的培养物均为阴性结果。另外由于福氏志贺菌6型的生化特性和痢疾志贺菌或鲍氏志贺菌相似，必要时还需加做靛基质、甘露醇、棉籽糖、甘油实验，也可做革兰染色检查和氧化酶实验，应为氧化酶阴性的革兰阴性杆菌。生化反应不符合的菌株，即使能与某种志贺菌分型血清发生凝集，仍不得判定为志贺菌属。志贺菌属四个群的生化特性见表7-9。

表 7-9　　　　　　　　　　　　　志贺菌属四个群的生化特性

生化反应	A 群：痢疾志贺菌	B 群：福氏志贺菌	C 群：鲍氏志贺菌	D 群：宋内志贺菌
β-半乳糖苷酶	$-^a$	$-$	$-^a$	$+$
尿素	$-$	$-$	$-$	$-$
赖氨酸脱羧酶	$-$	$-$	$-$	$-$
鸟氨酸脱羧酶	$-$	$-$	$-^b$	$+$
水杨苷	$-$	$-$	$-$	$-$
七叶苷	$-$	$-$	$-$	$-$
靛基质	$-/+$	$(+)$	$-/+$	$-$
甘露醇	$-$	$+^c$	$+$	$+$
棉籽糖	$-$	$+$	$-$	$+$
甘油	$(+)$	$-$	$(+)$	d

注：+表示阳性；−表示阴性；−/+表示多数阴性；+/−表示多数阳性；(+) 表示迟缓阳性。
a 表示痢疾志贺 1 型和福氏 13 型为阳性；b 表示鲍氏 13 型为鸟氨酸阳性；c 表示福氏 4 型和 6 型常见甘露醇阴性变种；d 表示有不同生化型。

（二）附加生化试验

由于某些不活泼的大肠埃希菌（anaerogenic E. coli）、碱性-异型（alkalescens-Disparbiotypes，A-D）菌的部分生化特征与志贺菌相似，并能与某种志贺菌分型血清发生凝集；因此前面生化实验符合志贺菌属生化特性的培养物还需另加葡糖胺、西蒙柠檬酸盐、黏液酸盐实验（36℃培养 24~48h）。志贺菌属和不活泼大肠埃希菌、A-D 菌的生化特性区别见表 7-10。

表 7-10　　　　　　志贺菌属和不活泼大肠埃希菌、A-D 菌的生化特性区别

生化反应	A 群：痢疾志贺菌	B 群：福氏志贺菌	C 群：鲍氏志贺菌	D 群：宋内志贺菌	大肠埃希菌	A-D 菌
葡糖胺	$-$	$-$	$-$	$-$	$+$	$+$
西蒙柠檬酸盐	$-$	$-$	$-$	$-$	d	d
黏液酸盐	$-$	$-$	$-$	d	$+$	d

注：+表示阳性；−表示阴性；d 表示有不同生化型。在葡糖胺、西蒙柠檬酸盐、黏液酸盐实验三项反应中志贺菌一般为阴性，而不活泼的大肠埃希菌、碱性-异型（A-D）菌至少有一项反应为阳性。

六、血清学鉴定

（一）抗原的准备

志贺菌属没有动力，且没有鞭毛抗原。志贺菌属主要有菌体（O）抗原。菌体 O 抗原又可分为型和群的特异性抗原。

一般采用1.2%~1.5%琼脂培养物作为玻片凝集试验用的抗原。

注1：一些志贺菌如果因为K抗原的存在而不出现凝集反应时，可挑取菌苔于1mL生理盐水中做成浓菌液，100℃煮沸15~60min去除K抗原后再检查。

注2：D群志贺菌既可能是光滑型菌株也可能是粗糙型菌株，与其他志贺菌群抗原不存在交叉反应。与肠杆菌科不同，宋内志贺菌粗糙型菌株不一定会自凝。宋内志贺菌没有K抗原。

（二）凝集反应

在玻片上划出2个约1cm×2cm的区域，挑取一环待测菌，各放1/2环于玻片上的每一个区域上部，在其中一个区域下部加1滴抗血清，在另一区域下部加入1滴生理盐水，作为对照。再用无菌的接种环或针分别将两个区域内的菌落研成乳状液。将玻片倾斜摇动混合1min，并对着黑色背景进行观察，如果抗血清中出现凝结成块的颗粒，而且生理盐水中没有发生自凝现象，那么凝集反应为阳性。如果生理盐水中出现凝集，视作为自凝。这时，应挑取同一培养基上的其他菌落继续进行试验。

如果待测菌的生化特征符合志贺菌属生化特征，而其血清学实验为阴性的话，则按"（一）抗原的准备"注1进行试验。

（三）血清学分型

先用4种志贺菌多价血清检查，如果呈现凝集，则再用相应各群多价血清分别实验。先用B群福氏志贺菌多价血清进行实验，如呈现凝集，再用其群和型因子血清分别检查。如果B群多价血清不凝集，则用D群宋内志贺菌血清进行试验，如呈现凝集，则用其Ⅰ相和Ⅱ相血清检查；如果B、D群多价血清都不凝集，则用A群痢疾志贺菌多价血清及1~12各型因子血清检查，如果上述3种多价血清都不凝集，可用C群鲍氏志贺菌多价检查，并进一步用1~18各型因子血清检查。福氏志贺菌各型和亚型的型抗原和群抗原鉴别见表7-11。

表7-11　　　　　福氏志贺菌各型和亚型的型抗原和群抗原鉴别表

型和亚型	型抗原	群抗原	在群因子血清中的凝聚		
			3，4	6	7，8
1a	Ⅰ	4	+	−	−
1b	Ⅰ	(4)，6	(+)	+	−
2a	Ⅱ	3，4	+	−	−
2b	Ⅱ	7，8	−	−	+
3a	Ⅲ	(3，4) 6，7，8	(+)	+	+
3b	Ⅲ	(3，4)，6……	(+)	+	−
4a	Ⅳ	3，4	+	−	−
4b	Ⅳ	6	−	+	−
5a	Ⅴ	(3，4)	(+)	−	−
5b	Ⅴ	7，8	−	−	+

续表

型和亚型	型抗原	群抗原	在群因子血清中的凝聚		
			3,4	6	7,8
6	Ⅵ	4	+	−	−
X	−	7,8	−	−	+
Y	−	3,4	+	−	−

注：+表示凝聚；−表示不凝聚；(+)表示有；(−)表示无。

七、结果报告

综合以上生化实验和血清学鉴定的结果，报告 25g（mL）样品中检出或未检出的志贺菌。

第六节 溶血性链球菌检验技术

链球菌在自然界中广泛分布，可存在于水、空气、尘埃、牛乳、粪便及人的咽喉和病灶中，根据其抗原结构，族特异性"C"抗原的不同，可进行血清学分群，按该菌在血琼脂平板上溶血的情况可分为甲型溶血性链球菌、乙型溶血性链球菌和丙型溶血性链球菌。健康人和动物的皮肤及黏膜上，呼吸道和消化道内往往带有该菌。本菌在血琼脂平板上溶血情况如下所示。

甲（α）型溶血性链球菌：通常称为草绿色链球菌，菌落周围有草绿色溶血环，1~2mm宽。镜下可见溶血环内残存有未溶解的红细胞。有的菌株需放冰箱过夜后才能出现这种溶血现象。

乙（β）型溶血性链球菌：菌落周围形成一个2~4mm宽，界限分明、完全透明的无色溶血环。

丙（γ）型链球菌：菌落周围不呈现任何溶血现象。

与人类疾病有关的大多属于β型溶血性链球菌，常可引起皮肤和皮下组织的化脓性炎症、呼吸道感染，还可通过食品引起猩红热、流行性咽炎的爆发流行。

一、溶血性链球菌病原学特性

(一) 溶血性链球菌形态与染色

为圆形或卵圆形，直径为0.5~1μm，常排成链状，链的长短不一，短者由4~5个菌体组成，长者可达20~30个甚至上百个。链的长短与细菌种类和生长环境有关。致病性链球菌一般较长，非致病性或毒力弱的菌株菌链较短，在液体培养基中易呈长链，在固体培养基上易呈短链。

大多数链球菌无鞭毛，不能运动，但D群和X群中某些菌株具有鞭毛，不能形成芽孢。多数链球菌在血清肉汤幼龄（2~2.5h）培养物中，易发现荚膜，当培养时间延长，荚膜即逐渐消失。

链球菌用普通苯胺染料易于着染，自病灶分离的链球菌为革兰染色阳性，但若长时间培养，或被吞噬细胞吞噬后，革兰染色常为阴性。

（二）培养特性

需氧或兼性厌氧菌，营养要求较高，普通培养基上生长不良，需补充血清、血液、腹水，大多数菌株需核黄素、维生素 B_6、烟酸等生长因子。最适生长温度为37℃，在20~42℃也能生长，最适 pH 为 7.4~7.6。在血清肉汤中易成长链，管底呈絮状或颗粒状沉淀生长。菌株在血平板上形成灰白色、半透明、表面光滑、边缘整齐、直径 0.5~0.75mm 的细小菌落，不同菌株溶血性不一。

（三）生化特性

菌株可分解葡萄糖，产酸不产气，对乳糖、甘露醇、水杨苷、山梨醇、棉籽糖、蕈糖、七叶苷的分解能力因不同菌株而异，一般不分解菊糖，不被胆汁溶解，触酶实验阴性。

二、溶血性链球菌引起的食物中毒

链球菌食物中毒潜伏期较短（5~12h），临床症状较轻，表现为恶心、呕吐、腹痛、腹泻，1~2d 即可恢复。溶血性链球菌的致病性与其产生的毒素及其侵袭性酶有关，主要有以下几种。

1. 链球菌溶血素

链球菌溶血素有 O 和 S 两种，O 为含有—SH 的蛋白质，具有抗原性，S 为小分子多肽，分子质量较小，故无抗原性。

2. 致热外毒素

致热外毒素曾称为红疹毒素或猩红热毒素，是人类猩红热的主要毒性物质，会引起局部或全身红疹、发热、疼痛、恶心、呕吐、周身不适。

3. 透明质酸酶

透明质酸酶又称扩散因子，能分解细胞间质的透明质酸，故能增加细菌的侵袭力，使病菌易在组织中扩散。

4. 链激酶

链激酶又称链球菌纤维蛋白溶酶，能使血液中纤维蛋白酶原变成纤维蛋白酶，具有增强细菌在组织中扩散的作用，该酶耐热，100℃ 50min 仍可保持活性。

5. 链道酶

链道酶又称链球菌 DNA 酶，能使脓液稀薄，促进病菌扩散。

6. 杀白细胞素

杀白细胞素能使白细胞失去动力，变成球形，最后膨胀破裂。

三、β 型溶血性链球菌检验方法

（一）设备和材料

除微生物实验室常规灭菌及培养设备外，其他设备和材料如下所示：恒温培养箱[（36±1）℃]；冰箱（2~5℃）；厌氧培养装置；天平（感量 0.1g）；均质器与配套均质袋；显微镜（10~100倍）；无菌吸管：1mL（具 0.01mL 刻度）、10mL（具 0.1mL 刻度）

或微量移液器及吸头；无菌锥形瓶（容量100、200、2000mL）；无菌培养皿（直径90mm）；pH计或pH比色管或精密pH试纸；水浴装置[(36±1)℃]；微生物生化鉴定系统。

(二) 培养基和试剂

改良胰蛋白胨大豆肉汤（modified tryptone soybean broth，mTSB）；哥伦比亚CNA血琼脂；哥伦比亚血琼脂；革兰染色液；胰蛋白胨大豆肉汤（tryptone soybean broth，TSB）；草酸钾血浆；0.25%氯化钙溶液；3%过氧化氢溶液；生化鉴定试剂盒或生化鉴定卡。

(三) 检验程序

β型溶血性链球菌检验程序见图7-7。

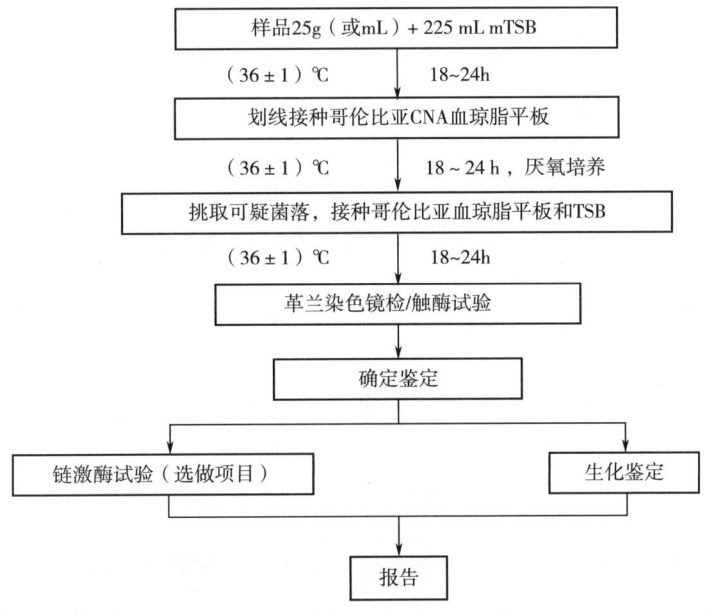

图7-7　β型溶血性链球菌检验程序

四、操作步骤

(一) 样品处理及增菌

按无菌操作称取检样25（mL），加入盛有225mL mTSB的均质袋中，用拍击式均质器均质1~2min；或加入盛有225mL mTSB的均质杯中，以8000~10000r/min均质1~2min。若样品为液态，振荡均匀即可。(36±1)℃培养18~24h。

(二) 分离

将增菌液划线接种于哥伦比亚CNA血琼脂平板，(36±1)℃厌氧培养18~24h，观察菌落形态。溶血性链球菌在哥伦比亚CNA血琼脂平板上的典型菌落形态为直径2~3mm、灰白色、半透明、光滑、表面突起、圆形、边缘整齐，并产生β型溶血。

(三) 鉴定

1. 分纯培养

挑取5个（如小于5个则全选）可疑菌落分别接种在哥伦比亚血琼脂平板和TSB增菌

液中，(36±1)℃培养 18~24h。

2. 革兰染色镜检

挑取可疑菌落染色镜检。β型溶血性链球菌为革兰染色阳性，为球形或卵圆形，常排列成短链状。

3. 触酶实验

挑取可疑菌落于洁净的载玻片上，滴加适量 3%过氧化氢溶液，立即产生气泡者为阳性。β型溶血性链球菌触酶为阴性。

4. 链激酶试验（选做项目）

吸取草酸钾血浆 0.2mL 于 0.8mL 灭菌生理盐水中混匀，再加入经（36±1）℃培养 18~24h 的可疑菌的 TSB 培养液 0.5mL 及 0.25%氯化钙溶液 0.25mL，振荡摇匀，置于（36±1）℃水浴中 10min，血浆混合物自行凝固（凝固程度至试管倒置，内容物不流动），继续（36±1）℃培养 24h，凝固块重新完全溶解为阳性，不溶解为阴性，β型溶血性链球菌为阳性。

5. 其他检验

使用生化鉴定试剂盒或生化鉴定卡对可疑菌落进行鉴定。

(四) 结果与报告

综合以上试验结果，报告每 25g（mL）检样中检出或未检出溶血性链球菌。

第七节　单核细胞增生李斯特菌检验技术

一、单核细胞增生李斯特菌概况

单核细胞增生李斯特菌隶属于李斯特菌属，本菌属还包含伊氏李斯特菌（*Listeria ivanovii*）、马氏李斯特菌（*Listeria marthii*）、无害李斯特菌（*Listeria innocua*）等，其中只有单核细胞增生李斯特菌对人和动物致病。单核细胞增生李斯特菌（以下简称"单增李斯特菌"），是为了纪念一名叫约瑟夫·李斯特的医学科学家（外科消毒的创始人和推广者），但该菌并不是他发现的，而是 1926 年英国南非裔科学家穆里在病死的兔子体内首次发现的。

单增李斯特菌为革兰染色阳性短杆菌，大小为（0.4~0.5）μm×（1.0~2.0）μm，直或稍弯，两端钝圆，常呈 V 字形排列；兼性厌氧、无芽孢，一般不形成荚膜，但在营养丰富的生长环境中可形成荚膜，陈旧培养物或粗糙菌落的菌体可呈丝状及革兰染色阴性，该菌有 4 根易脱落的周毛和 1 根端毛。其是已知李斯特菌属中唯一对人类致病的病原菌。它生命力顽强，在 0~45℃都能生存，在冰箱的冷藏温度下仍可生长，这也是它不同于其他食源性致病菌的重要特征。

根据单增李斯特菌具有的菌体（O）抗原和鞭毛（H）抗原，可将该菌分为 13 个血清型，其中有 8 个为致病性血清型。该菌生长温度为 1~45℃，最适温度为 35~37℃，在 pH 中性至弱碱性（pH9.6）的条件下该菌生长良好，在 pH3.8~4.4 时能缓慢生长。该菌生长营养要求不高，在普通琼脂培养基中即可生长，在血琼脂培养基上生长良好。

单增李斯特菌广泛存在于自然界中，它以家畜、家禽为主要宿主，易污染该菌的食品有生乳、乳酪、肉及肉制品、鸡蛋、蔬菜沙拉、水产品等，可通过不洁食物传播。我国近年来的食品安全风险监测结果显示，单增李斯特菌在生肉和即食食品中污染率最高，尤其保质期较长（如超过5d）的冷藏即食食物。单增李斯特菌通常存在于动植物来源经加工或未加工的食物中，尤其是软乳酪、肉类熟食、热狗、牛乳和凉拌沙拉，这符合其能在制冷温度下存活和繁殖的特性。新鲜水果和蔬菜也能传播该病原体。其常通过被污染的食物经胃肠道进入体内，尚无流行病学或临床资料证实存在人际传播（除了从母亲到胎儿的垂直传播）或水源性感染。多数病例为散发，但少数也可能会爆发流行。随着食物供应链的集中以及正常人群对李斯特菌有一定抵抗力，爆发流行通常不常见。各国报告单增李斯特菌散发病例数通常在（0.1~0.9）/10万，在美国发病率大约为0.27/10万，欧洲发病率大约在1.0/10万。我国还未出现有关单增李斯特菌病爆发流行的报道，但此菌在我国家畜中有流行。

单增李斯特菌可在禽畜肉和即食食品中生长繁殖，研究发现，此类食品中该菌的含菌量为10~100CFU/g。单增李斯特菌可通过养殖场周围环境如土壤、水源等污染肉及肉制品的原料，生禽畜肉在加工、运输及储存过程中也易被单增李斯特菌污染，这就是熟肉制品和冷藏肉制品污染率高的主要原因。水产品中单增李斯特菌的分离率也相当高。健康乳牛是该菌的自然宿主，并且细菌能随牛乳一道分泌，粪便也是造成污染的重要原因。有人曾调查苏格兰160个牛乳生产商，其中25个（15%）检测结果呈阳性，但其含量很低约为1CFU/mL。有报道说1%~15%的乳酪制品可能被单增李斯特菌污染，0.5%~5%污染乳酪的含菌量为1000CFU/g。

除了动物性食品，植物性食品也是单增李斯特菌的主要污染对象。首例单增李斯特菌引起的食源性疾病，就是因为食入了被该菌污染的卷心菜。被污染蔬菜的种类主要有番茄、芹菜、卷心菜等蔬菜。蔬菜的污染除与运输、储存过程有关外，还与土壤和肥料中的含菌量有直接关系。因很多蔬菜被用于生食，无法杀灭附着在其表面的病原菌，因此易使人染病。

单增李斯特菌是一种人畜共患病的病原菌，可穿越宿主三道屏障，分别为肠道屏障、血脑屏障和胎盘屏障，引起人和动物的肠胃炎、脑膜炎、败血症和流产等。人畜感染后主要表现为败血症、脑膜炎和单核细胞增多。畜禽感染后的病死率高达52%~100%，严重威胁着畜牧业的发展。人类，特别是婴儿、妇女、老年人及免疫力低下者，很容易被其感染，病死率高达30%~40%，严重影响人类的健康。该菌在自然界中广泛存在，对理化因素抵抗力较强，不易被冻融，能耐受较高的渗透压，在4℃的环境中仍可生长繁殖。食品中存在的单增李斯特菌对人类的健康安全具有危险，我国将其列为21世纪对中国人卫生健康具有重大影响的12种病原微生物之一。

单增李斯特菌在2002年被WHO列为第四大重要的食源性致病菌。单增李斯特菌一般导致肠道感染，其发展过程依赖于宿主的健康状态，人体在感染后3~70d出现症状（潜伏期长），主要表现为发烧、头痛，有时会出现肠胃不适的病征，如恶心、呕吐及腹泻等，部分患者或会出现严重并发症如脑膜炎或败血症。单增李斯特菌病的易感人群主要为老人、孩子、孕妇和免疫力低下人群。发病率虽然不高，但致病力强，死亡率可高达20%~30%。尤其是免疫缺陷病人感染后，病死率可高达30%~70%。孕妇如果感染了此菌，可能不会表现出任何症状或是有轻微的流行性感冒症状，但胎儿通常会被先天性感染，从而造成流产、早产、死胎或新生儿脑膜炎等严重后果。

分析近年来单增李斯特菌食物中毒案例的主要原因,如2020年美国金针菇污染事件、2019年法国乳酪污染事件、2017年加拿大黄油污染事件、2015年美国冰激凌污染事件等,一是原材料受到了单增李斯特菌的污染,二是加工设备和生产环境清洗卫生措施不到位,三是单增李斯特菌在低温仓库与冰箱贮藏过程中造成污染。

二、单增李斯特菌的检验标准及限量要求

我国现行检验标准为GB 4789.30—2016《食品安全国家标准 食品微生物学检验 单核细胞增生李斯特氏菌检验》。检验原理为根据其在特定培养基上特定的生长、形态和生理生化特征,首先用选择性较弱的李斯特增菌肉汤培养基(Listeria Enrichment Broth Base,LB1)进行前增菌,使受损的目标菌细胞恢复到正常而稳定的生理状态并进行一定程度的增殖;然后转接到选择性较强的李斯特增菌肉汤培养基(LB2)中,进一步抑制大部分的非目标菌,促使目标菌得以持续增殖;之后用李斯特菌显色平板和PALCAM平板进行选择性分离,以得到肉眼可见的疑似单增李斯特菌落;最后对疑似菌落利用动力、溶血、生化等试验等进行鉴定,判定是否检出单增李斯特菌。

我国现行食品安全国家标准对单增李斯特菌的限量控制是针对即食类预包装食品:GB 29921—2013中对肉制品(熟肉制品和即食生肉制品)中限量规定为$n=5$,$c=0$,$m=0$(/25g)。新修订的征求意见稿中增加了对乳制品、水产制品、即食果蔬制品和冷冻饮品相同的限量规定。《食品安全国家标准 散装即食食品中致病菌限量》(GB 31607—2021)规定第一类(制作过程中,所有组分均经彻底加热处理,存储后销售的散装即食食品)和第二类(制作过程中,加入了未彻底加热处理组分或生鲜组分,经或未经存储后销售的散装即食食品)25g中不得检出单增李斯特菌。

2007年国际食品法典委员会通过了《应用食品卫生通则控制食品中单增李斯特菌的指南》(CAC/GL 61—2007),其中对单增李斯特菌容易生长繁殖的即食食品规定$n=5$,$c=0$,$m=0$(/25g),而对不易生长繁殖的即食食品则规定$n=5$,$c=0$,$m=100CFU/g$。2011年国际食品微生物标准委员会出版的《食品微生物第八卷——食品微生物安全过程控制》中,对熟肉、新鲜预切或冷冻蔬菜、干酪高风险食品等提出了单增李斯特菌的控制目标。近年来,西方诸多国家或地区,如欧盟、美国、加拿大等,制定或修订了与CAC法典标准协调一致的单增李斯特菌限量标准。

三、检验方法

(一)检验所需器材与培养基、试剂

1. 器材

除了微生物实验室常规及培养设备外,其他设备和材料如下所示。

冰箱(2~5℃),恒温培养箱[(30±1)℃、(36±1)℃];均质器;显微镜(10×~100×);电子天平(感量0.1g);锥形瓶(100、500mL);无菌吸管(1mL具0.01mL刻度、10mL具0.1mL刻度)。无菌培养皿(直径90mm);无菌试管(16mm×160mm);离心管(30mm×100mm);无菌注射器(1mL);金黄色葡萄球菌ATCC25923;马红球菌(*Rhodococcus equi*);小白鼠(16~18g);全自动微生物生化鉴定系统。

2. 培养基和试剂

（1）含0.6%酵母浸膏的胰酪胨大豆肉汤（TSB-YE）　胰胨17.0g；多价胨3.0g；酵母膏6.0g；氯化钠5.0g；磷酸氢二钾2.5g；葡萄糖2.5g；蒸馏水1000mL；pH7.2~7.4。将上述各成分加热搅拌溶解，调节pH，分装，121℃高压灭菌15min，备用。

（2）含0.6%的酵母浸膏的胰酪胨大豆琼脂（TSA-YE）　胰胨17.0g；多价胨3.0g；酵母膏6.0g；氯化钠5.0g；磷酸氢二钾2.5g；葡萄糖2.5g；琼脂15.0g；蒸馏水1000mL；pH7.2~7.4。将上述各成分加热搅拌溶解，调节pH，分装，121℃高压灭菌15min，备用。

（3）李氏增菌肉汤LB（LB1，LB2）　胰胨5.0g；多价胨5.0g；酵母膏5.0g；氯化钠20.0g；磷酸二氢钾1.4g；磷酸二氢钠12.0g；七叶苷1.0g；蒸馏水1000mL；pH7.2~7.4。将上述成分加热溶解，调节pH，分装，121℃高压灭菌15min，备用。

（4）1%盐酸吖啶黄溶液　李斯特增菌肉汤培养基1（LB1）225mL中加入1%萘啶酮酸（用0.05mol/L氢氧化钠配制）0.5mL；1%吖啶黄（用无菌蒸馏水配制）0.3mL。

（5）1%萘啶酮酸钠盐溶液　李斯特增菌肉汤培养基2（LB2）200mL中加入1%萘啶酮酸0.4mL；1%吖啶黄0.5mL。

（6）PALCAM琼脂　酵母膏8.0g；葡萄糖0.5g；七叶苷0.8g；柠檬酸铁铵（也称枸橼酸铁铵）0.5g；甘露醇10.0g；酚红0.1g；氯化锂15.0g；酪蛋白胰酶消化物10.0g；心胰酶消化物3.0g；玉米淀粉1.0g；肉胃酶消化物5.0g；氯化钠5.0g；琼脂15.0g；蒸馏水1000mL；pH7.2~7.4。将上述成分加热溶解，调节pH，分装，121℃高压灭菌15min，备用。（改良霍格兰氏培养基）PALCAM选择性添加剂：多黏菌素B 5.0mg；盐酸吖啶黄2.5mg；头孢他啶10.0mg；无菌蒸馏水500mL。将PALCAM基础培养基熔化后冷却到50℃，加入2mL PALCAM选择性添加剂，混匀后倾倒在无菌的培养皿中，备用。

（7）革兰染液

① 结晶紫染液：结晶紫1.0g；95%乙醇20.0mL；1%草酸铵水溶液80.0mL。将结晶紫完全溶解于乙醇中，然后与草酸铵溶液混合。

② 革兰碘液：碘1.0g；碘化钾2.0g；蒸馏水300mL。将碘与碘化钾先进行混合，加入蒸馏水少许，充分振摇，待完全溶解后，再加蒸馏水至300mL。

③ 沙黄复染液：沙黄0.25g；95%乙醇10.0mL；蒸馏水90.0mL。将沙黄溶解于乙醇中，然后用蒸馏水稀释。

④ 染色法：将纯培养的单个可疑菌落涂片，火焰上固定，滴加结晶紫染色液，染1min，水洗；滴加革兰碘液，作用1min，水洗；滴加95%乙醇脱色，水洗；滴加复染液，复染1min，水洗、待干、镜检。

（8）SIM动力培养基　胰胨20.0g；多价胨6.0g；硫酸铁铵0.2g；硫代硫酸钠0.2g；琼脂3.5g；蒸馏水1000mL；pH7.2。将上述各成分加热混匀，调节pH，分装小试管，121℃高压灭菌15min备用。挑取纯培养的单个可疑菌落穿刺接种到SIM培养基中，于30℃培养24~48h，观察结果。

（9）缓冲葡萄糖蛋白胨水［甲基红（MR）和V-P试验用］　多价胨7.0g；葡萄糖5.0g；磷酸氢二钾5.0g；蒸馏水1000mL；pH7.0。溶化后调pH，分装试管，每管1mL，121℃高压灭菌15min，备用。

① 甲基红（MR）试验：甲基红10mg；95%乙醇30mL；蒸馏水20mL；10g甲基红溶

于 30mL 95%乙醇中,然后加入 20mL 蒸馏水,取适量琼脂培养物接种于本培养基,(36±1)℃培养 2~5d。滴加甲基红试剂一滴,立即观察结果。鲜红色为阳性,黄色为阴性。

② V-P 试验:6%α-萘酚乙醇溶液成分及制法,取 α-萘酚 6.0g,加无水乙醇溶解,定容至 100mL。40%氢氧化钾溶液:取氢氧化钾 40g,加蒸馏水溶解,定容至 100mL。

取适量琼脂培养基接种于本培养基,(36±1)℃培养 2~4d。加入 6%α-萘酚乙醇溶液 0.5mL 和 40%氢氧化钾溶液 0.2mL,充分振荡试管,观察结果。阳性反应立刻或于数分钟内出现红色,如为阴性,应放在 (36±1)℃继续培养 4h,再进行观察。

(10) 5%~8%羊血琼脂　蛋白胨 1.0g;牛肉膏 0.3g;氯化钾 0.5g;琼脂 1.5g;蒸馏水 100mL;脱纤维羊血 5~10mL。除新鲜脱纤维羊血外,加热溶解上述各组分,121℃(高压灭菌 15min,冷却到 50℃,以灭菌操作加入新鲜脱纤维羊血,摇匀倾注平板)。

(11) 糖发酵管　牛肉膏 5.0g;蛋白胨 10.0g;磷酸氢二钠($Na_2HPO_4 \cdot 12H_2O$)2.0g;0.2%溴麝香草酚蓝溶液 12.0mL;蒸馏水 1000mL。

葡萄糖发酵管按上述成分配好后,按 0.5%加入葡萄糖,分装于有一个倒置小管的小试管内,调节 pH 至 7.4,115℃高压灭菌 15min,备用。其他各种糖发酵管可按上述成分配好后,每瓶分装 1000mL,115℃高压灭菌 15min。另将各种糖类分别配好 10%溶液,同时高压灭菌。将 5mL 糖溶液加入 100mL 培养基内,以无菌操作分装小试管。取适量纯培养物接种于糖发酵管中,(36±1)℃培养 24~48h,观察结果,蓝色为阴性,黄色为阳性。

(12) 过氧化氢酶试验　3%过氧化氢溶液:临用时配制,用细玻璃棒或一次性接种针挑取单个菌落,置于洁净试管内,滴加 3%过氧化氢溶液 2mL,观察结果。结果于半分钟内发生气泡者为阳性,不发生气泡者为阴性。

(13) 李斯特菌显色培养基。

(14) 生化鉴定试剂盒。

(二) 检验程序

单增李斯特菌检验程序见图 7-8。

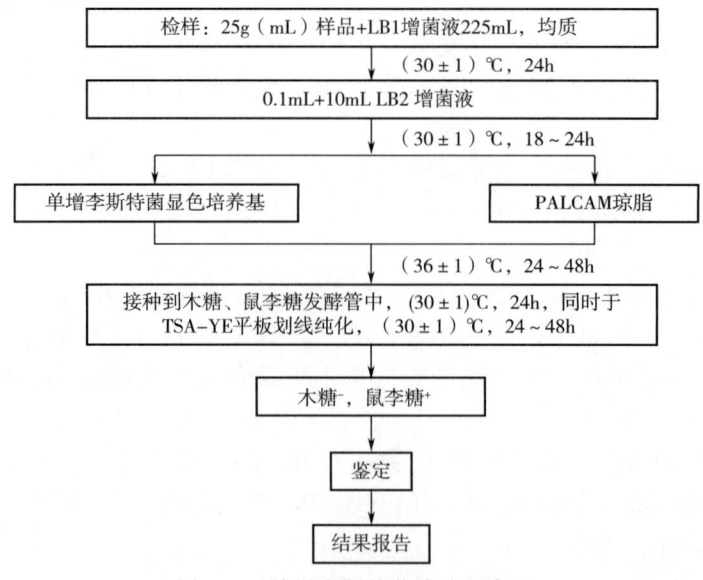

图 7-8　单增李斯特菌检验程序图

(三) 操作步骤

1. 增菌

以无菌操作取样品25g（mL）加入含有225mL LB1增菌液的均质袋中，在拍击式均质器上连续均质1~2min；或放入盛有225mL LB1增菌液的均质杯中，8000~10000r/min均质1~2min。于（30±1）℃培养24h，移取0.1mL，转种于10mL LB2增菌液内，于（30±1）℃培养18~24h。

2. 分离

取LB2二次增菌液划线接种于PALCAM琼脂平板和单增李斯特菌显色培养基上，于（36±1）℃培养24~48h，观察各个平板上生长的菌落。典型菌落在PALCAM琼脂平板上为小的圆形灰绿色菌落，周围有棕黑色水解圈，有些菌落有黑色凹陷；典型菌落在李斯特菌显色培养基上的特征按照产品说明进行判定。

3. 初筛

自选择性琼脂平板上分别挑取5个以上典型或可疑菌落，分别接种在木糖、鼠李糖发酵管中，于（36±1）℃培养24h；同时在TSA-YE平板上划线纯化，于（30±1）℃培养24~48h。选择木糖阴性、鼠李糖阳性的纯培养物继续进行鉴定。

4. 鉴定

（1）染色镜检 李斯特菌为革兰阳性短杆菌，大小为（0.4~0.5）μm×（0.5~2.0）μm；用生理盐水制成菌悬液，在油镜或相差显微镜下观察，该菌出现轻微旋转或翻滚样的运动。

（2）动力试验 李斯特菌有动力，呈伞状或月牙状生长。

（3）生化鉴定 挑取纯培养的单个可疑菌落，进行过氧化氢酶试验，过氧化氢酶阳性反应的菌落继续进行糖发酵试验和MR-VP试验。单增李斯特菌生化特征与其他李斯特菌的区别见表7-12。

表7-12　　　　　　　　　单增李斯特菌生化特征与其他李斯特菌的区别

菌种	溶血反应	葡萄糖	麦芽糖	MR-VP	甘露糖	鼠李糖	木糖	七叶苷
单增李斯特菌（L. monocytogenes）	+	+	+	+/+	−	+	−	+
格氏李斯特菌（L. grayi）	−	+	+	+/+	+	−	−	+
斯氏李斯特菌（L. seeligeri）	+	+	+	+/+	−	−	+	+
威氏李斯特菌（L. welshimeri）	−	+	+	+/+	−	V	+	+
伊氏李斯特菌（L. ivanovii）	+	+	+	+/+	−	−	+	+
英诺克李斯特菌（L. innocua）	−	+	+	+/+	−	V	−	+

注：+表示阳性；−表示阴性；V表示不反应。

（4）溶血实验 将羊血琼脂平板底面划分为20~25个小格，挑取纯培养的单个可疑菌落刺种在血平板上，每格刺种一个菌落，并刺种阳性对照菌（单增李斯特菌和伊氏李斯特菌）和阴性对照菌（英诺克李斯特菌），穿刺时尽量接近底部，但不要触到底面，同时避免琼脂破裂，（36±1）℃培养24~48h，于明亮处观察，单增李斯特菌和伊氏李斯特菌在刺中点周围产生狭小的透明溶血环，英诺克李斯特菌无溶血环，伊氏李斯特菌产生大的透明溶血环。

（5）协同溶血实验（cAMP）　羊血琼脂平板上平行划线接种金黄色葡萄球菌和马红球菌，挑取纯培养的单个可疑菌落垂直划线接种于平行线之间，垂直线两端不要触及平行线，于（36±1）℃培养24~48h。单增李斯特菌在靠近金黄色葡萄球菌的接种端溶血增强，斯氏李斯特菌的溶血也增强，而伊氏李斯特菌在靠近马红球菌的接种端溶血增强。

（6）可选择生化鉴定试剂盒或全自动微生物生化鉴定系统等对初筛中3~5个纯培养的可疑菌落进行鉴定。

（7）小鼠毒力实验（可选择）　将符合上述特性的纯培养物接种于TSB-YE中，于（36±1）℃培养24h，4000r/min离心5min，弃上清液，用无菌生理盐水制备成浓度为10^{10}CFU/mL的菌悬液，取此菌悬液进行小鼠腹腔注射3~5只，每只0.5mL，观察小鼠死亡情况，致病株于2~5d死亡。试验时可用已知菌作为对照。单增李斯特菌，伊氏李斯特菌对小鼠有致病性。

四、结果与报告

综合以上生化实验和溶血实验结果，报告25g（mL）样品中检出或未检出单增李斯特菌。

第八节　副溶血性弧菌检验技术

一、副溶血性弧菌病原学特性

（一）副溶血性弧菌培养特性

（1）在普通琼脂培养基和普通液体培养基中都可生长，在无盐的条件下不生长，在含2%~3%氯化钠的培养基中生长最旺盛，氯化钠溶液浓度到达10%以上时不繁殖。

（2）在肉汤和胨水等液体培养基中浑浊生长，需氧性强，常在液体表面形成菌膜，在液体培养条件下菌体多生长为单鞭毛，行动活泼。在固体培养基上，菌落常为隆起、圆形、稍浑浊不透明、表面光滑、湿润、不产生色素。在比较新鲜湿润或软琼脂培养基上，有些副溶血性弧菌可形成不规则菌落或片状扩散生长，在0.7%以上琼脂的培养基上能生长周鞭毛（侧毛）。一般在20~25℃培养生长的周鞭毛较为稳定，而在37℃或24h以上的培养物，周鞭毛易于由菌体自发脱落。具有周鞭毛的菌株，在固体培养基上多表现为扩散生长，单鞭毛的菌株在固体培养基上呈典型菌落，不表现扩散生长。

（3）培养基的成分、种类、温度、湿度等条件的不同，都能对扩散生长有所影响，菌落形态也容易受条件的影响有所变化，如在嗜盐性平板上一般生长良好，而在SS琼脂平板上多呈较小的扁平菌落，不易挑起。在血平板上生长快，可出现溶血环，在BCBS（硫代硫酸盐、柠檬酸盐、胆盐、蔗糖）和氯化钠蔗糖琼脂平板上，呈淡蓝或蓝色菌落。一般由腹泻病人初期分离到的菌株多为典型菌落，长期保存的细菌或条件不适宜时，常有菌落变粗糙，形状不整齐或出现解离，有的在液体培养时呈沉淀生长现象。

(4) 生长 pH 为 5~10，最适 pH 为 7.2~8.2，发育最适温度为 30~37℃。

（二）生化特性

副溶血性弧菌对葡萄糖产酸不产气，不分解乳糖和蔗糖，能分解甘露醇，产生靛基质，不产生硫化氢，甲基红阳性，V-P 阴性，赖氨酸检测显示为阳性，精氨酸检测显示为阴性，鸟氨酸检测多数为阳性，少数呈阴性，溶血性多数阳性，有少数不溶血，主要生物化学性状见表 7-13。

表 7-13　　　　　　　　　　副溶血性弧菌主要生物化学性状

实验项目	结果	实验项目	结果
革兰染色镜检	阴性，无芽孢	氧化酶	+
蔗糖	−	动力	+
葡萄糖	+	甘露醇	+
葡萄糖产气	−	乳糖	−
硫化氢	−	赖氨酸脱羧酶	+
V-P	−	ONPG	−

注：+表示阳性；−表示阴性。

二、副溶血性弧菌食物中毒

（一）流行病学

副溶血性弧菌分布甚广，主要分布在海水和海产食品中，如海鱼、虾、蛤蜊、螃蟹、贝类、浮游生物等，夏季鱼、虾、贝类检出率最高，而冬季不能检出。

副溶血性弧菌食物中毒发生的时间与其他细菌性食物中毒大体相似，具有季节性，以夏季鱼汛季节为最高，即 8~9 月为发病高峰。在我国部分地区，特别是沿海地区，副溶血性弧菌食物中毒占食物中毒的首位。

（二）致病性与致病机制

副溶血性弧菌食物中毒，是由于机体摄取带有大量活菌的食物所引起的。摄入该致病菌株 10^6 个，几小时后即可发生急性肠胃炎。

副溶血性弧菌的致病因素是大量活菌及其产生的肠毒素样活性物质（脂多糖），即内毒素，这种内毒素在 100℃ 30min 不会被破坏，并与腹泻有关。

（三）中毒症状

副溶血性弧菌食物中毒潜伏期短，发病急，多半在进食后 4~28h 发病，一般是 10~18h，短者 2~3h，长者可达 30h 左右。临床上呈急性胃肠炎症状，发病初期为腹部不适，上腹部疼痛或胃痉挛、恶心、呕吐、发烧、腹泻，在发病 5~6h 后感到剧烈腹痛，脐部阵发性绞痛为本病的特点。腹痛大多持续 1~2d，以后逐渐减轻。呕吐多数为 5 次以内，多则达十几次。发热一般为 37~39℃，也有的不发热。大部分为水样便，腹泻次数常为 2~10 次，多者达 15 次以上，重病者多排黏液便或黏血便，吐、泻剧烈时皮肤干燥，重症可引起虚脱、血压下降，甚至很像霍乱。白细胞可能有暂时性增多等症状，症状减轻后很快恢复正常。

除上述症状之外尚有头痛、头晕、发汗、口渴等症状，一般 3~4d 可恢复。临床上与痢疾鉴别困难，易被误诊为痢疾。

三、检验方法

（一）器材

除微生物实验室常规灭菌及培养设备外，其他设备和材料包括恒温培养箱 [（36±1)℃]，冰箱（2~5℃、7~10℃），均质器或无菌乳钵，天平（感量0.1g），灭菌试管（18mm×180mmm，15mm×100mm），灭菌吸管（1mL具0.01mL刻度，10mL具0.1mL刻度）或微量移液器及吸头，灭菌锥形瓶（容量250、500、1000mL），灭菌培养皿（直径90mm），全自动微生物鉴定系统（VITEK），无菌手术剪、镊子。

（二）培养基和试剂

3%氯化钠碱性蛋白胨水（APW），硫代硫酸盐-柠檬酸盐-胆盐-蔗糖（TCBS）琼脂，3%氯化钠胰蛋白胨大豆（TSA）琼脂，3%氯化钠三糖铁（TSI）琼脂，嗜盐性实验培养基，3%氯化钠甘露醇实验培养基，3%氯化钠赖氨酸脱羧酶实验培养基，3%氯化钠MR-VP培养基，3%氯化钠溶液，我妻氏血琼脂，氧化酶试剂，革兰染色液，ONPG试剂，V-P试剂，科玛嘉（CHORM agar）弧菌显色培养基，生化鉴定试剂盒。

四、检验程序

副溶血性弧菌的检验程序见图7-9。

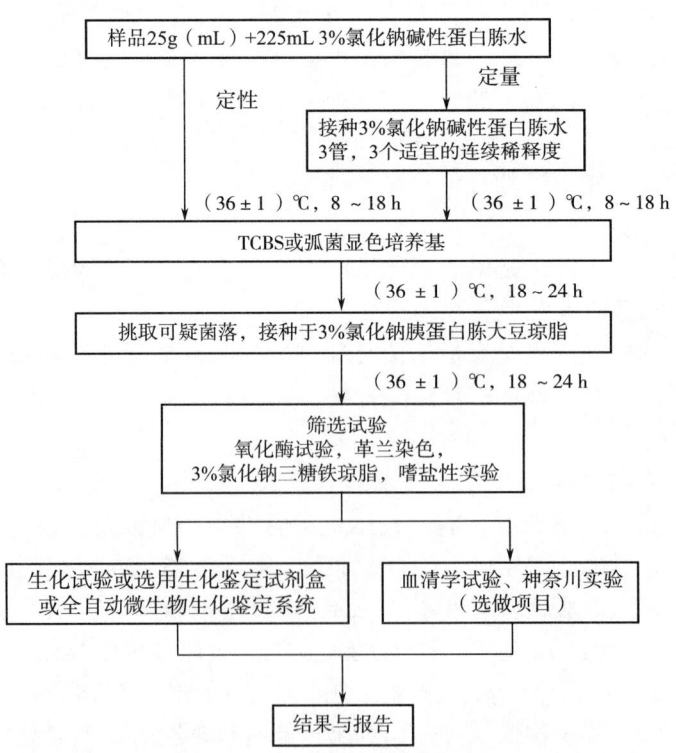

图7-9 副溶血性弧菌的检验程序

五、操作方法

(一) 样品制备

(1) 非冷冻样品采集后应立即置 7~10℃冰箱中保存,尽可能及早检验;冷冻样品应在 45℃以下不超过 15min 或在 2~5℃不超过 18h 解冻。

(2) 鱼类和头足类动物取表面组织、肠或鳃;贝类取全部内容物,包括贝肉和体液;甲壳类取整个动物,或者动物的中心部分,包括肠和鳃。如为带壳贝类或甲壳类则应在自来水中洗刷外壳并甩干表面水分,然后以无菌操作打开外壳,按上述要求取相应部分。

(3) 以无菌操作取检样 25g (mL),加入 3%氯化钠碱性蛋白胨水 225mL,用旋转刀片式均质器以 8000r/min 均质 1min,或拍击式均质器拍击 2min,制备成 1∶10 样品匀液。如无均质器,则将样品放入无菌乳钵中,自 225mL 3%氯化钠碱性蛋白胨水中取少量稀释液加入无菌乳钵中,样品磨碎后放入 500mL 无菌锥形瓶中,再用少量稀释液冲洗乳钵中的残留样品 1~2 次,洗液放入锥形瓶中,最后将剩余稀释液全部放入锥形瓶中,充分振荡,制备 1∶10 样品匀液。

(二) 增菌

(1) 定性检测 将上述 1∶10 稀释液于 (36±1)℃培养 8~18h。

(2) 定量检测

① 用灭菌吸管吸取 1∶10 稀释液 1mL,注入含有 9mL 3%氯化钠碱性蛋白胨水的试管内,振摇试管混匀,制备 1∶100 的样品匀液。

② 另取 1mL 灭菌吸管,按上述操作依次制备 10 倍递增稀释液。每递增稀释一次,换用一支 1mL 灭菌吸管。

③ 根据对检样污染情况的估计,选择 3 个连续的适宜稀释度,每个稀释度接种 3 支含有 9mL 3%氯化钠碱性蛋白胨水的试管,每管接种 1mL,置 (36±1)℃恒温箱内,培养 8~18h。

(三) 分离

(1) 对所有显示生长的增菌液,用接种环在距离液面以下 1cm 内蘸取一环增菌液,于 TCBS 平板或弧菌显色培养基平板上划线分离。一支试管划线一块平板,于 (36±1)℃培养 18~24h。

(2) 典型的副溶血性弧菌在 TCBS 平板上呈圆形、半透明、表面光滑的绿色菌落,用接种环轻触,有类似口香糖的质感,直径 2~3mm。从培养箱取出 TCBS 平板后,应尽快(不超过 1h)挑取菌落或标记要挑取的菌落。典型的副溶血性弧菌在弧菌显色培养基上呈圆形、半透明、表面光滑的粉紫色菌落,直径 2~3mm。

(四) 纯培养

挑取 3 个或以上可疑菌落,划线接种 3%氯化钠胰蛋白胨大豆琼脂平板,(36±1)℃培养 18~24h。

(五) 初步鉴定

(1) 氧化酶实验 挑取纯培养的单个菌落进行氧化酶实验,副溶血性弧菌为氧化酶阳性。

(2) 涂片镜检 将可疑菌落涂片,进行革兰染色,镜检观察形态。副溶血性弧菌为革兰染色阴性，呈棒状、弧状、卵圆状等多种形态，无芽孢，有鞭毛。

（3）挑取纯培养的单个可疑菌落，接种3%氯化钠三糖铁琼脂斜面并穿刺底层，(35±1)℃培养24h观察结果。副溶血性弧菌在3%氯化钠三糖铁琼脂中的反应为底层变黄不变黑，无气泡，斜面颜色不变或红色加深，有动力。

（4）嗜盐性试验 挑取纯培养的单个可疑菌落，分别接种0、6%、8%和10%不同浓度的氯化钠胰胨水，(36±1)℃培养24h，观察液体浑浊情况。副溶血性弧菌在无氯化钠和10%氯化钠的胰胨水中不生长或微弱生长，在6%氯化钠和8%氯化钠的胰胨水中生长旺盛。

（六）确定鉴定

取纯培养物分别接种含3%氯化钠的甘露醇实验培养基、赖氨酸脱羧酶实验培养基、MR-VP培养基，(36±1)℃培养24~48h后观察结果；3%氯化钠三糖铁琼脂隔夜培养物进行ONPG试验。可选择生化鉴定试剂盒或全自动微生物生化鉴定系统。

六、血清学分型

（一）制备

接种两管3%氯化钠胰蛋白胨大豆琼脂试管斜面，(36±1)℃培养18~24h。用含3%氯化钠的5%甘油溶液冲洗3%氯化钠胰蛋白胨大豆琼脂斜面培养物，获得浓厚的菌悬液。

（二）K抗原的鉴定

取一管上一步骤制备好的菌悬液，首先用多价K抗血清进行检测，出现凝集反应时再用单个的抗血清进行检测。用蜡笔在一张玻片上划出适当数量的间隔和一个对照间隔。在每个间隔内各滴加一滴菌悬液，并对应加入一滴K抗血清，在对照间隔内加一滴3%氯化钠溶液。轻微倾斜玻片，使各成分相混合，再前后倾动玻片1min。阳性凝集反应可以立即观察到。

（三）O抗原的鉴定

将另外一管的菌悬液转移到离心管内，121℃灭菌1h。灭菌后4000r/min离心15min，弃去上层液体，沉淀用生理盐水洗3次，每次4000r/min离心15min，最后一次离心后留少许上层液体，混匀制成菌悬液。用蜡笔将玻片划分成相等的间隔，在每个间隔内加入一滴菌悬液，将O群血清分别加一滴到间隔内，最后一个间隔加一滴生理盐水作为自凝对照。轻微倾斜玻片，使各成分相混合，再前后倾动玻片1min。阳性凝集反应可以立即观察到。如果未见到与O群血清的凝集反应，将菌悬液121℃再次高压蒸汽灭菌1h后，重新检测。如果仍为阴性，则培养物的O抗原属于未知，根据表7-14报告血清学分型结果。

表7-14　　　　　　　　　　　　　副溶血性弧菌的抗原

O群	K型
1	1, 5, 20, 25, 26, 32, 38, 41, 56, 58, 60, 64, 69
2	3, 28
3	4, 5, 6, 7, 25, 29, 30, 31, 33, 37, 43, 45, 48, 54, 56, 57, 58, 59, 72, 75
4	4, 8, 9, 10, 11, 12, 13, 34, 42, 49, 53, 55, 63, 67, 68, 73

续表

O 群	K 型
5	15, 17, 30, 47, 60, 61, 68
6	18, 46
7	19
8	20, 21, 22, 39, 41, 70, 74
9	23, 44
10	24, 71
11	19, 36, 40, 46, 50, 51, 61
12	19, 52, 61, 66
13	65

七、神奈川实验

神奈川实验是在我妻氏琼脂上测试是否存在特定溶血素。神奈川实验阳性结果与副溶血性弧菌分离株的致病性显著相关。

用接种环将测试菌株的3%氯化钠胰蛋白胨大豆琼脂18h培养物点种于表面干燥的我妻氏血琼脂平板。每个平板上可以环状点种几个菌，(36±1)℃培养不超过24h，并立即观察。阳性结果为菌落周围呈半透明状的 β-溶血环。

八、结果与报告

根据检出的可疑菌落生化性状，报告25g（mL）样品中检出副溶血性弧菌。如果进行定量检测，根据证实为副溶血性弧菌阳性的试管管数，查最可能数（MPN）检索表，报告每克（毫升）副溶血性弧菌的MPN值。副溶血性弧菌菌落生化性状与其他弧菌的鉴别情况分别见表7-15和表7-16。

表7-15　　　　　　　　　　副溶血性弧菌的生化性状

实验项目	结果
革兰染色镜检	阴性，无芽孢
氧化酶	+
动力	+
蔗糖	—
葡萄糖	+
甘露糖	+
分解葡萄糖产气	—
乳糖	—

续表

实验项目	结果
硫化氢	−
赖氨酸脱羧酶	+
V-P	−
ONPG	−

注：+表示阳性；−表示阴性。

表7-16　副溶血性弧菌主要性状与其他弧菌的鉴别

名称	氧化酶	赖氨酸	精氨酸	鸟氨酸	明胶	脲酶	V-P	42℃生长	蔗糖	D-纤维二糖	乳糖	阿拉伯糖	D-甘露糖	D-甘露醇	ONPG	嗜盐性试验 氯化钠含量/% 0	3	6	8	10
副溶血性弧菌（*V. parahaemolyticus*）	+	+	−	+	+	V	−	+	−	V	−	+	+	+	−	−	+	+	+	−
创伤弧菌（*V. vulnificus*）	+	+	−	+	+	−	−	+	−	+	+	−	V	+	+	−	+	+	−	−
溶藻弧菌（*V. alginolyticus*）	+	+	−	+	+	−	+	+	+	−	−	+	+	+	−	−	+	+	+	+
霍乱弧菌（*V. cholerae*）	+	+	−	+	+	−	V	+	+	−	−	−	+	+	+	+	+	−	−	−
拟态弧菌（*V. mimicus*）	+	+	−	+	+	−	−	+	−	−	−	−	+	+	+	+	+	−	−	−
河弧菌（*V. fluvialis*）	+	−	+	−	+	−	V	+	+	+	+	+	+	+	+	−	+	+	V	−
弗氏弧菌（*V. furnissii*）	+	−	+	−	+	−	+	+	+	+	−	+	+	+	+	−	+	+	−	−
梅氏弧菌（*V. metschnikovii*）	−	+	+	−	+	−	V	+	+	−	−	+	+	+	+	−	+	+	V	−
霍利斯弧菌（*V. hollisae*）	+	−	−	−	−	−	−	nd	−	−	−	+	+	−	−	−	+	+	+	−

注：+表示阳性；−表示阴性；nd 表示未试验；V 表示可变。

第九节　肉毒梭菌及肉毒毒素检验技术

肉毒梭菌广泛分布于自然界特别是土壤中，易于污染食品，于适宜条件下可在食品中产生剧烈的嗜神经性毒素（称为肉毒毒素），能引起以神经麻痹为主要症状且病死率很高的食物中毒（称为肉毒中毒）。婴儿肉毒中毒虽属感染型中毒，但中毒病因有时也与食物或餐具肉毒梭菌污染有关。故检验食品特别是不经加热处理而直接食用的食品中有无肉毒毒素或肉毒梭菌（例如罐头等密封保存的食品），至关重要。

一、病原学特性

（一）形态和染色特性

肉毒梭菌属厌氧性梭状芽孢杆菌属，为 (0.3~1.2)μm×(3~20)μm 的大杆菌，不同代谢群菌株的大小有差异，单独或成双排列，有时可见短链状。新鲜培养基的革兰染色为阳性。具有该菌的基本特性，即厌氧性的杆状菌，为多形态细菌，两侧平行，两端钝圆，直杆状或稍弯曲。肉毒梭菌具有 4~8 根周毛性鞭毛，运动迟缓，无荚膜。有芽孢，芽孢比繁殖体宽，呈梭状，芽孢椭圆形，大于菌体，位于次极端，使菌体似网球拍状，或偶有位于中央，常见很多游离芽孢。当菌体开始形成芽孢时，常常伴随着自溶现象，可见到阴影形，产生剧烈细菌外毒素，即肉毒毒素。

（二）培养特性

肉毒梭菌发育最适温度为 25~35℃，培养基的最适 pH 为 6.0~8.2。一般最适生长温度为 30~37℃，多数菌株在 25℃ 和 45℃ 也可生长。产毒素的最适温度为 25~30℃，pH8.5 可抑制其生长。肉毒梭菌对营养要求不高，在普通培养基中均能生长。肉毒梭菌的生化性状很不规律，即使同性，也常见到株间的差异。

在固体培养基表面上，菌落形成非正圆形，大约 3mm。菌落半透明，表面呈颗粒状，边缘不整齐，界线不明显，向外扩散，呈绒毛网状，常常扩散成菌苔。在血平板上，出现与菌落几乎等大或者较大的溶血环。

在乳糖卵黄牛乳平板上，菌落下培养基为乳浊，菌落表面及周围形成彩虹薄层，不分解乳糖；分解蛋白的菌株，菌落周围出现透明环。能消化肉渣，使之变黑，有腐败恶臭。液化明胶。产生硫化氢，不形成吲哚。

在葡萄糖鲜血琼脂平板上，菌落较小、扁平、颗粒状、中央低隆、边缘不规则、带丝状或绒毛状菌落。开始较小，37℃ 培养 3~4d，直径可达 5~10mm，因易于汇合在一起，通常不易获得良好的菌落。有的菌落有大的 β-溶血环。在卵黄琼脂平板上生长后，菌落及其周围培养基表面覆盖着特有的彩虹样（或珍珠层样）薄层，但 G 型没有。

（三）分类

肉毒梭菌根据其所产毒素的抗原特异性，可将其分为 A、B、C、D、E、F、G，其中 C 型又分为 Cα 型和 Cβ 型。一种菌型的细菌能产生一种以上的毒素型，如 Cα 型菌主要产生 Cα 型毒素，并带有少量的 D 型和 Cβ 型毒素。各型毒素，只可以被其相应的抗毒素所中和（即 A 型毒素只可以被 A 型抗毒素所中和等），但 Cβ 型毒素既可被 Cβ 型抗毒素又可被 Cα 型抗毒素中和。

根据肉毒梭菌的生化反应也可将其分为两型：一种能水解凝固蛋白的称为解蛋白菌；另一种不能水解凝固蛋白，称为非解蛋白菌。前者能产生 A、B、C、D、E、F、G 型毒素，后者能产生 B、C、D、E、F 型毒素。

（四）生化特性

肉毒梭菌能分解葡萄糖、麦芽糖及果糖，产酸产气，对其他糖的分解作用因菌株不同而异。肉毒梭菌能液化明胶，但菌株间有液化能力的差异。肉毒梭菌可缓慢液化凝固血清，使牛乳消化，产生 H_2S，但不能使硝酸盐还原为亚硝酸盐。

（五）抵抗力

肉毒梭菌的抵抗力不强，肉毒梭菌加热至 80℃ 30min 或 100℃ 10min 即可被杀死，但其芽孢的抵抗力很强，可耐煮沸 1~6h，于 180℃ 干热 5~15min，120℃ 高压蒸汽下 10~20min 才能杀死。10% 的盐酸须经 1h 才能破坏芽孢。以 A、B 型菌株的芽孢抵抗力最强。这一点对于罐头食品的灭菌很重要，若芽孢深藏于食品中或者数量过多，虽经高温杀菌，有时也杀不死芽孢，故应特别注意。

肉毒毒素为一种蛋白质，通常以毒素分子和一种血细胞凝集素载体所构成的复合物形式存在，不被胃液或消化酶所破坏，在 pH3~6 毒性不减弱，但在 pH8.5 以上或 100℃ 10~20min 常被破坏。

肉毒毒素在干燥密封和阴暗的条件下可保存多年，用甲醛处理后即变为类毒素。肉毒毒素及类毒素均有抗原性，注射于动物体内能产生抗毒素。

二、肉毒毒素中毒

（一）流行病学

肉毒梭菌食物中毒一般多是由于人们误食了含有肉毒毒素的食物而引起的以运动神经麻痹为主要症状的单纯的毒素性食物中毒，所以又称为肉毒中毒。

肉毒梭菌在自然界分布很广，由于生态上的差异出现区域性的差异，以 A、B 两型分布最广，土壤、沼泽、湖泊、河川和海底，都能检出它们的芽孢；C、D 两型则主要存在于动物的尸体内或腐尸周围的土壤里面；E 型主要存在于海洋的沉积物、海鱼、海虾及海栖哺乳动物的肠道内；F 型曾在动物肝脏引起食物中毒时分离得到。引起人食物中毒的主要是 A、B、E 三型；C、D 两型主要是畜、禽肉毒毒素中毒的病原菌。

引起肉毒梭菌食物中毒的食品，因饮食习惯和膳食结构不同而有差别。日本发生的肉毒梭菌食物中毒主要由鱼类、鱼卵等水产品所引起。美国发生的肉毒梭菌食物中毒主要由家庭自制的蔬菜、水果罐头、水产品和肉、乳类制品所引起。我国发生的肉毒梭菌食物中毒，91.48% 由植物性食品所引起，8.52% 由动物性食品所引起。在植物性食品中，绝大部分是家庭自制的发酵食品，例如臭豆腐、豆豉、豆酱和面酱等，这些发酵食品所用的原料粮和豆类常带有肉毒梭菌，发酵过程往往在密闭容器中和高温环境下进行。由于加热时间短，未能杀灭肉毒梭菌芽孢，食品又在 20~30℃ 进行发酵，所以为芽孢生长繁殖并产生毒素提供了适宜条件，如食用前不经加热，即可引起中毒。肉类及其制品等动物性食品，在储存过程中如被肉毒梭菌污染，在较高室温下放置数日，肉毒梭菌即可繁殖并产生毒素，带有毒素的食品如食用前未经加热或加热不彻底，即可引起中毒。

（二）中毒方式

肉毒毒素是肉毒梭菌食物中毒的直接因素。肉毒毒素进入机体的方式大体有下列几种。

1. 食物媒介

食物媒介是最早被发现的中毒方式，而且迄今全世界包括我国在内的绝大部分肉毒梭菌食物中毒病例都属于此类型。

2. 吸入

吸入是极罕见的中毒类型，只有在进行肉毒梭菌及其毒素研究的检验室内偶尔发生。

3. 流行病学特征

肉毒梭菌食物中毒在畜禽中的发生与饲料保存和处理、放牧地的卫生条件有密切关系。在畜禽中以鸭、鸡、牛、马较为多见，绵羊及山羊次之，猪、犬及猫少见。易感畜禽为单蹄动物、家禽、大小反刍动物及猪。貂也有很高的易感性。自然发病主要是由于采食腐败尸体、腐败饲料所引起。

人的肉毒梭菌中毒发生并不多，但是发病急、病程发展快、病死率高。肉毒毒素中毒，潜伏期较短，一般为 6~36h，最长 60h。主要症状有：视力减弱、全身无力、伸舌和张口困难、抬头费力、瞳孔散大、呼吸麻痹等。

肉毒梭菌食物中毒一年四季均可发生，发病主要与饮食习惯有着密切关系。引起人类中毒的食品有腊肠、火腿、鱼和鱼制品及罐头食品等。在美国以罐头食品中毒较多，日本以鱼制品较多，在我国主要与发酵食品有关，如臭豆腐、豆瓣酱、面酱、豆豉等。其他引起中毒的食品还有熏制未去内脏的鱼、填馅茄子、油浸大蒜、烤土豆、炒洋葱、蜂蜜制品等。

(三) 致病机理

肉毒梭菌食物中毒与肉毒梭菌及芽孢无直接关系，是肉毒毒素进入血液循环后，选择性地作用于运动神经与副交感神经，主要作用点是神经末梢，抑制神经传导介质乙酰胆碱的释放，因而引起肌肉运动障碍，发生软瘫。

(四) 临床症状

1. 潜伏期

肉毒梭菌食物中毒的潜伏期短者仅 2h，长者可达 10d 左右，通常 12~18h，特点是潜伏期越短，死亡率也就越高，说明其毒素含量高、毒力强。

2. 前期症状

部分患者在起病时可能出现头昏、头痛、恶心，甚至呕吐、腹泻等。一般认为这些前期症状是由于食物中某些分解产物的非特异性刺激所引起的，并不是肉毒梭菌食物中毒本身的固有症状。

3. 症状

肉毒梭菌食物中毒的特有症状基本上都属于神经麻痹的表现。最早出现的往往是眼部症状，即视觉障碍（模糊），随后出现全身无力、呛噎、眼睑下垂、伸舌和张口困难、抬头费力、瞳孔散大、复视、咀嚼障碍、失音等症状。口腔分泌物增多，但不能下咽，反而感到口干。痰和气管分泌物堆聚在气管上部，造成呼吸道堵塞。不少患者在晚期有严重的便秘和鼓胀。患者面无表情，貌似嗜睡，胸内烦闷，但神智一直到临死之前都是清楚的，有恐惧感。知觉、体温、血压以及其他体征一般正常。重症患者在晚期呼吸困难，最后死于呼吸麻痹。

婴儿肉毒梭菌食物中毒最先表现出来的症状多是便秘，然后，吮乳力和啼哭声减弱，吞咽困难，吞咽物滞留于口中，全身肌肉张力逐渐降低，变为严重的无力状态，因此患儿眼睑下垂，面无表情，活动不能自如，头部不能支撑，表现昏昏沉沉。有的婴儿突然呼吸停止，但多由于适宜的抢救措施而恢复。

4. 并发症

肉毒梭菌食物中毒的并发症主要起因于神经麻痹的各种机能障碍或继发症，例如吞咽障碍引起的吞咽性肺炎；呼吸障碍和吞咽障碍引起的窒息、昏迷、心功能不全；营养障碍引起的水电解质紊乱等。

5. 预后

病情轻重与抢救及时与否对预后的影响极大。重症患者若得不到及时有效的治疗，多在接触毒素后 2~14d 死亡。肉毒梭菌食物中毒病预后一般不留后遗症，可能有某些症状，尤其视觉障碍和全身无力等消失缓慢。

（五）预防

肉毒梭菌食物中毒的发生，一般有以下几种情况：即制作食品的原料中带有肉毒梭菌芽孢；在食品加工过程中，芽孢未被全部杀灭；在食品加工或储存过程中，温度较高，缺氧，适宜芽孢的生长繁殖和产毒；熟食品在食用前未经充分加热没能使毒素完全破坏。因此，为预防本病的发生可采取下列措施。

（1）食品制造前应对食品原料进行清洁处理，用优质饮用水充分清洗。特别是在肉毒梭菌食物中毒多发地区，土壤及动物粪便的带菌率较高，故要求更应严格。

（2）罐头食品的生产，除建立严密合理的工艺规程和卫生制度防止污染外，还应严格执行灭菌的操作规程。罐头在贮藏过程发生胀罐或破裂时，不能食用。制作发酵食品时，在进行发酵前，应对粮、谷、豆类等原料进行彻底蒸煮，以杀灭肉毒梭菌芽孢。

（3）加工后的肉、鱼类制品，应避免再污染和在较高温度下堆放，或在缺氧条件下保存。熏制肉类或鱼类时，原料应新鲜并清洗；加工后，食用前不再经加热处理的食品，更应认真防止污染和彻底冷却。

（4）肉毒梭菌毒素不耐热，80℃ 30min 或 100℃ 30min 可使各型毒素破坏，故对可疑食物进行彻底加热是破坏肉毒毒素、预防肉毒梭菌食物中毒的可靠措施。

（5）防止婴儿肉毒梭菌食物中毒，应首先避免不洁之物进入口内。凡能进入婴儿口中的东西要注意清洁，以免经口感染。对婴儿的补充食品如水果、蔬菜等应去皮或洗净消毒，不可食用变质的剩乳或蜂蜜等。

三、检验方法

肉毒毒素中毒的实验室诊断，国内主要以国标 GB 4789.12—2016 为标准。从病人的血清、粪便、胃肠内容物、呕吐物及可疑食品等样品中检测到肉毒毒素是最可靠的诊断依据。可见，检出污染物中存在肉毒毒素并鉴定出毒素型别是确定肉毒毒素中毒的关键。但在一些婴儿肉毒毒素中毒病例中，只在粪便或胃肠内容物中发现肉毒梭菌对于肉毒毒素中毒的确诊已足够，即使在样品中检测不到肉毒毒素。

（一）分离鉴定

肉毒梭菌检验方法的重点乃是产毒及毒素的检出试验，如要证实是否有肉毒梭菌存在，只要分离、培养、鉴定即可。

1. 样品前处理

无菌称取 25g 样品，移入灭菌的均质器中，加入 225mL 明胶磷酸盐缓冲液，均质成匀浆。

2. 预增菌

将样品分别接种于庖肉培养基、胰蛋白胨葡萄糖酵母浸膏肉汤（TPGY）培养基，并分别于35℃、26℃培养7d。

3. 分离培养

培养7d后，染色、镜检，观察菌的形态是否为典型的肉毒梭菌。如有细菌生长，离心，取上清液接种于血平板和乳糖牛乳卵黄琼脂平板，于35℃厌氧培养48h后涂片，显微镜观察。

典型菌落是隆起或扁平，光滑或粗糙，在卵黄培养基上用斜光照射检验时菌落表面通常出现虹晕色，此光区称为"珍珠层"（G型无此特性），C、D、E型菌通常有2~4mm黄色沉淀区围绕，A、B型菌通常显示较小的沉淀区。

挑取典型菌落，分别接种于疱肉培养基、TPGY培养基，并分别于35℃、26℃培养7d，再取培养物进行培养特性检查或肉毒毒素检测即可。

4. 培养特性检查

挑取可疑菌落接种于2份卵黄琼脂平板，分别于厌氧或需氧条件下培养48h，观察。如需氧条件下无细菌生长，而厌氧条件下有细菌生长，并有虹彩样薄层，证明有肉毒梭菌存在。

（二）肉毒毒素检测

液体样品可直接离心，固体或半固体样品需加适量明胶缓冲液，浸泡、研碎，然后离心，取上清液进行检测；另取1份上清液，调pH至6.2，按1/10的量加10%胰酶（活性1：250）水溶液，混匀，不断轻轻搅动，37℃作用60min进行检测。肉毒毒素检测以小鼠腹腔注射法为标准方法。

1. 检出试验

取离心上清液及其胰酶激活处理液分别腹腔注射3只小鼠，每只0.5mL，观察4d。注射液中若有毒素，小鼠一般多在注射后24h内发病、死亡。主要症状为立毛、四肢瘫软、呼吸困难，呈风箱式呼吸，腰部凹陷，最终死于呼吸麻痹。如遇小鼠猝死以致临床症状不明显，则可将注射液做适当稀释，重做试验。

2. 中和试验

分3组进行，各取1mL被检毒素液，第1组（毒素中和组），加等量多型混合肉毒抗毒素，混合后置37℃作用30min；第2组（毒素灭活对照组），加等量缓冲液，混匀后煮沸10min；第3组（毒素对照组）加等量缓冲液即可。3组混合液分别腹腔注射小鼠各2只，每只0.5mL，观察4d。若第1组和第2组小鼠均获保护存活，而第3组小鼠以特有症状死亡，则可判定为肉毒毒素存在；若第1组也不存活，则说明该毒素不是肉毒毒素，必要时需进行毒素定型试验。

3. 毒力测定

取已判定含有肉毒毒素的检样离心，取上清液，用明胶磷酸盐缓冲液做成50倍、500倍及5000倍的稀释液，分别注射小鼠各2只，每只0.5mL，观察4d。根据小鼠死亡情况，计算检样所含肉毒毒素的大致毒力（mLD/mL或mLD/g）。例如5倍、50倍及500倍稀释致小鼠全部死亡，而注射5000倍稀释液的小鼠全部存活，则可大致判定检样上清液所含毒素的毒力为1000~10000mLD/mL。

4. 定型试验

按毒力测定结果，用明胶磷酸盐缓冲液将检样上清液稀释至所含毒素的毒力在10~

1000mLD/mL，分别与各型肉毒毒素诊断血清等量混合，置37℃作用30min，各注射2只小鼠，每只0.5mL，观察4d。同时以明胶磷酸盐缓冲液代替诊断血清，与稀释毒素液等量混合作为对照。能保护小鼠免于发病、死亡的诊断血清型即为检样所含肉毒毒素的型别。

注：①未经胰酶激活处理的检样的毒素检出试验或确证试验若为阳性结果，则胰酶激活处理液可省略毒力测定及定型试验。②为争取时间尽快得出结果，毒素检测的各项试验也可同时进行。③根据具体条件和可能性，定型试验可酌情先省略C、D、F及G型。④进行确证及定型试验时，检样稀释应参照所用肉毒诊断血清的效价。⑤试验动物的观察可按阳性结果的出现随时结束，以缩短观察时间；唯有出现阴性结果时，应保留充分的观察时间。

（三）分子生物学方法

（1）肉毒梭菌的PCR检测方法　PCR技术灵敏度高，在有大量杂菌存在时也不产生干扰。但该法检测的是肉毒梭菌菌体内的毒素编码DNA，并不能测定污染样品中是否含有毒素蛋白，只鉴定出食物有肉毒梭菌污染，并不能说明食物中毒的原因就是肉毒毒素。

① 分离纯培养物：按前述方法进行增菌培养，然后取1~2mL培养液置于螺旋帽试管中，加入等量过滤除菌的无水乙醇，混匀，在室温下放置1h；或80℃加热10~15min，以破坏其繁殖体。

用接种环取1~2环经乙醇或加热处理的培养物在厌氧卵黄琼脂上划线接种，置(35±1)℃厌氧条件下培养48h。挑取约10个单个的典型菌落。接种可疑菌落到TPGY培养基中，置(35±1)℃厌氧条件下培养24h。

② 模板DNA的制备：以下两种方法任选一种。

a. 热裂解抽提DNA法：取1.4mL TPGY培养物转移至15mL离心管中，14000×g离心2min，弃去上清液。加入1.0mL PBS悬浮菌体沉淀，14000×g离心2min，弃去上清液。用400μL PBS重悬沉淀，加入10mg/mL溶菌酶溶液100μL，(37±1)℃水浴15min，期间每5~7min颠倒混匀离心管。加入10mg/mL蛋白酶K溶液10μL，(60±1)℃水浴1h，期间每10~15min颠倒混匀离心管。沸水浴10min，14000×g离心2min，将上清液转移至新的灭菌1.5mL离心管中。加入3mol/L乙酸钠（NaAc）溶液50μL和95%乙醇1.0mL，颠倒混匀，-70℃或-20℃放置30min，14000×g离心10min，弃去上清液，沉淀干燥后溶于200μL TE（TrisGEDTA）缓冲溶液。测定纯度和浓度后置-20℃保存。

b. 试剂盒抽提DNA法：取1.4mL TPGY培养物转移至1.5mL离心管中14000×g离心2min弃去上清液。菌体沉淀用1.0mL TE缓冲液洗2次后重悬于120μL的25%蔗糖溶液中。加入10mg/mL溶菌酶溶液120μL，混匀，(37±1℃)水浴30min；然后加入20%SDS溶液30μL，轻轻混匀，室温放置5min；再加入10mg/mL蛋白酶K溶液9.0μL，混匀后(37±1)℃水浴30min。悬浮液采用商品化细菌基因组DNA提取试剂盒提取DNA，使用时按照试剂盒说明书进行操作。对提取的DNA进行纯度和浓度测定后置于-20℃保存。

③ 核酸（DNA）纯度和浓度的测定：取适量DNA溶液原液加双蒸水稀释一定倍数后，使用核酸蛋白分析仪或紫外分光光度计测260nm和280nm处的吸光值。DNA的浓度按照式（7-4）计算。

$$c = A_{260} \times N \times 50 \tag{7-4}$$

式中　c——DNA浓度，μg/mL

A_{260}——260nm 处的吸光值

N——核酸稀释倍数

当 DNA 浓度为 0.34~340μg/mL，A_{260}/A_{280} 比值在 1.7~1.9 时，适宜于 PCR 扩增。

④ PCR 扩增：采用分别针对肉毒梭菌的 A、B、E、F 型肉毒毒素基因设计的型特异性引物，进行多个 PCR 扩增，每个 PCR 反应管检测一种类型的肉毒梭菌。检测时反应体系应设置阳性对照、阴性对照和空白对照。用含有扩增片段的质粒或 A、B、E、F 型肉毒梭菌的基因组 DNA 做阳性对照，用非肉毒梭菌基因组 DNA 做阴性对照，用无菌水做空白对照。

⑤ 凝胶电泳检测 PCR 产物：用 0.5×TBE 缓冲液制备 1.2%~1.5%（质量浓度）的琼脂糖凝胶（凝胶加热熔化后冷却至 60℃左右加入溴化乙锭至 0.5μg/mL，或者在电泳后用 0.5μg/mL 溴化乙锭溶液进行染色），将 1.0μL 的 PCR 产物与 2.0μL 6×加样缓冲液混合，点样，其中一孔加入 DNA 分子质量标准物，以判断 PCR 产物的片段大小。0.5×TBE 电泳缓冲液，10V/cm 恒压电泳，电泳时间根据溴酚蓝的移动位置来确定，电泳检测结果用凝胶成像系统记录。

⑥ PCR 检测结果判定：阴性对照和空白对照均未出现条带，阳性对照出现预期大小的扩增条带，待测样品出现预期大小的扩增条带，判定为 PCR 检测结果阳性。

（2）核酸探针诊断技术　核酸探针也称 DNA 探针，特点是特异性好、灵敏度高、检测速度快、一次可检出大量标本，尤其可检查单个菌落的产毒特性，无须专门产毒培养。细菌毒素探针制备通常取自病原菌染色体或质粒毒素基因片段，用于检测毒性相关基因，也可鉴别遗传性状类似的种。

（四）免疫学诊断

免疫学诊断是目前肉毒毒素检测领域应用最为广泛的检测方法。它可定性定量检测，灵敏度高，特异性好，一次可检测大量标本，能自动化。免疫学诊断检测的一个缺点是必须要有高亲和性抗体，而且该方法不能区分毒素是否具有活性。另外，毒素基因的变异会导致检测抗体与毒素的亲和力降低，出现假阴性结果。目前有以下几种检测方法常被采用。

1. 酶联免疫吸附试验（ELISA）

ELISA 是目前使用较为广泛的肉毒毒素检测方法，毒素检测和型别鉴定只需 5~6h。尽管抗体来源、酶底物不同，但检测原理基本一致。最常用的是双抗体夹心 ELISA 法。酶联板上包被检测用单克隆抗体或多克隆抗体，加入可疑样品（待测抗原）后，再加入另一种酶联抗体，待测抗原被带有标记物的二抗捕获后，通过标记物与底物的显色反应来判定结果。美国建立的双抗体夹心 ELISA 法已经被国家药品监督管理局（SDA）和分析化学家协会（AOAC）批准成为第二个官方认可的检测方法。

2. 胶体金免疫层析法

该技术以胶体金作为示踪标记物，利用抗原抗体的高度专一结合特性及胶体金标记技术的可视定位特性来检测可疑样品。此方法具有如下优点：检测快速，通常可在 5~10min 出结果；检测试纸条比较稳定，可长期保存；成本相对较低，易于推广；操作简单，操作者无须特殊培训。此技术在毒素检测领域有巨大的发展潜力。

3. 免疫印迹分析

肉毒毒素经电泳转移至硝酸纤维膜上，进行免疫印迹反应；毒素浓度与免疫印迹反应条带密度之间存在良好的线性关系。

4. 检验程序

检验程序如图 7-10 所示。

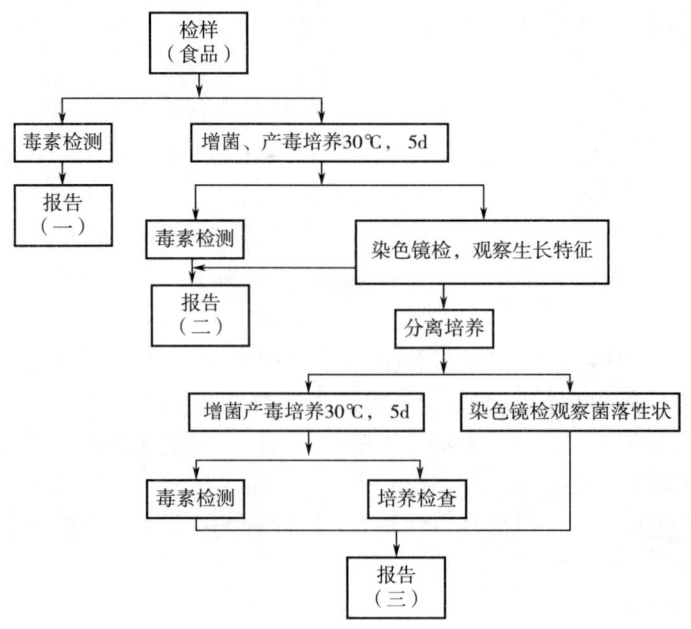

图 7-10　肉毒梭菌及肉毒毒素检验程序

报告（一）：检样含某型肉毒毒素。
报告（二）：检样含某型肉毒梭菌。
报告（三）：由检样分离的菌株为某型肉毒梭菌。

如上所示，检样经均质处理后，及时接种培养，进行增菌、产毒，同时进行毒素检测试验。毒素检测试验结果可证明检样中有无肉毒毒素以及有何型肉毒毒素存在。

可增菌产毒培养物，一方面做一般的生长特征观察，同时检测肉毒毒素的产生情况，所得结果可证明检样中有无肉毒梭菌以及有何型肉毒梭菌存在。为其他特殊目的而欲获纯菌，可用增菌产毒培养物进行分离培养，对所得纯菌进行形态、培养特性等观察及毒素检测，其结果可证明所得纯菌为何型肉毒梭菌。

四、操作步骤

（一）肉毒毒素检测

液体检样可直接离心；固体或半流动检样须加适量（例如等量、1 倍量或 5 倍量、10 倍量，质量比）明胶磷酸盐缓冲液，浸泡、研碎，然后离心，取上清液进行检测。领取一部分上清液，调 pH6.2，每 9 份加 10%（体积分数）胰酶（活性 1：250）水溶液 1 份，混匀，经常轻轻搅动，37℃作用 60min，进行检测。

肉毒毒素检测以小白鼠腹腔注射法为标准方法。

1. 检出实验

取上述离心上清液及其胰酶活处理液分别注射小白鼠 2 只，每只 0.5mL，观察 4d。注射液中若有肉毒毒素存在，小白鼠多在注射后 24h 内发病、死亡，主要症状为竖毛，四肢瘫软，呼吸困难，呼吸呈风箱式，腰部凹陷，宛若蜂腰，最终死于呼吸麻痹。

如遇小白鼠猝死，以致症状不明显时，则可将注射液做适当稀释，重做试验。

2. 正式实验

不论上清液或其胰酶激活处理液，凡能致小白鼠发病、死亡者，取样分成 3 份进行试验。1 份加等量多型混合肉毒抗毒诊断血清，混匀，37℃作用 30min，1 份加等量明胶磷酸盐缓冲液，混匀，煮沸 10min；1 份加等量明胶磷酸盐缓冲液，混匀即可，不做其他处理。3 份混合液分别注射小白鼠各 2 只，每只 0.5mL，观察 4d，若注射加诊断血清与煮沸加热的 2 份混合液的小白鼠均获保护存活，而唯有注射未经其他处理的混合液的小白鼠以特有症状死亡，则可判定检样中有肉毒毒素存在，必要时进行毒力测定及定型试验。

3. 毒力测定

取已判定含有肉毒毒素的检样离心上清液，用明胶磷酸盐缓冲液做成 50 倍、500 倍及 5000 倍的稀释液，分别注射小白鼠各 2 只，每只 0.5mL，观察 4d。根据动物死亡情况，计算检验所含肉毒毒素的大体毒力（LD/mL 或 LD/g）。例如，5 倍、50 倍及 500 倍稀释致动物全部死亡，而注射 5000 倍稀释液的动物全部存活，则可大体判定检样上清液所含毒素的毒力为 1000~10000LD/mL。

4. 定型实验

按毒力测定结果，用明胶磷酸盐缓冲液将检样上清液稀释至所含毒素的毒力大体在 10~100LD/mL，分别与各单型肉毒抗毒诊断血清等量混匀，37℃作用 30min，各注射小白鼠各 2 只，每只 0.5mL，观察 4d。同时以明胶磷酸盐缓冲液代替诊断血清，与稀释毒素液等量混合作为对照。能保护动物免于发病、死亡的诊断血清型即为检样所含肉毒毒素的型别。

5. 注意事项

（1）未经胰酶激活处理的检样的毒素检出实验或确证实验若为阳性结果，则胰酶激活处理液可省略毒力测定及定型实验。

（2）为争取时间尽快得出结果，毒素检测的各项实验也可同时进行。

（3）根据具体条件和可能性，定型实验可酌情省略 C、D、F 及 G 型。

（4）进行确证及定型等中和实验时，检样的稀释应参照所用肉毒诊断血清的效价。

（5）实验动物的观察可按阳性结果的出现随时结束，以缩短观察时间；唯有出现阴性结果时，应保留充分的观察时间。

6. 肉毒梭菌检出（增菌产毒培养实验）

取庖肉培养基 3 支，煮沸 10~15min，做如下处理。

第 1 支：急速冷却，接种检样均质液 1~2mL。

第 2 支：冷却至 60℃，接种检样，继续于 60℃保温 10min，急速冷却。

第 3 支：接种检样，继续煮沸加热 10min，急速冷却。

以上接种物于 30℃培养 5d，若无生长，可再培养 10d。培养到期，若有生长，取培养液离心，以其上清液进行毒素检测实验，方法同附录2的附件16中"5.3 肉毒梭菌检验"内容，阳性结果证明检样中有肉毒梭菌存在。

7. 分离培养

选取经毒素检测实验证实含有肉毒梭菌的前述增菌产毒培养物（必要时可重复一次适宜的加热处理）接种卵黄琼脂平板，35℃厌氧培养48h。肉毒梭菌在卵黄琼脂平板上生长时，菌落及其周围培养基表面覆盖着特有的彩虹样（或珍珠层样）薄层，单G型菌无此现象。

根据菌落性状及菌体形态挑选可疑菌落，接种疱肉培养基，于30℃培养5d，进行毒素检测及培养特性检查确证实验。

（1）毒素检测 实验方法同本节"肉毒毒素检测"内容。

（2）培养特性检查 接种卵黄琼脂平板，分成2份，分别在35℃的需氧和厌氧条件下培养48h，观察生长情况及菌落形状。肉毒梭菌只有在厌氧条件下才能在卵黄琼脂平板上生长，并形成具有上述特征的菌落，而在需氧条件下则不生长。

（二）注意事项

1. 标本的采集、运输及保存

（1）食品标本 可疑食品采集后应尽快送检。密封食品，直至检验开始以前不要启封。非密闭食品应采集于灭菌容器中。若需要远运，标本应装入严密的容器中，并置于冰壶中冷藏。

（2）体液或组织标本 发生肉毒毒素中毒时，应在肉毒抗毒素治疗之前采集血样。采血量应足够分离血清至少10mL（最好是15~20mL），以供毒素中和试验用。血清、胃内容物、粪便及尸体标本均须装入灭菌容器中，尽快送检。若需远运，按食品标本的方法处理。水产动物的脏器标本应以消化道为主。

（3）土壤 以灭菌工具由地表面下10~20cm处取土，装入灭菌容器中。

2. 标本的处理

（1）为了尽量保持肉毒毒素的稳定，一般多用明胶缓冲液作为稀释剂，其制法：明胶2g，磷酸氢二钠4g，溶于蒸馏水1000mL，以盐酸调pH6.2~6.8，121℃蒸汽灭菌15min。

（2）血清分离后可直接供为肉毒毒素检测试验，无须另外处理。

（3）固体标本需要明胶缓冲液进行浸提，即取标本（最好是50g）放入研钵中，加灭菌砂1~2g与适量的冷明胶缓冲液，研匀。然后，补加相同剂量的同一缓冲液，缓冲液添加量与标本量相等，搅匀，离心沉淀，上清液供做毒素检测试验；沉淀物（或离心沉淀前的均质物）可供做培养实验。

（4）土壤泥沙标本可加足量的明胶缓冲液，充分搅匀，待泥沙自然沉淀，吸取上部澄清液离心沉淀，沉淀物供做培养实验。

（5）E型及非蛋白分解性的B、F型肉毒梭菌产生的前体毒素，做动物实验时，事前须以胰蛋白酶进行激活，使之变为活化毒素。取检样稀释液或培养液4.5mL加1%（或5%，或10%）胰蛋白酶（1:250，按实际活性换算，增减用量）水溶液0.5mL，pH6.0~6.2，37℃反应45min，pH不可过高，达到或超过7.0时毒力将会减弱。过度的激活处理也将使毒性失活。若有可能，最好在激活后立即加抑制剂，以中止胰蛋白酶的作用。血清中的毒素或用作体外免疫学试验的毒素无需激活。

3. 检验报告

（1）如仅为肉毒毒素中毒的诊断，只要能从检样（食品、患者血清及粪便、创伤坏死组织及渗出液等）中检出肉毒毒素并予以定型，即可结束检验，提出图7-10"检验程序"中的报告（一），证明检样中有无或某型肉毒毒素的存在，而肉毒毒素中毒的直接致病因素为肉毒毒素，所以没有必要进行检出细菌的培养实验。

（2）自然界中的各种一般物质（如土壤、泥沙）基本上不可能含有肉毒毒素，没有必要直接进行毒素检测试验，而应从培养实验着手，最后根据产毒实验结果加以判断，提出图7-10"检验程序"中的报告（二），证明检验中有无或某型肉毒梭菌存在。

（3）在一般情况下，没有必要从检样中分离纯的肉毒梭菌。基于特殊需要或目的而分离的纯菌株，须经产毒培养及毒素检测试验，提出图7-10"检验程序"中的报告（三），证明所分离的菌株是否或某型肉毒梭菌。

第十节 蜡状芽孢杆菌检验技术

过去一直认为蜡状芽孢杆菌是非致病菌，从1950年以来，日益增多的资料证明，蜡状芽孢杆菌是食物中毒的病原菌。蜡状芽孢杆菌是需氧性，能产生芽孢的革兰染色阳性杆菌。在自然界分布较广，并易从各种食品中检出，因食品在正常情况下就可能有此菌存在，如果它在食品中未能得到增殖，其存在便无意义。当摄入的每克食品中蜡状芽孢杆菌活菌数在百万以上常导致食物中毒爆发。

一、病原学特性

（一）形态与染色

蜡状芽孢杆菌为革兰阳性大杆菌，菌体两端较平整，大小为 $(1\sim1.3)\mu m\times(3\sim5)\mu m$，能形成芽孢，芽孢呈椭圆形，位于菌体中央或稍偏向一端，不大于菌体宽度。无荚膜，有周身鞭毛，能运动。

（二）培养特性

蜡状芽孢杆菌为需氧菌，生长温度在10~45℃，最适生长温度为28~35℃，对营养要求不高，在普通培养基上生长良好。

普通肉汤培养：生长迅速，肉汤浑浊，常带有菌膜或壁环，振摇易乳化。

普通琼脂培养：菌落为乳白色、不透明、边缘不整齐、直径为4~10mm，菌落边缘常呈扩散状，近光观察似白蜡状。

血琼脂平板培养：菌株形成浅灰、不透明、似毛玻璃状的菌落。在菌落周围初呈草绿色溶血，时间稍长即完全透明。

甘露醇卵黄多黏菌素琼脂平板培养：菌株形成灰白色或微带红色、扁平、表面粗糙的菌落。在菌落周围具有紫红色的背景环绕白色环晕。

（三）生物学特性

蜡状芽孢杆菌为革兰染色阳性、两端较钝圆的大杆菌，大小为 $(1.0\sim1.2)\mu m\times(3.0\sim5.0)\mu m$，多呈链状排列，生长6h后即可形成芽孢，芽孢呈卵圆形，位于菌体中心，不大于菌体。引起食物中毒的菌株多为周毛菌，不形成荚膜。

培养特性为需氧或兼性厌氧，营养要求不高，在普通营养琼脂平板上生长良好，形成较大、灰白色、不透明、表面粗糙似毛玻璃状或熔蜡状菌落，在血琼脂平板上可出现 β-溶血。在肉汤培养基中呈均匀浑浊生长，液面有菌膜形成。

生化反应能分解葡萄糖、麦芽糖、蔗糖、水杨苷、果糖，不分解木糖、鼠李糖、甘露醇，能液化明胶，缓慢液化牛乳，V-P 实验阳性，多数菌株能利用柠檬酸盐。触酶阳性，DNA 酶阳性，卵磷脂酶阳性。在卵黄琼脂平板上生长迅速，培养 3h 后虽未见菌落，但能看到由于卵磷脂酶分解卵磷脂而形成的白色浑浊环，称为乳光反应或卵黄反应。

（四）临床学特性

蜡状芽孢杆菌广泛分布于水、土壤及尘埃中，可在淀粉制品、乳及乳制品、肉、鱼、蔬菜、酱油、布丁、炒米饭、各种甜点等食品中大量生长繁殖，引起人类食物中毒。此菌在米饭中极易生长繁殖，我国由此引起的食物中毒报道较多。

蜡状芽孢杆菌引起的食物中毒以夏、秋季最多见，主要的致病物质是肠毒素，引起的食物中毒有两种类型：一类为腹泻型，由不耐热肠毒素（LT）引起，进食后 6~15h 发病，临床表现为腹痛、腹泻和里急后重，偶有呕吐或发热，通常在 24h 恢复正常；另一类为呕吐型，由耐热肠毒素（ST）引起，于进餐后 1~6h 发病，患者主要临床表现为恶心、呕吐，仅部分有腹泻，病程一般不超过 24h。外伤后蜡状芽孢杆菌引起的全眼球炎是一种进展非常迅速的严重病症，治疗不及时易造成失明。蜡状芽孢杆菌还可引起败血症、脑膜炎和心内膜炎等。

（五）抵抗力

蜡状芽孢杆菌耐热，其 37℃ 16h 的肉汤培养物的 D_{80} 值（在 80℃ 时使细菌数减少 90% 所需的时间）为 10~15min，使肉汤中细菌由 2.4×10^7 个/mL 转为阴性，需 100℃ 20min。食物中毒菌株的游离芽孢能耐受 100℃ 30min，而干热 120℃ 需 60min 才能将其杀死。本菌对氯霉素、红霉素和庆大霉素敏感；对青霉素、磺胺噻唑和呋喃西林耐受。

二、蜡状芽孢杆菌食物中毒

（一）流行病学

蜡状芽孢杆菌在自然界的分布比较广泛，空气、土壤、尘埃、水和腐烂草中均有存在，植物和许多生熟食品中也常见。据实验调查的 514 件各种食品样品，发现蜡状芽孢杆菌者：肉制品为 26%，乳制品为 77%，蔬菜、水果和干果为 51%。

食品中蜡状芽孢杆菌的来源，主要为外界所污染。由于食品在加工、运输、保藏及销售过程中的不卫生情况，而使该菌在食品上大量污染传播。

蜡状芽孢杆菌食物中毒所涉及的食品种类较多，包括乳类食品、畜禽肉类制品、汤汁、马铃薯、豆芽、甜点心、调味汁、色拉（凉杂拌菜）和米饭等。在我国引起中毒的食品常与米饭、糕点等淀粉类食品有关。

蜡状芽孢杆菌引起中毒的食品大多无腐败变质现象，在进行组织及感官鉴定时，除米饭类有时微有发黏或入口不爽外，大多数食品均表现为完全正常的感官性状，这一点应引起食品卫生工作人员的注意。

蜡状芽孢杆菌食物中毒有明显的季节性，通常以夏秋季（6~10 月份）最高，此菌引起的食物中毒可以在集体食堂中大规模爆发，也可有家庭爆发或散在发生。中毒的发生与性别和年龄无关。

(二) 中毒菌量

通过对中毒食品的检验和人体实验以及一般食品调查,证明食品中蜡状芽孢杆菌含量与能否引起中毒有密切的关系。蜡状芽孢杆菌中毒菌量一般在 $10^6 \sim 10^8$ 个/g（食物）。当然,这与菌株型别和毒力、食品类型和摄入量以及机体个体差异等密切相关。为了保障消费者食用安全,联合国粮食与农业组织（FAO,1967）规定熟冷盘肉片的 10^{-3} 稀释液不得检出蜡状芽孢杆菌。我国在外贸合同中规定,对英出口熟虾仁春卷中不得检出蜡状芽孢杆菌。鉴于上述情况,在蜡状芽孢杆菌食物中毒鉴定和某些食品卫生评价中,蜡状芽孢杆菌含量测定有重要意义。

(三) 致病机制

蜡状芽孢杆菌食物中毒主要是由该菌产生的肠毒素引起的。大量活菌的存在,不仅可使毒素量增高,而且可促进中毒发生。也就是说,蜡状芽孢杆菌食物中毒是由于活菌和其产生的肠毒素共同作用所致。

蜡状芽孢杆菌产生的肠毒素有两种：一种为耐热性肠毒素,100℃ 30min,不能被破坏,是引起呕吐型中毒的致病因素,常在米饭中形成；另一种是不耐热肠毒素,是引起腹泻型胃肠炎的病因物质,能在各种食物中形成。

(四) 中毒类型和临床表现

蜡状芽孢杆菌食物中毒,在临床上一般可分为呕吐型和腹泻型两类。

呕吐型中毒多见于剩米饭和油炒饭,耐热性肠毒素为其致病因素。临床上潜伏期短,一般为 2～3h,最短为 30min,最长 5～6h。中毒症状：100%呕吐,100%腹部肌肉痉挛,而腹泻则少见,约33%。一般经过 8～10h 而自愈。

腹泻型中毒由各种食品中不耐热肠毒素引起,临床上潜伏期在 6h 以上,一般为 6～14h。中毒特点：96%腹泻,且腹泻次数多,75%腹痉挛,而呕吐却不常见,约为 23%。病程 24～36h,两型均少见体温升高,预后良好。

三、预防

对蜡状芽孢杆菌引起的食物中毒,应从以下几方面进行预防工作。

(一) 做好食品的冷藏和加热

本菌在15℃以下不繁殖,各种食品特别是营养丰富、水分含量较高、适宜于细菌生长的食品,必须注意冷藏。烹调必须充分加热,使之灭菌。

(二) 食品不放置过久

煮熟的食品不能放置过久,尤不宜在温热情况（25～45℃）下保存。蜡状芽孢杆菌繁殖至中毒菌量需要一定的温度和时间,因此缩短熟食品的放置时间颇为重要。在温热季节,每天的米饭吃多少做多少。

(三) 搞好环境卫生

本菌常见于泥土和灰尘中,搞好环境卫生,保持厨房整洁,消灭昆虫以及在食品的加工、运输、储存和销售过程中做好防尘、防虫工作,都有助于控制污染源和减少本菌的污染。

（四）加强卫生宣传

做好个人卫生，严格要求食品从业人员认真执行卫生法规，以防止通过工作人员造成本菌的中毒流行。

四、检验方法

（一）设备和材料

除微生物实验室常规灭菌及培养设备外，其他设备和材料如下所示。

冰箱：2~5℃；恒温培养箱：（30±1）℃、（36±1）℃；均质器；电子天平；无菌锥形瓶：100mL、500mL；无菌吸管：1mL（具0.01mL刻度）、10mL（具0.1mL刻度）或微量移液器及吸头；无菌培养皿：直径90mm；无菌试管：18mm×180mm；显微镜：10×~100×（油镜）；L形涂布棒。

（二）培养基和试剂

磷酸盐缓冲液（PBS）、甘露醇卵黄多黏菌素（MYP）琼脂、胰酪胨大豆多黏菌素肉汤、营养琼脂、过氧化氢溶液、动力培养基、硝酸盐肉汤、酪蛋白琼脂、硫酸锰营养琼脂培养基、0.5%碱性复红、动力培养基、糖发酵管、V-P培养基、胰酪胨大豆羊血（TSSB）琼脂、溶菌酶营养肉汤、西蒙柠檬酸盐培养基、明胶培养基。

（三）检验程序

蜡状芽孢杆菌平板计数法检验程序见图7-11。

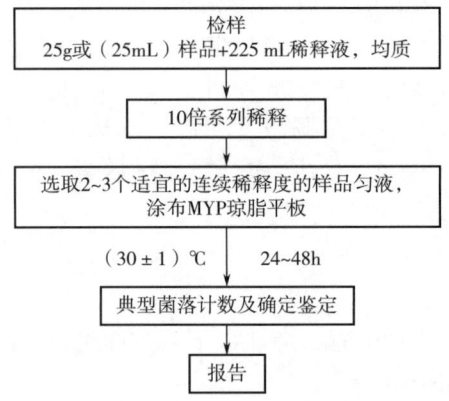

图7-11 蜡状芽孢杆菌平板计数法检验程序

五、操作步骤

（一）样品处理

冷冻样品应在45℃以下不超过15min或在2~5℃不超过18h解冻，若不能及时检验，应放于-20℃~-10℃保存；非冷冻而易腐的样品应尽可能及时检验，若不能及时检验，应置于2~5℃冰箱保存，24h内检验。

（二）样品制备

称取样品25g，放入盛有225mL PBS或生理盐水的无菌均质杯内，用旋转刀片式均质器以 8000~10000r/min 均质 1~2min，或放入盛有 225mL PBS 或生理盐水的无菌均质袋中，用拍击式均质器拍打 1~2min。若样品为液态，吸取 25mL 样品至盛有 225mL PBS 或生理盐水的无菌锥形瓶（瓶内可预置适当数量的无菌玻璃珠）中，振荡混匀，作为 1∶10 的样品匀液。

（三）样品的稀释

吸取上述"样品制备"中 1∶10 的样品匀液 1mL 加到装有 9mL PBS 或生理盐水的稀释管中，充分混匀制成 1∶100 的样品匀液。根据对样品污染状况的估计，按上述操作，依次制成 10 倍递增系列稀释样品匀液。每递增稀释 1 次，换用 1 支 1mL 无菌吸管或吸头。

（四）样品接种

根据对样品污染状况的估计，选择 2~3 个适宜稀释度的样品匀液（液体样品可包括原液），以 0.3、0.3、0.4mL 接种量分别移入三块 MYP 琼脂平板，然后用无菌 L 形涂布棒涂布整个平板，注意不要触及平板边缘。使用前，如 MYP 琼脂平板表面有水珠，可放在 25~50℃ 的培养箱里干燥，直到平板表面的水珠消失。

（五）分离、培养

1. 分离

在通常情况下，涂布后，将平板静置 0min。如样液不易吸收，可将平板放在培养箱（30±1）℃ 培养 1h，等样品匀液吸收后翻转平板，倒置于培养箱，（30±1）℃ 培养（24±2）h。如果菌落不典型，可继续培养（24±2）h 再观察。在 MYP 琼脂平板上，典型菌落为微粉红色（表示不发酵甘露醇），周围有白色至淡粉红色沉淀环（表示产卵磷脂酶）。

2. 纯培养

从上述"分离"步骤中的每个平板中挑取至少 5 个典型菌落（小于 5 个全选），分别划线接种于营养琼脂平板做纯培养，（30±1）℃ 培养（24±2）h，进行确证实验。在营养琼脂平板上，典型菌落为灰白色，偶有黄绿色，不透明，表面粗糙似毛玻璃状或熔蜡状，边缘常呈扩展状，直径为 4~10mm。

六、确定鉴定

（一）染色镜检

挑取纯培养的单个菌落，革兰染色镜检。蜡状芽孢杆菌为革兰染色阳性芽孢杆菌，大小为 (1~1.3)μm×(3~5)μm，芽孢呈椭圆形位于菌体中央或偏端，不膨大于菌体，菌体两端较平整，多呈短链或长链状排列。

（二）生化鉴定

1. 概述

挑取纯培养的单个菌落，进行过氧化氢酶实验、动力实验、硝酸盐还原实验、酪蛋白分解实验、溶菌酶耐性实验、V-P 实验、葡萄糖利用（厌氧）实验、根状生长实验、溶血实验、蛋白质毒素结晶实验。蜡状芽孢杆菌生化特征与其他芽孢杆菌的区别见表 7-17。

表 7-17　　　　　　　　蜡状芽孢杆菌生化特征与其他芽孢杆菌的区别

项目	蜡状芽孢杆菌 (Bacillus cereus)	苏云金芽孢杆菌 (Bacillus thuringiensis)	蕈状芽孢杆菌 (Bacillus mycoides)	炭疽芽孢杆菌 (Bacillus anthracis)	巨大芽孢杆菌 (Bacillus megaterium)
革兰染色	+	+	+	+	+

续表

项目	蜡状芽孢杆菌 (Bacillus cereus)	苏云金芽孢杆菌 (Bacillus thuringiensis)	蕈状芽孢杆菌 (Bacillus mycoides)	炭疽芽孢杆菌 (Bacillus anthracis)	巨大芽孢杆菌 (Bacillus megaterium)
过氧化氢酶	+	+	+	+	+
动力	+/−	+/−	−	−	+/−
硝酸盐还原	+	+/−	+	+	−/+
酪蛋白分解	+	+	+/−	−/+	+/−
溶菌酶耐性	+	+	+	+	−
卵黄反应	+	+	+	+	−
葡萄糖利用（厌氧）	+	+	+	+	−
V-P 试验	+	+	+	+	−
甘露醇产酸	−	−	−	−	+
溶血（羊红细胞）	+	+	+	−/+	−
根状生长	−	−	+	−	−
蛋白质毒素晶体	−	+	−	−	−

注：+表示 90%~100%的菌株阳性；−表示 90%~100%的菌株阴性；+/− 表示大多数的菌株阳性；−/+ 表示大多数的菌株阴性。

2. 动力实验

用接种针挑取培养物穿刺接种于动力培养基中，30℃培养 24h。有动力的蜡状芽孢杆菌应沿穿刺线呈扩散生长，而蕈状芽孢杆菌常呈"绒毛状"生长，也可用悬滴法检查。

3. 溶血实验

挑取纯培养的单个可疑菌落接种于 TSSB 琼脂平板上，(30±1)℃培养(24±2)h。蜡状芽孢杆菌菌落为浅灰色，不透明，似白色毛玻璃状，有草绿色溶血环或完全溶血环。苏云金芽孢杆菌和蕈状芽孢杆菌呈现弱的溶血现象，而多数炭疽芽孢杆菌为不溶血，巨大芽孢杆菌为不溶血。

4. 根状生长实验

挑取单个可疑菌落按间隔 2~3cm 距离划平行直线于经室温干燥 1~2d 的营养琼脂平板上，(30±1)℃培养(24~48)h，不能超过 72h。用蜡状芽孢杆菌和蕈状芽孢杆菌标准株作为对照进行同步实验。蕈状芽孢杆菌呈根状生长的特征；蜡状芽孢杆菌呈粗糙山谷状生长的特征。

5. 溶菌酶耐性实验

用接种环取纯菌悬液一环，接种于溶菌酶肉汤中，(36±1)℃培养 24h。蜡状芽孢杆菌在本培养基（含 0.001%溶菌酶）中能生长。如出现阴性反应，应继续培养 24h。巨大芽孢杆菌不生长。

6. 蛋白质毒素结晶实验

挑取纯培养的单个可疑菌落接种于硫酸锰营养琼脂平板上，(30±1)℃培养(24±2)h，并于室温放置 3~4d，挑取培养物少许于载玻片上，滴加蒸馏水混匀并涂成薄膜。经自然干燥，微火固定后，加甲醇作用 30s 后倾去，再通过火焰干燥，于载玻片上滴满 0.5% 碱性复红，放火焰上加热（微见蒸汽，勿使染液沸腾）持续 1~2min，移去火焰，再更换染色液再次加温染色 30s，倾去染液，用洁净自来水彻底清洗、晾干后镜检。观察有无游离芽孢（浅红色）和染成深红色的菱形蛋白质结晶体。如发现游离芽孢形成得不丰富，应再将培养物置室温 2~3d 后进行检查。除苏云金芽孢杆菌外，其他芽孢杆菌不产生蛋白质结晶体。

7. 生化分型（选做项目）

根据对柠檬酸盐利用实验、硝酸盐还原实验、淀粉水解实验、V-P 实验反应、明胶液化实验，将蜡状芽孢杆菌分成不同生化型别，见表 7-18。

表 7-18　　　　　　　　　　蜡状芽孢杆菌不同生化型实验

型别	生化实验				
	柠檬酸盐	硝酸盐	淀粉	V-P	明胶
1	+	+	+	+	+
2	-	+	+	+	+
3	+	+	-	+	+
4	-	-	+	+	+
5	-	-	-	+	+
6	+	-	-	+	+
7	+	-	+	+	+
8	-	+	-	+	+
9	-	+	-	-	+
10	-	-	-	-	+
11	+	+	-	-	+
12	+	+	-	+	+
13	-	-	+	-	-
14	+	-	-	-	+
15	+	-	-	+	+

注：+ 表示 90%~100% 的菌株阳性；- 表示 90%~100% 的菌株阴性。

七、结果计算

（一）典型菌落计数和确认

（1）选择有典型蜡状芽孢杆菌菌落的平板，且同一稀释度 3 个平板所有菌落数合计在 20~200CFU 的平板，计数典型菌落数。如果出现以下①~⑥的现象按式（7-5）计算，如果出现⑦现象则按式（7-6）计算。

① 只有一个稀释度的平板菌落数在 20~200CFU 且有典型菌落，计数该稀释度平板上的典型菌落。

② 2 个连续稀释度的平板菌落数均在 20~200CFU，但只有一个稀释度的平板有典型菌落，应计数该稀释度平板上的典型菌落。

③ 所有稀释度的平板菌落数均小于 20CFU 且有典型菌落，应计数最低稀释度平板上的典型菌落。

④ 某一稀释度的平板菌落数大于 200CFU 且有典型菌落，但下一稀释度平板上没有典型菌落，应计数该稀释度平板上的典型菌落。

⑤ 所有稀释度的平板菌落数均大于 200CFU 且有典型菌落，应计数最高稀释度平板上的典型菌落。

⑥ 所有稀释度的平板菌落数均不在 20~200CFU 且有典型菌落，其中一部分小于 20CFU 或大于 200CFU 时，应计数最接近 20CFU 或 200CFU 的稀释度平板上的典型菌落。

⑦ 2 个连续稀释度的平板菌落数均在 20~200CFU 且均有典型菌落。

（2）从每个平板中至少挑取 5 个典型菌落（小于 5 个全选），划线接种于营养琼脂平板做纯培养，（30±1）℃培养（24±2）h。

（二）计算公式

（1）菌落计算见式（7-5）。

$$T = \frac{AB}{Cd} \quad (7-5)$$

式中　T——样品中蜡状芽孢杆菌菌落数，CFU

　　　A——某一稀释度蜡状芽孢杆菌典型菌落的总数，CFU

　　　B——鉴定结果为蜡状芽孢杆菌的菌落数，CFU

　　　C——用于蜡状芽孢杆菌鉴定的菌落数，CFU

　　　d——稀释因子

（2）菌落计算见式（7-6）。

$$T = \frac{A_1 B_1/C_1 + A_2 B_2/C_2}{1.1d} \quad (7-6)$$

式中　T——样品中蜡状芽孢杆菌菌落数，CFU

　　　A_1——第一稀释度（低稀释倍数）蜡状芽孢杆菌典型菌落的总数，CFU

　　　A_2——第二稀释度（高稀释倍数）蜡状芽孢杆菌典型菌落的总数，CFU

　　　B_1——第一稀释度（低稀释倍数）鉴定结果为蜡状芽孢杆菌的菌落数，CFU

　　　B_2——第二稀释度（高稀释倍数）鉴定结果为蜡状芽孢杆菌的菌落数，CFU

　　　C_1——第一稀释度（低稀释倍数）用于蜡状芽孢杆菌鉴定的菌落数，CFU

　　　C_2——第二稀释度（高稀释倍数）用于蜡状芽孢杆菌鉴定的菌落数，CFU

　　　1.1——计算系数（如果第二稀释度蜡状芽孢杆菌鉴定结果为 0，计算系数采用 1）

　　　d——稀释因子（第一稀释度）

（三）结果与报告

（1）根据 MYP 平板上蜡状芽孢杆菌的典型菌落数，按式（7-5）、式（7-6）计算，报告每克（毫升）样品中蜡状芽孢杆菌菌数，以 CFU/g（mL）表示；如 T 值为 0，则以小于1乘以最低稀释倍数报告。

（2）必要时报告蜡状芽孢杆菌生化分型结果　蜡状芽孢杆菌 MPN 计数法（第二法）检验程序，蜡状芽孢杆菌 MPN 计数法检验程序见图 7-12。

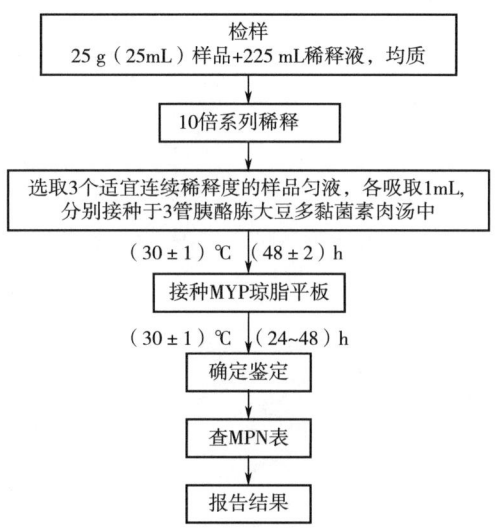

图 7-12　蜡状芽孢杆菌 MPN 计数法检验程序

八、操作步骤

1. 样品处理

同前文中"五、操作步骤"对应项下内容。

2. 样品制备

同前文中"五、操作步骤"对应项下内容。

3. 样品的稀释

同前文中"五、操作步骤"对应项下内容。

4. 样品接种

取 3 个适宜连续稀释度的样品匀液（液体样品可包括原液），接种于 10mL 胰酪胨大豆多黏菌素肉汤中，每一稀释度接种 3 管，每管接种 1mL（如果接种量需要超过 1mL，则用双料胰酪胨大豆多黏菌素肉汤），于（30±1）℃培养（48±2）h。

5. 培养

用接种环从各管中分别移取 1 环，划线接种到 MYP 琼脂平板上，（30±1）℃培养（24±2）h。如果菌落不典型，可继续培养（24±2）h 再观察。

6. 确定鉴定

从每个平板选取 5 个典型菌落（小于 5 个全选），划线接种于营养琼脂平板做纯培养，（30±1）℃培养（24±2）h，进行确证实验，见前文中"五、操作步骤"对应项下内容。

九、结果与报告

根据证实为蜡状芽孢杆菌阳性的试管管数,查 MPN 检索表(见 GB 4789.14—2014),报告每克(毫升)样品中蜡状芽孢杆菌的最可能数,以 MPN/g(mL)表示。

第八章 食品中霉菌和酵母菌检验技术

第一节 概述

酵母菌是真菌中的一大类，通常是单细胞，呈圆形、卵圆形、腊肠形，少数为短杆状。霉菌也是真菌，能够形成疏松的绒毛状的菌丝体。

霉菌和酵母广泛分布于自然界并可作为食品中正常菌群的一部分。长期以来，人们利用某些霉菌和酵母加工一些食品，如用霉菌加工干酪和肉，使其味道鲜美；还可利用霉菌和酵母酿酒、制酱；食品、化学、医药等工业都少不了霉菌和酵母。

在某些情况下，霉菌和酵母也可造成食品腐败变质。由于它们生长缓慢和竞争力不强，故常常在不适于细菌生长的食品中出现，这些食品是 pH 低、湿度低、含盐和含糖高的食品，低温储藏的食品，含有抗生素的食品等。

由于霉菌和酵母菌能抗热、抗冷冻，对抗生素和辐射等储藏及保藏措施也有抵抗作用，它们能转换某些不利于细菌的物质，而促进致病细菌的生长；有些霉菌能够合成有毒代谢产物——霉菌毒素；霉菌和酵母往往使食品表面失去色、香、味。例如，酵母菌在新鲜的和加工的食品中繁殖，可使食品发生难闻的异味，它还可以使液体发生浑浊，产生气泡，形成薄膜，改变颜色及散发不正常的气味等。因此霉菌和酵母菌也作为评价食品卫生质量的指示菌，并以霉菌和酵母菌计数来反映食品被污染的程度。

目前已有若干个国家制订了某些食品的霉菌和酵母限量标准。我国已制订了一些食品中霉菌和酵母的限量标准。中华人民共和国原卫生部 2010 年 3 月 26 日发布了《食品安全国家标准 食品微生物学检验 霉菌和酵母计数》（GB 4789.15—2010，现已改为 GB 4789.15—2016），该标准适用于食品中霉菌和酵母菌的计数。

第二节 食品中霉菌和酵母菌的检验方法

一、检验方法

霉菌和酵母的计数方法，与菌落总数的测定方法基本相似。主要步骤如下所示。

将样品制作成 10 倍梯度的稀释液，选择 3 个合适的稀释度，吸取 1mL 于培养皿，倾注培养基后，培养观察，计数。

对霉菌的计数，还可以采用显微镜直接镜检计数的方法。

二、设备和材料

除微生物实验室常规灭菌及培养设备外,其他设备和材料如下所示。

(1) 冰箱 2~5℃。
(2) 恒温培养箱 (28±1)℃。
(3) 均质器。
(4) 恒温振荡器。
(5) 显微镜 10×~100×。
(6) 电子天平 感量0.1g。
(7) 无菌锥形瓶 容量500mL、250mL。
(8) 无菌广口瓶 500mL。
(9) 无菌吸管 1mL(具0.01mL刻度)、10mL(具0.1mL刻度)。
(10) 无菌培养皿 直径90mm。
(11) 无菌试管 10mm×75mm。
(12) 无菌牛皮纸袋、塑料袋。

三、培养基和试剂

(1) 马铃薯-葡萄糖-琼脂培养基。
(2) 孟加拉红培养基。

四、检验程序

霉菌和酵母计数的检验程序见图8-1。

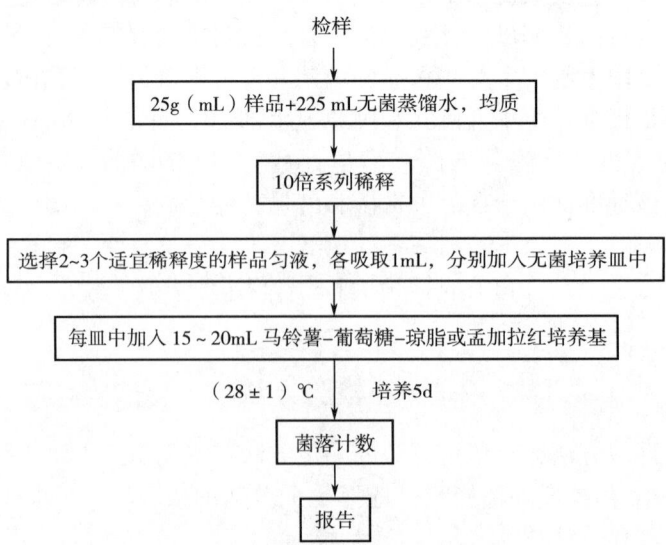

图8-1 霉菌和酵母计数的检验程序

五、操作步骤

（一）样品的稀释

（1）固体和半固体样品　称取 25g 样品至盛有 225mL 灭菌蒸馏水的锥形瓶中，充分振摇，即为 1∶10 稀释液。或放入盛有 225mL 无菌蒸馏水的均质中，用拍击式均质器拍打 2min，制成 1∶10 的样品匀液。

（2）液体样品　以无菌吸管吸取 25mL 样品至盛有 225mL 无菌蒸馏水的锥形瓶（可在瓶内预置适当数量的无菌玻璃珠）中，充分混匀，制成 1∶10 的样品匀液。

（3）取 1mL 1∶10 稀释液注入含有 9mL 无菌水的试管中，另换一支 1mL 无菌吸管反复吹吸，此液为 1∶100 稀释液。

（4）按（3）操作程序，制备 10 倍系列稀释样品匀液。每递增稀释一次，换用 1 次 1mL 无菌吸管。

（5）根据对样品污染状况的估计，选择 2~3 个适宜稀释度的样品匀液（液体样品可包括原液），在进行 10 倍递增稀释的同时，每个稀释度分别吸取 1mL 样品匀液于 2 个无菌培养皿内。同时分别取 1mL 样品稀释液加入 2 个无菌培养皿作为空白对照。

（6）及时将 15~20mL 冷却至 46℃ 的马铃薯-葡萄糖-琼脂或孟加拉红培养基［可放置于（46±1）℃ 恒温水浴箱中保温］倾注培养皿，并转动培养皿使其混合均匀。

（二）培养

待琼脂凝固后，将平板倒置，（28±1）℃ 培养 5d，观察并记录。

（三）菌落计数

肉眼观察，必要时可用放大镜，记录各稀释倍数和相应的霉菌和酵母数，以菌落形成单位（CFU）表示。

选取菌落数在 10~150CFU 的平板，根据菌落形态分别计数霉菌和酵母数。霉菌蔓延生长覆盖整个平板的可记录为"多不可计"。菌落数应采用两个平板的平均数。

六、结果与报告

（一）计算

取两个平板菌落数的平均值，再将平均值乘以相应稀释倍数计算。

（1）若所有平板上菌落数均大于 150CFU，则对稀释度最高的平板进行计数，其他平板可记录为多不可计，结果按平均菌落数乘以最高稀释倍数计算。

（2）若所有平板上菌落数均小于 10CFU，则应按稀释度最低的平均菌落数乘以稀释倍数计算。

（3）若所有稀释度平板上均无菌落生长，则以小于 1 乘以最低稀释倍数计算；如为原液，则以小于 1 计数。

（二）报告

（1）菌落数在 100 以内时，按"四舍五入"原则修约，采用两位有效数字报告。

（2）菌落数大于或等于 100 时，前 3 位数字采用"四舍五入"原则修约后，取前 2 位数字，后面用 0 代替位数来表示结果；也可用 10 的指数形式来表示，此时也按"四舍五入"原则修约，采用两位有效数字。

(3) 称重取样以 CFU/g 为单位报告，体积取样以 CFU/mL 为单位报告，报告或分别报告霉菌和/或酵母数。

第三节　食品中霉菌和酵母菌检验的注意事项

一、样品的处理

为了准确测定霉菌和酵母数，真实反映被检食品的卫生质量，首先应注意样品的代表性。对大的固体食品样品，要用灭菌刀或镊子从不同部位采取实验材料，再混合磨碎。如样品不太大，最好把全部样品放到灭菌均质器杯内搅拌 2min。液体或半固体样品可用迅速颠倒容器 2~5 次来混匀。

二、样品的稀释

为了减少稀释倍数的误差，在连续递增稀释时，每一稀释度应更换一根吸管。在稀释过程中，为了使霉菌的孢子充分散开，需用灭菌吸管反复吹吸 50 次。

三、培养基的选择

在霉菌和酵母计数中，主要使用以下几种选择性培养基。

马铃薯-葡萄糖-琼脂培养基（PDA）：霉菌和酵母在 PDA 培养基上生长良好。用 PDA 做平板计数时，必须加入抗菌素以抑制细菌。

孟加拉红（虎红）培养基：该培养基中的孟加拉红和抗菌素具有抑制细菌的作用。孟加拉红还可抑制霉菌菌落的蔓延生长。在菌落背面由孟加拉红产生的红色有助于霉菌和酵母菌落的计数。

高盐察氏培养基：粮食和食品中常见的曲霉和青霉在该培养基上分离效果良好，它具有抑制细菌和减缓生长速度快的毛霉科菌种的作用。

四、倾注培养

每个样品应选择 3 个适宜的稀释度，每个稀释度倾注 2 个培养皿。培养基熔化后冷却至 45℃，立即倾注并旋转混匀，先向一个方向旋转，再转向相反方向，充分混合均匀。培养基凝固后，把培养皿翻过来放温箱培养。大多数霉菌和酵母在 25~30℃ 的情况下生长良好，因此培养温度为 25~28℃。培养 3d 后开始观察菌落生长情况，共培养 5d 观察记录结果。

五、菌落计数及报告

选取菌落数 10~150CFU 的平板进行计数。一个稀释度使用两个平板，取两个平板菌落数的平均值，乘以稀释倍数报告。固体检样以 g 为单位报告，液体检样以 mL 为单位报告。关于稀释倍数的选择可参考细菌菌落总数的测定。

六、霉菌直接镜检计数法

对霉菌计数，可以采用直接镜检的方法进行计数。

在显微镜下，霉菌菌丝具有如下特征。

平行壁：霉菌菌丝呈管状，多数情况下，整个菌丝的直径是一致的。因此在显微镜下菌丝壁看起来像两条平行的线，这是区别霉菌菌丝和其他纤维时最有用的特征之一。

横隔：许多霉菌的菌丝具有横隔，毛霉、根霉等少数霉菌的菌丝没有横隔。

菌丝内呈粒状：薄壁、呈管状的菌丝含有原生质，在高倍显微镜下透过细胞壁可见其呈粒状或点状。

分枝：如菌丝不太短，则多数呈分枝状，分枝与主干的直径几乎相同，是鉴定霉菌可靠的特征之一。

菌丝的顶端：常呈钝圆形。

无折射现象。

凡有以上特征之一的丝状物均可判定为霉菌菌丝。

观察视野中有无菌丝，凡符合下列情况之一者为阳性视野。

一根菌丝长度超过视野直径 1/6。

一根菌丝长度加上分枝的长度超过视野直径 1/6。

两根菌丝总长度超过视野直径 1/6。

三根菌丝总长度超过视野直径 1/6。

一丛菌丝可视为一根菌丝，所有菌丝（包括分枝）总长度超过视野直径 1/6。

根据对所有视野的观察结果，计算阳性视野所占比例，并以阳性视野百分数（%）报告结果，计算公式如下所示。

每件样品阳性视野/% =（阳性视野数/观察视野数）×100%。

第九章 发酵食品微生物检验技术

发酵食品一般是指通过一定的微生物作用而生产加工成的食品,其种类很多,如发酵饮料、酸乳、啤酒,发酵调味料酱油、食醋等。对发酵食品的微生物检测多注重在细菌总数、大肠菌群、病原微生物等食品卫生学方面的检测。但有时为了检验它们是否符合制作的技术要求和具有该发酵食品应有的风味,往往也要检验该发酵食品的菌种及菌种质量和数量,以及相关的其他技术指标。

第一节 乳酸菌检验

乳酸菌是一类可发酵糖、主要产生大量乳酸的细菌的通称。与食品工业密切相关的乳酸菌主要为乳杆菌属（*Lactobacillus*）、双歧杆菌属（*Bifidobacterium*）和链球菌属（*Streptococcus*）中的嗜热链球菌等。

一、乳酸菌的生物学特征

乳酸菌是一群相当庞杂的细菌,目前至少可分为 18 个属,共有 200 多种。除极少数外,其中绝大部分都是人体内必不可少的且具有重要生理功能的菌群,其广泛存在于人体的肠道中。目前已被国内外生物学家所证实,肠内乳酸菌与健康长寿有着非常密切的直接关系。

二、乳酸菌的功能

（一）乳酸菌是一种存在于人类体内的益生菌

在人体肠道内栖息着数百种的细菌,其数量超过百万亿个,其中对人体健康有益的称为益生菌,以乳酸菌、双歧杆菌等为代表;对人体健康有害的称为有害菌,以大肠杆菌、产气荚膜梭状芽孢杆菌等为代表。长期科学研究结果表明,以乳酸菌为代表的益生菌是人体必不可少的且具有重要生理功能的有益菌,它们数量的多和少,直接影响到人体的健康与否,直接影响到人的寿命长短。

（二）乳酸菌在动物体内能发挥许多生理功能

大量研究资料表明,乳酸菌能促进动物生长,调节胃肠道正常菌群、维持微生态平衡,从而改善胃肠道功能,提高食物消化率和生物效价,降低血清胆固醇,控制内毒素,抑制肠道内腐败菌的生长,提高机体免疫力等。

乳酸菌通过发酵产生的有机酸、特殊酶系、细菌表面成分等物质具有生理功能,可刺激组织发育,对机体的营养状态、生理功能、免疫反应和应激反应等产生作用。

三、乳酸菌的检测

(一) 设备和材料

除了微生物实验室常规灭菌及培养设备外,其他设备和材料如下,恒温培养温箱 (36±1)℃;冰箱(2~5)℃;均质器及无菌均质袋、均质杯或灭菌乳钵;天平感量(0.1g);无菌试管(18mm×180mm,15mm×100mm);无菌吸管(1mL具0.01mL刻度、10mL具0.1mL刻度)或微量移液器及吸头,无菌锥形瓶(500mL、250mL)。

(二) 培养基和试剂

(1) MRS培养基及莫匹罗星锂盐改良MRS培养基

① MRS培养基:蛋白胨10.0g,牛肉粉5.0g,酵母粉4.0g,葡萄糖20.0g,吐温80 1.0mL,磷酸氢二钾2.0g,乙酸钠5.0g,柠檬酸三铵2.0g,硫酸镁0.2g,硫酸锰0.05g,琼脂粉15.0g。将上述成分加入1000mL蒸馏水中,加热溶解,调节pH分装后121℃高压灭菌15~20min。

② 莫匹罗星锂盐改良MRS培养基:称取莫匹罗星锂盐50g,加入50mL蒸馏水中,用0.22μm微孔滤膜过滤除菌,制备莫匹罗星锂盐储备液。将MRS培养基的成分加入950mL蒸馏水中,加热溶解,调节pH,分装后于121℃高压灭菌15~20min。临用时加热熔化琼脂,在水中冷却至48℃,用带有0.22μm微孔滤膜的注射器将莫匹罗星锂盐储备液加入熔化琼脂中,使培养基中莫匹罗星锂盐的浓度为50g/mL。

(2) MC培养基 大豆蛋白胨5g,牛肉膏粉3g,酵母膏粉3g,葡萄糖20g,乳糖20g,碳酸钙10g,琼脂15g,蒸馏水100mL,1%中性红溶液(pH 6.0)5mL。

将上述除中性红溶液外的7种成分加入蒸馏水中,加热溶解,调节pH,加入中性红溶液分装后121℃高压灭菌15~20min。

(3) 0.5%的蔗糖发酵管 牛肉膏5g,蛋白胨5g,酵母膏5g,吐温80 0.5mL、琼脂1.5g,1.6%溴甲酚紫酒精溶液1.4mL,蒸馏水1000mL。

按0.5%加入所需糖类(0.5%纤维二糖发酵管,0.5%麦芽糖发酵管,0.5%甘露醇发酵管,0.5%水杨苷发酵管,0.5%山梨醇发酵管,0.5%乳酸发酵管),并分装小试管121℃高压灭菌15~20min。

(4) 七叶苷发酵管 蛋白胨5.0g,磷酸氢二钾1.0g,七叶苷3.0g,柠檬酸0.5g,1.6%溴甲酚紫酒精溶液1.4mL,蒸馏水100mL。

将上述成分加入蒸馏水中,加热溶解,121℃高压灭菌15~20min。

(5) 革兰染色液

① 结晶紫染液:结晶紫1.0g,草酸铵0.8g,95%酒精20mL,蒸馏水80mL,先将结晶紫溶于酒精,草酸铵溶于蒸馏水中,然后将两液混合,静置48h使用。此染液稳定,置密闭的棕色瓶中可储存数月。

② 革兰碘液:碘1.0g,碘化钾2.0g,蒸馏水300mL,先将碘与碘化钾混合,加水少许,略加摇动,待碘完全溶解后再加蒸馏水至定量。

③ 番红复染剂:番红0.25g,95%酒精10mL,蒸馏水90mL,将番红溶解于95%酒精中,待完全溶解后再加蒸馏水至100mL。

④ 染色法:将涂片在酒精灯上固定,用草酸铵结晶紫染1min,自来水冲洗,加碘液

覆盖涂面约染1min后水洗,用吸水纸吸去水分,再加95%酒精数滴,并轻轻摇动进行脱色,20s后水洗,吸去水分。最后番红染色液染2min后,自来水冲洗。干燥,镜检。

⑤ 莫匹罗星锂盐为化学纯。

（三）检验程序

乳酸菌的检验程序见图9-1。

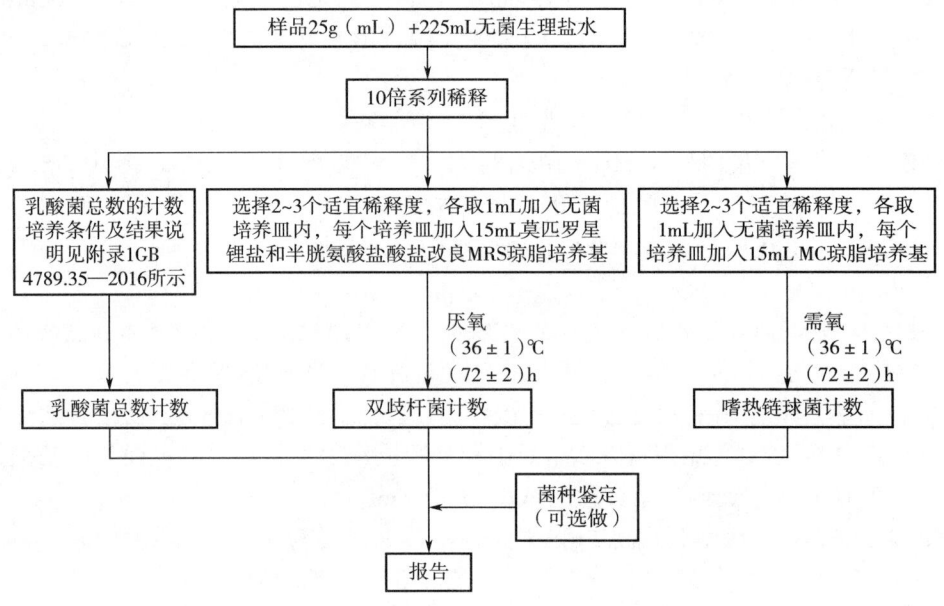

图9-1 乳酸菌的检验程序

（四）操作方法

1. 样品制备

（1）样品的全部制备过程均应遵循无菌操作程序。

（2）冷冻样品 可先使其在2~5℃条件下解冻,时间不超过18h,也可在温度不超过45℃的条件解冻,时间不超过15min。

（3）固体和半固体食品 以无菌操作称取25g样品,置于装有225mL生理盐水的无菌均质杯内,于8000~10000r/min均质1~2min,制成1:10样品匀液;或置于225mL生理盐水的无菌均质袋中,用拍击式均质器拍打1~2min制成1:10的样品匀液。

（4）液体样品 液体样品应先将其充分摇匀后以无菌吸管吸取样品25mL放入装有225mL生理盐水的无菌锥形瓶（瓶内预置适当数量的无菌玻璃珠）中,充分振摇,制成1:10的样品匀液。

2. 操作步骤

（1）用1mL无菌吸管或微量移液器吸取1:10样品匀液1mL,沿管壁缓慢注于装有9mL生理盐水的无菌试管中（注意吸管尖端不要触及稀释液）,振摇试管或换用1支无菌吸管反复吹打使其混合均匀,制成1:100的样品匀液。

（2）另取1mL无菌吸管或微量移液器吸头,按上述操作顺序,做10倍递增样品匀液,每递增稀释一次,即换用1次1mL灭菌吸管或吸头。

(3) 乳酸菌计数

① 乳酸菌总数：根据待检样品活菌总数的估计，选择 2~3 个连续的适宜稀释度，每个稀释度吸取 0.1mL 样品匀液分别置于 2 个 MRS 琼脂平板，使用 L 形涂布棒进行表面涂布。$(36±1)$℃厌氧培养 $(48±2)$h 后计数平板上的所有菌落数。从样品稀释到平板涂布要求在 15min 内完成。

② 双歧杆菌计数：根据对待检样品双歧杆菌含量的估计，选择 2~3 个连续的适宜稀释度，每个稀释度吸取 0.1mL 样品匀液于莫匹罗星锂盐改良 MRS 琼脂平板，使用灭菌 L 形涂布棒进行表面涂布，每个稀释度做两个平板，$(36±1)$℃，厌氧培养 $(48±2)$h 后计数平板上的所有菌落数。从样品稀释到平板涂布要求在 15min 内完成。

③ 嗜热链球菌计数：根据待检样品嗜热链球菌活菌数的估计，选择 2~3 个连续的适宜稀释度，每个稀释度吸取 0.1mL 样品匀液分别置于 2 个 MC 琼脂平板，使用 L 形涂布棒进行表面涂布，$(36±1)$℃需氧培养 $(48±2)$h 后计数。嗜热链球菌在 MC 琼脂平板上的菌落特征：菌落中等偏小，边缘整齐光滑的红色菌落，直径 $(2±1)$ mm，菌落背面为粉红色。从样品稀释到平板涂布要求在 15min 内完成。

(4) 乳杆菌计数 根据待检样品活菌数的估计，选择 2~3 个连续的适宜稀释度，每个稀释度吸取 1mL 样品匀液于灭菌培养皿内，每个稀释度做两个培养皿。稀释液移入培养皿后，将冷却至 48℃的 MRS 琼脂培养基倾注入培养皿约 15mL，转动培养皿使混合均匀。$(36±1)$℃厌氧培养 $(72±2)$h。从样品稀释到平板倾注要求在 15min 内完成。

3. 菌落计数

可用肉眼观察，必要时用放大镜或菌落计数器，记录稀释倍数和相应的菌落数量。菌落计数以菌落形成单位（CFU）表示。

(1) 选取菌落数在 30~300CFU、无蔓延菌落生长的平板计数菌落总数。低于 30CFU 的平板记录具体菌落数，大于 300CFU 的可记录为多不可计。每个稀释度的菌落数应采用两个平板的平均数。

(2) 其中一个平板有较大片状菌落生长时，则不宜采用，而应以无片状菌落生长的平板作为该稀释度的菌落数；若片状菌落不到平板的一半，而其余一半中菌落分布又很均匀，即可计算半个平板后乘以 2，代表一个平板菌落数。

(3) 当平板上出现菌落间无明显界线的链状生长时，则将每条单链作为一个菌落计数。

4. 结果的表述

(1) 若只有一个稀释度平板上的菌落数在适宜的计数范围内，计算两个平板菌落数的平均值，再将平均值乘以相应稀释倍数，作为每克（毫升）中菌落总数结果。

(2) 若有两个连续稀释度的平板菌落数在适宜计数范围内时，按式（9-1）计算。

$$N = \sum C / (n_1 + 0.1 n_2) d \qquad (9-1)$$

式中　N——样品中菌落数，CFU

$\sum C$——平板（含适宜范围菌落数的平板）菌落数之和，CFU

n_1——第一稀释度（低稀释倍数）平板个数，个

n_2——第二稀释度（高稀释倍数）平板个数，个

d——稀释因子（第一稀释度）

(3) 若所有稀释度的平板上菌落数均大于 300CFU，则对稀释度最高的平板进行计数，

其他平板可记录为多不可计,结果按平均菌落数乘以最高稀释倍数计算。

(4) 若所有稀释度的平板菌落数均小于30CFU,则应按稀释度最低的平均菌落数乘以稀释倍数计算。

(5) 若所有稀释度(包括液体样品原液)平板均无菌落生长,则以小于1乘以最低稀释倍数计算。

(6) 若所有稀释度的平板菌落数均不在30~300CFU,其中一部分小于30CFU或大于300CFU时,则以最接近30CFU或300CFU的平均菌落数乘以稀释倍数计算。

5. 菌落数的报告

(1) 菌落数小于100CFU时,按"四舍五入"原则修约,以整数报告。

(2) 菌落数大于或等于100CFU时,第3位数字采用"四舍五入"原则修约后,取前2位数字,后面用0代替位数;也可用10的指数形式来表示,按"四舍五入"原则修约后,采用两位有效数字。

(3) 称重取样以CFU/g为单位报告,体积取样以CFU/mL为单位报告。

6. 乳酸菌的鉴定

(1) 纯培养 挑取3个或以上单个菌落,嗜热链球菌接种于MC琼脂平板,乳杆菌属接种于MRS琼脂平板,置(36±1)℃厌氧培养48h。

(2) 鉴定 涂片镜检:乳杆菌属菌体形态多样,呈长杆状、弯曲杆状或短杆状,无芽孢,革兰染色阳性。嗜热链球菌菌体呈球形或球杆状,直径为$0.5 \sim 2.0 \mu m$,成对或成链排列,无芽孢,革兰染色阳性。

第二节 酱油种曲孢子数及发芽率的测定

一、酱油种曲孢子数的测定计数

利用发酵法酿造酱油,需要制曲,种曲是成曲的曲种,是保证成曲的关键,是酿造优质酱油的基础。种曲质量要求之一是含有足够的孢子数量,必须达到$6×10^9$个/g(以干基计)以上,孢子旺盛、活力强、发芽率达85%以上,所以孢子数及其发芽率的测定是种曲质量控制的重要手段。测定孢子数方法有多种,本部分介绍常用的计数方法——显微镜直接计数。显微镜直接计数法原理为将一定浓度的孢子悬浮液放在血球计数板的计数室中,在显微镜下进行计数。由于计数室的容积一定,所以可以根据在显微镜下观察到的孢子数目来计算单位体积的孢子总数。

(一)测定试剂及器材

95%酒精、10%稀硫酸、酱油种曲、盖玻片、旋涡混匀器、血球计数板、电子天平、显微镜。

(二)测定程序

酱油中种曲孢子数的检测程序如图9-2所示。

(三)操作步骤

1. 样品稀释

称取种曲1g(称准至0.002g),倒入盛有玻璃珠的250mL三角瓶内,加入95%酒精

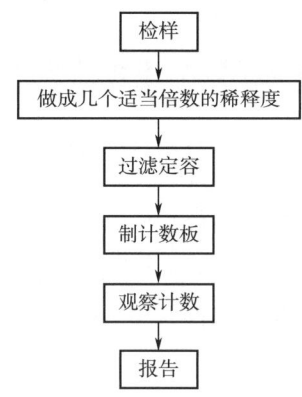

图 9-2 酱油中种曲孢子数的检测程序

5mL、无菌水 20mL、10%稀硫酸 10mL,在旋涡均匀器上充分振摇,使种曲孢子分散,然后用 3 层纱布过滤,用无菌水反复冲洗,务必使滤渣不含孢子,最后稀释至 500mL。

2. 准备计数板,制计数装片

取洁净干燥的血球计数板,盖上盖玻片,用无菌滴管取 1 小滴孢子稀释液,滴于盖片的边缘(不宜过多),使滴液自行渗入计数室,不要产生气泡。用吸水纸吸干多余的稀释液,静置 5min,待孢子沉降。

3. 观察计数

(1) 观察 用低倍镜或高倍镜观察。由于稀释液中孢子在血球计数板的计数室中处于不同的空间位置,要在不同的焦距下才能看到,因此观察时必须逐格调微螺旋,才不致遗漏。

(2) 计数 使用 16×25 规格的计数板时,只计计数室 4 个角上的 4 个中格(100 个小格),如果使用 25×16 规格的计数板时,除计 4 个角上的 4 个中格外,还需要计中央一个中格的数目(80 个小格)。每个样品重复观察计数 2~3 次,然后取其平均值。

4. 计算

(1) 16×25 规格的计数板,见式(9-2)。

$$X = (N_1/100) \times 400 \times 10^4 \times (V/m) \qquad (9-2)$$

(2) 25×16 规格的计数板,见式(9-3)。

$$X = (N_2/80) \times 400 \times 10^4 \times (V/m) \qquad (9-3)$$

式中 X——种曲孢子数,个

N_1——100 小格内孢子总数,个

N_2——80 小格内孢子总数,个

V——孢子稀释液体积,4mL

m——样品质量,g

5. 结果报告

公式中的计数结果为报告中每克样品的孢子数。

(四) 注意事项

(1) 在采样混合和称样时要尽量防止孢子飞扬。

(2) 测定时,如果发现有许多孢子集结成团或成堆,说明样品稀释未能符合操作要

求，必须重新称重、振摇、稀释。

（3）样品稀释至每个小格所含孢子数在10个以内较适宜，过多不易计数，应进行稀释调整。

（4）生产实践中应用时，种曲通常以干物质计算。

二、孢子发芽率的测定技术

（一）器材

察氏培养基、生理盐水、凡士林、种曲孢子粉、凹玻片、盖玻片、滴管、玻棒、显微镜、酒精灯、恒温箱等。

（二）检测程序

酱油种曲孢子发芽率的检测程序见图9-3。

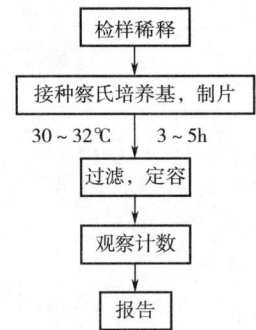

图9-3　酱油种曲孢子发芽率的检测程序

（三）操作步骤

1. 制备孢子悬浮液

取种曲少许放入盛有25mL生理盐水和玻璃珠的三角瓶中，充分振摇15min，使孢子分散，制备孢子悬浮液。

2. 制标本片

在凹玻片凹窝内滴入1滴无菌水，用无菌滴管吸取孢子悬浮液数滴加入冷却至45℃的察氏培养基上，用玻棒以薄层涂片在盖玻片上，然后反盖于凹玻片的凹窝上，四周涂凡士林封固，于30~32℃下恒温培养3~5h。

3. 镜检

在显微镜下观察发芽情况，标本片至少同时做2个，连续观察2次以上，取平均值。

4. 计算发芽率并报告见式（9-4）。

$$X = [A/(A+B)] \times 100\% \tag{9-4}$$

式中　X——发芽率

　　　A——发芽孢子数，个

　　　B——未发芽孢子数，个

根据计算结果取平均数，报告孢子的发芽率。

（四）注意事项

（1）孢子悬浮液制备后要立刻制作标本片培养，时间不宜过长。

（2）培养基中接入悬浮液的数量，要根据视野内孢子数多少来决定，一般以每视野内10~20个孢子为宜。

（3）要正确区分孢子的发芽和不发芽状态。

（4）孢子的发芽快慢与温度有密切关系，所以培养温度要严格控制。

第三节　毛霉的分离与鉴别

一、毛霉的生物学特征

毛霉属霉菌是无假根的匍匐菌丝，菌丝细胞无隔分枝，以孢子囊孢子和接合孢子繁殖。孢子囊梗由菌丝体生出，多单生不分枝，少分枝。孢子囊梗的分枝有两种类型：一种为单轴式的总状分枝；另一种为轴状分枝，孢子囊球状，孢子梗伸入孢子囊，伸入孢子囊的部分称为中轴，其形状有球形、卵圆形、梨形等，光滑无色或浅蓝色。毛霉菌菌落为絮状，初为白色或灰白色，后变为灰褐色，菌丛高度可由几毫米至十几厘米不等。

毛霉菌的鉴别主要是依据其菌丝的形态结构、菌落特征、孢子梗形态等。

毛霉属有多种毛霉，现选几种常见的代表简单介绍如下。

高大毛霉：孢子梗直立不分枝，菌丝不分枝，菌丝高达 3~12cm，菌落初为白色，渐变为浅淡蓝色。

总状毛霉：毛霉中分布最广的一种，孢子梗总状分枝，菌丝灰白，直立稍短。常为制造豆豉的菌种。

鲁氏毛霉：鲁氏毛霉孢子梗为假轴状分枝，菌丝在不同培养基上可略带有不同颜色，如在马铃薯培养基上菌落略呈黄色，在米饭上略带红色。鲁氏毛霉多为酿造业的曲种菌，也可用于腐乳的制造。

二、毛霉的分离鉴别方法

（一）分离与鉴别所用器材

毛霉分离与鉴别所需器材主要有：马铃薯葡萄糖琼脂培养基（PDA）；无菌水；毛霉斜面菌种；培养皿；500mL 三角瓶；接种针；显微镜；恒温培养箱等。

（二）分离与鉴别程序

毛霉的分离与鉴别程序如图 9-4 所示。

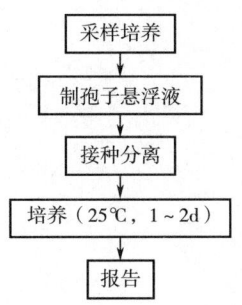

图 9-4　毛霉的分离与鉴别程序

（三）操作步骤
1. 采样与培养

取新鲜豆腐于空气中放置一段时间（最好放置一个晚上），再放入培养箱于25℃左右培养，直至霉菌菌丝长满孢子。

2. 制孢子混悬液

从长满霉菌菌丝的豆腐坯上刮取小块孢子丝放入盛有无菌水的三角瓶中，振摇，制成孢子混悬液。

3. 接种分离

制备灭菌的PDA琼脂平板，挑取一接种环的上述孢子混悬液，在PDA平板表面划线分离。

4. 培养

将划线的PDA平板置于培养箱中20℃培养1~2d，以获取纯培养菌落。

5. 初步鉴定

（1）菌落观察　菌落呈白色棉絮状，菌丝发达。

（2）镜检　加一小滴苯酚液于载玻片上，用解剖针从菌落边缘挑取少量菌丝于苯酚液上，轻轻将菌丝体分开，加盖玻片，镜检。观察菌丝是否分隔以及孢子囊、梗的着生情况，并画图记录，然后对照毛霉属的特征判定，营养菌丝无隔多核、无假根、孢囊梗不从葡匐菌丝生出，单生不成束、无囊托的丝状真菌，可鉴定为其属接合菌亚门接合菌纲毛霉目毛霉科。

（四）报告

根据初步鉴定结果进行报告。

（五）有关菌种制备的培养基

1. 试管斜面培养基

饴糖15g，蛋白胨1.5g，琼脂2g，水100mL，pH6。

2. 三角瓶菌种培养基

麸皮100g，蛋白胨1g，水100mL，将蛋白胨溶于水中，然后与麸皮拌匀，装入三角瓶中，500mL三角瓶装50g培养料，塞上棉塞，灭菌后趁热摇散，冷却后接入试管菌种一小块，25~28℃培养，2~3d后长满菌丝，可有大量孢子备用。

第十章 罐头食品的微生物检验技术

第一节 罐头食品的微生物污染

一、罐头食品的生物腐败类型

罐头由于微生物作用而造成腐败变质,可分为细菌(嗜热芽孢细菌、中温芽孢细菌、不产芽孢细菌)酵母菌、霉菌等引起的腐败变质。

(一)嗜热芽孢细菌引起的腐败变质

嗜热芽孢细菌引起的腐败变质大多数是由于杀菌温度不够造成的,通常发生三种主要类型的腐败变质现象,如下所示。

1. 平酸腐败

平酸腐败也称为平盖酸败,变质的罐头外观正常,内容物却已变质,呈轻重不同的酸味,pH 可下降 0.1~0.3。导致平酸腐败的微生物习惯上称为平酸菌,大多数是兼性厌氧菌。例如嗜热脂肪芽孢杆菌(*Bacillus stearothermophilus*),耐热性很强,能在 49~55℃ 生长,最高生长温度 65℃,一般 pH6.8~7.2 的条件下生长良好,当 pH 接近 5 时不能生长。因此,这种菌只能在 pH5 以上的罐头中生长。另一类细菌是凝结芽孢杆菌(*Bacillus coagulans*),它是肉类和蔬菜罐头腐败变质的常见菌,它的最高生长温度是 54~60℃,该菌的突出特点是能在 pH4.0 或酸性更低的介质中生长,所以又称为嗜热酸芽孢杆菌,在酸性罐头中,如番茄汁或番茄酱罐头腐败变质时常见此菌。

平酸腐败无法通过不开罐检查发现,必须通过开罐检查或细菌分离培养才能确定。平酸菌在自然界分布很广,糖、面粉、香辛料等辅料常常是平酸菌的污染来源。平酸菌中除有专性嗜热菌外,还有兼性嗜热菌和中温菌。

2. TA 菌腐败

TA 菌是不产硫化氢的嗜热厌氧菌(*Thermoanaerobion*)的缩写,是一类能分解糖、专性嗜热、产芽孢的厌氧菌,它们在中酸或低酸罐头中生长繁殖后,产生酸和气体,气体主要有二氧化碳和氢气。如果这种罐头在高温中放置时间太长,气体积累较多,就会使罐头膨胀最后引起破裂,变质的罐头通常有酸味。TA 菌中常见的有嗜热解糖梭状芽孢杆菌(*Clostridium thermasaccharolyticum*),它的适宜生长温度是 55℃,温度低于 32℃ 时生长缓慢。由于 TA 菌在琼脂培养基上不易生成菌落,所以通常只采用液体培养法来检查,例如用肝、玉米、麦芽汁、肝块肉汤或乙醇盐酸肉汤等液体培养基,培养温度为 55℃,检查产气和产酸的情况。

3. 硫化物腐败

腐败的罐头内产生大量的黑色硫化物，沉积于罐内壁和食品上，致使罐内食品变黑并产生臭味，罐头的外观一般保持正常，或出现隐胀或轻胀，敲击时有浊音。引起这种腐败变质的菌是黑梭状芽孢杆菌（Clostridium nigrificans），属厌氧性嗜热芽孢杆菌，生长温度在35~70℃，最适生长温度是55℃，耐热力较前几种菌弱，分解糖的能力也弱，但能较快地分解含硫的氨基酸而产生硫化氢气体。此菌能在豆类罐头中生长，由于形成硫化氢，开盖时会散发出一种强烈臭鸡蛋味，此菌在玉米、谷类罐头中生长会产生蓝色的液体，在鱼类罐头中也常发现。该菌的检查可以通过硫化亚铁的培养基55℃保温培养来检查，如形成黑斑即证明该菌存在，罐头污染该菌一般是原料被粪便污水污染，再加上杀菌不彻底造成的。

（二）中温芽孢细菌引起的腐败变质

中温芽孢细菌最适的生长温度是37℃，包括需氧芽孢细菌和厌氧芽孢细菌两大类。

1. 中温需氧芽孢细菌引起的腐败变质

这类细菌的耐热性比较差，许多细菌的芽孢在100℃或更低一些温度下，短时间就能被杀死，少数种类芽孢经过高压蒸汽处理而存活下来，常见的引起罐头腐败变质的中温芽孢细菌有：枯草芽孢杆菌、巨大芽孢杆菌（Bacillus megatherium）和蜡状芽孢杆菌等，它们能分解蛋白质和糖类，分解产物主要有酸及其他一些物质，一般不产生气体，少数菌种也产生气体，如多黏芽孢杆菌（Bacillus polymyxa）、浸麻芽孢杆菌（Bacillus macerans Schardinge）等分解糖时除产酸外还可产气，所以产酸不产气的中温芽孢杆菌引起平酸腐败，而产酸产气的中温芽孢杆菌引起平酸腐败时有气体产生。

2. 中温厌氧梭状芽孢杆菌引起的腐败变质

这类细菌属于厌氧菌，最适宜生长温度为37℃，但许多种类在20℃或更低温度都能生长，还有少量菌种能在50℃或更高的温度中生长，这类菌中有分解糖类的丁酸梭菌（Clostridium butyricum）和巴氏固氮梭状芽孢杆菌（Clostridium pasteurianum），它们可在酸性或中性罐头内发酵丁酸，产生氢气和二氧化碳，造成罐头膨胀变质，还有一些能分解蛋白质的菌种，如魏氏梭菌、生芽孢梭菌（Clostridium sporogenes）及肉毒梭菌等，这些菌主要造成肉类、鱼类罐头的腐败变质，此类细菌分解其中的蛋白质产生硫化氢、硫醇、氨、吲哚、粪臭素等恶臭物质并伴有膨胀现象，此外往往还产生毒素较强的外毒素，细菌产生毒素释放到介质中来，使整个罐头充满毒素，可造成严重的食物中毒。据目前的研究证明，肉毒梭菌所产生的外毒素是生物毒素中最强的一种，该菌也是引起食物中毒的病原菌中耐热力量最强的菌种之一。所以罐头食品杀菌时，常以此菌作为杀菌是否彻底的指示细菌。

（三）不产芽孢细菌引起的腐败变质

不产芽孢细菌的耐热性不及产芽孢的细菌，如罐头中发现不产芽孢的细菌，常常是由于漏罐造成的，冷却水是重要的污染源。非芽孢杆菌由于不产生芽孢，其热抵抗力弱，是新鲜食品和冷藏食品的常见腐败菌。当保藏食品因加热不足或密封不良时，非芽孢杆菌也能引起其腐败变质。罐头重污染的不产芽孢细菌有两大类群：一类是肠道细菌，如大肠杆菌，它们的生长可造成罐头膨胀；另一类不产芽孢细菌主要是链球菌，特别是嗜热链球菌、乳链球菌、粪链球菌等，这些菌多发现于果蔬罐头中，它们生长繁殖会产生酸并产生气体，造成罐头膨胀，在火腿罐头中常可检出粪链球菌和尿链球菌等不产芽孢的细菌。

（四）酵母菌引发的腐败变质

酵母菌引发的腐败变质往往发生在酸性罐头中，主要种类有圆酵母（*Torulopsis*）、假丝酵母和啤酒酵母等。酵母菌及其孢子一般都容易被杀死。在罐头中如果发现酵母菌污染，其可能是由于漏罐造成的，有时也因为杀菌温度不够造成的。常见变质罐头有果酱、果汁、水果、甜炼乳、糖浆等含糖量高的罐头，这些酵母菌污染的一个重要的来源是蔗糖。发生变质的罐头往往出现浑浊、沉淀、风味改变、膨胀等现象。

（五）霉菌引起的腐败变质

霉菌引起罐头腐败变质说明罐头内有较多的气体，可能由于罐头真空度不够或者漏罐造成的，因为霉菌大多是需氧性微生物，生长繁殖需要一定的气体。霉菌腐败变质常见于酸性罐头，变质后外观无异常变化，内容物却已经烂掉，果胶物质被破坏，水果软化解体。引起罐头变质的霉菌主要有：青霉、曲霉、柠檬酸霉属（*Citromyces*）等，少数霉菌特别耐热，尤其是能形成菌核的种类耐热性更强，例如纯黄丝衣菌霉（*Byssochlamys fulva*），是一种能分解果胶的霉菌，它能形成子囊孢子，孢子在加温85℃、30min 或 87.7℃、10min 还能生存，在氧气充足条件下生长繁殖，并产生二氧化碳，造成罐头膨胀。

二、污染罐头食品的微生物的来源

（一）杀菌不彻底致罐头内残留有微生物

罐头食品在加工过程中，为了保持产品正常的感官性状和营养价值，在进行加热杀菌时，不可能使罐头食品完全无菌，只强调杀死病原菌、产毒菌，实质上只是达到商业无菌程度，即罐头内所有的肉毒梭菌芽孢和其他致病菌以及在正常的储存和销售条件下能引起内容物变质的嗜热菌均被杀灭，但罐内可能残留一定的非致病微生物，这部分非致病微生物在一定的保存期内，一般不会生长繁殖，但是如果罐内条件或储存条件发生改变，就会生长繁殖，造成罐头腐败变质。一般经高压蒸汽杀菌的罐头内残留的微生物大都是耐热性的芽孢，如果罐头储存温度不超过43℃，通常不会引起内容物变质。

（二）杀菌后发生漏罐

罐头泄漏是指罐头密封结构有缺陷，或由于撞击而破坏密封，或罐壁腐蚀而穿孔，致使微生物侵入的现象。一旦发生泄漏后则容易造成微生物污染，其污染源如下所示。

1. 冷却水

冷却水是重要的污染源，因为罐头经热处理后需通过冷却水进行冷却，冷却水中的微生物就有可能通过漏罐处进入罐内。杀菌后的罐头如发现有不产芽孢的细菌，通常就是由于漏罐使得冷却水中细菌进入引起的。

2. 空气

空气中含有各种微生物，也是造成漏罐污染的污染源，但较次要，外界的一些耐热菌、酵母菌和霉菌很容易从漏气处进入罐头，引起罐头腐败。

3. 内部微生物

漏罐后罐内氧含量升高，导致罐内各种微生物生长旺盛，其代谢过程使罐头内容物 pH 下降，严重的会呈现感官变化。如平酸腐败就是由于杀菌不足所残留的平酸菌造成的。

罐头食品微生物污染的最主要来源就是杀菌不彻底和发生漏罐，因此，控制罐头食品污染最有效的办法就是切断这两个污染源，在保持罐头食品营养价值和感官性状正常的前提下，应尽可能地杀灭罐内存留的微生物，尽可能减少罐内氧气的残留量，热处理后的罐头需充分冷却，使用的冷却水一定要清洁卫生。封罐一定要严，切忌发生漏罐。

第二节　罐头食品的商业无菌及其检验技术

一、罐头食品的商业无菌的相关概念

（一）胖听

由于罐头内微生物活动或化学作用产生气体，形成正压，使一端或两端外凸的现象，称为胖听。

（二）低酸性罐头食品

除酒精饮料之外，凡杀菌后平衡 pH 大于 4.6、水活度大于 0.85 的罐头食品，原来是低酸性的水果、蔬菜或蔬菜制品，为加热杀菌的需要而加酸降低 pH 的，属于酸化的低酸性罐头食品。

（三）酸性罐头食品

杀菌后平衡 pH≤4.6 的罐头食品，pH<4.7 的番茄、梨和菠萝以及由其制成的汁，以及 pH<4.9 的无花果罐头均属于酸性罐头食品。

二、罐头食品的商业无菌检验

罐头食品的商业无菌检验是建立在罐头食品的商业灭菌行为之上的一种检验标准。所谓罐头食品的商业灭菌，是指罐头食品经过适度的热杀菌以后，不含有致病的微生物，也不含有在通常温度下能在其中繁殖的非致病性微生物，这种状态称作商业无菌。

（一）仪器设备

除微生物实验室常规灭菌及培养设备外，其他设备和材料如下所示。

冰箱（2~5℃）；恒温培养箱 [（30±1）℃；（36±1）℃；（55±1）℃]；恒温水浴箱 [（55±1）℃]；均质器及无菌质袋、均质杯或乳钵；电位 pH 计（精确度为 pH0.05 单位）；显微镜（10×~100×）；开罐器和罐头打孔器；电子秤或台式天平；超净工作台或百级洁净实验室。

（二）试剂

（1）无菌生理盐水　称取 8.5g 氯化钠溶于 1000mL 蒸馏水中，121℃高压灭菌 15min。

（2）结晶紫染色液　将 1.0g 结晶紫完全溶解于 95%乙醇中，再与 1%草酸铵溶液混合。将涂片在酒精灯火焰上固定，滴加结晶紫染液，染 1min，水洗。

（3）二甲苯。

（4）含 4%碘的乙醇溶液　4g 碘溶于 100mL 的 70%乙醇溶液。

（三）检验程序

商业无菌检验程序见图 10-1。

（四）操作步骤

1. 样品准备

去除表面标签，在包装容器表面用防水的油性记号笔做好标记，并记录容器、编号、

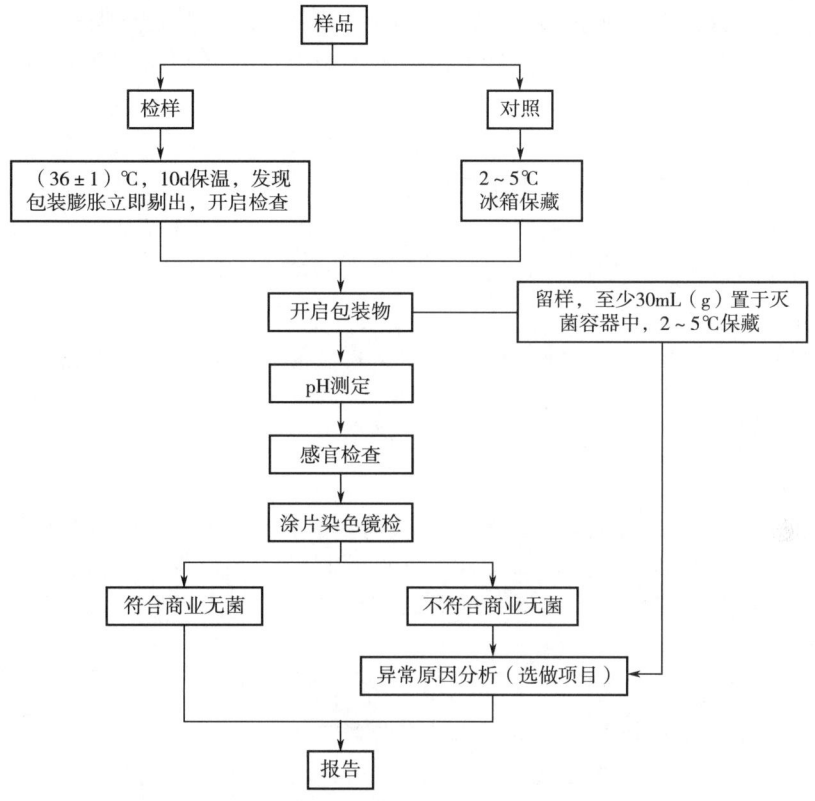

图 10-1 商业无菌检验程序

产品性状、泄漏情况、是否有小孔或锈蚀、压痕、膨胀及其他异常情况。

2. 称重

1kg 及以下的包装物精确到 1g，1kg 以上的包装物精确到 2g，10kg 以上的包装物精确到 10g，并记录。

3. 保温

（1）每个批取 1 个样品置 2~5℃冰箱保存作为对照，将其余样品在（36±1）℃下保温 10d。保温过程中应每天坚持，如有膨胀或泄漏现象，应立即剔除，开启检查。

（2）保温结束时，再次称重并记录，比较保温前后样品重量有无变化。如有变轻，表明样品发生泄漏。将所有包装物置于室温直至开始检查。

4. 开启

（1）如有膨胀的样品，则将样品先置于 2~5℃冰箱内冷藏数小时后开启。

（2）如用冷水和洗涤剂清洗待检查样品的光滑面，水冲洗后用无菌毛巾擦干。以含 4%碘的乙醇溶液浸泡消毒光滑面 15min 后用无菌毛巾擦干，在密闭罩内点燃至表面残余的碘乙醇溶液全部燃烧完。膨胀样品以及采用易燃包装材料包装的样品不能灼烧，以含 4%碘的乙醇溶液浸泡消毒光滑面 30min 后用无菌毛巾擦干。

（3）在超净工作台或百级洁净实验室中开启，带汤汁的样品开启前应适当振摇。使用无菌开罐器在消毒后的罐头光滑面开启一个适当大小的口，开罐时不得伤及卷边结构，每一个罐头单独使用一个开罐器，不得交叉使用。如样品为软包装，可以使用灭菌剪刀开启，不得损坏接口处，立即在开口上方嗅闻气味，并记录（严重膨胀样品可能会发生爆炸，喷出有毒物。可以采取在膨胀样品上盖一条灭菌毛巾或者用一个无菌漏斗倒扣在样品上等预防措施来防止这类危险的发生）。

5. 留样

开启后，用灭菌吸管或其他适当工具以无菌操作取出内容物至少 30mL（g）至灭菌容器内，保存 2~5℃冰箱中，在需要时可用于进一步试验，待该批样品得出检验结论后可弃去。开启后的样品可进行适当的保存，以备日后容器检查时使用。

6. 感官检查

在光线充足，空气清洁无异味的检验室中，将样品内容物倾入白色搪瓷盘内，对产品的组织、形态、色泽和气味等进行观察和嗅闻，按压食品检查产品性状，鉴别食品有无腐败变质的迹象，同时观察包装容器内部和外部的情况，并记录。

7. pH 测定

（1）样品处理　液态制品混匀备用，有固相和液相的制品则取混匀的液相部分备用。对于稠厚或者半稠厚制品以及难以从中分出汁液的制品（如糖浆、果酱、果冻、油脂等），取一部分样品在均质器或研钵中研磨，如果研磨后的样品仍太稠厚，加入等量的无菌蒸馏水，混匀备用。

（2）测定　将电极插入被测试样液中，并将 pH 计的温度校正器调节到被测液的温度。如果仪器没有温度校正系统，被测试样的温度应调到（20±2）℃，采取适合于所用 pH 计的步骤进行测定。当读数稳定后，从仪器的标度上直接读出 pH，精确到 0.05 pH 单位。同一个制备试样至少进行两次测定。两次测定结果之差应不超过 0.1pH 单位。取两次测定的算术平均值作为结果，报告精确到 0.05pH 单位。

（3）分析结果　被检验样品与同批中冷藏保存对照样品相比，比较是否有显著差异。pH 相差 0.5 及以上判为显著差异。

8. 涂片染色镜检

（1）涂片　取样品内容物进行涂片。带汤汁的样品可用接种环挑取汤汁涂于载玻片上，固态食品可直接涂片或用少量灭菌生理盐水稀释后涂片，待干后用火焰固定。油脂性食品涂片自然干燥并火焰固定后，用二甲苯流洗，自然干燥。

（2）染色镜检　上述涂片用结晶紫染色液进行单染色，干燥后镜检，至少观察 5 个视野，记录菌体的形态特征以及每个视野的菌数。与同批冷藏保存对照样品相比，判断是否有明显的微生物增殖现象。菌数有百倍或百倍以上的增长则判为明显增殖。

（五）结果判断

样品经保温试验未出现泄漏，则可报告该样品为商业无菌。

样品经保温试验出现泄漏，保温后开启，经感官检验，pH 测定，涂片镜检，确证有微生物增殖现象，则可报告该样品为非商业无菌。

若需核查样品出现膨胀，pH 或感官异常，微生物增殖等原因，可取样品内容物的留样按照 GB/T 4789.26—2013 中的附录 B 进行接种培养并报告。若需判断样品包装容器是否出现泄漏，可取开启后的样品按照 GB/T 4789.26—2013 中的附录 B 进行密封性检查并报告。

（六）异常原因分析

1. 培养基和试剂

溴甲酚紫葡萄糖肉汤、庖肉培养基、营养琼脂、酸性肉汤、麦芽浸膏汤、沙氏葡萄糖琼脂、肝小牛肉琼脂、革兰染色液。

2. 低酸性罐藏食品的接种培养（pH>4.6）

（1）对低酸性罐藏食品，每份样品接种 4 管预先加热到 100℃ 并迅速冷却到室温的庖肉培养基内；同时接种 4 管溴甲酚紫葡萄糖肉汤。每管接种 1~2mL（g）样品（液体样品为 1~2mL，固体为 1~2g，两者皆有时，应各取一半）。培养条件见表 10-1。

表 10-1　低酸性罐藏食品（pH>4.6）接种的庖肉培养基和溴甲酚紫葡萄糖肉汤

培养基	管数	培养温度/℃	培养时间/h
庖肉培养基	2	36±1	96~120
庖肉培养基	2	55±1	24~72
溴甲酚紫葡萄糖肉汤	2	55±1	24~48
溴甲酚紫葡萄糖肉汤	2	36±1	96~120

（2）经过表 10-1 规定的培养条件培养后，记录每管有无微生物生长。如果没有微生物生长，则记录后弃去。

（3）如果有微生物生长，以接种环蘸取液体涂片，革兰染色镜检。如在溴甲酚紫葡萄糖肉汤管中观察到不同的微生物形态或单一的球菌、真菌形态，则记录并弃去。在庖肉培养基中未发现杆菌，培养物内含有球菌、酵母、霉菌或其混合物，则记录并弃去。将溴甲酚紫葡萄糖肉汤和庖肉培养基中出现生长的其他各阳性管分别划线接种于 2 块肝小牛肉琼脂或营养琼脂平板，一块平板做需氧培养，另一平板做厌氧培养。培养程序见图 10-2。

（4）挑取需氧培养中单个菌落，接种于营养琼脂小斜面，用于后续的革兰染色镜检；挑取厌氧培养中的单个菌落涂片，革兰染色镜检。挑取需氧和厌氧培养中的单个菌落，接种于庖肉培养基，进行纯培养。

（5）挑取营养琼脂小斜面和厌氧培养的庖肉培养基中的培养物涂片镜检。

（6）挑取纯培养中的需氧培养物接种肝小牛肉琼脂或营养琼脂平板，进行厌氧培养；挑取纯培养中的厌氧培养物接种肝小牛肉琼脂或营养琼脂平板，进行需氧培养，以鉴别是否为兼性厌氧菌。

（7）如果需检测梭状芽孢杆菌的肉毒毒素，挑取典型菌落接种庖肉培养基做纯培养。36℃ 培养 5d，按照 GB 4789.12—2016 进行肉毒毒素检验。

3. 酸性罐藏食品的接种培养（pH≤4.6）

（1）每份样品接种 4 管酸性肉汤和 2 管麦芽浸膏汤，每管接种 1~2mL（g）样品（液体样品为 1~2mL，固体为 1~2g，两者皆有时，应各取一半）。培养条件见表 10-2。

表 10-2　酸性罐藏食品（pH≤4.6）接种的酸性肉汤和麦芽浸膏汤

培养基	管数	培养温度/℃	培养时间/h
酸性肉汤	2	55±1	48

续表

培养基	管数	培养温度/℃	培养时间/h
酸性肉汤	2	30±1	96
麦芽浸膏汤	2	30±1	96

（2）经过表 10-2 中规定的培养条件培养后，记录每管中有无微生物生长。如果没有微生物生长，则记录后弃去。

（3）对有微生物生长的培养管，取培养后的内容物直接涂片，革兰染色镜检，记录观察到的微生物。

（4）如果在 30℃培养条件下在酸性肉汤或麦芽浸膏汤中有微生物生长，将各阳性管分别接种 2 块营养琼脂或沙氏葡萄糖琼脂平板，一块做需氧培养，另一块做厌氧培养。

（5）如果在 55℃培养条件下，酸性肉汤中有微生物生长，将各阳性管分别接种 2 块营养琼脂平板，一块做需氧培养，另一块做厌氧培养。对有微生物生长的平板进行染色涂片镜检，并报告镜检所见微生物型别。培养程序见图 10-2 和图 10-3。

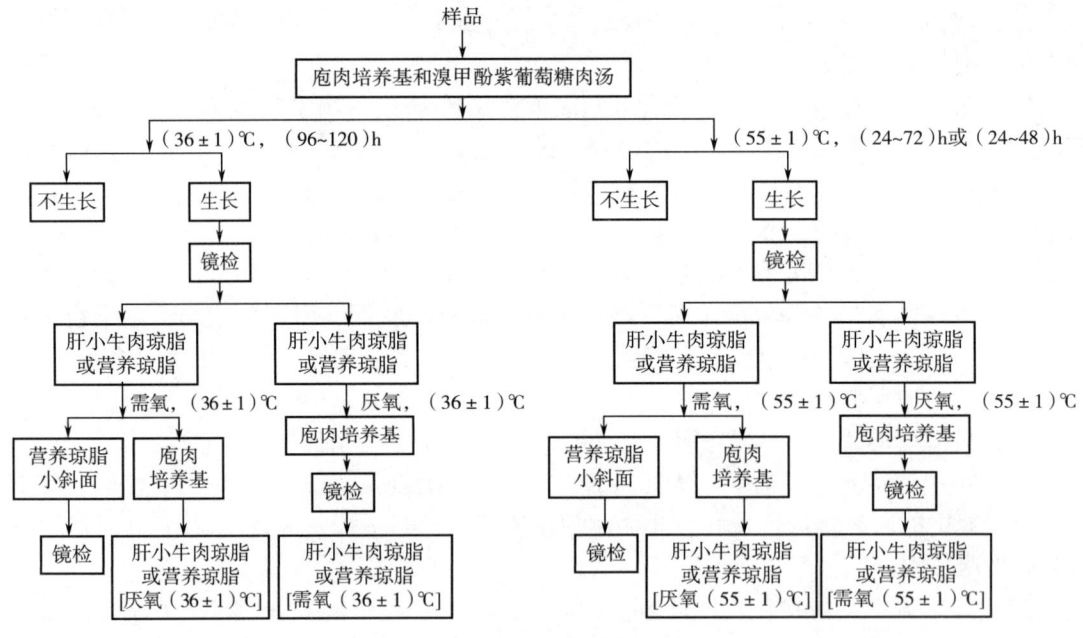

图 10-2　低酸性罐藏食品接种培养程序

（6）挑取 30℃需氧培养的营养琼脂或沙氏葡萄糖琼脂平板中的单个菌落，接种营养琼脂小斜面，用于后续的革兰染色镜检。同时接种酸性肉汤或麦芽浸膏汤进行纯培养。挑取 30℃厌氧培养的营养琼脂或沙氏葡萄糖琼脂平板中的单个菌落，接种酸性肉汤或麦芽浸膏汤进行纯培养。挑取 55℃需氧培养的营养琼脂平板中的单个菌落，接种营养琼脂小斜面，用于后续的革兰染色镜检。同时接种酸性肉汤进行纯培养。挑取 55℃厌氧培养的营养琼脂平板中的单个菌落，接种酸性肉汤进行纯培养。

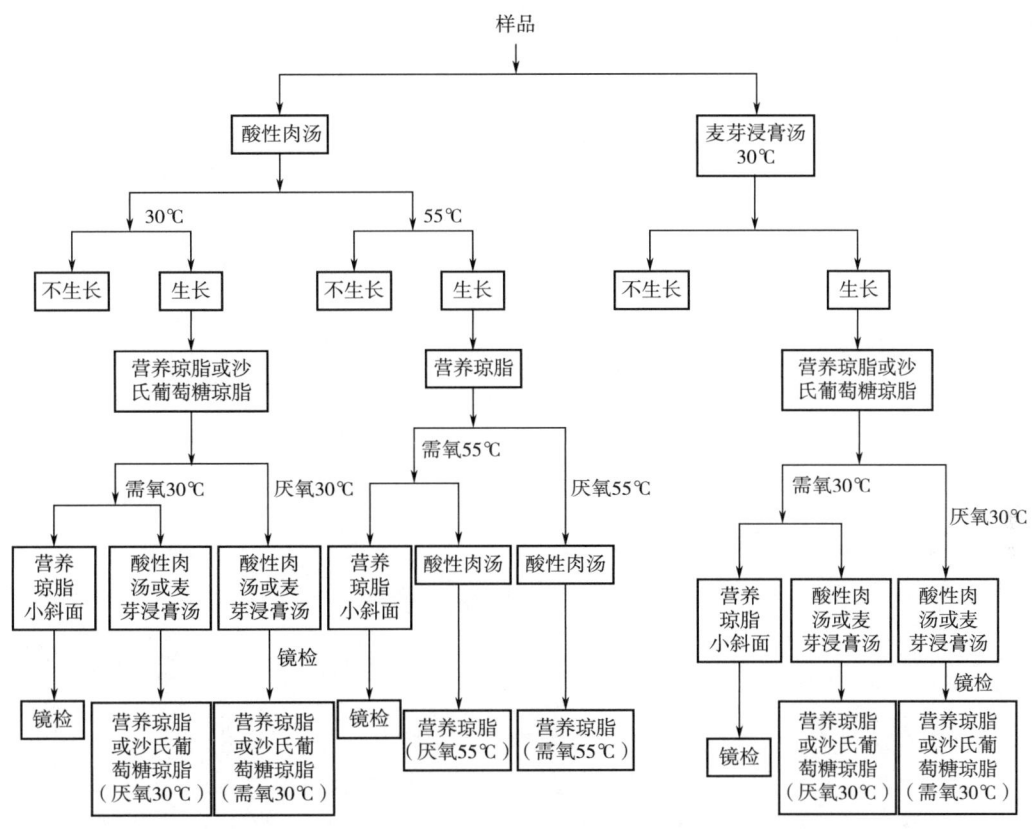

图 10-3 酸性罐藏食品接种培养程序图

（7）挑取营养琼脂小斜面中的培养物涂片镜检。挑取 30℃厌氧培养的酸性肉汤或麦芽浸膏汤培养物和 55℃厌氧培养的酸性肉汤培养物涂片镜检。

（8）将 30℃需氧培养的纯培养物接种于营养琼脂或沙氏葡萄糖琼脂平板中进行厌氧培养，将 30℃厌氧培养的纯培养物接种于营养琼脂或沙氏葡萄糖琼脂平板中进行需氧培养，将 55℃需氧培养的纯培养物接种于营养琼脂中进行厌氧培养，将 55℃厌氧培养的纯培养物接种于营养琼脂中进行需氧培养，以鉴别是否为兼性厌氧菌。

第二篇 基本技能训练与技能实训

第十一章　基本技能训练

基本技能训练 1　微生物检验室常用仪器设备操作规程

一、基本技能训练目的

(1) 熟悉并掌握食品微生物检验室常用仪器设备的操作规程。
(2) 保证微生物实验室常用仪器设备的操作符合要求,为食品微生物检验奠定基础。

二、适用范围

适用于食品微生物检验的常用仪器设备。

三、职责

微生物实验室实验人员应遵循本规程,按照本规程的要求进行仪器设备操作。

四、超净工作台操作规程

(一) 操作规程

(1) 使用工作台时,应提前 1h 开机,同时开启紫外灭菌灯,处理操作区内表面积累的微生物,30min 后关闭杀菌灯。
(2) 新安装的或长期未使用的工作台,使用前必须对工作台和周围环境先用超净真空吸尘器或用不产生纤维的工具清洁工作台,再采用药物灭菌法和紫外线灭菌法进行灭菌处理。
(3) 操作区内不允许存放不必要的物品,以保持操作区的洁净气流流型不受干扰。
(4) 操作区内应尽量避免做明显扰乱气流流型的动作。
(5) 操作区内的使用温度不得大于 60℃。

(二) 注意事项

(1) 根据环境的洁净程度,可定期 (一般 2~3 个月) 将粗滤布拆下清洗予以更换。
(2) 定期 (一般为一周) 对超净工作台环境进行灭菌,同时,经常用纱布蘸上酒精或丙酮将紫外杀菌灯外表面揩擦干净,保持表面清洁,否则会影响杀菌效果。
(3) 当加大风机电压不能使操作风速达到 0.32m/s 时,必须更换高效空气过滤器。
(4) 更换高效空气过滤器时可打开顶盖,更换时应注意过滤器上的箭头标志,箭头指向即为层气流流向。
(5) 更换高效空气过滤器后,应用尘埃粒子计数器检查四周边框密封是否良好,调节风机电压，使操作平均风速保持在 0.32~0.48m/s，再用 Y09-4 型尘埃粒子计数器检查洁净度。

五、冰箱操作规程

（一）使用标准

（1）在冰箱接入电源之前，请仔细核对冰箱的电压范围和电源电压是否相等。

（2）冰箱必须有干燥的接地，如果电气线路没有接地，那么必须请电工将冰箱单独接地。

（3）不可将汽油、酒精、胶黏剂等易燃、易爆品放入冰箱内，以免引起爆炸。

（4）冰箱不能在有可燃性气体的环境中使用。

（5）切勿用水喷洒冰箱顶部，以免使电气零件受损，发生危险。

（6）清洁保养及搬动冰箱时必须切断电源，并小心操作，不让电气元件受损。

（7）冰箱应放置在平坦、坚实的地面上，如放置不平，可调节箱底平脚。

（8）冰箱应放置在通风干燥，远离热源的地方，并避免阳光直射。

（9）冰箱在一般使用时会结霜，当结霜特别严重时，可关机或关掉电源进行人工化霜，必要时可打开柜门加速霜层融化。

（10）当冰箱搁置不用时或长时间使用后箱内出现异味时，必须进行清理。

（11）不可用酸、化学稀释剂（如汽油、苯之类的物品）清洗冰箱任何部件。

（12）冰箱内不要放熟的食品，热的仪器必须冷却至室温后，再放入冰箱内。

（二）操作规程

（1）首次通电或长时间不用重新通电时，由于箱内外温度接近，为迅速进入冷藏状态，可把温度调至最冷处，待冰箱连续运行 2~3h，冰箱温度降低后，再将温度调至适当位置。

（2）在使用中，不要经常调动温度控制器。

六、电子天平操作规程

（1）将电子天平置于稳固、平整的台面上。

（2）插上电源，打开开关。

（3）开机时，秤托盘上不能有重物，待显示稳定后，将空容器放在秤盘上，但其重量不能超出最大称量，按"去皮键"回零。

（4）加入所需样品后，显示数值即为样品重。

（5）称量完毕，将天平先置零，再关闭开关，拔掉电源。

（6）用干布或干刷子将天平打扫干净，放归原位（避免与水接触）。

（7）天平要经常用配备的砝码进行校准。

七、手提式高压蒸汽灭菌器操作规程

（一）操作规程

1. 堆放

将要消毒的物品包扎好后顺序地放置在消毒桶内的筛板上并在包与包之间留有适当的空隙，以利于空气逸去与蒸汽穿透。

2. 加水

在消毒器身内加水量超出发热圈 3~5cm 高，水在消毒过程中会逐渐蒸发，水面随之相应降低，每次消毒完毕后，若继续使用，应将水重新加足，避免容器底部无水开裂而报废。

3. 密封

将消毒桶放入器身内，此时水应不倒流入消毒桶内，盖上消毒器盖，注意将软管插入消毒桶槽内，盖上螺柱紧固槽应与主体的螺柱槽对正，然后顺序地将相应方位的翼形螺母均匀旋紧，使盖与器身密合。

4. 加热

将消毒器放在热源上加热，开始时将放气阀摘子放在垂直方位处于放汽状态，消毒器内冷空气会随着加热由阀孔逸去。当水煮沸后有一股较急的蒸汽冲击，此时，将放气阀摘子处于关闭状态。消毒器内压力随着加热而上升，并在压力表上指示出来。

5. 消毒

当消毒器内压力达到所需范围时，适当调整热源，使消毒器维持恒压，并开始计算消毒时间，按不同的物品和包装维持所需的消毒时间。

6. 干燥

敷料、器械和器皿等消毒后需要干燥的，可在消毒终了时，立即将消毒器内的蒸汽由放气阀（或于安全阀）排出，当压力表指针回复至零位后，稍待 1min，将其打开，并继续加热 5min，这样能使物品达到干燥。

7. 冷却

溶液和培养基等若在消毒终了时立即放汽，会因压力突然降低而剧烈沸腾，发生瓶子爆破或溶液溢出等严重事故，所以在消毒终了时不应立即放汽，应首先将热源熄灭，或从热源上移开，使高压蒸汽灭菌器连同其内部被灭菌的物质自然冷却，一般 20~30min 后就使锅内压力因冷却而下降至零位，等压力表回到零位，数分钟后可将放汽阀门开放和打开盖子。

(二) 注意事项

（1）始终应保证消毒器内有足够的水量，每次消毒后应将消毒桶筛板下面积聚的冷凝水倒出。

（2）待灭菌的溶液或培养基应装在耐热或硬质玻璃瓶内，不要装得太满，一般装到容器体积的 1/2~3/4，瓶口用棉花塞、牛皮纸线绳包扎好。

（3）使用时，操作人员应经常观察压力表指针值，一旦发现压力表指针超过 0.165MPa，安全阀仍不能自动排气时，应立即切断电源，协调工程科相关人员对安全阀进行修理。

（4）若压力表回复至零位，桶内仍不能开启，可能是因内部真空原因所致，此时可以开启放气阀，使外界空气进入，消除真空，即能将盖开启。

（5）压力表使用日久后会使读数不正确，应加检修，检修后应与标准压力表对照，若仍不正常，应更换新表。

（6）平时应保持消毒器内清洁干燥，可以延长使用寿命。

八、电热恒温水浴锅操作规程

(1) 锅内加适量水,以浸没电热管 3~5cm。

(2) 接通电源,温度旋钮调到所需温度的指示处,开启电源,注意检查指示灯是否正常工作(灯亮表示加热),当加热到所需温度时(以锅上的温度计所指示温度为准),红灯灭绿灯亮,进行恒温加热。

(3) 温度调节旋钮所指示的数值,并非为实际温度值,实际温度值以温度表所指示数值为准,因此,在加热过程中应根据温度表的指示,反复调节温度旋钮的数值,直到恒温为止。

(4) 经常观察锅内的水量,若水量接近电热管平面时,应及时补充水量,以防水位低于电热管,形成干烧损坏设备。

(5) 使用日久后,要对形成的水垢进行清除。

九、电热蒸馏水器操作规程

(1) 开启水源,使冷却水器内有水流入杯内,并调整水流大小(水流过大,要溢出;过小则起不到冷却与补充蒸馏水器中所需的水量的效果)。当锅内水位到观察口时,即可开启电源,进行制水。

(2) 制水过程中应有专人照看,随时注意冷却水流量的大小,防止因水过大而溢出,水流过小或断水会烧坏蒸馏水器。

(3) 停止制水时要先关闭电源,冷却水源 30min(冷却至桶体不烫后即可关闭冷却水源)后再关闭(每次用后将蒸馏水器中的水从排水口放出,减少水垢的生成)。

(4) 蒸馏水器在使用一定时间后,要对加热锅内壁及加热管进行检查,及时清除水垢,以保证制水能力。

(5) 贮水箱内如有铁锈,应及时打扫清除。

十、双目生物显微镜操作规程

(一) 操作规程

(1) 电源,将灯源插头插入插座内,开启光源开关。

(2) 将标本放置于移动台上,用标本夹板夹紧,扳动辅助镜手柄,打开孔径光阑。

(3) 在标本上滴入香柏油一滴,并将油镜头旋转至固定卡口进行观察。

(4) 慢慢旋转粗调手轮,使移动台上升,在适当接近标本时,一方面用眼观察视场;另一方面利用粗调手轮缓慢向下或向上调焦,直到视场中出现模糊的细菌图像后再用微调手轮直至把细菌形状调节清晰,然后停止微调。

(5) 观察结束后,切断电源,抬起物镜。先用擦纸擦去镜头上的香柏油,再用蘸有二甲苯的擦镜纸擦一遍,最后再取干净的擦镜纸擦净。

(6) 旋转粗调手轮,将移动台降至最低固定位置,将镜头旋转至"八"字形固定卡口位置。

(7) 用塑料套将双目生物显微镜罩住,轻轻放回箱中。

(二) 注意事项

(1) 标本表面滴上的香柏油不可太多，否则影响观察效果。

(2) 在旋转粗调手轮，移动台上升或镜头下降接近标本时，必须小心调节，仔细观察，以免碰坏镜头，造成损失。

(3) 显微镜使用或存放，必须避免灰尘、潮湿、过冷、过热及有酸有碱的蒸汽，存放的箱中应有硅胶干燥剂防潮。

(4) 透镜表面有污垢时，可用清洁擦镜纸蘸少量二甲苯揩拭，切忌用酒精，否则，透镜下的胶将被溶解。

(5) 显微镜结构精密，零件决不能随意拆卸。

十一、电热恒温培养箱操作规程

(1) 使用前开启箱门，将感温探头头部的保护帽去掉，放置好试件，关闭箱门。

(2) 接通电源，检查仪器是否通电、漏电、温控仪是否正常。

(3) 使用时，将仪器控温器调节至所需的温度，并拧开箱顶的气阀，并将经过校准的温度计插入气顶内，以此对照电热恒温培养箱的温控仪是否完好。

(4) 将物品放入，注意不要将温度计和温控仪的探头弄坏。

(5) 使用完毕后，应将仪器打扫干净。

(6) 若长时间不用，请将箱顶气阀关闭，并将保护帽套好。

十二、电热恒温干燥箱操作规程

(1) 使用前开启箱门，将感温探头头部的保护帽去掉，放置好试件，关闭箱门。

(2) 接通电源，检查仪器是否通电、漏电、温控仪是否正常。

(3) 使用时，将仪器控温器调节至所需的温度，并拧开箱顶的气阀，并将经过校准的温度计插入气顶内，以此对照电热恒温培养箱的温控仪是否完好。

(4) 将物品放入，注意不要将温度计和温控仪的探头弄坏，同时需要打开鼓风装置。

(5) 当温度升到规定温度时，开始计时。

(6) 当物品达到所需时间时，切断电源，让其自然冷却。

(7) 用毕后，取出仪器并将仪器打扫干净。

(8) 若长时间不用，请将箱顶气阀关闭，并将保护帽套好。

十三、离心机操作规程

(1) 将仪器放在坚固的平整台面上，以免运转时产生不必要的麻烦。

(2) 不能在盖门放置任何物品，以免出现凹凸不平，影响仪器的使用效果。

(3) 使用前必须经常检查离心管是否有裂纹、老化现象，如有应及时更换。

(4) 将物品和离心管一起两两进行平衡，并对称放入离心机中，以免损坏仪器，并盖好安全盖。

(5) 调节好离心时间，并先从低转速调起，至所需的转速为止，并让其自然停止。

(6) 小心取出物品，不可剧烈摇晃，否则需重新离心。

(7) 实验完毕后，将调速旋钮调为零，并将转头和仪器擦干净，以防止试液沾污而产生腐蚀和损坏。

十四、马弗炉（高温炉）操作规程

（一）操作规程

（1）接通电源，将马弗炉在相对低的温度（100℃）下进行预热10min。

（2）将所需高温的物品放入相应的坩埚中。

（3）调节温度按钮至所需温度，达到温度后，将装有物品的坩埚用专用钳送入炉膛内，并迅速关闭炉门；注意手不得进入炉膛以免烫伤，必要时需戴好防护手套。

（4）如需要中途调温，应小心调节，手不得接触炉体，以免烫伤。

（5）如需中途将物品取出时，需用专用钳取出，同时面部应避于一旁，以免高温灼伤面部。

（二）注意事项

（1）使用中，马弗炉周围不得放有易燃、易爆物品，更不得将易爆物品放入炉中。

（2）马弗炉必须放在通风较好的地方，以免产生的灰尘污染其他仪器。

（3）在使用时，需有人在旁观察，以免发生异常情况。

十五、分光光度计操作规程

（1）将分光光度计接通电源预热20min。

（2）将温度旋钮调至当时室内所示温度的刻度。

（3）通过打开和关闭吸光室的盖子，进行调节"零"和"满度"旋钮。

（4）重复调节，直至两个旋钮不再调动为止。

（5）将标准液/样液分别加入已用相应的标准液/样液洗过的比色皿中并将比色皿外部的液体用吸水纸吸干，尤其是光滑面需用吸水纸擦拭干净。

（6）将比色皿放入吸光室内，并盖好盖子，进行读数。

（7）读数完毕，将仪器擦拭干净并将比色皿用蒸馏水进行清洗。

十六、pH计操作规程

（1）电源线插入电源插座，按下电源开关，预热30min。

（2）把选择开关旋钮调到pH挡，并调节温度补偿旋钮，使旋钮指示线对准溶液温度值，切断电源。

（3）用蒸馏水清洗电极，清洗后用滤纸吸干。

（4）在测量电极插座处插上复合电极。

（5）标定　一般来说，仪器在连续使用时，每天要标定一次。①把斜率调节旋钮顺时针旋到底（即调到100%位置）；②把清洗过并吸干的电极插入pH6.86的缓冲溶液中；③调节定位调节旋钮，使仪器显示读数与该缓冲溶液当时温度下降时的pH相一致（如用混合磷酸盐缓冲液定位温度为10℃时，pH6.92）；④用蒸馏水清洗过的电极，再插入pH4.00（或pH9.18）的标准溶液中，调节斜率旋钮使仪器显示读数与该缓冲溶液中当时温度下的pH一致；⑤重复如上①~④直至不用再调节定位或斜率两调节旋钮为止。

（6）测量　将电极插入样液内，待显示屏上的数字不再跳动为止。

（7）读数。
（8）测量完毕，关闭电源。

十七、酶联免疫检测仪操作规程

（1）仪器开启后，自检后，根据提示，输入密码（原始密码为000000）后按输入键进入仪器的操作界面。
（2）按编辑菜单里面的程序设置，进行新的试验程序的编辑。
（3）阈值设置。
（4）报告种类设置。
（5）标准品设置。
（6）实验模式的设置。
（7）实验名称的设置。
（8）时间设置　在此界面可设置年、月、日以及具体时间：小时、分钟、秒等。

基本技能训练2　食品微生物检验中显微镜的使用

一、训练目的

（1）熟练掌握食品微生物检验中显微镜的使用。
（2）为食品微生物检验奠定基础。

二、适用范围

显微镜是食品微生物检验中最常用且必不可少的仪器，无论是观察微生物的个体形态结构还是测定微生物细胞大小都必须使用它。因此，只有正确了解显微镜的构造和原理，才能达到正确使用和保养的目的。本次基本技能训练通过对细菌染色涂片标本的观察，达到正确掌握显微镜的使用方法，并了解细菌呈球状、杆状和螺旋状3种基本形态。

三、普通光学显微镜的使用

（一）器材和用品
1. 标本片
标本片上有四联球菌、苏云金芽孢杆菌、螺旋菌。
2. 仪器
显微镜。
3. 其他用品
香柏油、二甲苯、擦镜纸等。
（二）方法和步骤
显微镜属光学精密仪器，在使用时要特别小心，首先要熟悉显微镜的结构和性能，做好观察前的各部件归位、清擦等准备工作，将显微镜放在自己身体的前方，离桌子边缘10cm左右，按下述操作步骤进行。

1. 接通电源,调节光照

(1) 接通电源,打开显微镜电源开关。

(2) 将低倍物镜转到镜筒正下方,旋转粗调螺旋上升载物台,使镜头和载物台距离约0.5cm。上升聚光器,打开可变光阑,使之距载物台表面1mm左右。调节光亮旋钮,直至视野均匀明亮为止。

一般染色标本用油镜检查时,光度宜强,可将光圈开大,聚光镜上升到最高。未染色标本,在低倍或高倍镜下观察时,应适当地缩小光圈,使光亮减弱,否则光线过强不宜观察。

2. 低倍镜的观察

低倍物镜(4×或10×),视野面广,焦点深度较深,易于发现目标,确定检查位置,故应先用低倍镜观察为宜。操作步骤如下所示。

(1) 旋转标本片 先将制好的染色标本片置于载物台上(注意标本面朝上),并将标本部位处于物镜的正下方,转动粗调螺旋,上升载物台至距物镜约0.5cm处。

(2) 调焦 用粗调螺旋缓缓下降载物台,至视野内出现模糊物像后,改用细调螺旋,上下微转动,仔细调节焦距和照明,直到视野内获得清晰的物像。

(3) 观察 移动标本移动器,找到合适的目的物,并移至视野的中心进行观察或转换高倍镜观察。

3. 高倍镜的观察

将高倍物镜(40×)转至镜筒下方(在转换物镜时要从侧面观察,以防低倍镜未对好焦距而造成镜头与载玻片相撞),调节光圈,使光线亮度适中,再仔细反复转动细调螺旋,调节焦距,获得清晰的物像,仔细观察细菌的染色标本片,再移动标本移动器,选择满意的检查部位,将染色标本移至视野中央,进行观察或转换油镜观察。

4. 油浸镜的观察

细菌或其他标本的细微结构,都需要用油镜(100×)观察。由于物镜放大倍数与其焦点距离长度相反,即物镜放大倍数越高,其工作距离越短,一般油镜的工作距离在0.19mm左右,故使用油镜时必须特别小心,具体操作步骤如下所示。

(1) 转换油镜 用粗调螺旋将载物台下降约2cm,再转换油镜镜头。

(2) 加香柏油 从双层瓶中取出香柏油,在标本的镜检部位滴上1~2滴,然后从侧面注视,用粗调螺旋缓慢地上升载物台,使油镜浸入香柏油中,其镜头几乎与标本相接触。

(3) 调焦 上升聚光器,放大视场光阑,使光线充分照明。用细调螺旋将载物台缓缓下降(此时绝不能将镜筒下降),直至物像出现至最清晰为止。若油镜已离开油面但仍未见到物像,必须再从侧面观察,重复上述操作,直到看清物像为止。

(4) 观察 观察时要多调几个视野,视野内的菌体呈均匀分布时,再仔细观察细菌的形态及排列方式。

5. 镜检后显微镜的保养

(1) 油镜使用完毕后,下降载物台,转动物镜转换器,使油浸物镜偏位,先用擦镜纸擦去镜头上的油,再用擦镜纸蘸少许乙醚酒精混合液(乙醚2份+纯酒精3份,体积比)或二甲苯,擦去镜头上残留油迹,最后再用擦镜纸擦拭一下即可。

（2）下降聚光镜，打开光圈，以免积聚灰尘。

（3）用绸布将镜头擦干净（切不可用手擦），除去灰尘、油污、水气等，以免生锈长霉。

（4）显微镜各部件归位，下降载物台至最低，使物镜镜头呈"八"字形，套上防尘罩，然后放回镜箱中。

（5）去除标本片上的香柏油，用纸轻轻擦掉香柏油，或加2~3滴二甲苯于标本片上，使香柏油溶解，再用擦镜纸擦掉香柏油。

四、注意事项

（1）拿取显微镜必须一只手拿住镜臂，一只手托着镜座，并保持镜身上下垂直，切不可一只手提起，因为这样做不仅容易使显微镜坠落，而且还容易甩出目镜。在拿取过程中应避免震动，轻放台上。

（2）使用前，要先将镜身擦一遍，同时用擦镜纸擦镜头，切不可用手抹擦，若发现镜台有已干的香柏油时，要用擦镜纸蘸少量二甲苯将其擦去。

（3）注意保护镜头，防止压碎标本载玻片，损坏镜头。

五、技能训练成果巩固

（1）画出苏云金芽孢杆菌和四联球菌的形态图。

（2）列表比较油镜、高倍镜和低倍镜在数值孔径、工作距离及物镜头的大小标志等方面的差别。

（3）简述要使视野明亮，还可采取的措施。

知识链接1 显微镜的构造与性能

一、显微镜的构造

一般光学显微镜的构造包括机械和光学两部分，其各部分构件名称见图11-1。

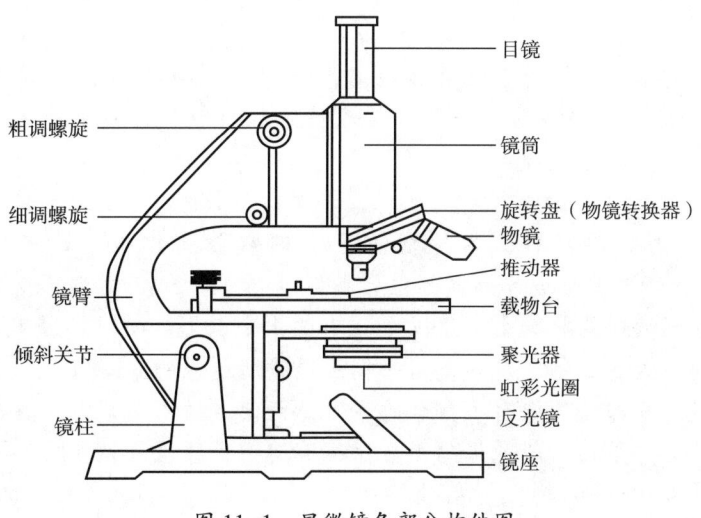

图11-1 显微镜各部分构件图

(一) 机械部分

机械部分包括镜座、镜臂、镜筒、物镜转换器、载物台、粗调螺旋、细调螺旋、推动器等部件。

1. 镜座

镜座是显微镜的底座，用以支撑整个显微镜。

2. 镜臂

镜臂是携带或移动的把手，上连镜筒，下连镜座，用以支撑镜筒。

3. 镜筒

镜筒是由金属制成的中空圆筒，上端放置目镜，下端连接转换器，形成目镜与物镜间的暗室。

4. 物镜转换器

物镜转换器是由两个金属碟所合成的一个转换装置，有3~4个安装物镜的螺旋口，旋转转换器时，可以转换不同放大倍数的物镜。

5. 载物台

载物台是一方形或圆形的盘，用以放置被检物体标本，台面中央有一圆孔，为光线通路。

6. 推动器（或称十字推动器）

推动器附加在载物台上，是由一横一纵两个推进齿轮的金属架构成，用以移动标本的位置，以便将镜检对象移于视野中心。

7. 粗调螺旋及细调螺旋

在镜臂下侧的两旁（有些在显微镜载物台下）有粗调和细调螺旋，用以移动载物台上下升降（即调节物镜的焦点距离），粗调螺旋调节距离较大，细调螺旋为精确调节，有的在细调螺旋上附有刻度，每小格刻度相当于 $2\mu m$ 左右。

(二) 光学部分

光学部分又可分为放大和照明两个方面，前者包括物镜和目镜，后者包括聚光镜和虹彩光圈。

1. 目镜

目镜装于镜筒的上端，因为各种目镜的口径尺寸都是统一的，可以根据需要互换使用。一般显微镜备有 10×、16× 等几种不同放大倍数的目镜。目镜是能把物镜造成的像再次放大，与显微镜的分辨力无关。

2. 物镜

物镜是显微镜的重要部件，各种物镜上都刻有放大倍数，数值孔径（numerical aperture，N·A）及所要求盖玻片厚度等主要参数（图 11-2）。物镜不仅可以放大标本而且具有辨析性能，高效能的物镜由一组以上（有的十个以上）特殊的透镜组成，这些透镜有的是用来辨析和放大目的物，有的是用来校正透镜所造成的像差（光线经过透镜时，通过中轴的像和通过边缘部分的像有不重合的现象，而使成像不清楚，与真实物品有差别）。物镜各有一定的放大倍数。一般微生物用显微镜装有四个物镜（图 11-3），即低倍镜、中倍镜、高倍镜、油浸镜（油镜）。一般油镜的放大倍数为 90~100 倍，油镜头上常刻有黑线并有"油"字等标志区分。高倍镜的放大倍数是 40~60 倍，低倍镜的放大倍数是 10

倍。使用低倍和高倍镜时，标本与物镜之间的介质是空气。使用油镜时，物镜与标本之间的介质是香柏油（图 11-4）。

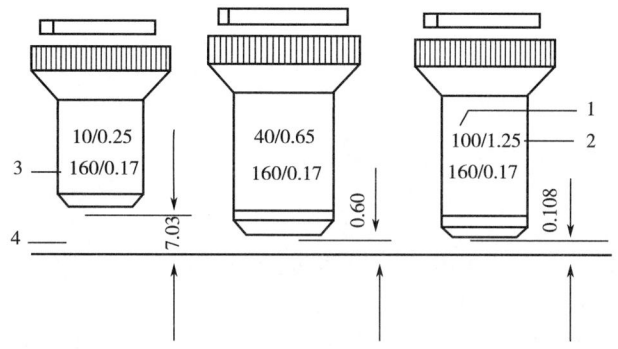

1—放大倍数　2—数值孔径　3—筒长及指定盖玻片厚片　4—工作距离

图 11-2　XSP-16 型显微镜的主要参数

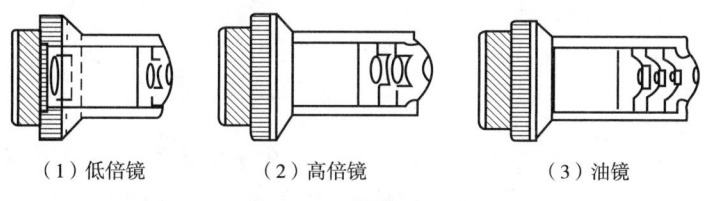

（1）低倍镜　　　（2）高倍镜　　　（3）油镜

图 11-3　物镜剖视图

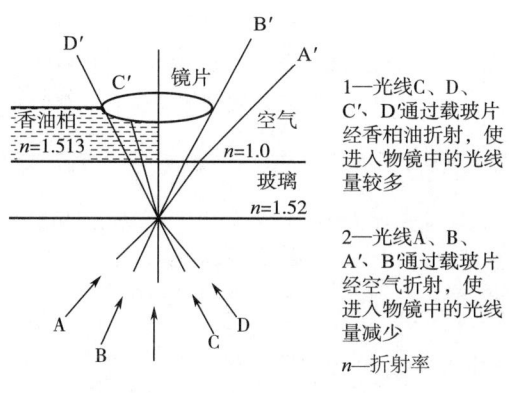

1—光线C、D、C'、D'通过载玻片经香柏油折射，使进入物镜中的光线量较多

2—光线A、B、A'、B'通过载玻片经空气折射，使进入物镜中的光线量减少

n—折射率

图 11-4　油镜的作用

3. 聚光器

聚光器位于载物台的下方，是由一组透镜组成，可以把平行的入射光汇集成一束强光锥，聚光器可以上下移动，集聚并调节反射来的光线，使集中于载玻片标本上。

4. 虹彩光圈（光阑）

虹彩光圈位于聚光器下方，由十几张金属薄片组成，中心部分形成圆孔。推动光圈把手，可开大或关小，用以调节射入聚光器光线的多少。

二、显微镜的性能

显微镜的总放大倍数等于物镜放大率和目镜放大率的乘积,但显微镜的优劣不只是视其放大倍数的高低,而更主要的是视其辨析细微结构的能力,即性能良好的显微镜必须使观察的物体放大倍数高,而且清晰。

显微镜辨析细微结构的能力可用分辨率表示,其能够辨析的细微结构越小,则分辨率越高。分辨率的高低,首先取决于物镜的性能,其次为目镜和聚光镜的性能。若设物镜分辨出的物体两点间的最短距离为 D,则公式如式(11-1)所示。

$$D = \frac{\lambda}{2N \cdot A} \tag{11-1}$$

式中 λ——可见光的波长,单位 μm(平均 0.55μm)

$N \cdot A$——物镜口率(或称开口率、数值孔径)

镜口率($N \cdot A$)是物镜和被检标本间介质的折射率(n)与镜口角(即入射角 α)的半数正弦的乘积,常以式(11-2)表示。

$$\text{镜口率}(N \cdot A) = n \cdot \sin\frac{\alpha}{2} \tag{11-2}$$

所以 D 也可用式(11-3)表示:

$$D = \frac{\lambda}{2n \cdot \sin\frac{\alpha}{2}} \tag{11-3}$$

由式(11-3)可见,显微镜的分辨率与波长、介质折光率和镜口角(入射角)有关。λ 越大,D 值越大,分辨率越低;n 和 α 越大,D 值越小,分辨率越高,因此,可以通过降低光线波长、增大介质折射率和加大镜口角(入射角)来提高分辨率。紫外光显微镜和电子显微镜就是利用紫外光的短波特性与电子显微镜的电子波波长相对较长的特性来提高分辨率的。但普通光学显微镜用的是可见光,波长一定,平均约为 0.5μm,而镜口角是指物镜光轴上的物点发出的光线与物镜前透镜有效直径的边缘所张的角度(图 11-5),理论上最大为 180°,故 $\sin\frac{\alpha}{2}$ 理论最大值为 1(实际上镜口角最大只能达 140°),因此,试图通过缩短波长或提高镜口角来提高光学显微镜物镜的分辨率是有限的。所以,只有通过提高介质的折光率来提高镜口率,从而提高显微镜分辨率。

例如,用低倍镜和高倍镜时,镜头与玻片标本间的介质是空气,其折光率是 1,$\sin\frac{\alpha}{2} = \sin 70° = 0.94$,故其镜口率 $N \cdot A = 1 \times 0.94$,使用油镜时,镜头与玻片标本间的介质是香柏油,香柏油的折光率为 1.515,故油镜开口率总是大于低倍镜或高倍镜的镜口率,其镜口率最大可达 1.4,所以油镜的分辨率比低倍镜或高倍镜要高得多。例如,在可见光照明下,用镜口率 1.25 的油镜(一般油镜的镜口角半数的正弦为 0.82)能分辨出的物体两点间的最短距离见下式。

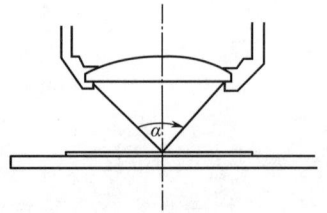

图 11-5 物镜的光线入射角 α

$$D = \frac{0.55}{2 \times 1.25} = 0.22 \mu m$$

而用镜口率为 0.65 的高倍镜，能分辨出的物体两点间的最短距离为 $D=0.42\mu m$，即两点间的最小距离如果小于 $0.4\mu m$，在高倍镜下即混为一点不可辨析，而在油镜下则清晰可见。

使用某一物镜时，应配合一定镜口率的聚光镜。一般以聚光镜的镜口率大于或等于物镜的镜口率为宜，否则影响物镜的性能。

由此可见，显微镜的效能不是决定于总放大率。一般来说，显微镜的总放大率应以物镜镜口率的 500~1000 倍为宜，这个范围内的放大率称为有效放大率。例如，用 $N·A$ 1.25（100×）的物镜，其有效放大率为 1250，超过此数称为无效放大率，虽用 15× 的目镜可放大 1500 倍，但对分辨是没有任何帮助的。一些物质的折光率表 11-1 所示。

表 11-1　　　　　　　　　　　　部分物质的折光率

物质	折光率	物质	折光率	物质	折光率	物质	折光率
香柏油	1.515	玻璃	1.52	空气	1	丁香油	1.535
冬青油	1.536	亚麻油	1.47	液状石蜡	1.487		
浓松节油	1.542	水	1.33	甘油	1.487		

知识链接2　暗视野显微镜的使用

暗视野（或称暗场）显微镜是使用一种特殊的暗视野聚光镜或暗视野聚光器，在此聚光镜中央有一光挡，使光线只能从周缘进入并会聚在被检物体的表面，光线被超显微的质点散射进入物镜，这些微小质点，就像黑色天空中的一颗颗闪亮的小星。在黑暗的背景中看到的只是物体受光的侧面，是它边缘发亮的轮廓。暗视野显微技术适于观察在明视野中由于反差过小而不易观察的折射率很强的物体，以及一些小于光学显微镜分辨极限的微小颗粒。在微生物学研究工作中，常用暗视野显微技术来观察活菌的运动或鞭毛等。

暗视野聚光镜有两种主要类型：一类是折射型，只要在普通聚光镜放置滤光片的地方，放上一个中间有光挡的小铁环（图 11-6）就成为一个暗视野聚光镜，甚至在一圆形玻璃片中央贴上一块圆形的黑纸也可获得暗视野的效果；另一类暗视野聚光镜是反射型，为各厂家所特制，有不同型式（图 11-7）。

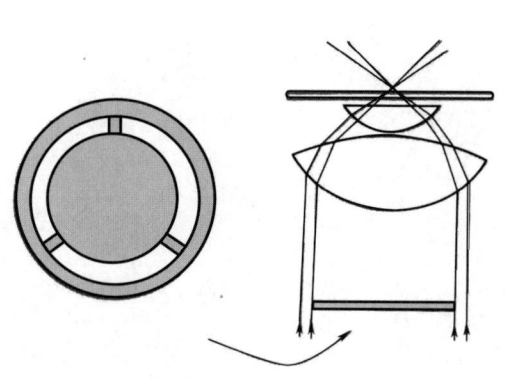

图 11-6　折射型暗视野聚光镜

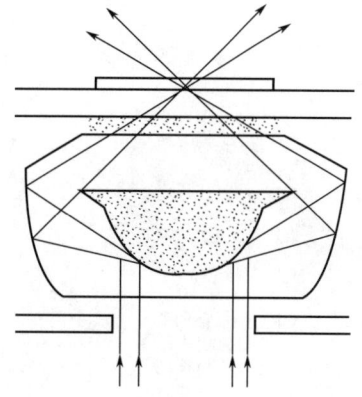

图 11-7　反射型暗视野聚光镜的光路

要使暗视野显微技术获得良好的效果，第一，不能有直射光线进入物镜，当用油镜时，因油镜的开口角度大，为避免直射光线进入，应选用有开口光圈的油镜；第二，要用强烈的光源，一般是使用强光源显微镜灯；第三，要求倾斜光线的焦点正好落在被检物上，这要对暗视野聚光镜进行中心调节和调焦，要求使用的载玻片要薄，通常为1.0~1.2mm，盖玻片厚度不要超过0.16mm。载玻片应非常清洁，无油污，无划痕，以免反射光线；使用高倍物镜时，聚光镜和载玻片间要加香柏油。

一、器材和用品

1. 菌种

枯草芽孢杆菌或大肠杆菌，经多次转接传代的16~18h培养物。

2. 仪器和其他物品

普通光学显微镜、暗视野聚光镜、盖玻片、载玻片、镜油、擦镜纸、二甲苯等。

二、方法和步骤

1. 安装暗视野聚光镜

将普通聚光镜取下，换上暗视野聚光镜，转动螺旋上升聚光镜。

2. 调节光源

将显微镜光源开至接近于最强。把聚光镜上的光阑开到最大，聚光镜上的光阑调至1.4。

3. 制标本片

取一块厚度为1.0~1.2mm的洁净载玻片，加一滴枯草芽孢杆菌或大肠杆菌的幼龄菌液，盖上厚度不超过0.17mm的洁净盖玻片，注意不要有气泡。

4. 置片

加香柏油于暗视野聚光镜的顶部，下降聚光镜，然后把标本片放置在载物台上，并把观察的标本移至物镜下，转动旋钮升高聚光镜，使镜油与载玻片背面相接触，这样可避免产生气泡，增加光亮度。

5. 调焦和调中

使用低倍物镜，转动聚光镜升降螺旋，调节聚光镜的高低，可出现一个光环，最后出现一个光点，光点越小越好。然后用聚光镜的调中螺丝进行调节，使光点位于视野的中央（图11-8）。

（1）聚光器光轴与显微镜光轴不一致的情况　（2）光轴一致，但聚光器焦点与被检物不一致时的情况　（3）聚光器焦点与被检物一致时的情况

图11-8　暗视野聚光器的中心调节及调焦

6. 用油镜进行观察

油镜的使用及注意事项同前。适当地进行聚光镜的调焦和调中，使暗视野照明处于最佳状态。适当地进行聚光镜的调焦以使暗视野照明处于最佳状态。转动粗、细调螺旋，使菌体更清晰。

三、技能训练成果巩固

（1）描述枯草芽孢杆菌或大肠杆菌的运动情况。

（2）使用暗视野显微镜应注意哪些事项？

（3）如何区分菌体是在进行布朗运动或随水流动或是菌体在进行自主运动？

知识链接3 相差显微镜的使用

由于活细胞多是无色透明的，光通过活细胞时，波长和振幅都不发生变化，在普通光学显微镜下，整个视野的亮度是均匀的，所以我们不能分辨活细胞内的细微结构，而相差显微镜能克服这方面的缺点。利用相差显微技术观察活细胞是较好的方法。

相差显微镜（或称相衬显微镜）的形状和成像原理和普通显微镜相似。不同的是相差显微镜有专用的相关聚光镜（内有环状光阑）和相差物镜（内装相板）及调节环状光阑和相板合轴的合轴调整望远镜（图11-9）。

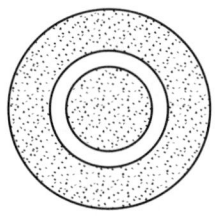
（1）相差聚光镜中的环状光阑

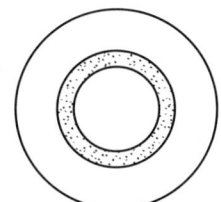
（2）相差物镜中的相板

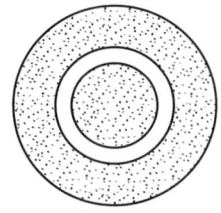
（3）环状光阑和相板调节合轴

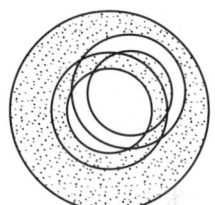
（4）环状光阑和相板不合轴

图11-9 环状光阑和相板的合轴调整

相差聚光镜和普通聚光镜不同的是其装有一个转盘，内有大小不同的环状光阑，在边上刻有0、10、20、40、100等字样，"0"表示没有环状光阑，相当于普通聚光镜，其他数字表示环状光阑的不同大小，要和10×、20×、40×、100×相应的相差物镜配合使用。环状光阑是一个透明的亮环，光线通过环状光阑形成一个圆筒状的光柱。

相差物镜上刻有"ph"或一个线圈，或两者兼有作为标志。相差物镜和普通物镜相似，不同的是在物镜的焦平面上装有一个相板，相板上有一层金属物质及一个暗环，不同放大倍数的相差物镜其暗环的大小不同。

相差显微镜利用环状光阑的相板，使通过反差很小的活细胞的光形成直射光和衍射光，直射光波相对地提前或延后π/2（即1/4波长），并发生干涉，使通过活细胞的光波由相位差变为振幅差（亮度差），活细胞的不同构造就表现出明暗差异，使人们能观察到活细胞的细微结构。

相差显微镜可分为正反差（标本比背景暗）和负反差（标本比背景亮）两类。正反差特别适用于活细胞内部细微结构的观察。

一、器材和用品

1. 菌种

酿酒酵母的斜面或液体培养物。

2. 仪器和其他物品

相差显微镜、载玻片、盖玻片、擦镜纸、镜油等。

二、方法和步骤

1. 安装相差装置

取下普通光学显微镜的聚光镜和物镜,分别装上相差物镜和相差聚光镜。

2. 制片

取洁净的载玻片,在载玻片中央加一滴蒸馏水,从斜面上取一环酿酒酵母置水滴中并轻轻涂开,盖上盖玻片,勿产生气泡。若是液体培养物,则把此菌液摇匀,用滴管加一滴菌液于载玻片中央,小心盖上盖玻片,勿有气泡产生。把标本片置于载物台上。

3. 放置滤色片

在光源前放置蓝色或黄绿色滤色片。

4. 视场光阑的中心调整

(1) 将相差聚光镜转盘转至"0"位。

(2) 用 10× 物镜进行观察。

(3) 将视场光阑关至最小孔径。

(4) 转动旋钮上下移动聚光镜,观察到清晰的视场光阑的多边影像。

(5) 转动调中旋钮使视场光阑影像调中。

(6) 将视场光阑开大并进一步调中使视场光阑多角形恰好与视场圆内接。

(7) 再稍开大视场光阑至各边与视场圆外切。

5. 环状光阑与相板合轴调整(图 11-9)

(1) 取下一只目镜,换入合轴调整望远镜。

(2) 将相差聚光镜转盘转至"10×"等位(与物镜倍数相配)。

(3) 调整合轴,调整望远镜的焦距至能清晰地观察到聚光镜的环状光阑(亮环)和相差物镜的相板(暗环)的像。

(4) 由于相板(暗环)是固定在物镜内的,而聚光镜的环状光阑(亮环)是可以水平移动的,在进行合轴调整时,调节环状光阑的合轴调整旋钮,使光环完全进入暗环并与暗环同轴。

(5) 取下合轴调整望远镜,装入目镜即可进行观察。

6. 更换其他倍数的相差物镜

更换其他倍数的相差物镜应重新进行合轴调整。若用 100× 相差物镜时,标本和物镜间加入镜油,并进行合轴调整。

7. 观察

用 40× 或 100× 相差物镜对酿酒酵母细胞结构进行观察。

三、技能训练成果巩固

(1) 绘制酿酒酵母细胞结构图。

(2) 相差显微镜的工作原理是什么?使用相差显微镜应注意哪些事项?

基本技能训练 3　细菌染色与细菌形态观察技能训练

一、目的

（1）熟练掌握细菌染色与细菌形态观察技能与操作。
（2）为食品微生物检验奠定基础。

二、适用范围

适用于食品微生物检验的细菌染色与细菌形态观察。

三、细菌的简单染色

细菌的染色是微生物学实验中的一项基本技术。细菌的细胞小而透明，在普通光学显微镜下不易识别，必须借助于染色，使菌体着色以增加菌体的显示能力，从而更清楚地观察到其形态和结构。

在细菌形态观察中，根据不同的目的，需采用不同的染液和染色方法。一般分为单染色法和复染色法，单染色法是用一种染料使微生物染色，方法简便，但只能显示其形态，不能辨别其构造；复染色方法是用两种或两种以上染料染色，有协助鉴别微生物的作用，如革兰染色法，芽孢、鞭毛、细胞核等特殊染色。

染色前必须固定细菌，其目的如下：一是杀死细菌并使菌体黏附于载玻片上；二是增加其对染料的亲和力。常用的有加热和化学固定两种方法，固定时应尽量维持细胞的原有形态，防止细胞膨胀或收缩。

（一）器材和用品

1. 菌种

苏云金芽孢杆菌（*Bacillus thuringiensis*），巨大芽孢杆菌（*Bacillus megatherium*）。

2. 染料

苯酚-品红染色液、结晶紫染色液。

3. 仪器和用品

显微镜、接种环、镊子、酒精灯、载玻片、二甲苯、香柏油、吸水纸、擦镜纸。

（二）方法和步骤

染色操作程序如下：

涂片 → 干燥 → 固定 → 染色 → 水洗 → 干燥 → 油镜观察

1. 涂片

取干净载玻片，于中央加蒸馏水一小滴，将接种环在火焰上灼烧灭菌，冷却后，取试管斜面一支，按无菌操作法用接种环从菌种斜面表面挑取细菌少许（注意不要挑破培养基），涂在载玻片水滴中，涂面约是 $1cm^2$ 的均匀薄膜。如果是液体培养物则不必加水，直接取菌液 1~2 环涂片，接种环经灭菌后放回原处。

2. 干燥

将涂片自然风干或将载玻片置于酒精灯火焰高处微热烘干，但不能直接在火焰上烘烤，以免菌体变形。

3. 固定

手执涂片一端，有菌膜的一面向上，迅速通过火焰2~3次，使菌体固定于载玻片上（用手指触涂片反面，以不烫手为宜），待载玻片冷却后，再加染料。

4. 染色

将涂片置于玻片搁架上，加适量（以盖满菌膜为度）苯酚-品红染色液或结晶紫染色液于菌膜部位，染色1~2min。

5. 水洗

倾去染色液，用洗瓶中的自来水自载玻片一端轻轻冲洗，至流下的水中无染色液的颜色时为止。

6. 干燥和镜检

让载玻片自然干燥或用吸水纸吸去其上多余的水分（注意不要将菌体擦去）后，自然晾干或在离火焰较远处微热烘干。先用低倍镜找到物像后再用油镜观察。

四、细菌的革兰染色法

革兰染色法是1884年由丹麦病理学家C·Gram所创立的。革兰染色法是一种鉴别细菌的染色方法，根据各种细菌对这种染色反应的不同表现，可将细菌分为革兰染色阳性和革兰染色阴性两大类，这两类细菌不同的染色反应是由于它们细胞壁组成物质及细胞壁的结构不同所造成的，对于细菌的分类、鉴定及生产应用都有重要意义。

革兰染色法的主要步骤是先用结晶紫进行初染，再加媒染剂（碘液），以增加染料与细胞间的亲和力，使结晶紫和碘在细胞膜上形成分子质量较大的复合物，然后用脱色剂（乙醇或丙酮）脱色，最后用番红复染，凡细菌不被脱色而仍保留初染剂的颜色（紫色）者称为革兰染色阳性菌或称为正反应（用G^+表示）；如被脱色后又染上复染剂的颜色（红色），称为革兰染色阴性菌或负反应（用G^-表示）。一般来说，芽孢杆菌和多数球菌呈阳性反应；大多数无芽孢杆菌和某些球菌呈阴性反应；放线菌和酵母菌都呈阳性反应；弧菌和螺旋菌呈阴性反应。

细菌的革兰反应并非固定不变，菌龄的大小，温度的高低、培养基pH和染色技术等都能影响革兰染色反应的效果。

（一）器材和用品

1. 菌种

牛肉膏蛋白胨培养基上培养24h的大肠杆菌（*Escherichia coli*）斜面菌种、牛肉膏蛋白胨培养基上培养16h的枯草芽孢杆菌（*Bacillus subtilis*）斜面菌种。

2. 试剂

结晶紫染色液、卢戈碘液、95%酒精、番红、蒸馏水。

3. 仪器和用品

显微镜、酒精灯、接种环、载玻片、镊子、玻片架。

4. 其他物品

香柏油、二甲苯、吸水纸、擦镜纸、洗瓶及废液缸等。

(二) 方法和步骤

1. 涂片、固定

(1) 常规涂片法　单独涂片法（同简单染色涂片法），也可用混合涂片法。取一块洁净的载玻片，加一滴蒸馏水，用无菌操作的方法挑取少量的大肠杆菌和枯草芽孢杆菌与载玻片上的水滴混合均匀，涂成薄的菌膜（注意不要带培养基，枯草芽孢杆菌的量要少于大肠杆菌），即成为两种菌的混合涂片。

(2) "三区"涂片法　在载玻片的左右端各加一滴蒸馏水，用无菌接种环挑取少量枯草芽孢杆菌与左边水滴充分混合成仅有枯草芽孢杆菌的区域，将载玻片倾斜使少量菌液延伸至载玻片的中央，再用无菌接种环挑取少量大肠杆菌与右边水滴充分混合成仅有大肠杆菌的区域，倾斜载玻片使少量大肠杆菌液延伸至载玻片中央，与枯草芽孢杆菌相混合成为含有两种菌的混合区。干燥、固定同简单染色法。

2. 染色

(1) 初染　将载玻片置于玻片架上，加结晶紫染色液（加量以覆盖菌膜为度）染 1~2min，倾去染色液，用洗瓶小水流冲洗。

(2) 媒染　加卢戈碘液一滴，染 1min，水洗。

(3) 脱色　滴加 95% 酒精脱色 30s，立即水洗，以终止脱色。

(4) 复染　滴加番红，复染 2~3min，水洗。

3. 干燥

用吸水纸轻轻吸干多余水分，再用微火烘烤至完全干燥。

4. 镜检

先用低倍镜找到物像后，再用油镜观察，被染成紫色者即为革兰染色阳性（G^+），被染成红色者为革兰染色阴性（G^-）。

五、注意事项

(1) 严格掌握脱色程度，是革兰染色成败的关键。脱色时间过长，阳性菌初染的紫色也可被脱去，被复染成红色误认为是阴性菌；若脱色时间过短，阴性菌初染时的紫色未能脱去，复染时不能染成红色被误认为是阳性菌。

(2) 选用培养 12~20h 菌龄的细菌为宜，菌龄太长，由于菌体死亡或自溶常使革兰染色阳性菌呈阴性反应。

六、技能训练成果巩固

(1) 绘出显微镜下所观察到的细菌形态图，并说明其染色反应。
(2) 涂片为什么要固定，固定时应注意什么问题？
(3) 革兰染色法中哪一步是关键，其对结果会有什么样的影响？
(4) 分析革兰染色的原理。

基本技能训练4　细菌的特殊染色法（芽孢、荚膜、鞭毛、细胞壁）

一、目的

（1）熟练掌握食品微生物检验细菌的特殊染色法操作。
（2）为食品微生物检验奠定基础。

二、适用范围

（1）适用于食品微生物检验细菌的特殊染色法操作。
（2）细菌除了具有细胞壁、细胞膜、原生质和拟核等基本构造外，某些细菌还有芽孢、荚膜等特殊构造，这些构造不能用一般染色方法着色，必须用特殊方法才能着色，进行显微镜观察。利用特殊的染色法可用于进行细菌的菌种鉴定。

三、细菌芽孢的染色

细菌的芽孢具有厚而致密的壁，通透性差，不易着色，一旦染上色又难以脱色。根据这一特点，在染色时，可采用着色力强的染色剂，如苯酚-品红、孔雀绿等并加热染色。先是菌体和芽孢都着色，再用脱色剂脱去菌体颜色而保留芽孢的颜色，然后再用另一种染色液复染菌体，使菌体和芽孢染成不同的颜色。

（一）器材和用品

1. 菌种

巨大芽孢杆菌、蕈状芽孢杆菌（*Bacillus mycoides*）。

2. 试剂

5%孔雀绿染色液（孔雀绿 5.0g，蒸馏水 100.00mL）、番红染色液（番红 5.0g，蒸馏水 100.00mL）。

3. 仪器和用品

显微镜、酒精灯、接种环、镊子、水浴锅、载玻片、小试管（75mm×10mm）、烧杯（30mL）。

4. 其他用品

二甲苯、香柏油、擦镜纸、吸水纸、洗瓶。

（二）方法和步骤

1. 方法Ⅰ

（1）取菌制片　取载玻片一张，加蒸馏水一滴，用接种环无菌操作取芽孢杆菌一环，涂布均匀。
（2）干燥　同简单染色法干燥（风干或微加热干燥），固定。
（3）染色　滴加孔雀绿染液一滴浸没菌膜，在加有染液的菌膜上放一块滤纸，以免染液很快蒸发，然后放在水蒸气上加热 5min，中间可补加染色液，以免蒸干。
（4）冷却载玻片，移去滤纸，用水冲去多余染色液。
（5）复染　加 0.5%番红染色液一滴，染色 30s，快速冲去染液，用滤纸吸干水分。

（6）镜检　用油镜观察芽孢大小、位置和形态。
结果：芽孢呈绿色，菌体呈红色。
2. 方法Ⅱ
（1）取空试管一支，加无菌水数滴。
（2）按无菌操作的方法挑取芽孢杆菌1~2环混入试管无菌水中，并充分摇荡制成均匀菌悬液，然后滴加等量苯酚-品红染色液。
（3）将试管置于水浴锅内加热5min，或用试管夹夹住试管，在酒精灯上加热近沸腾1~2min（注意：试管口不要对着人，若菌液近沸腾，试管要离开火焰）。
（4）用接种环取加热后的染色菌液制成涂片，干燥并固定。
（5）用丙酮酒精脱色30~60s，水洗。
（6）用5%孔雀绿复染5~10min，水洗，用吸水纸吸干多余的水分。
（7）镜检　先用低倍镜找到物像后，再用油镜观察。
结果：菌体呈绿色，芽孢呈红色。

（三）注意事项
（1）供芽孢染色用的菌种应控制菌龄，巨大芽孢杆菌在35℃左右时培养14~16h的效果最佳。
（2）如用方法Ⅰ得到好的涂片，首先要制备浓稠的菌液，其次是从小试管中取染色的菌液时，应先用接种环充分搅匀（方法Ⅱ也如此），然后再挑取菌液，否则菌体沉于底部，染片时菌体太少。

（四）技能训练成果巩固
（1）绘图并注明芽孢的形状及其在菌体内着生的位置。
（2）芽孢染色与普通染色有何不同？

四、细菌荚膜的染色

由于荚膜与染料的亲和力弱，不易着色，但荚膜的通透性较好，一些染料可透过荚膜而使菌体着色，因此，染色以后在菌体周围的浅色或无色透明圈，即是荚膜。由于荚膜的含水量在90%以上，故染色时一般不加热固定，以免荚膜皱缩变形。

荚膜染色常用背景衬托染色法，即用有色的背景来衬托出无色（没有染上颜色）的荚膜。有时也可以用简单染色法进行细菌荚膜观察（染料用苯酚-品红）。

（一）器材和用品
1. 菌种
硅酸盐细菌、圆褐固氮菌。
2. 试剂
苯酚-品红、用滤纸过滤后的绘图墨水、6%葡萄糖水溶液、1%甲基紫、甲醇、95%酒精、蒸馏水。
3. 仪器和用品
显微镜、酒精灯、接种环、镊子、载玻片、盖玻片。
4. 其他用品
二甲苯、香柏油、擦镜纸、玻片架、滤纸等。

(二) 方法和步骤

1. 简单染色法

简单染色法同基本技能训练3"三、细菌的简单染色"部分。

2. 荚膜衬托染色法

（1）制菌液　加一滴6%葡萄糖液于洁净载玻片一端，挑取硅酸盐细菌少许（带黏液）与其充分混合，再加一环墨水，充分混匀。

（2）制片　左手持载玻片，右手另拿一光滑的载玻片（作推片用），将推片一端的边缘置于菌液前方，然后稍向后拉。当与菌液接触后，轻轻地向左右移动，使菌液沿推片接触后缘散开，然后以30°角，迅速而均匀地将菌液推向载玻片另一端，使菌液铺成一薄膜。

（3）干燥固定　在空气中自然干燥，用甲醇浸没涂片，固定1min，立即倾去甲醇。

（4）干燥　在酒精灯上方，用文火固定。

（5）染色　用甲基紫染色1~2min。

（6）水洗　用蒸馏水轻洗，自然干燥。

（7）镜检　先用低倍镜观察，再用高倍镜观察。

结果：背景灰色，菌体紫色，荚膜呈一个清晰透明圈。

(三) 注意事项

（1）取菌时要带有黏稠状的菌苔。

（2）干墨水法和简单染色法制片时，涂片要放在火焰较高处，用文火干燥，不可使载玻片过热。

(四) 技能训练成果巩固

（1）将荚膜染色结果绘图，说明荚膜和菌体的形态和颜色。

（2）荚膜的成分是什么，荚膜为什么不易着色？

五、细菌鞭毛的染色

细菌的鞭毛极细，直径10~20nm，只有用电子显微镜才能观察到。但是，如果采用特殊的染色方法，则在普通光学显微镜下也能看到它。鞭毛染色的基本方法是：在染色前先用媒染液处理，让媒染液沉积在鞭毛上，使鞭毛直径加粗，再用染液复染。常用的媒染剂由鞣酸和氯化高铁或钾明矾等配制而成。

(一) 器材和用品

1. 菌种

大肠杆菌（*Escherichia coli*）或普通变形杆菌（*Proteus vulgaris*）在牛肉膏蛋白胨培养基上连续活化4~5代（每代18h）后，最后一代在斜面上培养15~20h所制备的斜面菌种。

2. 染色液

银盐染色液（A、B）（24h之内使用效果好）、利夫森染色液。

3. 仪器和用品

显微镜、酒精灯、恒温箱、接种环、载玻片、镊子。

4. 其他用品

香柏油、二甲苯、擦镜纸、吸水纸、玻片架、洗瓶（内装蒸馏水）、废液缸等。

(二) 方法和步骤

1. 银盐染色法

（1）清洗载玻片　载玻片最好选用新的，为了避免载玻片相互重叠，应将载玻片插在专用金属架上，然后将载玻片置于洗衣粉过滤液中（洗衣粉煮沸后用过滤纸过滤，以除去粗颗粒），煮沸 20min。取出稍冷后用自来水冲洗、晾干，再放入浓洗液中浸泡过夜（24h）。使用前取出载玻片，用自来水冲去残酸，再用蒸馏水洗。将水沥干后，放入 95% 乙醇中脱水，晾干后，立即使用。

（2）配染料　试剂 A：10% 单宁酸（体积分数）10mL 加 5mL 饱和硫酸钾铝水溶液，再加 1mL 苯胺饱和水溶液形成沉淀，通过摇动又能重新溶解，加入 5% $FeCl_3$ 水溶液 1mL 形成黑色溶液，稳定 10min 后使用。

试剂 B：配制 5% $AgNO_3$（质量分数）水溶液 100mL 取出 10mL 备用，再缓慢加入浓氨水（相对密度 0.880）使形成的沉淀刚好重新溶解，最后把备用的 10mL $AgNO_3$ 溶液向其中逐滴加入，直到摇动后呈现轻微而稳定的薄雾状溶液为止，避光保存，可稳定数周。用媒染液染片 3~5min，蒸馏水充分洗涤后，再把银染液滴加至涂片上。加热至接近沸腾，染色 3~5min。

试剂不稳定，要求在 4h 内使用，并用要用氨水调 pH 至 10。试剂 A 染片 2~4min，试剂 B 染色 30s，不需加热。

（3）细菌运动性观察　以无菌操作的方法挑取培养 15~20h 的大肠杆菌或变形杆菌少许，用悬滴法检查细菌的运动性，如果细菌的运动性很强，即可做鞭毛染色。

（4）涂片　在载玻片的一端滴一滴蒸馏水，用接种环（无菌操作）挑取斜面上的菌苔少许（注意不要挑到培养基），在载玻片上的水滴中轻蘸几下，倾斜载玻片使菌液随水滴缓慢流到另一端，然后将菌片放在载玻片搁架上，放入 25~28℃ 温箱中干燥。

（5）染色

① 滴加 A 液，染色 4~6min，放温箱中保温。

② 用蒸馏水充分洗净 A 液。

③ 用 B 液冲去残水，再加 B 液于载玻片上，在微火上加热至冒汽，维持 30~60s（加热时应随时补充蒸发掉的染料，不可使玻片出现干涸区），用蒸馏水冲洗，自然干燥。

（6）镜检　镜检时应多找几个视野，有时只能在部分镜检涂片上观察到染色鞭毛。菌体为深褐色，鞭毛为褐色。

2. 改良利夫森染色法

（1）清洗载玻片法同"银盐染色法"项下。

（2）染料配制　染料配制见表 11-2。

表 11-2　　　　　　　　　　　　　　染料配制

名称	3×50mL	保存条件
试剂（A）：利夫森缓冲液	50mL	4℃
试剂（B）：利夫森稀释液	50mL	4℃
试剂（C）：复红染色液	50mL	4℃，避光

续表

| 名称 | 3×50mL | 保存条件 |

| 临用前，按试剂（A）：（B）：（C）= 1∶1∶1（体积比）混合，即为利夫森染色液，立即使用，不宜久置 | | |

试剂 A：单宁酸 5g、$FeCl_3$ 1.5g、蒸馏水 100mL、福尔马林（15%，体积分数）2.0mL、NaOH（1%，质量分数）1.0mL。试剂配好后，须当日使用，次日效果差，第三日则不宜使用。

试剂 B：$AgNO_3$ 2g、蒸馏水 100mL。待 $AgNO_3$ 溶解后，取出 10mL 备用，向其余的 90mL $AgNO_3$ 中滴入浓 NH_4OH，使之成为很浓厚的悬浮液，再继续滴加 NH_4OH，直到新形成的沉淀又重新刚刚溶解为止。再将备用的 10m $LAgNO_3$ 慢慢滴入，则出现薄雾，但轻轻摇动后，薄雾状沉淀又消失，再滴入 $AgNO_3$，直到摇动后仍呈现轻微而稳定的薄雾状沉淀为止。如所呈雾不重，此染剂可使用一周，如雾重，则银盐沉淀出，不宜使用。

(3) 菌液的制备 以无菌操作的方法用接种环挑取经活化 4~5 代的斜面与冷凝水交界处的菌液数环。移至盛有 1~2mL 无菌水的试管中，使菌液轻度浑浊，将该试管放于 28~35℃的温箱中静置 10~15min（放置时间不宜太长，否则鞭毛会脱落），让幼龄菌的鞭毛松展开，取出进行分区涂片。

(4) 涂片 用削尖的玻璃铅笔在洁净的载玻片上划分 3~4 个相等的区域。取一滴菌液放于每个小区的一端，将载玻片倾斜，让菌液流向另一端，并用滤纸吸去多余的菌液，在空气中自然干燥。

(5) 染色 加染色液于第一区，使染料覆盖涂片，隔数分钟后再将染料加入第二区，以后以此类推（相隔时间可自行决定），其目的是确定最适的染色时间，而且节约材料。在染色过程中要仔细观察，当整个玻片出现铁锈色沉淀和染料表面出现金色膜时，即用水轻轻地冲洗。一般约染色 10min，水洗。在没有倾去染料的情况下，就用蒸馏水轻轻地冲洗，否则会增加背景的沉淀。玻片在空气中自然干燥。

(6) 镜检 用油镜观察，应多找几个视野。

结果：细菌和鞭毛均染成红色。

(三) 注意事项

(1) 制备牛肉膏蛋白胨培养基时琼脂用量控制在 150~180mg/L。

(2) 必须选择活泼运动的菌株，这是鞭毛染色的关键。一般经多次连续移植活化，菌龄在 12~20h 易于染色。

(3) 鞭毛染色受室温的影响极为明显，在低于 15℃或高于 35℃的情况下染色效果均不理想。

(4) 载玻片要求干净无油污（最好用新的硬质载玻片）。

(5) 染液最好当日配制，当日使用，陈旧的效果不好。方法Ⅰ染色时一定要充分洗净 A 液后再加 B 液，否则背景太脏。

(四) 技能训练成果巩固

(1) 绘出显微镜下细菌鞭毛图。

（2）鞭毛染色前为什么要进行细菌运动性检查？
（3）鞭毛染色应注意哪些环节，染色成功的关键是什么？

六、微生物细胞壁的染色

细胞壁是细菌细胞的外壁，较坚韧而略有弹性，有保护与成形的作用。细菌细胞壁的共性是以肽聚糖为骨架结构的基本成分构成的网袋，且细菌细胞壁很薄，只有数十纳米厚，用光学显微镜很难观察清楚，用电子显微镜通过细胞切片方可观察清楚。

（一）器材和用品

由于细菌细胞壁很薄，组成细菌细胞壁的主要化学成分是肽聚糖，它与染料结合的能力差，不易着色，因此，欲通过染色来观察细胞壁，必须设法使细胞壁能着色，而细胞质则不易着色，常用的方法有单宁酸法和磷钼酸法。单宁酸和磷钼酸都是起媒染作用，它们使细胞壁形成可着色的复合物，而使细胞质不易被着色，经结晶紫或甲基绿染色后，便可在普通光学显微镜下观察到细胞壁。

1. 菌种

枯草芽孢杆菌（*Bacillus subtilis*），酿酒酵母（*Saccharomyces cerevisiae*）。

2. 用品

5%单宁酸、0.2%结晶紫染色液、显微镜、载玻片等。

（二）方法和步骤

1. 制片

取一张干净的载玻片，在其上加一滴蒸馏水，无菌操作取培养15~24h的枯草芽孢杆菌或培养36~48h的酿酒酵母菌一环，涂布均匀。

2. 干燥与固定

同"基本技能训练3"中"三、细菌的简单染色"对应步骤。

3. 媒染

用5%的单宁酸覆盖菌面5min，水洗。

4. 复染

用0.2%的结晶紫复染1min，水洗后干燥。

5. 镜检

用油镜观察细胞壁。

（三）技能训练成果巩固

绘出显微镜下细菌和酵母菌的形态图，标出细胞壁的染色。

基本技能训练5　真菌形态的观察

一、目的

（1）熟练掌握食品微生物检验中真菌形态的观察与操作技术。
（2）为食品微生物检验奠定基础。

二、适用范围

适用于食品微生物检验中真菌形态的观察与操作。

三、霉菌的制片与观察

霉菌的营养体是分枝的丝状体,称为菌丝体,其个体一般比细菌和放线菌大得多,菌丝平均宽度 3~10μm,分为基内菌丝和气生菌丝,气生菌丝中又可分化出繁殖菌丝。不同的霉菌其繁殖菌丝可以形成不同的孢子。

霉菌的菌丝较粗大,细胞易收缩变形,而且孢子易分散,所以制标本片时常用乳酸酚棉蓝染色液,此染色液制成的霉菌标本片的特点是:①细胞不变形;②具有杀菌防腐作用,且不易干燥;③溶液本身是蓝色,有一定的染色效果。也可用乳酚油来制片观察,用乳酚油制片具有可使菌丝和孢子保持原有颜色等优点。

利用培养在玻璃纸上的霉菌作为观察材料,可以得到清晰、完整、保持自然状态的霉菌形态,也可以直接挑取生长在平板中的霉菌菌丝体制片观察。

(一) 器材和用品

1. 菌种

使用在 PDA 平板上或用玻璃纸透析培养法培养 2~5d 的根霉 (*Rhizopus* sp.)、青霉 (*Penicillium* sp.)、曲霉 (*Aspergillus* sp.)。

2. 仪器和用品

显微镜、剪刀、酒精灯、镊子、载玻片、盖玻片、解剖针、擦镜纸、二甲苯、吸水纸。

3. 试剂

50%酒精(体积分数,余同)、乳酸酚棉蓝染色液、乳酚油。

(二) 方法和步骤

1. 直接制片观察法

取一干净的载玻片,滴一滴乳酸酚棉蓝染色液。按无菌操作的方法用解剖针从生长有霉菌的平板上挑取少量带有孢子的霉菌菌丝(挑取菌丝和带有颜色的部分),放入载玻片上的液滴中。仔细地用解剖针将菌丝分散开来,然后盖上盖玻片(盖片时先让盖玻片的一侧接触液滴,然后慢慢放下,避免有气泡产生)。用低倍镜观察,必要时转高倍镜观察并记录结果。

2. 玻璃纸透析培养观察法

(1) 玻璃纸的选择与处理 要选择能够允许营养物质透过的玻璃纸,可收集商品包装用的玻璃纸,加水煮沸,然后用冷水冲洗,若玻璃纸变硬则不能用。将选择出来可用的玻璃纸剪成适当大小,用水浸湿后,夹于圆形滤纸中,然后一起放入平板内,0.1MPa 灭菌 30min 备用。

(2) 菌种的培养 按无菌操作法倒平板,冷凝后用无菌的镊子夹取无菌玻璃纸贴附于平板上,再用接种针挑取少许霉菌孢子,在玻璃纸上方轻轻抖动,使孢子抖落于纸上,然后将平板置 28℃ 左右的温箱中培养 3~5d,曲霉菌和青霉菌即可在玻璃纸上长出单个菌落(根霉的气生菌丝强,不能形成单个菌落)。

（3）制片与观察　剪取玻璃纸透析法培养2~5d的长有根霉菌丝和孢子的玻璃纸一小片，先放在50%的酒精中浸一下，洗掉脱落下来的孢子，并赶走菌体上的气泡，然后正面向上贴附于干净的载玻片上，滴加1~2滴乳酸酚棉蓝染色液，小心地盖上盖玻片（注意不要产生气泡），且不要移动盖玻片，以免搅乱菌丝。

对于曲霉菌和青霉菌，应选用发育完全（长有孢子）的菌落，从其边缘剪取一小块长有孢子（一定要带有孢子）和菌丝的玻璃纸，用上述同样的方法制片。

标本片制好后，先用低倍镜观察，必要时再换高倍镜。注意观察菌丝有无隔膜、有无假根、足细胞等特殊形态的菌丝，并注意观察无性繁殖器官的形态、大小等，按比例绘出根霉、曲霉和青霉的形态图，并加以比较说明其差异。

如需制成封闭标本，可选择理想的标本片置温室中存放数日，使水分蒸发一部分，然后用擦镜纸将盖玻片周围擦净（但不能触动盖玻片），再在玻盖片周围涂一圈合成树胶，风干后即可保存。

（三）霉菌菌落特征的观察

认真观察青霉、根霉、曲霉的菌落，注意菌落的形态、边缘、菌丝长度和颜色（正面、背面，孢子颜色）等。

（四）成果巩固

（1）绘出显微镜下所观察到的根霉、曲霉、青霉形态图。

（2）制备霉菌水浸片时为什么要用棉蓝。

基本技能训练6　酵母菌的制片与观察

一、目的

（1）熟练掌握食品微生物检验中酵母菌的制片、观察与操作技术。
（2）为食品微生物检验奠定基础。

二、适用范围

适用于食品微生物检验中酵母菌的制片、观察与操作。

三、酵母菌的制片与观察

酵母菌是不运动的单细胞真核微生物，其大小比常见细菌大几倍到几十倍，大多数酵母菌以出芽方式无性繁殖，也有的进行分裂繁殖或进行产生子囊孢子的有性繁殖。

亚甲蓝是一种无毒性的染料，它的氧化型呈蓝色，还原型呈无色。用亚甲蓝对酵母菌进行染色时，由于活细菌的新陈代谢作用，细胞内有较强的还原能力，能使亚甲蓝由氧化型的蓝色还原为还原型的无色。所以活细胞是无色的，但对于死细胞或代谢作用微弱的老细胞来说，则被染上蓝色，借此即可对酵母菌的死细胞或活细胞进行鉴定。

（一）器材和用品

1. 菌种

酿酒酵母。

2. 用品

0.05%的亚甲蓝、革兰染色用碘液、显微镜、载玻片、盖玻片等。

(二) 方法和步骤

1. 死活细胞的鉴定

(1) 制片　取一张洁净的载玻片，在其中央滴加一滴亚甲蓝染色液，用接种环无菌操作，取培养36~48h的酵母培养物一环（少许），在亚甲蓝试剂中将其涂散，若太多则会发生重叠，不易观察计算，盖上盖玻片。

(2) 观察　先用低倍镜找到物像后，再转换为高倍镜，即可看清其形态及有色细胞和无色细胞。无色细胞为活细胞，有色细胞为死细胞。

(3) 计算　观察4~5个视野，计算出死活细胞的比率。

2. 酵母菌发芽率的测定

(1) 制片

① 直接取菌制片：取用液体培养基培养的酵母菌液制作水浸片。

② 稀释制片：将培养18~36h的酿酒酵母做10倍或20倍（稀释液用蒸馏水）稀释后，用吸管取菌液0.2~0.4mL滴于载玻片上，盖上盖玻片。

(2) 观察　先用低倍镜再用高倍镜，观察酵母菌出芽繁殖的情况，芽体超过母细胞一半以上时可计为两个细胞。

(3) 计算　观察4~5个视野，求出细胞出芽率。

3. 子囊孢子的观察

将酿酒酵母接种于麦芽汁或豆芽汁液体培养基中，28~30℃培养24h，如此连续传代3~4次，使其生长良好，然后转接到醋酸钠斜面培养基上，25~28℃培养4~5d。用水浸片法制片或涂片，再用芽孢染色法染色，观察子囊孢子形状，注意每个子囊内的子囊孢子数目。

4. 技能操作训练——酵母菌的形态观察及死、活细胞的鉴别

吕氏碱性亚甲蓝染色液常用于酵母菌的染色观察，活的酵母细胞还原能力强，能把亚甲蓝还原成无色，因此活细胞为无色。死酵母细胞还原能力弱或无还原能力，会被亚甲蓝染成蓝色或浅蓝色。

(1) 滴一小滴1000mg/L吕氏碱性亚甲蓝染色液于载玻片中央（注意：滴加染液要适中，否则用盖玻片覆盖时，染液过多会溢出，过少会产生大量气泡）。

(2) 按无菌操作取少量酵母菌与其混合均匀（混合时不要剧烈涂抹，以免破坏细胞）。

(3) 用镊子取一块盖玻片，将盖玻片一边与菌体接触，缓缓将盖玻片倾斜并覆盖在菌液上（注意要缓慢倾斜，以免产生气泡）。

(4) 放置约3min后，先用低倍镜，后用高倍镜（不用油镜）观察酵母的形态和出芽情况，并用颜色区别死活细胞。

(三) 成果巩固

(1) 绘制在高倍镜下所观察到的酵母菌的死活细胞情况。

(2) 绘制酵母菌出芽情况。

(3) 描述酵母菌的菌落特征。

(4) 简述死活细胞的染色原理。
(5) 熟练掌握酵母菌的形态观察及死、活细胞的鉴别。

基本技能训练 7　微生物细胞大小的测定

一、目的

(1) 熟练掌握食品微生物检验中微生物细胞大小的测定。
(2) 奠定食品微生物检验基础。

二、适用范围

适用于食品微生物检验中的微生物细胞大小的测定。

三、微生物细胞大小的测定

微生物细胞的大小，是微生物重要的形态特征之一。由于菌体很小，只能在显微镜下来测量。用于测量微生物细胞大小的工具有目镜测微尺和镜台测微尺。

目镜测微尺是一块圆形的玻片，在载玻片中央有一条把 5mm 长度刻成 50 等分或把 10mm 长度刻成 100 等分的线（图 11-10）。测量时，将其放在接目镜隔板上来测量经显微镜放大后的细胞物像。由于不同的显微镜放大倍数不同，同一显微镜在不同的目镜、物镜组合下，其放大倍数也不相同，故目镜测微尺每格实际表示的长度随显微镜放大倍数的不同而异。即目镜测微尺上的刻度只是代表相对长度，所以在使用前须用镜台测微尺校正，以求得到在一定放大倍数下实际测量时的长度。镜台测微尺是一个中央部分刻有一条长为 1mm 刻度的载玻片（比一般载玻片厚），其上镶

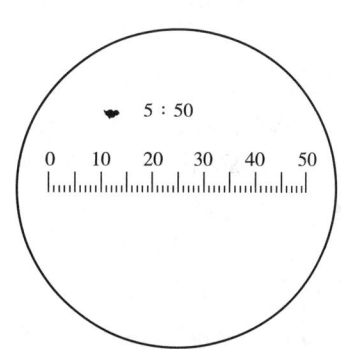

图 11-10　目镜测微尺

有一圆形玻片，其中 1mm 的刻度被精确等分为 100 小格，每格长 10μm，即 0.01mm（图 11-11）。因此长度固定不变，所以用镜台测微尺的已知长度，在一定放大倍数下，即可求出目镜测微尺每格所代表的长度（图 11-12）。

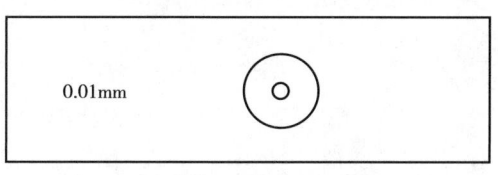

图 11-11　镜台测微尺

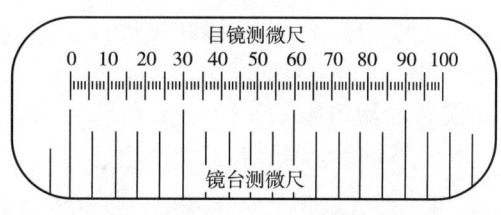

图 11-12　镜台测微尺校准目镜测微尺

(一) 器材和用品
1. 菌种
酿酒酵母（*Saccharomyces cerevisiae*）、枯草芽孢杆菌（*Bacillus subtilis*）染色标本片。
2. 仪器和用品
显微镜、目镜测微尺、镜台测微尺、香柏油、二甲苯、擦镜纸等。

(二) 方法和步骤
1. 目镜测微尺的校正

把目镜的上透镜旋下，将目镜测微尺的刻度朝下，轻轻地装入目镜的隔板上，把镜台测微尺置于载物台上，使刻度朝上。先用低倍镜观察，对准焦距，视野中看清镜台测微尺的刻度后转换为高倍镜，再次调焦看清镜台测微尺的刻度后，转动目镜，使目镜测微尺与镜台测微尺的刻度平行，移动推动器，使两尺刻度相平行，并使两者间某一段的起、止线完全重合，然后数出两条重合线之间的格数，即可求出目镜测微尺每小格的实际代表长度。因为镜台测微尺的刻度为每格 10μm，所以由式（11-4）可以计算出目镜测微尺每格所代表的实际长度。

$$目镜测微尺每格长度/\mu m = \frac{两重合线间镜台测微尺格数 \times 10}{两重合线间目镜测微尺格数} \qquad (11-4)$$

例：目镜测微尺 5 小格等于镜台测微尺 2 小格，则目镜测微尺上每小格长度为：$2 \times 10/5 = 4\mu m$。

用同法校正在油镜下目镜测微尺每小格所代表的长度。

由于不同显微镜及附件的放大倍数不同，因此校正目镜测微尺必须针对特定的显微镜和附件（特定的物镜、目镜、镜筒长度）进行，而且只能在特定的情况下重复使用。当更换不同放大倍数的目镜或物镜时，必须重新校正目镜测微尺每一格所代表的长度。

2. 测量菌体细胞大小

（1）取一张干净的载玻片，滴上一滴棉蓝染色液或卢戈碘液。

（2）用接种环无菌操作取酵母菌少许制成水浸标本片。

（3）取下镜台测微尺，换上酵母菌水浸片，先在低倍镜下找到目的物，然后在高倍镜下用目镜测微尺来测量酵母菌菌体的长、宽各占几格（不足 1 格的部分估计到小数点后 1 位数）。测出的格数乘上目镜测微尺每格代表的长度即等于该菌的大小。

一般测量菌体的大小要在同一涂片上测定 10~15 个菌体，求出平均值，才能代表该菌的大小，而且是用对数生长期的菌体进行测定。

（4）用同法在油镜下测定枯草芽孢杆菌染色标本的长和宽。

（5）用毕后，取出目镜测微尺，将目镜放回镜筒中，用擦镜纸擦去目镜测微尺的油渍和手印，擦干净油镜头。

(三) 成果巩固
（1）将实验结果填入下列空格。

目镜_____倍，低倍镜_____倍，高倍镜_____倍，油镜_____倍。
高倍镜下，目镜测微尺_____格＝镜台测微尺_____格。目镜测微尺每格＝_____μm。
油镜下目镜测微尺_____格＝镜台测微尺_____格。目镜测微尺每格＝_____μm。

（2）将测得的菌体大小记录于表 11-3 中。

表 11-3　　　　　　　　　　　　　菌体大小记录表

菌号	1	2	3	4	5	6	7	8	9	10	平均值/μm
长/格											
宽/格											

（四）成果巩固

（1）为什么目镜测微尺用镜台测微尺校正？

（2）测量细菌和酵母菌的大小，在显微镜使用方法上有何不同？

基本技能训练 8　食品微生物检验中培养基的制备

一、目的

（1）熟练掌握食品微生物检验培养基的制备操作。

（2）奠定食品微生物检验基础。

二、适用范围

适用于食品微生物检验的培养基制备。

三、牛肉膏蛋白胨培养基的制备

牛肉膏蛋白胨培养基是一种应用最广泛和最普通的细菌基础培养基，有时又称为普通培养基。由于这种培养基中含有一般细菌生长繁殖所需要的最基本的营养物质，所以可供作微生物生长繁殖之用，其中牛肉膏为微生物提供碳源、能源、磷酸盐和维生素，蛋白胨主要提供氮源和维生素，而 NaCl 提供无机盐。

（一）器材和用品

（1）1000mL 刻度分装搪瓷缸、200mL 烧杯、角匙、天平、称量纸或小烧杯、pH 试纸、500mL 三角瓶、18mm×180mm 试管、纱布、棉花、10mL 移液管等。

（2）牛肉膏 3.0g，蛋白胨 10.0g，NaCl 5.0g，水 1000mL，1mol/L NaOH 溶液 100mL，1mol/L 盐酸溶液 100mL。

（二）方法和步骤

1. 称量

按培养基配方比例依次准确地称取牛肉膏、蛋白胨、NaCl 放入烧杯中，牛肉膏常用玻璃棒挑取，放在小烧杯或表面皿中称量，用热水溶化后倒入烧杯。也可放在称量纸上，称量后直接放入水中，这时如稍微加热，牛肉膏便会与称量纸分离，然后立即取出纸片。

蛋白胨很易吸湿，在称取时动作要迅速。另外，称药品时严防药品混杂，一把牛角匙用于一种药品，或称取一种药品后，洗净、擦干，再称取另一种药品。瓶盖也不要盖错。

2. 溶化

在上述烧杯中先加入少于所需要的水量，用玻棒搅匀，然后，在石棉网上加热使其溶解，或在磁力搅拌器上加热溶解将药品完全溶解后，补充水到所需的总体积，如果配制固体培养基时，将称好的琼脂放入已溶的药品中，再加热溶化，最后补足所损失的水分，在制备用三角瓶盛固体培养基时，一般也可先将一定量的液体培养基分装于三角瓶中，然后按 1.5%~2.0% 的量将琼脂直接分别加入各三角瓶中，不必加热溶化，而是灭菌和加热溶化同步进行，节省时间。在琼脂溶化过程中，应控制火力，以免培养基因沸腾而溢出容器。同时，需不断搅拌，以防琼脂糊底烧焦。配制培养基时，不可用铜或铁锅加热溶化，以免离子进入培养基中，影响细菌生长。

3. 调 pH

在培养基未调 pH 前，先用 pH 试纸测量培养基的原始 pH，如果偏酸，用滴管向培养基中逐滴加入 1mol/L NaOH 边加边搅拌，并随时用 pH 试纸测其 pH，直至 pH 达 7.6。

反之，用 1mol/L HCl 进行调节。对于有些要求 pH 较精确的微生物，其 pH 的调节可用酸度计进行（酸度计的使用方法可参考有关说明书）。

调培养基 pH 时一定要谨慎，以避免回调而影响培养基内各离子的浓度。配制 pH 低的琼脂培养基时，若预先调好 pH 并在高压蒸汽下灭菌，则琼脂会因高温水解而不能凝固。因此，应将培养基的成分和琼脂分开灭菌后再混合，或在中性 pH 条件下灭菌，再调整 pH。

4. 过滤

在培养基处于 65℃ 时，用滤纸或多层纱布过滤培养基。

5. 分装

（1）液体分装　分装高度以试管高度的 1/4 左右为宜。分装三角瓶的量则根据需要而定，一般以不超过三角瓶容积的一半为宜，如果是用于振荡培养用，则根据通气量的要求酌情减少；有的液体培养基在灭菌后，要补加一定量的其他无菌成分，如抗生素等，则装量一定要准确。

（2）固体分装　分装试管，其装量不超过试管高度的 1/5，灭菌后制成斜面。分装三角烧瓶的量不超过三角烧瓶容积的一半为宜。

（3）半固体分装　试管一般以试管高度的 1/3 为宜，灭菌后垂直待凝。

分装过程中，注意不要使培养基沾在管（瓶）上，以免沾污棉塞而引起污染。

6. 加塞

培养基分装完毕后，在试管口或三角烧瓶口上塞上棉塞（或泡沫塑料塞及试管帽等），以阻止外界微生物进入培养基内而造成污染，并保证有良好的通气性能。

7. 包扎

加塞后，将全部试管用麻绳捆好，再在棉塞外包一层牛皮纸，以防止灭菌时冷凝水润湿棉塞，其外再用一道麻绳扎好，用记号笔注明培养基名称、组别、配制日期。三角烧瓶加塞后，外包牛皮纸，用麻绳以活结形式扎好，使用时容易解开，同样用记号笔注明培养基名称、组别、配制日期（有条件的实验室，可用市售的铝箔代替牛皮纸，省去用绳扎，而且效果好。）

8. 灭菌

将上述培养基以 0.103 MPa，121℃，20min 高压蒸汽灭菌。

9. 搁置斜面

将灭菌的试管培养基冷至 50℃ 左右（以防斜面上冷凝水太多），将试管口端搁在玻棒或其他合适高度的器具上，搁置的斜面长度以不超过试管总长的一半为宜。

四、马铃薯蔗糖琼脂培养基的制备

马铃薯蔗糖琼脂培养基是一种半合成培养基，含有丰富的碳水化合物，可用来培养各种真菌。

（一）器材与用品

1. 器材

1000mL 分装搪瓷缸、小铝锅、小刀、角匙、天平、15mm×150mm 及 18mm×180mm 试管、150mL 三角瓶、纱布等。

2. 用品

市售新鲜马铃薯、蔗糖。

（二）方法和步骤

1. 培养基配方

去皮马铃薯 200g，蔗糖（葡萄糖）20g，自来水 1000mL，琼脂 18~20g。

2. 操作步骤

（1）将洗净去皮马铃薯 200g 切成 1cm^3 见方的小块，放入已加入 1000mL 自来水的小铝锅内，置电炉上加热，煮沸 10~20min，期间用玻璃棒把煮沸的去皮马铃薯搅拌成碎糊状。

（2）用 4 层纱布将搅拌成碎糊状的去皮马铃薯浆液过滤至 1500mL 烧杯中，滤液中加入少量热水定容至 1500mL 烧杯的 1000mL 处，再于电炉上加热煮沸 3~5min。

（3）加入蔗糖 20.0g、琼脂 200.0g 于热水定容后的烧杯中，并不断于电炉上加热煮沸，并加以搅拌至琼脂完全熔化，停止加热。

（4）把（3）停止加热并冷却至室温的烧杯补足温水至烧杯 1000mL 处，自然 pH6.5 左右，无须调整。

（5）把（4）冷却至室温的烧杯，趁热分装在 15mm×150mm 试管，每管 5mL，共装 20 管；再分装 18mm×180mm 试管，每管 15mL，共装 10 管，其余装入三角瓶中。

（6）塞上棉塞，捆扎好。

（7）培养基 0.1MPa 高压蒸汽灭菌 30min。

五、高氏一号培养基的制备

高氏一号培养基是一种合成培养基，其成分为化学纯物质，是培养放线菌的良好培养基。

（一）器材和用品

1. 器材

1000mL 分装刻度搪瓷缸、100mL 烧杯、天平、角匙、玻璃棒、棉花、电炉、标签纸。

2. 用品

可溶性淀粉、KNO_3、K_2HPO_4、$MgSO_4 \cdot 7H_2O$、$FeSO_4 \cdot 7H_2O$、琼脂、pH 试纸、10% 的 NaOH、10% HCl。

（二）方法步骤

1. 培养基配方

可溶性淀粉 20.0g、KNO_3 1.0g、K_2HPO_4 0.5g、$MgSO_4 \cdot 7H_2O$ 0.5g、NaCl 0.5g、$FeSO_4 \cdot 7H_2O$ 0.01g、蒸馏水 1000mL、琼脂 20.0g。

2. 操作步骤

（1）搪瓷缸中加入 600mL 自来水，各种药品及琼脂称好备用。

（2）将可溶性淀粉放入 100mL 烧杯中，加入 50mL 蒸馏水调至糊状，稍加热呈透明状，倒入搪瓷缸内，再用少量水冲入缸内。依次将其他药品放入缸中补水至 1000mL，边加热边搅拌至沸腾。

（3）于（2）边加热边搅拌至沸的烧杯中加入琼脂，不断搅拌，使其完全熔化，并加温自来水补足至 1000mL。

（4）把（3）用温自来水补足至 1000mL 的烧杯，调整 pH 至 7.1~7.2。

（5）把（4）调整 pH 至 7.1~7.2 的烧杯，趁热分装至 18mm×180mm 试管中，每管 15mL，共 10 管。将其余的装入 500mL 三角烧杯中，每瓶 250~300mL。

（6）把（5）调整 pH 至 7.1~7.2 的三角烧杯分别塞好棉塞，并加牛皮纸、贴标签。

（7）把（6）经过处置的烧杯，于 0.1MPa 下高压蒸汽灭菌 30min。

（三）技能训练成果巩固

（1）什么是培养基？培养基的种类有哪些？请举例说明。

（2）配制培养基要经过哪些步骤，要注意的问题是什么？

知识链接　配制培养基的基本过程

配制培养基的过程如下所示：

原料称量、溶解 → 调节pH → 过滤澄清 → 分装 → 塞棉塞和捆扎 → 灭菌 → 摆斜面 → 贮存

一、原料称量、溶解

先在搪瓷缸、烧杯、小铝锅等容器中加入少量的水，按培养基配方依次称取各种原料，加入容器中，用玻璃棒不断加以搅拌直至完全溶解，不易溶解的物质可边加热边搅拌，直到完全溶解。有些液体原料可按其相对密度算出所需要的体积，然后量取，膏状原料（牛肉膏等）可先用小烧杯或称量纸称取所需要的量，然后往小烧杯中加入一定的水让其先溶解，然后倒进大容器中，或连同称量纸一起放入大容器中加水让其溶解，待完全溶解后再取出称量纸。用量很少的原料不易称量，可先配成高浓度溶液，再按配方换算后取一定体积的溶液加入容器中。待原料全部放入容器后，加足所需水量，加热使其充分溶解，即配成液体培养基。

若配制固体培养基，应先将琼脂条（或琼脂粉）称好或称好洗净（商品出售的琼脂条，用前可剪成小块，以便熔化），然后将液体培养基加热煮沸，再加入琼脂，继续加热，直至琼脂完全熔化。在加热过程中应不断搅拌，控制火力，以免琼脂沉淀糊底和暴沸溢出容器。琼脂完全熔化后，可用热水补足因蒸发而损失的水分。

二、调节 pH

液体培养基配制好后,要进行酸碱度的调节,常用 10% 的 NaOH 溶液和 10% 的 HCl 溶液进行调节。一般方法是用 pH 试纸测试,先撕一小片试纸(为节约,尽量少些,但不影响观察对比),然后用玻璃棒蘸一下液体培养基滴在 pH 试纸上,显色后与标准色板对照,判断溶液 pH,然后再加酸或碱进行调节,达到 pH 要求为止,此法简单易行,但较粗放。较精确的培养基配制,要用酸度计进行调节。

三、过滤澄清

有时为了观察培养后微生物的特征和生长情况,需用透明的培养基,因此要过滤掉培养基中的颗粒沉渣等。

(一)液体培养基的过滤澄清

1. 纱布过滤

通常用 4~5 层纱布,把它们扎在一个容器上且使中间凹陷,然后倒入培养基使其自然地过滤除掉滤渣,或是把纱布铺进漏斗后倒入培养基进行过滤。

2. 棉花过滤

用一块脱脂棉铺进漏斗,用少许清水浸湿使其紧贴漏斗,然后倾倒入培养基进行过滤。开始时,滤渣没有积累起来,过滤速度快,但透明度差,滤渣会慢慢地积聚成滤饼,此时过滤较慢,但滤液透明度越来越好。如果要做透明度较高的培养基,可用此滤层再过滤一次。

3. 高温澄清

培养基浑浊的原因,是由于其中有许多胶体混合物,在高温加热煮沸后这些混合物即可沉淀,如用麦芽汁等保温糖化、过滤后,滤液再加热煮沸,大部分蛋白质可沉淀,可得到澄清的麦芽汁。琼脂培养基经加热沉淀后可虹吸上部清液到另一容器里进行分装。

(二)凝固培养基的过滤澄清

加琼脂的培养基,过滤时须保温才能进行,否则易凝固使过滤不能进行,过滤时的保持温度一般应在 60℃ 以上。为达到此目的可用夹套装置(图 11-13)制成保温漏斗,它是用白铁皮或铜板制成的夹套,由上面的注水孔装入热水,用酒精灯在加热筒的下面加热保温。

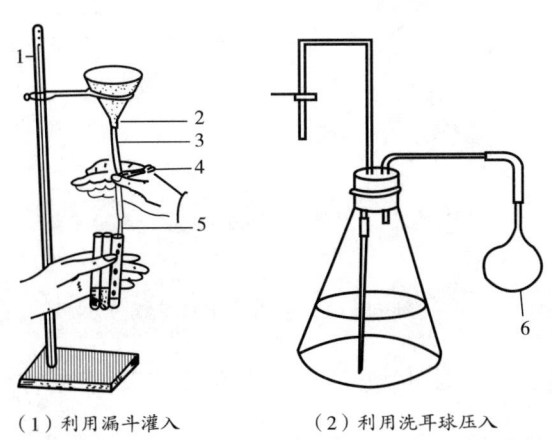

(1)利用漏斗灌入　　　(2)利用洗耳球压入

图 11-13　培养基分装装置

1—铁架　2—过滤漏斗　3—乳胶管夹　4—弹簧夹　5—玻璃管　6—洗耳球

四、分装

培养基配好之后,要根据不同的使用目的,分装到各种不同的容器中去,根据使用目的不同可采用不同的分装方法。

(一) 往三角瓶里分装

若精确分装,量大时可用量筒量取一定体积的培养基,小心倒入三角瓶中;量小时可用移液管、滴定管等取一定量的培养基加入三角瓶里。无论量大量小,加入时一定注意不要让液体溅在瓶口内壁或瓶口上,以免引起污染。若是不精确分装,可用如图 11-13 的装置进行分装。此装置中漏斗下口接一个橡胶管,橡胶管上夹一个铁夹子用以控制分装量。

(二) 往试管中分装

若是精确分装可用量筒、滴定管或移液管等在每支试管中分装等量的培养基;若是不精确分装,可用如图 11-13 所示装置进行分装。

五、塞棉塞和捆扎

(一) 棉塞的作用和要求

分装好的三角瓶和试管一般情况下要加棉塞,目的是既保持空气的流通,又可滤除空气中的杂菌和尘埃,避免培养物污染。

制作棉塞时要注意以下几点:① 松紧适度,太紧影响通气,太松则影响过滤。② 插入部分的长短要适度,一般为容器口径的 1.5 倍,过短则容易脱落,过长则易溅上培养液。③ 外露部分应稍大些,但要比较整齐硬实,便于握取。④ 塞棉塞时不要扭旋着塞入,以免撑破试管口。

(二) 棉塞的制作

方法如图 11-14、图 11-15 所示,步骤大致如下:① 根据所做棉塞的大小,取一块方形的棉花。② 先折起一角,边缘可回折一下,其作用是加厚并折齐。③ 从相邻的任何一角对卷,注意要卷得稍紧。④ 最后将所余的一角折起来,塞入管口或瓶口。经高压蒸汽灭菌后,形状即固定而不再松开,如图 11-15 所示。

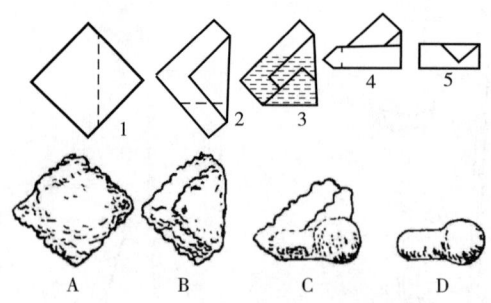

图 11-14 棉塞的制作过程

有时可在棉塞外包上一层医用纱布,将上端系上,塞入管口或瓶口,高温定形后可长期使用。

(三) 塞棉塞

棉塞的要求条件如图 11-15 所示。塞好后一般用牛皮纸把管口、瓶口包起来,然后用橡皮圈或线绳扎紧,以免附着尘埃或灭菌时凝结水汽。

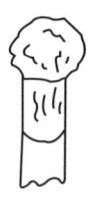  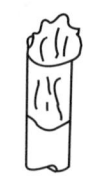  

(1)正确的样式　(2)管内部分太短,外部太松　(3)外部过小　(4)整个棉塞过松　(5)管内部分过紧

图 11-15　棉塞的要求条件

六、灭菌

一般情况下,培养基经分装、塞棉塞、包扎后应立即进行灭菌。如延误时间,则杂菌很容易孳生繁殖,致使培养基变质而不能使用,尤其夏秋两季,如不及时处理,数小时内培养基就可能变质。若不能及时灭菌,可将培养基放入4℃冰箱保存,但时间不宜过久。

七、摆斜面

(一)摆斜面

灭菌后,需做斜面的试管,应待培养基冷却至50~60℃(温度不能过高,以防斜面上冷凝水太多)后,摆成斜面(图11-16)。斜面的斜度要适当,斜面的长度不超过试管长度的1/2。摆放时注意不要使培养基污染棉塞,冷凝过程中不要移动试管,待斜面完全凝固后,再收起使用或贮藏。

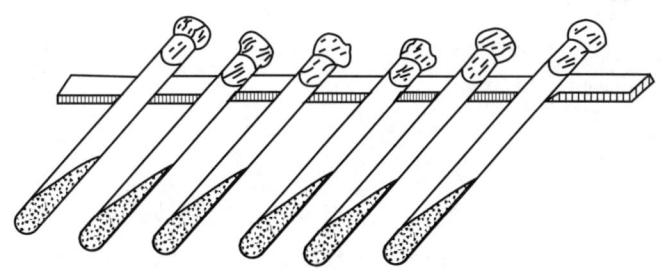

图 11-16　斜面摆放

(二)倒平板

刚灭菌的琼脂培养基是液态的,这时要趁热倒平板。如果培养基灭菌前已分装进了试管,则可按无菌操作把试管中的培养基倒入无菌培养皿中,若培养基分装在三角瓶内,则应按无菌操作连续倒平板。注意倒平板时瓶口不要支在培养皿底的沿上,以免倒完后往外取三角瓶时,瓶口培养基沥在底皿沿上,增加污染机会。另外倒好的平板应放在水平的桌面上冷凝,最好7~8个摆成一竖排,以减少培养皿盖内的凝结水。

八、贮存

经无菌试验,证实培养基已灭菌彻底后,贮存于冰箱或清洁橱内,备用。

基本技能训练9　食品微生物检验中的灭菌与消毒

一、目的

（1）熟练掌握食品微生物检验中的灭菌与消毒操作。
（2）奠定食品微生物检验基础。

二、适用范围

适用于食品微生物检验中的灭菌与消毒技术训练。

三、灭菌与消毒

灭菌是采用物理或化学因素杀死或除去物体内外部所有微生物的措施和方法，包括杀菌（菌体保持原形）和溶菌。消毒是采用较温和的理化因素，仅杀死物体表面或内部对人体有害的病原菌或病毒，而对被消毒的物体基本无害的措施，如对器皿、水果、饮用水等进行药剂消毒，对啤酒、牛乳、果汁和酱油等进行巴氏消毒等。

在微生物实验、生产和研究工作中需要进行纯培养，过程要求不能有任何杂菌。因此，对所用器材、培养基都要进行严格灭菌，工作场所也应进行消毒，才能保证工作顺利进行。

常用的灭菌和消毒措施有物理因素和化学因素。物理因素中有加热、射线、过滤等，它们或是使蛋白质变性或是使微生物的 DNA 损伤或完全除去微生物。化学因素主要是一些能抑制和杀死微生物的化学药剂，如高锰酸钾、甲醛、75%酒精、新洁尔灭、来苏尔（Lysol）、重金属、抗代谢药物等。

（一）加热灭菌

1. 火焰灭菌

直接用火焰灼烧灭菌，彻底迅速。对于接种环、接种针或其他金属用具，可直接在酒精灯上灼烧至红进行灭菌。此外，在接种过程中，试管口或三角瓶口，也可采用火焰灼烧达到灭菌的效果。

2. 干热灭菌

通过使用干热空气（170℃）去杀灭微生物细胞或芽孢和孢子等的方法称为干热灭菌。玻璃器皿（如吸管及培养皿等）、金属用具等凡不能适用其他方法灭菌而又能耐高温的物品都用此法灭菌，而培养基、橡胶制品等不能用干热灭菌。

常用干热灭菌的电烘箱见图 11-17。使用操作要点如下所示。

（1）器皿包扎　为使灭菌后仍能保持无菌状态，各种玻璃器皿均需包扎。

① 培养皿：洗净烘干后每 10 套摞在一起，用牢固的纸卷成一筒，两头折叠密封，然后进行灭菌，使用时在无菌室打开取出培养皿。

② 吸管：洗净烘干后的吸管，在口吸的一端用尖头镊子或接种针塞入少许棉花（其作用是防止菌液、酸液、碱液等吸入口中和防止污染），塞入棉花的量要适宜，棉花不宜露在吸管口的外面，多余的棉花可用酒精灯的火焰烧掉。

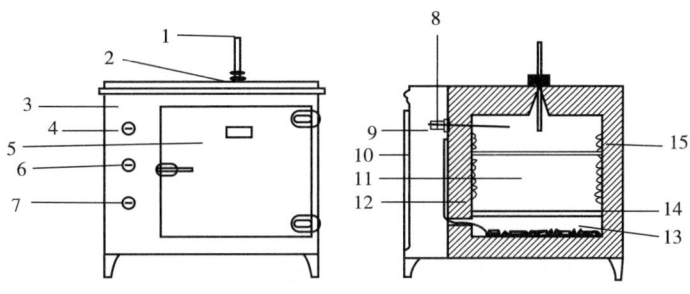

图 11-17　常用干热灭菌的电烘箱
1—温度计　2—排气阀　3—箱体　4—控温器旋钮　5—箱门
6—指示灯　7—加热开关　8—温度控制阀　9—控制室　10—侧门
11—工作室　12—保温层　13—电热器　14—散热板　15—搁板

包扎单支吸管时可用一条宽 4~5cm 的废报纸或牛皮纸纸条，以 45℃ 左右的角度把单支吸管从尖端慢慢用纸条卷起来，另外在尖端要留出一段纸条的纸头，卷一两圈后把纸条的纸头回折，把回折的剩余纸条继续卷起来直至口吸端，剩余纸条折叠打结，不致散开，在纸条外面标上吸管的容量。

包扎好后，可若干支吸管扎成一捆。灭菌后，同样要在使用时才从口吸端拧断纸条抽取吸管。也可以把 7~8 支吸管包在一包中，方法是取一张报纸大小的纸，对折，把吸管斜放在一角，从这角向对角卷起，卷几卷后把这端纸头折向中间，再卷几卷后把另一纸头也折向中间，卷完后，用糨糊黏着对角，即包扎完成，可放入烘箱灭菌。

③ 试管和三角瓶：试管和三角瓶都要做合适的棉花塞塞住口。若干支试管用绳扎在一起，在棉花塞部分外包裹牛皮纸或二层报纸，再在纸外用线绳扎紧。三角瓶每个单独用牛皮纸包住瓶口，用线绳或橡皮圈扎紧。也可用铁皮或铜板做成铁盒或铁筒再把吸管、培养皿和试管放入其中，盖盖后灭菌。

（2）把包扎好的物品放在烘箱内，堆置时要留空隙勿使其与四壁接触，关闭箱门。

（3）接通电源，把箱顶的通气口适当打开，使箱内冷空气逸出，至箱内温度达到 100℃ 时关闭通气口。

（4）调节温度控制器旋钮，直至箱内温度达到所需温度为止，观察温度是否恒定，若温度不够，继续调节，调节完毕后不可再拨动调节旋钮和通气口，保持 160~170℃，1.5~2h。

（5）关掉电源，待温度降至 60℃ 时才能打开箱门，取出灭菌物品。

（6）将温度调节控制旋钮返回原处，并将箱顶通气口打开。

使用电烘箱干热灭菌时应注意以下问题。

① 灭菌物在箱内不能堆置太满，一般不要超过总容量的 2/3，灭菌物之间应留有一定空隙。

② 灭菌物不能直接放在烘箱的底板上，要用铁箅子架起。灭菌物的包装，如纸、棉花或纱布等，不要接触烘箱内壁的铁皮，因为铁皮温度一般高于箱内空气温度（温度计所指示的温度），容易烘焦起火。

③ 升温或灭菌时物质有水分需要迅速蒸发时，可打开进气孔和排气孔，温度达到所需温度（如165℃）后，就要将进气孔和排气孔关闭，使箱内温度一致。

④ 灭菌温度以控制在165℃保持2h为宜。超过170℃，包装纸就变黄，超过180℃，纸或棉花等会烧焦或燃烧。如不慎箱内发生燃烧，应立即关闭电源和进、排气孔，待自行降温到60℃以下时，才可打开箱门进行处理。切勿在未切断电源前打开箱门或排气孔，以免促进燃烧，酿成火灾。

⑤ 正常情况下灭菌完毕，让其自然降温到100℃以后，打开排气孔促使降温至60℃以下时，再打开箱门取出灭菌物，以免骤然降温使玻璃器具爆裂。

（二）湿热灭菌

利用高温水蒸气杀死微生物，多数细菌和真菌的营养体细胞在60℃左右处理5~10min后即可杀死，但细菌芽孢一般在0.1MPa处理15~20min才能杀死。可见湿热灭菌比干热灭菌效率要高。

1. 常压蒸汽灭菌

常压蒸汽灭菌是指在不能密闭的容器中，将水烧开产生蒸汽，使蒸汽源源不断地透过灭菌物品以杀死物品内外微生物的灭菌方法，这种方法的水蒸气压力不超过大气压力，温度不超过100℃，主要用在不具备高压灭菌设备或不宜用高压蒸汽灭菌时，如糖液、明胶的灭菌。

这种灭菌方法所用的灭菌器有Aroka灭菌器或特制的蒸锅，也可用普通的蒸笼。

（1）常压蒸汽间歇灭菌 这种灭菌方法是将培养基或其他灭菌物品放在蒸笼内，每天蒸一次，每次从蒸汽大量冒出（或称"元气"）起持续30~60min，连续3d每天一次。在每两次蒸煮之间，将培养基或灭菌物品放在室温下（28~30℃）培养24h。这样，在第一次蒸煮时，可将培养基中一切微生物的营养体细胞杀死。经培养后，芽孢发芽成为营养体，在第二次蒸煮时又可被杀死。极少数在第一次培养中形成的芽孢在第二次培养时又萌发为营养体，经第三次蒸煮时也被杀死。这样经过三次蒸煮，两次培养，基本上可达到灭菌的目的。

（2）常压蒸汽持续灭菌 这种灭菌方法实际上是在常压灭菌器或在蒸笼中延长蒸煮时间的方法，即从元气开始，继续加大火力保持充足蒸汽，持续加热8~12h可达灭菌的目的。

应用常压蒸汽灭菌时应该注意下列问题。

① 使用这两种灭菌法时，都必须在灭菌物品全部热透，里外都达到100℃后，方能开始计算保温时间。为此，灭菌物品体积不宜过大，在蒸锅内堆放不能太拥挤，应留有间隙。麸皮等固体曲料大批灭菌时，每袋最多不要超过3~5kg，袋子在蒸锅里要用箅子隔开，不能堆压在一起。

② 蒸锅里事先要加足水量，一次持续灭菌时，如锅内盛水量不能维持到底时，应在蒸锅侧面安装加水口，以便在加热过程中添水，防止骤然降温。另外应火大、火急，保证有充足的蒸汽。

③ 如用间歇法，在每次加热后，应将蒸笼抬起架空，迅速降温。如用固定蒸锅，应立即熄火，迅速降温，然后在室温下（20~30℃）静置24h，再第三次加热。如果降温慢，往往会使未被杀死的杂菌大量孳生，反而会使灭菌物品变质，特别是固体曲料包装过大

时，靠近中心的部分更易发生这种情况。

④ 考虑到灭菌效果，分装试管、三角瓶或其他玻璃瓶的培养基，容积小、散热快，以用间歇法为好，固体曲料包装较大，散热慢，用间歇法容易孳生杂菌或者水分蒸发过多，以持续灭菌法为宜。

总之要因材选法，以达到最佳灭菌效果。

2. 高压蒸汽灭菌

(1) 灭菌原理 一般微生物的营养细胞在水中煮沸后即被杀死，但细菌的芽孢有较强的抗性，开水煮沸 10min，甚至 1~2h，也不能完全杀死。因此，有效的彻底灭菌则需要更高的温度，并要求能在较短的时间内达到灭菌的目的而不破坏营养。根据蒸汽的温度随压力的增加而提高，即压力越大，温度越高的原理，我们可以采用加压蒸汽短时间灭菌的方法。蒸汽压力与温度的关系如表 11-4 所示。

表 11-4　　　　　　　　　　　　蒸汽压力与温度的关系

蒸汽压力		温度/℃
lb/in^2	kg/cm^2	
0	0	100
5	0.325	107.7
10	0.703	115.5
15	1.055	121.6
20	1.406	126.6
25	1.758	130.5
30	20109	134.4

注：$1kg/cm^2 = 98kPa$。

使用高压蒸汽灭菌器进行灭菌时，灭菌器内冷空气的排出完全与否极为重要，因为空气的膨胀压力大于水蒸气的膨胀压，所以当水蒸气中含有空气时，压力表所表示的压力是水蒸气压力和部分空气压力的总和，不是水蒸气的实际压力，它所相当的温度与完全灭菌水蒸气的温度是不一致的，这是因为在同一压力下的实际温度，含空气的蒸汽压低于饱和蒸汽压。

(2) 常用高压蒸汽灭菌器 主要有手提式、立式、卧式3种，其主要构造及其使用要点介绍如下所示。

① 手提式高压蒸汽灭菌器：基本构造有内桶、外桶、安全阀、压力表、放气阀软管、底架、固紧螺栓等，见图 11-18。使用要点如下所示。

a. 加水：往灭菌锅中加入清水，以不淹没底架为限。连续使用时，必须于每次灭菌前，补足水量，以免干热而发生重大事故。

b. 装锅：将待灭菌的物品妥善包扎，按顺序、相互之间留有间隙地放置在灭菌桶内的筛孔板上，这样，有利于蒸汽的穿透，提高灭菌效果。

c. 加盖：将灭菌桶放入主体内，然后加盖，加盖时将盖上的软管插入灭菌桶内侧凸管

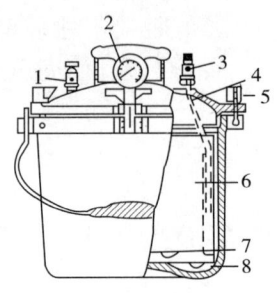

图 11-18　手提式灭菌锅
1—安全阀　2—压力表　3—放气阀　4—软管　5—紧固螺栓　6—灭菌桶　7—筛架　8—水

内，对正盖与主体的螺栓。顺序地用力均匀地将相对方位的翼形螺母旋紧，使盖与主体密合。

d. 放冷空气：将灭菌器放在热源上，开始时必须将放气阀摘子推至垂直（开放）方位以便使容器内空气逸出。待见放气阀有较急蒸汽喷出时，应随即将摘子扳至水平（关闭）方位。随着容器内热量的不断上升而产生的压力，则可在压力表上显示出来。

e. 灭菌：当容器内压力达到所需范围时，应随即适当调低热源热量，使其维持恒压。同时，开始按不同物品和包装来计算灭菌时间。

f. 干燥：对医疗器械、敷料、器皿等消毒后需要迅速干燥者，可于消毒完毕后，立即将放气阀打开，继续对其加热 10~15min 即可。

g. 冷却：对瓶装培养基等灭菌终了时，应首先将热源熄灭或移开，使灭菌器自然冷却至压力表指针回复零位，再等数分钟，然后打开放气阀，将盖开启。否则瓶内溶液因压力骤降，易导致培养基剧烈沸腾、溢出，甚至瓶子爆破。

使用时应注意以下事项。

每次使用前，都应检查容器内水量是否充足，不足时一定要加足水量。

每次灭菌开始时，必须将放气阀打开，使容器内空气逸出，否则达不到预期灭菌效果。

对凝固、溶液型培养基等进行灭菌时，应将培养基灌注于硬质耐热玻璃瓶中，以不超过 3/4 为宜，用棉塞塞口，并用牛皮纸等包扎。切勿使用未打孔的橡胶或软木瓶塞。

压力表使用日久，若遇指针不能回复零位或读数不正确时，应及时予以检修或重换，以确保安全。

② 立式高压蒸汽灭菌器：主要结构见图 11-19，使用操作要点如下所示。

a. 加水：在灭菌器主体内加水至水位表上端线，水在消毒过程中会逐渐蒸发，水面会随之相应降低，若需要再次使用，应将水重新加至上端线。若水位表中的水位低于下端线时，机器将自动切断加热电源。如需重新使用，应先加水至水位上端线，并按上"息位"按钮即可。

b. 装锅：同手提式。

c. 密封：灭菌桶放入机体后，将盖子盖好，按顺序将相对方位的紧固螺栓予以均匀地旋紧，使盖与口密合，不宜旋得太紧以免损坏橡胶密封垫圈。

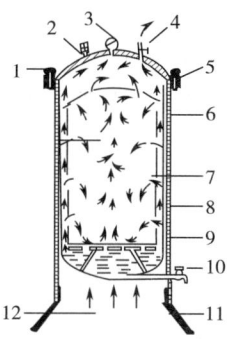

图 11-19　立式高压蒸汽灭菌器构造示意图

1—盖　2—保险阀　3—压力表　4—排气口　5—橡胶垫圈　6—烟通孔　7—装料桶　8—保护壳　9—蒸汽锅壁
10—排水口　11—底脚　12—蒸汽

　　d. 加热排气：将"电源"按至"开"的位置，"电源"指示灯亮，容器电源接通，"加热"灯亮。开始加热时将"排气"旋钮旋至"开"的位置，待排气管内有大量气体逸出，持续排气 1~10min，再关闭"排气"旋钮，此时灭菌器内部的残余气体已被基本排出，使之提高了消毒的效果。

　　e. 升压、保压：当灭菌器内压力指示到额定工作压力时，压力控制器将自动控制压力。使之维持恒压，此时才开始计算各种物品所需的灭菌时间。

　　f. 降压、冷却：灭菌完毕后，首先关闭电源，让其自然冷却，待压力降至接近零时，再将安全阀和放气阀打开，然后方能打开盖子，取出灭菌物品。切忌灭菌后立即放气，以免因溶液爆沸而溢出。有时为了加速冷却可小心缓慢地打开放气阀。

　　使用时应注意以下事项。

　　灭菌器内应确保有额定水量，过多水量会使敷料等不易干燥，若连续消毒，必须补充水量。

　　在灭菌开始加热时，必须将排气旋钮打开，使灭菌器内的空气逸出，否则达不到良好的灭菌效果。

　　不要用软木塞或封闭的橡胶塞塞试管和三角瓶等瓶口。

　　灭菌终了时，最好趁热将灭菌器内的水排除干净，使灭菌器干燥并擦洗水垢，以利于提高灭菌质量及延长使用寿命。

　　灭菌器使用日久，会产生水垢，此时可采用下列成分的溶液清洗水垢：10L 清水加入 750g 烧碱和 250g 煤油，注入灭菌器内浸泡 10~12h，然后进行洗刷，最后换清水洗净。

　　③ 卧式高压蒸汽灭菌器：一般结构见图 11-20，结构多有变化，使用方法可详细参阅有关使用说明书。

（三）**紫外线杀菌**

　　紫外线，尤其是波长在 260~280nm 的紫外线，具有很强的杀菌能力。它主要是通过间接作用和直接作用破坏微生物的蛋白质活性和 DNA 结构而达到灭菌效果的。阳光中紫外线并不太强，因为大部分紫外线为空气中云雾尘埃所吸收，阳光照射需要几个小时才能

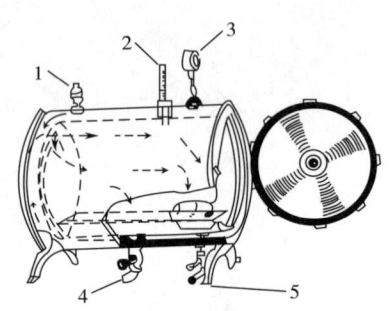

图 11-20 卧式高压蒸汽灭菌器构造示意图
1—安全活塞 2—温度计 3—压力表 4—排汽口 5—蒸汽入口

有灭菌效果,这也是我们要经常晾晒物品的原因。而紫外线灯近距离(20~30cm)照射 30min 即可将细菌营养体杀死,再过十几分钟后芽孢也会死亡,但紫外线穿透力不大,一般只能消毒物体表面。接种室、手术室、菌种保藏室等可安装 30W 灯管,约可照射 9m^3,灯管以距地面约 2m 最好,照射前可喷洒苯酚、煤酚皂溶液等化学消毒剂以加强灭菌效果。普通的小型接种室,按空间容积为 $2 \times 2 \times 2.5 = 10m^3$ 计算,在工作台上方距离地面 2m 处悬挂 30W 紫外灯 1~3 个,每次开灯照射 30min,就能使室内空气灭菌。紫外线对视网膜及视神经有损伤作用,对皮肤有刺激作用,所以不能在紫外线灯下工作,必要时需穿防护衣帽,并戴有色眼镜进行工作。

(四)化学药剂杀菌或抑菌

化学药剂主要指表面消毒剂,表面消毒剂种类很多,但这类物质有一个共性,即它们对一切活细胞都有毒性,不能用作活细胞内的化学治疗;当其在极低浓度时,常会对微生物的生命活动起刺激作用,随着浓度逐渐增高,就相继出现抑菌和杀菌作用,形成一个连续的作用谱。

(五)过滤除菌

过滤除菌可将细菌与病毒分开,因此广泛应用于病毒和噬菌体的研究工作中,此外微生物工业上所用的空气过滤器以及微生物接种所用的超净工作台都是根据过滤除菌的原理而设计,常用的细菌过滤器如图 11-21 所示,这种除菌方法只是除去培养基质或其他需要灭菌但又不能用高温或其他方法灭菌的基质或空气中的微生物,不杀死微生物。有些液体物质不耐热,如果加热就会破坏其有效成分(如血液、疫苗、抗生素、毒素、糖液等),这时就不能用加热来灭菌,要用细菌过滤器滤除细菌。细菌过滤器是一种机械除菌器,不会破坏液体的成分,它是由孔径极小,能阻挡细菌通过的陶瓷、硅藻土、石棉或玻璃粉制成。细菌过滤器的形式多种多样,但原理是一样的,主要有以下几种。

1. 硅藻土过滤器

常用的 Berkefeld 过滤器属硅藻土过滤器,它是由硅藻土制成的空心圆柱体,中央装有金属,导出于圆柱体外。硅藻土过滤器有许多类型,它们的区别在于过滤器的孔径和过滤器的体积。孔径分粗型(V,8~12μm),中型(N,5~7μm)和细型(W,3~5μm)。这种过滤器的底部接于金属托板上,托板中央有一金属导管,圆柱外装有玻璃套筒,滤菌时将欲过滤的液体装于筒内,托板下的导管上装有橡皮塞,将橡皮塞连同过滤器插入过滤

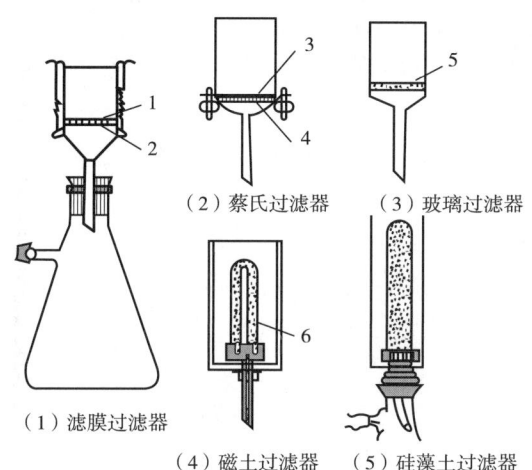

图 11-21 常用的细菌滤器
1—纤维素滤膜 2—机械支持 3—滤板 4—玻璃滤板 5—素磁滤板 6—滤芯

瓶上，即可抽滤。

2. 陶瓷过滤器

Chamberland 过滤器属陶瓷过滤器，此种过滤器是用未上釉的陶瓷制成，状如蜡烛，为中空、一端开口的空心圆柱体，漏斗管可用橡皮塞固定在开口处。过滤时让欲过滤的液体通过漏斗流入过滤器的空心内，借抽气造成负压，使液体渗过柱壁流至柱外。孔径编号自 L_1 至 L_{18}。

3. 石棉板过滤器

Seitz 过滤器属石棉板过滤器，它是由金属制成漏斗状、中嵌以石棉制式的滤板的过滤器。漏斗两节由三个活动螺旋式固定螺丝固定，便于装卸。使用时拆开两节，将滤板放在漏斗上的金属板上，再加上过滤器漏斗两节的上节部分，然后将螺旋扭紧，将欲过滤溶液置于过滤器中抽滤，每次过滤必须用一张无菌新滤板。石棉板过滤器因大小不同而有各种不同型号，石棉板也有不同规格的型号，使用时必须根据需要妥当搭配。

4. 玻璃过滤器

玻璃过滤器外形如玻璃漏斗，其滤板是用玻璃粉热压而成的。滤板与玻璃漏斗黏合在一起，适用于过滤细菌的型号为 IG_5，在使用过程中，由于反复加热灭菌和冷却，易使滤板与漏斗之间出现空隙，如出现这种情况，这个过滤器就报废了。

滤孔编号：1：80~120μm；2：40~80μm；3：15~40μm；4：5~15μm；5：2~5μm；6：<2μm。

玻璃过滤器使用时应注意以下事项。

(1) 在使用一个新的玻璃过滤器前，应以热盐酸或硫酸先进行抽滤，并立即用蒸馏水洗净。经过这样的预处理，滤器中灰尘等和外来杂质可以除去。

(2) 玻璃过滤器不能用来过滤氢氟酸、热浓磷酸、热或冷的浓碱液，这些试剂能溶解滤片的微粒，使滤孔增大，并造成滤片脱裂。

（3）滤片的厚度是兼顾到过滤的速度和必要的机械强度，因此在减压或加压的情况下使用时，滤片两面的压力差不能超过 0.1MPa。

（4）过滤器灭菌前应先用水浸湿，然后用 2~3 层纱布包装后放在流通蒸汽灭菌器中加热到 100℃维持 1h，冷却后取出，再浸泡于硫酸中（其中加硝酸钠及高氯酸钠）经 24h 后再用流水洗涤。注意不要用洗液浸泡，因为可能影响玻璃孔的电荷。过滤器的升温和降温必须十分缓慢。

细菌过滤器的清洁方法如下所示。

（1）供过滤除菌的各种过滤器在使用前应从反方向压入流水，冲去滤孔中的大部分物质。新过滤器在使用前应用流水浸泡洗涤，再放在 0.1% 的盐酸中浸泡数小时，再用流水冲洗洁净后方可使用。

（2）硅藻土过滤器在使用后应立即洗涤，除从反方向压入水流，使冲去滤孔中大部分物质以外，还要浸泡于 2% 胰蛋白酶溶液中，并置于 37℃恒温箱内 24h，使残余的有机物完全分解掉，然后再用流水冲洗干净，干燥后包装，用高压蒸汽灭菌，以备下次使用。

基本技能训练 10　食品微生物检验中的微生物计数

一、目的

（1）掌握食品微生物检验中的微生物的计数操作。
（2）奠定食品微生物检验基础。

二、适用范围

适用于食品微生物检验中的微生物计数操作技能训练。

三、计数实训

单细胞微生物个体生长时间很短，可很快进入繁殖阶段，生长和繁殖难以分开，个体生长很难测定，而且实际应用意义不大。因此，它们的生长不是依据细胞大小，而是以群体的生长作为单细胞微生物生长的指标。测定微生物生长的方法很多，但不外乎是总菌计数和活菌计数两大类。常用计数板作为微生物的镜检直接计数，其计数得到的是死菌和活菌的总和，故称总菌计数法。而平板菌落计数法因能测得样品中的活菌数，故称活菌计数法。

（一）微生物细胞数量的显微镜直接计数法

显微镜直接计数法适合于含单细胞菌体的纯培养悬浮液，如果有杂菌或杂质常不易分辨，菌体较大的酵母菌或霉菌孢子可采用血球计数板计数；一般细菌则采用细菌计数板。二者的原理和部件均相同，只是细菌计数板较薄，可以使用油镜观察。而血球计数板较厚，不能使用油镜，故细菌不易看清。

血球计数板是一块特制的厚载玻片，载玻片上有 4 条槽构成的 3 个平台。中间的平台较宽，其中间又被一短横槽分隔成两半，每个半边上面各有一个方格网（图 11-22），每个方格网共分为 9 个大格，每格的边长为 1mm，其中间的一大格（又称为计数室）常被用作微生物的计数。计数室的刻度有两种：一种是大方格分为 16 个中方格，而每个中方格又分成 25 个小方格；另一种是一个大方格分成 25 个中方格，而每个中方格又分成 16 个小方格。但两种计数室都有一个共同的特点：每个大方格都由 400 个小格组成，即 16×25 = 400 个小方格（图 11-23）。

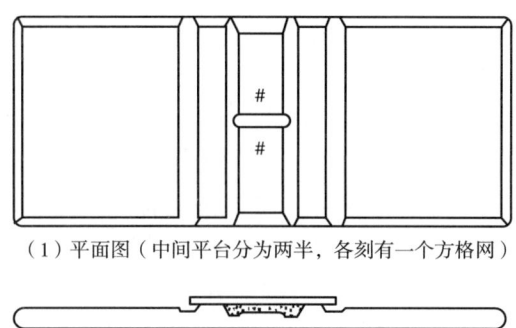

（1）平面图（中间平台分为两半，各刻有一个方格网）

（2）侧面图（中间平台与盖玻片之间有高度为0.1mm的间隙）

图 11-22　血球计数板

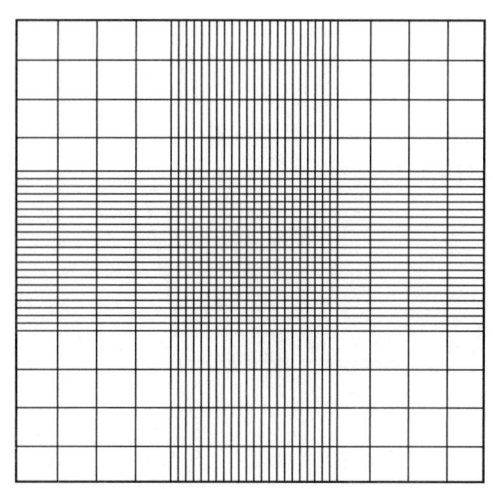

图 11-23　计数网的分格

在计数时，通常数五个中方格的总菌数，然后求得每个中方格的平均值，再乘上 16 或 25，就得出一个大方格中的总菌数，然后再换算成 1mL 菌液中的总菌数。如果设五个中方格的总菌数为 A，菌液稀释倍数为 B，那么，一个大方格中的总菌数即（0.1mm^3 中的总菌数）为 $A/5 \times 16$（或 25）$\times B$。所以 1mL 菌液中的总菌数 = $A/5 \times 16$（或 25）$\times 10 \times 1000 \times B$。

1. 器材和用品

（1）材料　酿酒酵母菌悬液。

（2）器具　显微镜、血球计数板、酒精灯、接种环、无菌水、吸管、盖玻片、计数器。

2. 方法和步骤

（1）稀释　将酿酒酵母菌悬液进行适当稀释，菌液如不浓，可不必稀释。

（2）镜检计数室　在加样前，先对计数板的计数室进行镜检。若有污物，则需清洗后才能进行计数。

（3）加样品　将清洁干燥的血球计数板盖上盖玻片，再用无菌的细口滴管将稀释的酿酒酵母菌液由盖玻片边缘滴一小滴（不宜过多），让菌液沿缝隙靠毛细渗透作用自行进入计数室，一般计数室均能充满菌液。注意不可有气泡产生。

（4）显微镜计数　静置5min后，将血球计数板置于显微镜载物台上，先用低倍镜找到计数室所在位置，然后换成高倍镜进行计数，在计数前若发现菌液太浓或太稀，需重新调节稀释度后再计数。一般样品稀释度要求每小格内有5~10个菌体为宜。每个计数室选5个中格（可选4个角和中央的中格）中的菌体进行计数。位于格线上的菌体一般只数上方和右边线上的。如遇酵母出芽，芽体大小达到酵母细胞的一半时，即可作为两个菌体计数。计数一个样品要从两个计数室中计得的值来计算样品的平均含菌量。

（5）清洗血球计数板　使用完毕后，将血球计数板在水龙头上用水柱冲洗，切勿用硬物洗刷，洗完后自行晾干或用吹风机吹干。镜检，观察每小格内是否有残留菌体或其他沉淀物。若不干净，则必须重新洗涤至干净为止。

3. 成果巩固

将所计数的5个中方格中的菌数填入表11-5中。

表11-5　　　　　　　　　　　中方格计数表

计数次数/次	各中方格菌数					中方格平均值	稀释倍数	菌数/（个/mL）
	X_1	X_2	X_3	X_4	X_5			
1								
2								

菌数计算公式见式（11-5）。

$$菌数（个/mL）= A \times 16（或25）\times B \times 10000 \tag{11-5}$$

式中　A——一个中方格的菌数平均值

16（或25）——计数室内中方格的个数

　　　　B——菌液的稀释倍数

10000——0.1mm^3换算为1mL的换算系数

（二）微生物细胞数量的涂片染色计数（4cm^2计数法）

细菌涂片染色法是将样品稀释成一定浓度的菌悬液进行涂片染色，用镜台测微尺求出镜视野面积而进行计数的一种测量方法，一般多用于细菌计数。

1. 材料和器具

（1）材料　待测样品，装有99mL无菌水的三角瓶（内有玻璃珠）、0.1mL吸管、解剖针、4cm^2方格纸。

（2）器具　显微镜、镜台测微尺、天平、酒精灯、载玻片等。

2. 方法和步骤

（1）稀释液的制备　准确称取待测样品1g，立即倒入99mL无菌水中，振摇10~15min。

（2）制涂片　用0.1mL吸管吸取0.01mL菌悬液，滴于洁净的载玻片上，玻片下衬一张$4cm^2$的方格纸，用解剖针小心地涂成$20×20mm^2$的菌膜，菌膜厚度要尽量一致，涂抹面积一定要准确。

（3）干燥　在酒精灯火焰上微加热干燥或自然干燥，火焰固定。

（4）染色　干燥后用苯酚-品红染色1min。

（5）冲洗　用流量小的自来水小心冲洗，晾干或用吸水纸吸干后镜检。

（6）求镜视野面积　用镜台测微尺求出油镜视野面积。镜台测微尺是块特制的载玻片，其中央有一全长为1mm的刻度标尺，等分为100小格，每小格长度为0.01mm，即$10\mu m$。将镜台测微尺放置在显微镜的载物台上，先用低倍镜观察对准焦距，待看清镜台测微尺的刻度后，再转换高倍镜或油镜，再次调焦并微动移动器，使镜台测微尺的刻度线再次显现出来，从镜视野的左端到右端准确查看计数视野内镜台测微尺的格数，求出镜视野面积，见式（11-6）。

$$S = \pi r^2 \tag{11-6}$$

如镜视野内共有16格，即$3.14×(8×10)^2=3.14×6400\mu m^2$

（7）镜检　取下镜台测微尺，将事先制好的标本片放在显微镜下，滴上一滴香柏油，用油镜观察视野中的孢子数，每个样品查5~10个视野，求出平均值。

（8）计算　按式（11-7）计算。

$$每克样品的含菌数=每个视野的细胞数×\frac{4×10^8}{镜视野面积}×\frac{稀释倍数}{涂片所用菌液数} \tag{11-7}$$

例如：每个视野的平均孢子数为40个，镜视野面积（单位：μm^2）由式（11-6）代入得：$3.14×6400=20096\mu m^2$，则每克样品的含菌数$=40×\frac{4×10^8}{20096}×\frac{100}{0.01}=7.96×10^9$个/g，菌液数（单位：$\mu L$）。

（三）稀释平板计数法

稀释平板计数法是将待测样品做一系列稀释，从适当的稀释液中取一定量的稀释菌液接种到培养皿中，使其均匀分布于培养皿中的培养基内，经培养后，由单个细胞生长繁殖成菌落，统计菌落数目，即可换算出样品中的含菌数。

此法所计算的菌数是培养基上长出来的菌落数，故称活菌计数，一般用于某些产品鉴定（如杀虫制剂等），生物制品鉴定，土壤含菌量测定及食品、水源的污染程度的检测等。

1. 器材和用品

（1）材料　苏云金芽孢杆菌菌剂、牛肉膏蛋白胨培养基。

（2）器具　90或100mL的无菌水（置于三角瓶内且带玻璃珠）、9mL无菌水、无菌培养皿、无菌吸管、天平、酒精灯、称样瓶、记号笔、玻璃刮铲等。

2. 方法和步骤

（1）样品稀释液的制备　选择待测菌液的稀释度应根据样品确定即准确称取待测样品1g，立即倒入99mL无菌水中，振摇10~15min。样品含待测菌的数量越多，稀释度应越高。若测定细菌菌剂含菌数时，多采用10^{-7}、10^{-8}、10^{-9}的稀释度；测定土壤细菌数量时，

多采用 10^{-4}、10^{-5}、10^{-6} 的稀释度；测定土壤放线菌和真菌数量时，多采用 10^{-3}、10^{-4}、10^{-5} 的稀释度。

（2）平板接种培养　根据所选择的三个稀释度（如为 10^{-4}、10^{-5}、10^{-6}），将无菌培养皿编号，每一号码设三个重复。平板接种培养方法有混合平板培养法和涂抹平板培养法两种。

①混合平板培养法：按无菌操作要求，用 1mL 无菌吸管吸取 10^{-6} 的稀释液各 1mL 接入 3 个编号为 10^{-6} 的培养皿中，同法，将 10^{-5} 和 10^{-4} 两个稀释度的菌液接种在相应的培养皿中（由低浓度向高浓度接种时，吸管可不必更换）。然后向 9 个培养皿中分别倒入已熔化并冷却至 45~50℃ 的细菌培养基，轻轻转动培养皿，使菌液与培养基混合均匀，待培养基凝固后，倒置于 37℃ 温箱中培养，待长出菌落即可计数。

②涂抹平板培养法：该法与混合法的不同之处是先将培养基熔化后趁热倒入培养皿中制成平板，待培养基冷凝后编号，然后用无菌吸管吸取 0.1mL 稀释菌液接种到相应编号的平板上，再用无菌刮铲将菌液在平板上涂抹均匀，平放于桌上 20~30min，使菌液渗透于培养基内部以后再倒置培养。

3. 注意事项

（1）由于不同样品的含水量不同，为了便于比较，常要计算出每克干样品的含菌数，见式（11-8）、式（11-9）。

$$每克干样品含菌数 = 1g 湿样品含菌数 \times 水分系数 \quad (11-8)$$

$$水分系数 = \frac{1}{1-样品水分百分数} \quad (11-9)$$

（2）样品在稀释与接种培养的过程中，应切实注意无菌操作，才能得到准确的结果。

4. 成果巩固

将每一个稀释度的三个平板上的菌落数填入表 11-6，并计算结果。

表 11-6　　　　　　　　　　不同稀释度的菌落数

稀释度	10^{-4}				10^{-5}				10^{-6}			
	1	2	3	平均	1	2	3	平均	1	2	3	平均
菌落数/（个/g）												

计数原则：按下列原则从三个稀释度中选择一个合适的稀释度，求出每克（或 mL）样品中的菌落数。

（1）同一稀释度之间重复的菌落数相差不太大。

（2）细菌、放线菌、酵母菌以每皿 30~300 个菌落为宜；霉菌以每皿 10~100 个菌落为宜。选择好稀释度后，即可按式（11-10）计算。

$$菌落数/（个/g 或个/mL）= 同一稀释度几次重复的平均菌落数 \times 稀释倍数 \quad (11-10)$$

基本技能训练 11　细菌鉴定中常用的生化反应检测技术

一、目的

（1）熟练掌握食品微生物检验细菌鉴定中常用的生化反应检测技术操作。
（2）奠定食品微生物检验基础。

二、适用范围

适用于食品微生物检验细菌鉴定中常用的生化反应实验技术操作训练。

三、细菌鉴定中常用的生化反应实验

各种微生物由于代谢类型不同，对基质的分解利用及代谢产物也不同。实验室中可利用各种生理生化反应，以鉴定不同类型微生物。

（一）器材和用品

1. 菌种

大肠杆菌、沙门菌、枯草芽孢杆菌。

2. 培养基

糖发酵管、H_2S 实验，M.R、V.P 实验等生化反应培养基。

3. 生化试剂

M.R 试剂、V.P 试剂、吲哚试剂、乙醚、硝酸盐还原试剂、生理盐水。

（二）方法和步骤

1. 糖发酵实验

糖发酵实验是最常用的生化反应，特别是在肠道菌群鉴定中尤为重要，绝大多数细菌都能利用糖类作为能源和碳源，但是不同细菌对糖类的分解能力有所不同，某些细菌能分解单糖或双糖产酸和产气，或只产酸不产气，产酸产气的情况可在培养基中加入酸碱指示剂（溴麝香草酚蓝 pH6~7.6，黄色至蓝色）及有无气泡来判断，其实验方法如下所示。

（1）接种　取葡萄糖和乳糖发酵管各 6 支，取大肠杆菌分别接种于葡萄糖和乳糖发酵管各 3 支，剩余 3 支留用对照，标明菌种和培养基名称，置 37℃ 培养 24h 和 72h 观察结果。

（2）结果观察　与空白对照管比较，若培养基保持原有颜色，则表示该菌不能利用某种糖，用"−"表示。若培养基褪色或呈微黄色者为产酸，杜氏小管内有气泡者为产气，用"+"表示，否则为阴性。

2. 淀粉水解实验

有些细菌能产生淀粉酶，分解培养基中的淀粉，淀粉分解后遇碘不再变蓝色，其测定方法如下所示。

（1）接种　取淀粉牛肉膏蛋白胨琼脂培养基制平板，用枯草芽孢杆菌少许在平板中央十字划线，于 37℃ 培养 24h。

（2）结果观察　打开皿盖，滴加少量碘液于培养基上，轻轻旋转培养皿，使碘液均匀铺满整个平板。如果在菌落或菌苔周围出现无色透明圈,说明淀粉被水解,透明圈大小说明该菌水解淀粉能力的强弱。

3. 硫化氢实验

凡能分解含硫氨基酸产生 H_2S 的细菌,所产生的 H_2S 可与培养基中的醋酸铅或三氯化铁反应,形成黑色硫化铅或硫化铁沉淀。

取醋酸铅琼脂高层培养基二支,分别穿刺接种大肠杆菌和沙门菌,37℃培养24~72h,观察有无黑色沉淀产生。有黑色沉淀者为 H_2S 试验阳性,否则为阴性。

4. M.R 实验和 V.P 实验

某些细菌能分解培养基中的糖产生丙酮酸继而分解产生甲酸、乙酸和乳酸,可使培养基pH降至4~5。因此,可将甲基红指示剂加入培养液中测定颜色变化(pH4.2 → 6.3,由红→黄)。V.P 和 M.R 实验都用葡萄糖蛋白胨水溶液,接菌培养后同时进行两种测定。V.P 实验是双乙酰与蛋白胨的胍基结合,形成红色化合物,其方法如下所示。

取葡萄糖蛋白胨水培养基两支,分别接种大肠杆菌和沙门菌,置37℃培养48h,吸取2mL培养液用于测定 V.P 试验,即加入等量的 V.P 试剂液,37℃反应30min呈红色者为阳性,否则为阴性。在剩余的培养基中加入甲基红试剂3~4滴,培养基呈红色者为阳性,黄色者为阴性。

5. 吲哚实验

某些细菌能分解蛋白胨中的色氨酸生产吲哚。吲哚与对二甲基氨基甲醛结合,形成玫瑰红色。

测定方法为:取蛋白胨水培养基两支,一支接种大肠杆菌,一支接种沙门菌。37℃培养24~36h。取出后向培养液中加入吲哚试剂5滴,出现红色环者为阳性,黄色者为阴性。

6. 明胶液化实验

明胶是一种动物蛋白,在温水中溶解时呈凝胶状。有的细菌可分泌明胶酶,分解明胶使其失去胶体状态而成为无凝固性的液态。

测定方法为:取明胶高层培养基3支,一支接种大肠杆菌,一支接种枯草芽孢杆菌,另一支作为对照,置20℃培养2~5d,观察液化状况。

7. 尿素酶实验

有些细菌可产生尿素酶,分解尿素产生氨,使培养基变碱性,进而使酚红指示剂呈红色。

测定方法为:取尿素培养基3支,一支接种大肠杆菌,一支接种枯草芽孢杆菌,另一支作为对照,37℃培养24h,若培养液由黄变红为阳性,否则为阴性。

8. 柠檬酸盐利用实验

有些细菌能利用柠檬酸盐作为专门的碳源和能源。将细菌接种于柠檬酸盐培养基上,37℃培养2~4d,能利用柠檬酸盐的细菌表现为有细菌生长,培养基变蓝色(溴麝香草酚蓝指示剂:pH<6时呈黄色,6<pH<7.6为绿色,pH>7.6为蓝色,不能利用柠檬酸盐的细菌不生长,培养基也不变色)。

测定方法为:取柠檬酸培养基两支,一支接种大肠杆菌,另一支接种枯草芽孢杆菌,置37℃培养2~4d,有细菌生长,培养基变蓝色者为阳性,否则为阴性。

基本技能训练 12　微生物实验室培养基的验收

一、目的

规范培养基验收的过程和项目,以保证实验室所用培养基符合要求。

二、适用范围

适用于微生物实验室培养基的验收工作。

三、职责

培养基验收员应遵循本规程,按照本规程的要求进行培养基验收。
建立并更新《实验室在用培养基清单》。

四、程序

(一) 术语和定义

1. 培养基批量

培养基批量是培养基充整的可追溯单位,是指满足产品要求(内部控制)和性能测试,产品型号和质量稳定的一定量的半成品或成品,这些产品在特定的生产周期生产,而且编号相同。

2. 商品化脱水合成培养基

商品化脱水合成培养基是指使用前需加水和处理的干燥培养基,如粉末、小颗粒、冻干粉等形式,分为完全培养基;不完全培养基,使用的时候需加入添加剂。

3. 商品化即用型培养基

商品化即用型培养基是以即用形式或熔化后即用的形式置于容器(例如培养皿、试管或其他容器)内供应的液体、固体或半固体培养基,分为充全可即用的培养基;需重新熔化的培养基;使用前需重新熔化并分装的培养基;使用前需重新熔化、添加物质并分装的培养基。

(二) 培养基接货验收

培养基的接货验收由培养基验收员完成。新购买的商品化脱水合成培养基(通常为脱水的粉状或颗粒状)和商品化即用型培养基,应保存在密闭的容器中,包装完整。

接收时应检查以下项目或额外的必要项目。

培养基名称、独立成分、添加成分名称及产品编号。

批号。

最终 pH。

储存信息和有效期。

技术数据清单。

质控证书。

必要的安全和(或)危害数据。

（1）培养基验收员建立并更新《实验室在用培养基清单》，包括商品化脱水合成培养基和商品化即用型培养基。对于培养基的使用应遵循先入先出的原则。

（2）对验收合格的培养基，按储存要求进行储存。

（3）培养基拒收项目如下所示（但不限示）。

验收以上检测项目时有不合格项目。

培养基成分和含量比例不符合要求。

有效期不合格。

外包装上资料模糊不清。

包装破损。

五、主要参考文件

（1）参考 GB 4789.28—2013《食品安全国家标准　食品微生物学检验　培养基和试剂的质量要求》。

（2）参考 SN/T 1538.1—2016《培养基制备指南　第1部分：实验室培养基制备质量保证通则》。

基本技能训练13　微生物菌种保藏

一、实验目的

熟悉并掌握微生物的菌种保藏方法。

二、原理

微生物具有容易变异的特性，因此，在保藏过程中，必须使微生物的代谢处于最不活跃或相对静止的状态，才能在一定的时间内使其不发生变异而又保持生活能力。低温、干燥和隔绝空气是使微生物代谢能力降低的重要因素，所以，菌种保藏方法虽多，但都是根据这三个因素而设计的。

三、微生物菌种保藏的种类

（1）传代培养保藏法　有斜面培养、穿刺培养、庖肉培养基培养等（后者作保藏厌氧细菌用），培养后于4~6℃冰箱内保存。

（2）液体石蜡覆盖保藏法　这是传代培养的变相方法，能够适当延长保藏时间，它是在斜面培养物和穿刺培养物上面覆盖灭菌的液体石蜡，一方面可防止因培养基水分蒸发而引起菌种死亡；另一方面可阻止氧气进入，以减弱代谢作用。

（3）载体保藏法　将微生物吸附在适当的载体，如土壤、沙子、硅胶、滤纸上，而后进行干燥的保藏法，例如沙土保藏法和滤纸保藏法应用相当广泛。

（4）寄主保藏法　用于目前尚不能在人工培养基上生长的微生物，如病毒、立克次体、螺旋体等，它们必须在生活的动物、昆虫、鸡胚内感染并传代，此法相当于一般微生物的传代培养保藏法。病毒等微生物也可用其他方法（如液氮保藏法与冷冻干燥保藏法）

进行保藏。

(5) 冷冻保藏法　可分低温冰箱（-30℃~-20℃，-80℃~-50℃）、干冰酒精快速冻结（约-70℃）和液氮（-196℃）等保藏法。

(6) 冷冻干燥保藏法　先使微生物在极低温度（-70℃左右）下快速冷冻，然后在减压下利用升华现象除去水分（真空干燥）。

有些方法如滤纸保藏法、液氮保藏法和冷冻干燥保藏法等均需使用保护剂来制备细胞悬液，以防止因冷冻或水分不断升华对细胞的损害。保护性溶质可通过氢和离子键对水和细胞所产生的亲和力来稳定细胞成分的构型。保护剂有牛乳、血清、糖类、甘油、二甲亚砜等。

四、实验器材

细菌、酵母菌、放线菌和霉菌，肉膏蛋白胨斜面培养基，灭菌脱脂牛乳，灭菌水，化学纯的液体石蜡，甘油，五氧化二磷，河沙，瘦黄土或红土，冰块、食盐，干冰，95%酒精，10%盐酸，无水氯化钙；灭菌吸管，灭菌滴管，灭菌培养皿，管形安瓿管，泪滴形安瓿管（长颈球形底），40目与100目筛子，油纸，滤纸条（0.5cm×1.2cm），干燥器，真空泵，真空压力表，喷灯，L形五通管，冰箱，低温冰箱（-30℃），液氮冷冻保藏器。

五、操作步骤、各保藏法的应用范围及优缺点

下列各法可根据实验室具体条件与需要选做。

(一) 斜面低温保藏法

将菌种接种在适宜的固体斜面培养基上，待菌充分生长后，棉塞部分用油纸包扎好，移至2~8℃的冰箱中保藏。

保藏时间依微生物的种类而有不同，霉菌、放线菌及有芽孢的细菌保存2~4个月，移种一次。酵母菌两个月，细菌最好每月移种一次。

此法为实验室和工厂菌种室常用的保藏法，优点是操作简单，使用方便，不需特殊设备，能随时检查所保藏的菌株是否死亡、变异与污染杂菌等。缺点是容易变异，因为培养基的物理、化学特性不是严格恒定的，屡次传代会使微生物的代谢改变，而影响微生物的性状，污染杂菌的机会也较多。

(二) 液体石蜡保藏法

(1) 将液体石蜡分装于三角烧瓶内，塞上棉塞，并用牛皮纸包扎，0.1MPa，121.3℃灭菌30min，然后放在40℃温箱中，使水汽蒸发掉，备用。

(2) 将需要保藏的菌种，在最适宜的斜面培养基中培养，使得到健壮的菌体或孢子。

(3) 用灭菌吸管吸取灭菌的液体石蜡，注入已长好菌的斜面上，其用量以高出斜面顶端1cm为准，使菌种与空气隔绝。

(4) 将试管直立，置低温或室温下保存（有的微生物在室温下比冰箱中保存的时间还要长）。

此法实用而效果好。霉菌、放线菌、芽孢细菌可保藏2年以上不死，酵母菌可保藏1~2年，一般无芽孢细菌也可保藏1年左右，甚至用一般方法很难保藏的脑膜炎球菌，在37℃温箱内，也可保藏3个月之久。此法的优点是制作简单，不需特殊设备，且不需经常

移种。缺点是保存时必须直立放置，所占位置较大，同时也不便携带。从液体石蜡下面取培养物移种后，接种环在火焰上烧灼时，培养物容易与残留的液体石蜡一起飞溅，应特别注意。

（三）滤纸保藏法

（1）将滤纸剪成 0.5cm×1.2cm 的小条，装入 0.6cm×8cm 的安瓿管中，每管 1~2 张，塞以棉塞，0.1MPa，121.3℃灭菌 30min。

（2）将需要保存的菌种，在适宜的斜面培养基上培养，使充分生长。

（3）取灭菌脱脂牛乳 1~2mL 滴加在灭菌培养皿或试管内，取数环菌苔在牛乳内混匀，制成浓悬液。

（4）用灭菌镊子自安瓿管取滤纸条浸入菌悬液内，使其吸饱，再放回至安瓿管中，塞上棉塞。

（5）将安瓿管放入内有五氧化二磷作吸水剂的干燥器中，用真空泵抽气至干。

（6）将棉花塞入管内，用火焰熔封，保存于低温下。

（7）需要使用菌种，复活培养时，可将安瓿管口在火焰上烧热，滴一滴冷水在烧热的部位，使玻璃破裂，再用镊子敲掉口端的玻璃，待安瓿管开启后，取出滤纸，放入液体培养基内，置温箱中培养。

细菌、酵母菌、丝状真菌均可用此法保藏，前两者可保藏 2 年左右，有些丝状真菌甚至可保藏 14~17 年之久。此法较液氮、冷冻干燥法简便，不需要特殊设备。

（四）沙土保藏法

（1）取河沙加入 10%稀盐酸，加热煮沸 30min，以去除其中的有机质。

（2）倒去酸水，用自来水冲洗至中性。

（3）烘干，用 40 目筛子过筛，以去掉粗颗粒，备用。

（4）另取非耕作层的不含腐殖质的瘦黄土或红土，加自来水浸泡洗涤数次，直至中性。

（5）烘干，碾碎，通过 100 目筛子过筛，以去除粗颗粒。

（6）按一份黄土、三份沙的比例（或根据需要而用其他比例，甚至可全部用沙或全部用土）掺和均匀，装入 10mm×100mm 的小试管或安瓿管中，每管装 1g 左右，塞上棉塞，进行灭菌，烘干。

（7）抽样进行无菌检查，每 10 支沙土管抽一支，将沙土倒入肉汤培养基中，37℃培养 48 小时，若仍有杂菌，则需全部重新灭菌，再做无菌实验，直至证明无菌，方可备用。

（8）选择培养成熟的（一般指孢子层生长丰满的，营养细胞用此法效果不好）优良菌种，以无菌水洗下，制成孢子悬液。

（9）于每支沙土管中加入约 0.5mL（一般以刚刚使沙土润湿为宜）孢子悬液，以接种针拌匀。

（10）放入真空干燥器内，用真空泵抽干水分，抽干时间越短越好，务使在 12h 内抽干。

（11）每 10 支抽取一支，用接种环取出少数沙粒，接种于斜面培养基上，进行培养，观察生长情况和有无杂菌生长，如出现杂菌或菌落数很少或根本不长，则说明制作的沙土管有问题，尚须进一步抽样检查。

（12）若经检查没有问题，用火焰熔封管口，放冰箱或室内干燥处保存。每半年检查一次活力和杂菌情况。

（13）需要使用菌种，复活培养时，取沙土少许移入液体培养基内，置温箱中培养。

此法多用于能产生孢子的微生物如霉菌、放线菌，因此在抗生素工业生产中应用最广，效果亦好，可保存2年左右，但应用于营养细胞效果不佳。

（五）液氮冷冻保藏法

（1）准备安瓿管　用于液氮保藏的安瓿管，要求能耐受温度突然变化而不致破裂，因此，需要采用硼硅酸盐玻璃制造的安瓿管，安瓿管的大小通常使用75mm×10mm的，或能容1.2mm液体的。

（2）加保护剂与灭菌　保存细菌、酵母菌或霉菌孢子等容易分散的细胞时，则将空安瓿管塞上棉塞，0.1MPa，121.3℃灭菌15min；若作保存霉菌菌丝体用则需在安瓿管内预先加入保护剂如10%的甘油蒸馏水溶液或10%二甲亚砜蒸馏水溶液，加入量以能浸没以后加入的菌落圆块为限，而后再用0.1MPa，121.3℃灭菌15min。

（3）接入菌种　将菌种用10%的甘油蒸馏水溶液制成菌悬液，装入已灭菌的安瓿管；霉菌菌丝体则可用灭菌打孔器，从平板内切取菌落圆块，放入含有保护剂的安瓿管内，然后用火焰熔封。浸入水中检查有无漏洞。

（4）冻结　再将已封口的安瓿管以每分钟下降1℃慢速冻结至-30℃。若细胞急剧冷冻，则在细胞内会形成冰的结晶，因而降低存活率。

（5）保藏　经冻结至-30℃的安瓿管立即放入液氮冷冻保藏器的小圆筒内，然后再将小圆筒放入液氮保藏器内。液氮保藏器内的气相为-150℃，液态氮内为-196℃。

（6）恢复培养　保藏的菌种需要用时，将安瓿管取出，立即放入38~40℃的水浴中进行急剧解冻，直到全部融化为止。再打开安瓿管，将内容物移入适宜的培养基上培养。

此法除适宜于一般微生物的保藏外，对一些用冷冻干燥法都难以保存的微生物如支原体、衣原体、氢细菌、难以形成孢子的霉菌、噬菌体及动物细胞均可长期保藏，而且性状不变异。缺点是需要特殊设备。

（六）冷冻干燥保藏法

（1）准备安瓿管　用于冷冻干燥菌种保藏的安瓿管宜采用中性玻璃制造，形状可用长颈球形底的，也称泪滴形安瓿管，大小要求外径6~7.5mm，长105mm，球部直径9~11mm，壁厚0.6~1.2mm。也可用没有球部的管状安瓿管。塞好棉塞，0.1MPa，121.3℃灭菌30min，备用。

（2）准备菌种　用冷冻干燥法保藏的菌种，其保藏期可达数年至十数年，为了在许多年后不出差错，故所用菌种要特别注意其纯度，即不能有杂菌污染，然后在最适培养基中用最适温度培养，使培养出良好的培养物。细菌和酵母的菌龄要求超过对数生长期，若用对数生长期的菌种进行保藏，其存活率反而降低。一般，细菌要求24~48h的培养物；酵母需培养3d；形成孢子的微生物则宜保存孢子；放线菌与丝状真菌则培养7~10d。

（3）制备菌悬液与分装　以细菌斜面为例，用脱脂牛乳2mL左右加入斜面试管中，制成浓菌液，每支安瓿管分装0.2mL。

（4）冷冻　冷冻干燥器有成套的装置出售，价值昂贵，此处介绍的是简易方法与装置，可达到同样的目的。

将分装好的安瓿管放低温冰箱中冷冻，无低温冰箱时可用冷冻剂如干冰（固体 CO_2）酒精液或干冰丙酮液，温度可达-70℃。将安瓿管插入冷冻剂，只需冷冻 4~5min，即可使悬液结冰。

（5）真空干燥　其为在真空干燥时使样品保持冻结状态，需准备冷冻槽，槽内放碎冰块与食盐，混合均匀，可冷却至-15℃。装置仪器，安瓿管放入冷冻槽中的干燥瓶内。

抽气一般若在 30min 内能达到 93.3Pa（0.7mmHg）真空度时，则干燥物不致熔化，以后再继续抽气，几小时内，肉眼可观察到被干燥物已趋干燥，一般抽到真空度 26.7Pa（0.2mmHg），保持该压力 6~8h 即可。

（6）封口　抽真空干燥后，取出安瓿管，接在封口用的玻璃管上，可用 L 形五通管继续抽气，约 10min 压力即可达到 26.7Pa（0.2mmHg）。于真空状态下，以煤气喷灯的细火焰在安瓿管颈中央进行封口。封口以后，保存于冰箱或室温暗处。

此法为菌种保藏方法中最有效的方法之一，对一般生活力强的微生物及其孢子以及无芽孢菌都适用，即使对一些很难保存的致病菌，如脑膜炎球菌与淋病球菌等也能保存。适用于菌种长期保存，一般可保存数年至十余年，但设备和操作都比较复杂。

基本技能训练 14　冷冻食品微生物检验样品的取样与样品制备

一、实验目的

熟悉并掌握冷冻食品微生物检验样品的取样与样品制备的操作规程。

二、实验操作

（一）取样准备

1. 实验仪器准备

均质袋、酒精及酒精棉、吸管、培养皿、稀释液、剪刀、镊子、无菌盆等。

2. 冷冻食品取样

取样时样品必须代表该批产品的情况，从车间取回样品冷冻品应按要求进行解冻，干燥食品可放在常温冷暗处，易腐和冷却样品应放入 10℃ 环境中。冷冻样品来不及检验的应放入-15℃以下冰箱内，待检样品存放时间不应超过 36h。

3. 解冻

原则上，冷冻样品取出后，按包装原样在室温下自然解冻；也可在 0~4℃ 环境解冻，时间不超过 18h；也可在温度不超过 45℃ 环境中解冻，时间不超过 15min。如果这些解冻条件对有些产品尤其是大块冷冻品达不到解冻的目的，可参照以下解冻时间。

（1）100~300g 调理食品 45℃ 解冻 10min 左右。

（2）500g 以下冷冻蔬菜 30℃ 解冻 40min 左右。

（3）500g 以上冷冻样品 37℃ 解冻 1h 左右，室温下解冻 2h 左右。

备注：应将样品解冻到半解冻状态（用剪刀能剪开的程度）。

4. 操作环境

实验前，用臭氧发生器/紫外线将工器具、无菌间灭菌消毒，达到食品微生物检验无菌状态要求。

（二）取样及样液制备

1. 样品标记

将样品以污染程度低到高的顺序排列，相应做一一对应性标识，其中按细菌培养皿数、大肠菌群培养皿数、金黄色葡萄球菌培养皿数的顺序，5个样品一摞，如图11-24所示。

图11-24 待检样品标记

2. 检样采取

先将样品外包装正反面用酒精喷洒（如果样品表面有冷凝水应先擦拭干净后再用酒精喷洒），如图11-25所示。

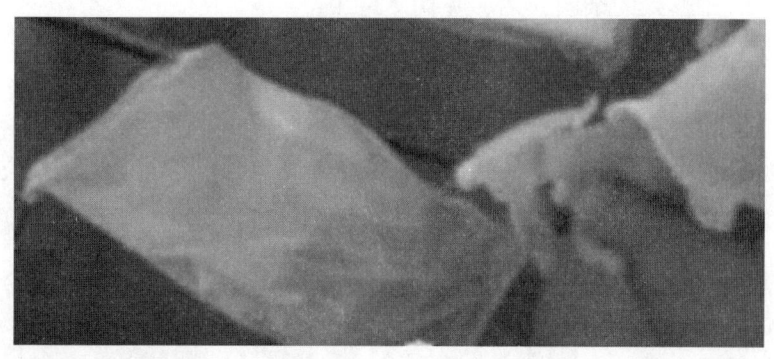

图11-25 检样采取（样品外包装正反面用酒精消毒）

（1）固体样品

①75%酒精棉消毒开启部位及其周围，再用火焰灭菌的剪刀剪开，如图11-26所示。

②在电子秤上放入无菌均质袋（手不要碰及袋口）去皮调整至零，如图11-27所示。

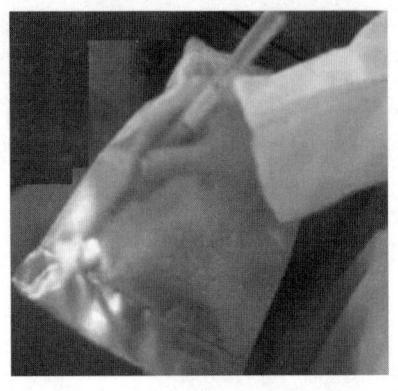 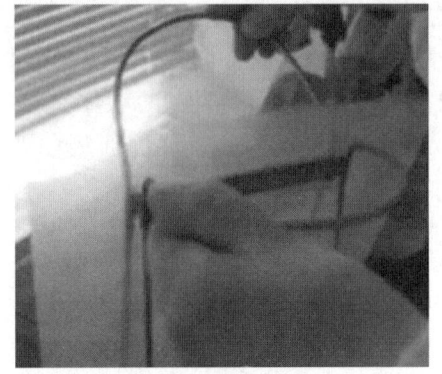

图 11-26　酒精棉表面消毒　　　　　图 11-27　电子秤上放入无菌均质袋

③用火焰灭菌后的剪刀和镊子取样，称取 25g 代表性样品，见图 11-28。

 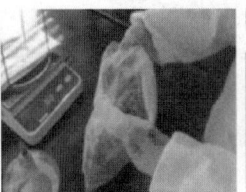 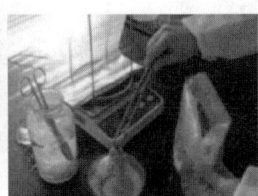 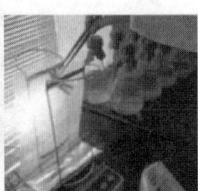 

（1）剪刀焰灭菌　　（2）剪开袋口　　（3）镊子火焰灭菌　　（4）镊子取样　　（5）称取所需样品重量

图 11-28　固体样品取样

④ 加入 225mL 灭菌磷酸盐缓冲液（开盖瓶塞时瓶口部和瓶塞应在火焰处通过 1~2 次，以杀灭从空气中落入的杂菌）后，见图 11-29。

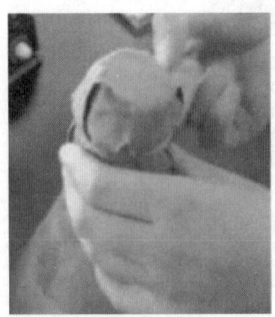  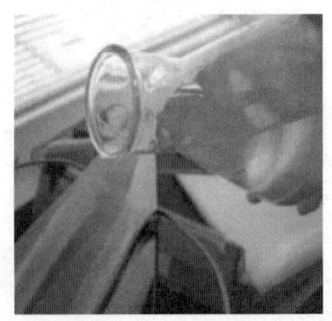

（1）去除三角瓶的封口纸　　（2）三角瓶口火焰灭菌　　（3）灭菌磷酸盐缓冲液冲液加入均质袋

图 11-29　加入灭菌磷酸盐缓冲液

⑤ 擦拭干净剪刀、镊子后将二者浸泡于 75% 酒精容器中并将样品封口。

⑥ 将袋子折叠后用拍击式均质器均质约 30s 作为样液，此时均质袋内要设定为不含空气（可根据样品不同情况相应调整均质时间），见图 11-30。

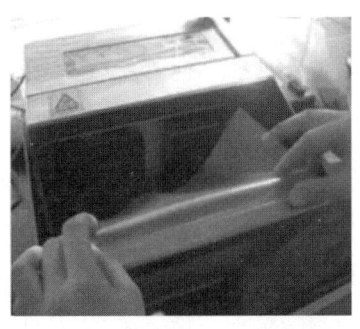 

（1）打开均质器，放入均质袋　　　　　　（2）均质工作的均质器

图 11-30　均质器均质获得样液

（2）液体样品

① 冷冻样品完全解冻后使用。

② 用 75% 酒精棉消毒开启部位及其周围，再用火焰灭菌的剪刀开启固体样品包装袋，用灭菌吸管取充分混合后的样品 25mL。

（3）粉末状样品以及半固体样品

① 将样品混合均一化。

② 用 75% 酒精棉消毒开启部位及其周围，再用火焰灭菌的剪刀开启固体样品包装袋，以无菌匙采取混合后样品 10g。

③ 加入 90mL 灭菌磷酸盐缓冲液，开盖瓶塞时瓶口部和瓶塞应在火焰通过 1~2 次，以杀灭从空气中落入的杂菌。

（4）备注

① 从罐头取样时，在表面放上小块酒精棉（倒上少量酒精），点火燃烧后再开罐。罐头起子用酒精棉擦拭，火焰灭菌后再使用。

② 75% 酒精必须保证一周换 3 次，如果容器内有明显的污物应立即更换。

③ 火焰灭菌的剪刀、镊子通过火焰 4~5s 即可。

（三）稀释方法

（1）从均质袋中准确吸取样液 1mL，见图 11-31。

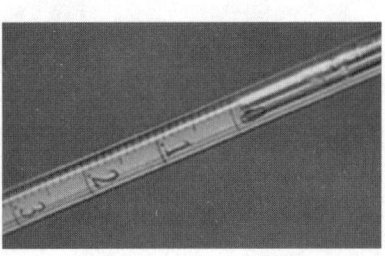

图 11-31　准确操作吸取样液 1mL

（2）把吸取的样液，沿管壁慢慢接种到含 9mL 磷酸盐缓冲液里，盖上试管塞后充分振荡混匀为 1∶100 稀释液（勿使吸管尖端伸入稀释液内，以免吸管外部黏附的检品溶液

溶于其内）。

（3）重复上面操作（2），按需配制1∶1000、1∶10000等稀释液。

（4）为减少样品稀释误差，在连续递增稀释时（原液在前，稀释液在后），每一稀释液应充分振摇，使其均匀，同时每一稀释度应更换一支吸管。

（5）不要在稀释剂中吹洗吸管。

注意：① 稀释样液必须加以充分振摇，确保液体混匀。② 车间产品根据加工工艺或对污染情况的估计选择合适的稀释倍数（尤其注意葱、姜、蒜等无加热类产品、保存实验、样品开发、原料等样品）。

（四）样液接种方法

（1）从吸管筒沿筒上壁抽出吸管，在火焰旁吹洗洗耳球，同时在吸管尾端插上洗耳球后，从吸管尾端至尖端快速通过火焰，并且排空吸管里残留的水，如图11-32所示。

 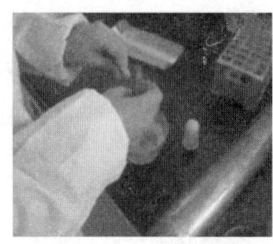 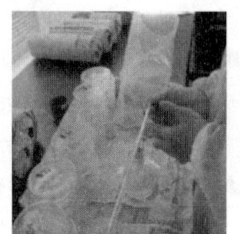

（1）吸管筒上壁抽出吸管　　（2）火焰旁吹洗洗耳球　　（3）吸管火焰灭菌

图11-32　无菌操作吸取样液

（2）以吸管插入均质袋样液内的深度不超过2.5cm处，准确吸取样品匀液（吸管尖不要碰触袋口，吸入的液体应先高于所要求的刻度，然后提起吸管使其尖端离开液面并贴在袋内将液体调至所要求的刻度）。用灭菌的0.2、1mL吸管，在无菌操作状态下，分别快速（2~4s）完全注入已标识清楚的细菌培养皿、大肠菌群培养皿、EC培养皿以及金黄色葡萄球菌培养皿中（EC接种后应迅速振荡均匀），见图11-33。

 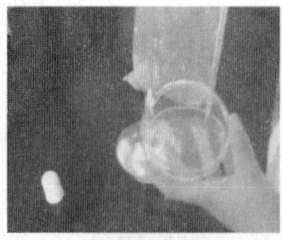 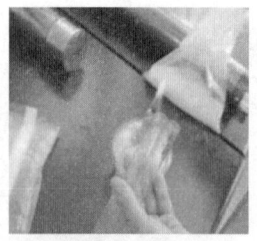 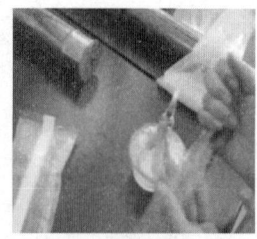

（1）吸管吸取样液　　（2）样液注入培养皿　　（3）左手拿试管示范　　（4）右手把试管塞塞入左手试管

图11-33　样液注入培养皿

（3）如果某一样品液在接种前放置时间超过3min，应重新均质。

（4）为了验证稀释液、培养基、培养皿、吸管等器具无菌，需做空白对照。

（五）倾注倒培养基方法

右手持培养基三角瓶（已放入50~60℃的水浴中恒温）置火焰旁边，用左手拇指和食指或中指使培养皿开启呈一条缝,迅速倒入培养基约 15mL,加盖后轻轻摇动培养皿,使培养基均匀分布在培养皿底部,然后平置于桌面上;也可将培养皿放在火焰附近的桌面上用左手的拇指和食指打开培养皿,再注入培养基,摇匀,见图 11-34。

  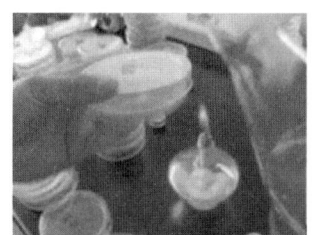

(1) 熔化备用的三角瓶装培养基　　(2) 火焰上方,培养基从三角瓶口倒入培养皿　　(3) 趁热摇匀培养基

图 11-34　倾注倒培养皿

注意事项如下所示。

(1) 培养基在 50~60℃ 水浴中的保温时间不要超过 4h。

(2) 从采样开始到分注培养基操作限于 20min 以内。

(3) 涂布的培养皿表面需干燥(干燥不充分易发生菌落扩散,有冷凝水不利于细菌分离并且会导致细菌繁殖使结果失真;干燥过分,会导致培养基裂开,不能用;干燥合适,则样液吸收完全且快)。

(4) 细菌容易吸附在玻璃器皿的表面,所以菌液注入培养皿后应尽快将培养皿内的样液和琼脂培养基充分混合,否则细菌不容易分散。混合方法是将培养皿倾斜和旋转使之充分混合,但要注意不要让培养基从培养皿内溢出,且不要黏附在培养皿壁和盖上。

(六) 培养

培养皿倒置放入恒温培养箱中(每垛最多堆放 6 个培养皿,培养皿间要留有空隙进行空气流通,使培养物的温度尽快与培养箱温度达到一致),按所规定的时间和温度进行培养。培养箱应保持一定的湿度,经 48h 培养的琼脂培养基的失重不得超过 15%(质量分数),见图 11-35。

斜面、高层斜面、液体培养基应立在试管架上放入恒温培养箱中,按所规定的时间和温度进行培养,见图 11-36。

图 11-35　培养皿倒置在培养箱中培养　　图 11-36　试管培养基立在试管架上在培养箱中培养

(七) 计数判定及注意事项

由于细菌种类繁多,差别甚大。计数时一般用透射光于培养皿背面或正面(菌落计数器)仔细观察。必要时用放大镜检查,以防遗漏尤其是培养皿边缘生长的菌落。

计数方法参照 GB 4789.2—2022。

稀释度低的培养皿,微生物菌落和食品碎渣很难区分,一般以食品碎渣没有光泽、不够光滑来识别。

为了避免食品中的微小颗粒或培基中的杂质与细菌菌落发生混淆,不易分辨,可同时做一个稀释液与琼脂培养基混合的平板,不经培养,而于 4℃ 环境中放置,以便计数时作为对照观察。

必要时,为了防止食品颗粒与菌落混淆不清,可在平板计数琼脂中加入氯化三苯四氮唑(TTC)(100mL 加入 1mL 0.5% TTC),培养后菌落呈红色,易于分别。

在发酵实验中,发酵倒管的产气量,多者可以使发酵倒管全部充满气体,少者可以产生比小米粒还小的气泡,或发酵时产酸或沿管壁有缓缓上浮的小气泡,都应做进一步试验。如果对产酸但未产气的发酵有疑问时,可以用手轻轻打动试管,如有气泡沿管壁上浮,就像啤酒中的二氧化碳气泡一样,即应考虑可能有气体产生,而应做进一步试验。如果只是出现摇起的气泡,就是阴性。

基本技能训练 15　食品微生物现场采样方案

从世界卫生组织对食源性疾病的病因调查分析,80% 以上的食源性疾病都是与生物相关的因素,比如细菌、病毒、寄生虫以及生物毒素。从事食品安全保障工作,最终的目的也是要了解这些微生物的危害,从源头上减小食源性疾病的发生率。

微生物主要通过空气、原辅材料、作业人员、制造装置、包装容器的途径来污染产品,而食品微生物的风险管理重在强化过程控制,微生物检验采样是过程控制是否满足要求的判断依据。有些食品企业会对产品的成品和原材料进行理化和微生物的检测。特别是微生物的检测就需要注意样品的采样流程,包括人员服装、环境和取样方式。不然在抽检采样过程中污染了样品,导致检测结果异常。因此,着重介绍检验采样方案。

一、采样方案

目前最为流行的采样方案为国际食品微生物规范委员会(ICMSF)推荐的采样方案和随机采样方案,ICMSF 的采样方案是依据事先给食品进行的危害程度划分来确定的,将食品分成 3 种危害程度。

Ⅰ类危害,老人和婴幼儿食品及在食用前可能会增加危害的食品。

Ⅱ类危害,立即食用的食品,在食用前危害基本不变。

Ⅲ类危害,食用前经加热处理,危害减小的食品。

采样方法是从统计学原理来考虑,将检验指标对食品卫生的重要程度分成一般、中等和严重 3 挡。根据以上危害度的分类,又将采样方案分成二级法和三级法。

二级法,设定 n、c 及 m 值,采样数只设合格判定标准 m 值,超过 m 值的,则为不合格品。例如,生食海产品鱼,$n=5$,$c=0$,$m=10^2$。$n=5$ 即采样 5 个,$c=0$ 即意味着在该批检样中，未见到有超过 m 值的检样，此批货物为合格品。

三级法则有 n、c、m 及 M 值。设微生物标准 m 及 M 值两个限量如同二级法，超过 m 值的检样，即算为不合格品。其中以 m 值到 M 值的范围内的检样数，作为 c 值，如果在此范围内，即为附加条件合格，超过 M 值者，则为不合格。

例如：冷冻生虾的细菌数标准 $n=5$，$c=3$，$m=10^1$，$M=10^2$，其意义是从一批产品中，取 5 个检样，经检样结果，允许 ≤3 个检样的菌数是在 $m \sim M$，如果有 3 个以上检样的菌数是在 $m \sim M$ 或一个检样的菌数超过 M 值者，则判定该批产品为不合格品。

注：n 指一批产品采样个数。

c 指该批产品的检样菌数中，超过限量的检样数，即结果超过合格菌数限量的最大允许数。

m 指合格菌数限量，将可接受与不可接受的数量区别开。

M 指附加条件，判定为合格的菌数限量，表示边缘的可接受数与边缘的不可接受数之间的界限。

二、现场采样注意事项

确定了采样方案以后，采样方法对采样方案的有效执行和保证样品的有效性、代表性至关重要。

（1）采样必须遵循无菌操作程序，采样工具如整套不锈钢勺子、镊子、剪刀等应当高压灭菌，防止一切可能的外来污染。

（2）容器必须清洁、干燥、防漏、广口、灭菌，大小适合盛放检样。

（3）采样全过程中，应采取必要的措施防止食品中固有微生物的数量和生长能力发生变化。

（4）确定检验批，应注意产品的均质性和来源，确保检样的代表性。

（5）当用自动采样器取不需要冷却的粉状或固体食品时，必须履行相应的管理办法，保证产品的代表性不被人为破坏。

三、现场采样

（一）直接食用的小包装食品

直接食用的小包装食品尽可能取原包装，直到检验前不要开封，以防污染。

（二）液体样品

（1）采样前摇动或用灭菌棒搅拌液体，尽量使其达到均质。

（2）以无菌操作开启包装，用 100mL 无菌注射器抽取，注入无菌容器中。

（3）如为非冷藏易腐食品，应迅速将所采样品冷却至 0~4℃。

（三）半固体样品

以无菌操作拆开包装，用无菌勺子从几个部位挖采样品，放入无菌容器中。

（四）固体样品

（1）每份样品应用灭菌采样器由几个不同部位采取，一起放入一个灭菌容器内。

（2）大块整体食品应用无菌刀具和镊子从不同部位割取，割取时应兼顾表面与深部，注意样品的代表性；小块大包装食品应从不同部位的小块上切采样品，放入无菌容器中。

（3）若为检验食品的污染情况，可取表层样品；若为检验食品的品质情况，应从深部采样。

（4）注意不要使样品过度潮湿，以防食品中原有的细菌增殖。

（五）冷冻样品

（1）对大块冷冻食品，应从几个不同部位用灭菌工具采样，使之有充分的代表性。

（2）大包装小块冷冻食品按小块个体采取；大块冷冻食品可以用无菌刀从不同部位削采样品或用无菌小手锯从冻块上采样品，也可以用无菌钻头钻取碎屑状样品，放入容器中。

（3）冷冻食品的采样还应注意检验目的，若需检验食品污染情况，可取表层样品；若需检验其品质情况，应取深部样品。

（4）在将样品送达实验室前，要始终保持样品处于冷冻状态。样品一旦熔化，不可使其再冻，保持冷却即可。

（六）生产过程中的采样

1. 车间用水

自来水样从车间各水龙头上采取冷却水；生产流程环节中的汤料等从车间容器不同部位用100mL无菌注射器抽取。如用固定在贮液桶或流水作业线上的采样龙头采样时，应事先将龙头消毒。

2. 车间台面、用具及加工人员手的卫生监测

用5cm 2孔无菌采样板及5支无菌棉签擦拭$25cm^2$面积。若所采表面干燥，则用无菌稀释液润湿棉签后擦拭；若表面有水，则用干棉签擦拭，擦拭后立即将棉签头用无菌剪刀剪入盛样容器中。

3. 车间空气采样（空气尘降法）

将5个直径90mm的普通营养琼脂平板分别置于车间的四角和中部，打开培养皿盖，暴露采样后，盖盖送检。

4. 设备采样

（1）涂抹法　涂抹法适用于表面平坦的设备和工器具产品接触面，取经过灭菌的$50cm^2$铝片框放在需检查的部位上，用无菌棉签蘸上无菌生理盐水擦拭后放入盛样容器中。

（2）贴纸法　贴纸法适用于表面不平坦的设备和工器具接触面，将两张面积共$50cm^2$的无菌规格纸用无菌生理盐水泡湿后，分别贴于需测部分，后放入盛样容器。

基本技能训练16　食品中细菌总数测定

细菌总数是指食品检样经过处理，在一定条件下培养后，所得1g或1mL检样中所含细菌菌落的总数。本方法规定的培养条件下所得的结果，只包括一群在营养琼脂上生长发育的嗜中温性需氧的菌落总数。菌落总数主要作为判定食品被污染程度的标志，也可以应用这一方法观察细菌在食品中繁殖的动态，以便对被检样品进行卫生学评价时提供依据。

一、器材和用品

(一) 器材

恒温培养箱、冰箱、天平、电炉、恒温水浴锅、培养皿、1mL 和 10mL 吸管、500mL 三角瓶、玻璃珠、培养皿、试管、酒精灯、均质器或乳钵、试管架、灭菌刀或剪刀、灭菌镊子、酒精棉球。

(二) 用品

营养琼脂培养基、75% 乙醇、生理盐水或其他稀释液，定量分装于三角瓶和试管内灭菌。

二、方法和步骤

(一) 检样稀释及培养

(1) 以无菌操作将检样 25g（或 25mL）剪碎放于含有 225mL 灭菌生理盐水或其他稀释液的灭菌玻璃瓶内（瓶内预置适当数量的玻璃珠）或灭菌乳钵内，经充分振摇或研磨制作成 1∶10 的均匀稀释液。

固体检样在加入稀释液后，最好置灭菌均质器中以 8000~10000r/min 的速度处理 1min，制作成 1∶10 的均匀稀释液。

(2) 用 1mL 灭菌吸管吸取 1∶10 稀释液 1mL，沿管壁徐徐注入含有 9mL 灭菌生理盐水或其他稀释液的试管内，振摇试管混合均匀，制作成 1∶100 的稀释液。

(3) 另取 1mL 灭菌吸管，按上述操作顺序，做 10 倍递增稀释，如此每递增稀释一次，即换用 1 支 1mL 灭菌吸管，直至稀释到所需浓度。

(4) 根据食品卫生标准要求或对标本污染情况的估计，选择 2~3 个适宜稀释度，分别用吸取该稀释度的吸管移取 1mL 稀释液于灭菌皿内，每个稀释度做两个培养皿。

(5) 稀释液移入培养皿后，应及时将晾至 46℃的营养琼脂培养基（可放置 46℃水浴保温）注入培养皿约 15mL，并转动培养皿混合均匀，同时将营养琼脂培养基倾入加有 1mL 灭菌水（不含样品）的灭菌培养皿内作为空白对照。

(6) 待琼脂凝固后，翻转平板，置 (36±1)℃温箱内培养 (48±2)h。

(二) 菌落计数方法

做平板菌落计数时，可用肉眼观察，必要时用放大镜检查，以防遗漏。在记下各平板的菌落数后，求出同稀释度的各平板平均菌落数。

(三) 菌落计数的报告

1. 平板菌落数的选择

选取菌落数在 30~300 的平板作为菌落总数测定标准。一个稀释度使用两个平板，应采用两个平板的平均数，其中一个平板有较大片状菌落生长时，则不宜采用，而应以无片状菌落生长的平板作为该稀释度的菌落数，若片状菌落不到平板的一半，而其余一半中菌落分布又很均匀，即可计算半个平板后乘以 2 代表全皿菌落数。

2. 稀释度的选择

(1) 应选择平均菌落数在 30~300 的稀释度，乘以稀释倍数报告。

(2) 若有两个稀释度，其生长的菌落数均在 30~300，则视二者之比来决定，若比值小于2，应报告其平均数；若大于2，则报告其中较小的数字。

（3）若所有稀释度的平均菌落数均大于300，则应按稀释度最高的平均菌落数乘以稀释倍数报告。

（4）若所有稀释度的平均菌落数均小于30，则应按稀释度最低的平均菌落数乘以稀释倍数报告。

（5）若所有稀释度均无菌落生长，则以小于1乘以最低稀释倍数报告。

（6）若所有稀释度的平均菌落数均不在30~300，其中一部分大于300或小于30时，则以最接近30或300的平均菌落数乘以稀释倍数报告。

3. 菌落数的报告

菌落数在100以内时，按其实有数报告；大于100时，采用两位有效数字，在两位有效数字后面的数值，以四舍五入方法计算。为了缩短数字后面的零数，也可用10的指数来表示（表11-7）。

表11-7　　　　　　　　　稀释度选择及菌落数报告方式

例次	稀释液及菌落数			两稀释液之比	菌落总数/[个/g（mL）]	报告方式/[个/g（mL）]
	10^{-1}	10^{-2}	10^{-3}			
1	多不可计	164	20	—	16400	16000 或 $1.6×10^4$
2	多不可计	295	46	1.6	37750	38000 或 $3.8×10^4$
3	多不可计	271	60	2.2	27100	27000 或 $2.7×10^4$
4	多不可计	多不可计	313	—	313000	310000 或 $3.1×10^5$
5	27	11	5	—	270	270 或 $2.7×10^2$
6	0	0	0	—	$<1×10$	<10
7	多不可计	305	12	—	30500	31000 或 $3.1×10^4$

三、成果巩固

用图解的形式列出食品中菌落总数检验程序图。

基本技能训练17　食品中大肠菌群的测定

大肠菌群系指一群在37℃下，24h能发酵乳糖产酸、产气，需氧和兼性厌氧的革兰阴性无芽孢杆菌。大肠菌群主要来自人或温血动物的粪便，食品中检出大肠菌群则说明食品受到了人或动物粪便的污染，大肠菌群数量越多则表明粪便污染越严重，由此推测该食品存在着肠道致病菌污染的可能性，潜伏着食物中毒和流行病的威胁，故以此作为粪便污染指标来评价食品的卫生质量，具有广泛的卫生学意义。食品中大肠菌群数是以每100mL（g）检样内大肠菌群最可能数（MPN）表示。

一、器材和用品

（一）器材
温箱、天平、显微镜、均质器或乳钵、培养皿、试管、吸管、载玻片、接种环。

（二）培养基和试剂
乳糖胆盐发酵管、伊红-亚甲蓝琼脂、乳糖发酵管、革兰染色液、TTC培养基、DC半固体培养基、纸片专用培养基。

二、方法和步骤

食品中大肠菌群的测定方法分为常规法和快速法。

（一）常规法

1. 检样稀释

（1）以无菌操作将检样25mL（g）放于含有225mL无菌生理盐水或其他稀释液的三角瓶内（瓶内预置适当数量的玻璃珠）或灭菌乳钵内，经充分振摇或研磨制成1∶10的均匀稀释液。固体检样最好用均质器，以8000~10000r/min的速度处理1min，制成1∶10的均匀稀释液。

（2）用1mL灭菌吸管吸取1∶10稀释液1mL注入含有9mL灭菌生理盐水或其他稀释液的试管内，振摇试管混匀，制成1∶100的稀释液。

（3）另取1mL灭菌吸管，按上项操作，依次制成10倍递增稀释，每递增一次，换1支1mL灭菌吸管。

（4）根据食品卫生标准要求或对检样污染情况的估计，选择3个稀释度，每个稀释度接种3管。

2. 乳糖发酵试验

将待检样品接种于乳糖胆盐发酵管内，接种量在1mL以上者，用双料乳糖胆盐发酵管；1mL及1mL以下者，用单料乳糖胆盐发酵管。每一稀释度接种3管，置（36±1）℃温箱内培养（24±2）h，如所有乳糖胆盐发酵管都不产气，则报告为大肠菌群阴性，如有产气者则按下列程序进行。

（1）分离培养 将产气的发酵管分别转接在伊红-亚甲蓝琼脂平板上，置（36±1）℃温箱内培养18~24h，然后取出，观察菌落形态，并做革兰染色和证实试验。

（2）证实试验 在上述平板上挑取可疑大肠菌群菌落1~2个进行革兰染色，同时接种乳糖发酵管，置（36±1）℃温箱内培养（24±2）h，观察产气情况。凡乳糖管产气，革兰染色为阴性的无芽孢杆菌，即可报告为大肠菌群阳性。

（3）报告 根据证实为大肠菌群阳性的管数，查MPN检索表（GB 4789.3—2016），报告每100mL（g）大肠菌群的最可能数（MPN）。

（二）快速法

现在已筛选出来与常规法符合率较高的快速法有3种，即氯化三苯四氮唑（TTC）显色法、DC试管法和纸片法。

1. TTC快速显色法

（1）检样稀释 同常规法。

(2) 接种　每份样品以无菌操作接种1、0.1、0.01mL各3管于TTC乳糖培养基中，如接种量为10mL，则用三倍TTC乳糖培养基。

(3) 培养　接种后，置（36±1）℃温箱中培养18~24h。

(4) 结果判定　观察TTC乳糖培养基显色和产气情况，按表11-8标准进行判定。

表11-8　　　　　　　　　　　显色法的大肠菌群结果判定

显色	产气	大肠菌群判定
紫红、深红、红色、浅红色、局部红色	+	阳性
紫红、深红、红色、浅红色、局部红色	−	阴性
小红点或局部浅红色	+	阳性
无色透明或有小红点，局部浅红色	−	阴性
不变红色	+	阴性

注："+"表示产气；"−"表示不产气。

(5) 报告　根据阳性管数查MPN检索表，得出结果并报告。

2. 去氧胆酸钠（DC）半固体试管快速法

(1) 检样稀释　同常规法。

(2) 接种　液体样品选择原液、1∶10、1∶100三个稀释度，每个稀释度取3个1mL分别注入灭菌试管中；固体样品取1∶10稀释液3个10mL（或1g）样品分别注入3个灭菌试管内，再取1∶100稀释液3个1mL分别注入灭菌试管内。

(3) 加入培养基并进行培养　接种1mL样品的试管，注入熔化并冷至50℃左右的DC半固体培养基3mL；接种10mL样品的试管，注入DC培养基5mL，立即将样品与培养基充分混合，待混合物凝固后，置37℃温箱内培养18~24h，取出观察结果。

(4) 结果判定　结果判定和记录分别按下述标准来进行。

① 培养基为橘红色，有气泡产生或琼脂崩裂现象，记录为"+"。

② 培养基为橘红色，或有橘红色菌落，无气泡或琼脂崩裂现象，记录为"+"。

③ 培养基为绿色，有黄色菌落，无气泡和琼脂崩裂现象，记录为"±"。

④ 培养基为绿色，记录为"−"。

(5) 报告　判定为①和②反应结果，记录阳性管数，查MPN检索表并报告；如遇③、④项反应结果，可挑2、3个大肠菌群可疑菌落接种乳糖复发酵管，置37℃温箱中培养18~24h，根据产酸产气管数查MPN检索表并报告。

3. 纸片快速法

(1) 将中性定性滤纸裁成10cm×12cm，然后折成5cm×6cm大小双层，灭菌后用纸片专用培养基浸渍，然后放37~40℃温箱烘干，以无菌操作放入灭菌塑料袋内备用。

(2) 检样稀释

① 液体检样：同常规法。

② 固体检样：取25g样品，研碎加入25mL且灭菌的生理盐水中，混匀制作成1∶1稀释液，10倍递增稀释同常规法。

（3）接种

① 液体样品：取原液、1∶10、1∶100 三个稀释度各 3 个 1mL，分别涂布于 9 张纸片上。

② 固体样品：取 1∶1、1∶10、1∶100 三个稀释度各 3 个 1mL，分别涂布于 9 张纸片上。

（4）培养　将上述纸片置（37±1）℃温箱中培养 15h 观察结果。

（5）结果判定　根据以下情况进行判定。

① 纸片上出现紫红色菌落，其周围有黄圈者为阳性。

② 纸片为一种颜色，无菌落生长者为阴性。

③ 纸片为紫色，有紫红色菌落，其周围无黄圈者为阴性。

④ 食品呈酸性状态的样品接种后，纸片变黄，经培养后无紫红色菌落为阴性。

⑤ 纸片变色，菌落不典型者可做复发酵实验进行验证。

（6）报告　根据阳性纸片数查 MPN 表并报告。

（7）注意事项

① 用培养基浸渍过的纸片，应避光保存并注意防潮，可放冰箱中保存备用。

② 如发现纸片变为粉红色即为失效。

三、成果巩固

将各步实验结果填入表 11-9。

表 11-9　　　　　　　　　　实验结果

管号	接种量/mL	乳糖胆盐发酵管发酵情况	EMB 平板上生长情况	革兰染色及镜检情况	复发酵管发酵情况	结论

然后根据上述结果查表 11-10，得出被检样品每 100mL（或 g，或 cm^2）中大肠菌群 MPN。

表 11-10　　　　　　　　　大肠菌群最可能数（MPN）检索表

阳性管数			MPN	95%可信限		阳性管数			MPN	95%可信限	
0.1	0.01	0.001		上限	下限	0.1	0.01	0.001		上限	下限
0	0	0	<3.0	—	9.5	2	2	0	21	4.5	42
0	0	1	3.0	0.15	9.6	2	2	1	28	8.7	94
0	1	0	3.0	0.15	11	2	2	2	35	8.7	94
0	1	1	6.1	1.2	18	2	3	0	29	8.7	94
0	2	0	6.2	1.2	18	2	3	1	36	8.7	94
0	3	0	9.4	3.6	38	3	0	0	23	4.6	94
1	0	0	3.6	0.17	18	3	0	1	38	8.7	110
1	0	1	7.2	1.3	18	3	0	2	64	17	180
1	0	2	11	3.6	38	3	1	0	43	9	180
1	1	0	7.4	1.3	20	3	1	1	75	17	200
1	1	1	11	3.6	38	3	1	2	120	37	420
1	2	0	11	3.6	42	3	1	3	160	40	420
1	2	1	15	4.5	42	3	2	0	93	18	420
1	3	0	16	4.5	42	3	2	1	150	37	420
2	0	0	9.2	1.4	38	3	2	2	210	40	430
2	0	1	14	3.6	42	3	2	3	290	90	1000
2	0	2	20	4.5	42	3	3	0	240	42	1000
2	1	0	15	3.7	42	3	3	1	460	90	2000
2	1	1	20	4.5	42	3	3	2	1100	180	4100
2	1	2	27	8.7	94	3	3	3	>1100	420	—

注：① 本表采用 3 个稀释度 [1、0.1 和 0.01mL（g）]，每稀释度 3 管。

② 表内所列检样量如改用 10、1 和 0.1mL（g）时，表内数字应相应降低 10 倍；如改用 0.1、0.01 和 0.001mL（g）时，则表内数字应相应增加 10 倍，其余可类推。

基本技能训练 18　动物食品中蛋白质分解菌的检查与计数

用肉、蛋、鱼及乳类为原料生产的食品，营养丰富，富含蛋白质，极易受到各种细菌和真菌的污染。具有蛋白酶和肽链内切酶的微生物，能分解蛋白质并在相应酶类的作用下，产生腐败胺类，使蛋白质食品腐败变质，失去食用价值。因此检查食品中蛋白质分解菌可作为食品被污染程度的标志，为食品检查进行卫生学评价提供依据。

蛋白质分解菌具有水解酪蛋白的能力，使酪蛋白成为可溶性物质，在菌落周围出现清晰的透明圈，以此作为检验的标志。

一、器材和用品

（1）灭菌培养皿及吸管、灭菌研钵或均质器、定量试管和三角瓶（带玻璃珠）、灭菌生理盐水、灭菌剪刀、勺子、镊子、刮铲、开罐器及灭菌称量纸。

（2）待检样品　肉、蛋、鱼及乳类。

（3）酪蛋白琼脂培养基　酪素 4g、$ZnCl_2$ 0.014g、NaCl 0.16g、$CaCl_2$ 0.002g、$MgSO_4 \cdot 7H_2O$ 0.5g、$FeSO_4 \cdot 7H_2O$ 0.002g、$Na_2HPO_4 \cdot 7H_2O$ 1.07g、琼脂 20g、KH_2PO_4 0.36g、蒸馏水 1000mL、pH6.5~7.0，0.1MPa 灭菌 30min。

二、方法和步骤

（一）样品的采集

按食品的类别，有代表性地采样。若为无包装的食品，则用灭菌工具采集约 25g 后装入灭菌容器内送检。

（二）样品的处理及培养

（1）以无菌操作称取检样 25g，剪碎后放于灭菌的研钵内，加入适量生理盐水研磨，制作成 1∶10 的均匀稀释液。或将检样加入生理盐水置于均质器中以 8000~10000r/min 处理 1min，制成 1∶10 稀释液。根据检样的污染情况估计，可再做几个 10 倍的梯度稀释液。

（2）平板制备，将加热溶化后冷却至 50℃左右的酪蛋白琼脂摇匀，注入灭菌的培养皿，每皿注入约 15mL，冷却后备用。

（3）选用 2~3 个适宜的稀释度，分别用灭菌的 1mL 吸管吸取 0.1mL 稀释液于上述平板内涂布，每个稀释度做 2~3 个重复。

（4）将涂布的平板于 37℃的温箱内倒置培养 48h。

（三）检查与计数

（1）取出平板，肉眼观察菌落生长情况，若菌落周围出现透明圈，则酪蛋白已被水解，为蛋白质分解菌菌落，否则就不是。透明圈的大小说明该菌蛋白质分解能力的强弱。

（2）记录各平板中蛋白质分解菌的菌落数，求出同稀释度平板的平均菌落数，乘以稀释倍数即为每克检样的蛋白质分解菌菌落总数。

三、成果巩固

本实验的设计原理是什么？

基本技能训练19　食品中淀粉分解菌的检查

许多淀粉质食品在生产、加工、贮运和销售过程中常受到某些微生物的污染，这些微生物不仅能产生淀粉酶水解淀粉质原料，而且还产生毒素，造成食品变形、变质。因此，加强食品中淀粉分解菌的检查，在食品卫生学上具有重要意义。

根据生长在淀粉琼脂平板上的微生物，因其能水解淀粉，可使菌落周围出现遇碘液不呈蓝色的透明圈,从而判断有无淀粉分解菌。

一、器材和用品

(1) 灭过菌的培养皿、吸管、研钵、定量装于试管和三角瓶(带玻璃珠)的灭菌生理盐水、灭菌勺子、镊子、刮铲和称量纸,被检样品。

(2) 淀粉琼脂培养基 可溶性淀粉20g、蛋白胨5g、NaCl 5g、琼脂20g、水1000mL、pH7.0,0.1MPa灭菌30min。

(3) 碘液 碘1g、碘化钾2g、蒸馏水300mL,先将碘化钾溶于少量蒸馏水中,再将碘溶于碘化钾溶液中,可稍加热溶解,加蒸馏水至300mL。

二、方法和步骤

(1) 将有代表性的待检样品,用无菌工具采集约250g装于灭菌的容器内送检。

(2) 以无菌操作称取检样25g,剪碎后放入有225mL无菌生理盐水的三角瓶内,充分振荡,制作成1∶10的稀释液。根据需要可再做几个适当的10倍稀释液。

(3) 制备平板,将加热熔化后冷却至50℃左右的淀粉琼脂摇匀,注入4套灭菌培养皿内,每皿约注入15mL,冷却凝固后备用。

(4) 用1mL灭菌吸管吸取稀释检样上层液0.2mL且分别加入上述平板内,用灭菌刮铲在平板上涂布均匀。室温培养30min后于30℃下倒置培养2~3d。

(5) 取出平板,观察菌落生长情况。滴加碘液数滴,旋转平板,使碘液铺满平板,若有能分解淀粉的菌落,其周围就会出现无色透明圈。

三、成果巩固

计算并报告淀粉分解菌的数量。

第十二章　综合知识与技能提升实训

综合知识与技能提升实训1　食品微生物检验的技术质量要求与控制

食品中微生物检验是以活体微生物为靶标的检测，污染的活菌在样品中分布不均匀，且呈动态变化，其数量可能会随着时间的推移而改变。微生物检验活动主要依赖于人员而非仪器，结果溯源充分依靠人员实验过程中的观察、记录和分析判定。食品微生物检验需要积累丰富的实践经验，但首先要做好关键影响要素的风险评估和检验过程的质量控制，尤其在微生物项目不能复检的情况下，更要重视过程要素的控制。

一、设备和材料

微生物检验的设备有电子天平、恒温培养箱、灭菌设备、生物安全柜、全自动微生物生化鉴定系统等。电子天平应定期检定，检定合格后方能使用。恒温培养箱应定期校准，校准结果应满足温度精度和准确度的要求，必要时使用温度修正因子。灭菌压力容器应定期使用生物指示物检查灭菌设备的效果并记录，以保证灭菌后物品的无菌性。生物安全柜应定期对气流模式、洁净度、高效/超高效过滤器检漏等参数进行校准，以保持其保护样品、保护人员及环境的性能。

微生物检验的材料主要为无菌锥形瓶、无菌吸管或吸头、无菌培养皿等。相关材料均应达到无菌要求，无菌吸管应达到方法要求的精度。

二、培养基和试剂

培养基与试剂是微生物检验最基础和最重要的物品，其性能指标如促生长性、抑制性与指示性决定了目标微生物能否被准确检出和/或鉴定。目前市场上培养基生产厂家较多，但因其所使用的蛋白胨、琼脂等原材料品质和生产工艺的差异，导致成品培养基的质量参差不齐，所以实验室应对检测结果有影响的培养基和试剂按照 GB 4789.28—2013《食品安全国家标准　食品微生物学检验　培养基和试剂的质量要求》进行技术验收。实验室应有关键培养基（试剂）的批号、入库日期、开启日期等记录。

针对即用型培养基、商品化脱水合成培养基，对每批培养基除用标准菌株进行测试验收，必要时应用人工污染实际样品进行检测，以更好地验证培养基的适用性；含有指示剂或选择剂的培养基，应使用能证明其指示或选择作用的菌株进行试验。

配制培养基等用途的检验用水，也应按 GB 4789.28—2013《食品安全国家标准　食品微生物学检验　培养基和试剂的质量要求》的要求对电导率和微生物污染进行监测。电导率过高说明水中金属离子过多，可能会导致培养基产生沉淀；微生物污染过高会导致培养基灭菌失败。

三、质控菌株

实验室必须保存有满足实验需要的标准菌种/菌株（标准培养物）。除检测方法中规定的菌种外，还应包括应用于培养基（试剂）验收/质量控制、方法确认/证实、阳性对照、阴性对照、人员培训考核和结果质量保证等所需的菌株。标准菌种必须从认可的菌种或标本收集途径获得，且实验室应有文件化的程序管理标准菌种（原始标准菌种、标准储备菌株和工作菌株），涵盖菌种申购、保管、领用、使用、传代、储存等方面，确保溯源性和稳定性。

实验室从日常检品或环境中得到的分离菌株（野生菌株），经过鉴定后保存起来，可作为实验室内部质量控制的参照菌株。

四、检验环境

食品微生物检验洁净区应满足 GB 50687—2011《食品工业洁净用房建筑技术规范》的要求。洁净区使用前后应按 GB/T 27405—2008《实验室质量控制规范 食品微生物检测》进行消毒。应定期监测洁净区的洁净度、浮游菌、沉降菌、压降等指标，不符合要求时应立即停止使用；对相应的过滤器应进行清洗或更换，环境监测合格后方能重新投入使用。

病原微生物分离鉴定工作应在二级或以上生物安全实验室进行。应定期监测二级生物安全实验室的压降，设置了洁净级别的二级生物安全实验室还应定期监测洁净度。

PCR 法的微生物检验应在分子生物学实验室进行，其实验室分区和质量控制应满足 GB/T 27403—2008《实验室质量控制规范 食品分子生物学检测》，并定期监测压降，设置了洁净级别的分子生物学实验室还应定期监测洁净度。

五、检验过程

（一）避免交叉污染

微生物检验结果的准确性来自两方面：一是避免微生物交叉污染，主要是检验环境中的气溶胶和检验器具的交叉污染；二是培养基中所含抗生素的交叉污染，如大肠埃希菌 O157:H7 检验所用的改良 EC 肉汤所含的新生霉素钠盐，因其可杀灭金黄色葡萄球菌等革兰染色阳性菌，导致革兰染色阳性菌检验为假阴性结果。因此，实验室应加强对培养基废弃物处理和器皿洗涤的管理。

（二）定期开展内部质量控制

建议参考美国 FDA 监督事务司《实验室手册》"ORA-LAB.5.9 检验结果的质量保证"的规定：每批或每组样品以 5% 或每 20 个样品 1 次的频率进行内部质量控制。内部质量控制的方式有阳性对照、阴性对照和空白对照；如金黄色葡萄球菌检验中的血浆凝固酶试验使用金黄色葡萄球菌作为阳性对照，使用表皮葡萄球菌作为阴性对照，用培养基、试剂、吸管等作为空白对照。内部质量控制的方式还包括使用标准物质或质量控制物质、测量和检测设备的功能核查、测量设备的期间核查、使用相同或不同方法重复检测、实验室内部比对、盲样测试等。建议定量检验的项目如菌落总数、霉菌和酵母计数等的质控样或盲样应从具有能力验证提供者资质的机构购买，定性检验项目的质控样或盲样既可以购买，也可由实验室自己制备。

(三) 定期开展外部质量控制

实验室应通过与其他实验室的结果比对监控自己的能力水平，主要有两种方式：一是参加能力验证，参加能力验证的领域和频次建议参照CNAS-RL02《能力验证规则》的要求；二是参加除能力验证之外的实验室间比对。

(四) 重视不合格结果

对于微生物不合格的情况，检验人员和实验室管理层必须高度重视，回顾整个实验过程，必要时对培养物进行换人计数或鉴定，排除实验室所有可能引起微生物污染的因素后，方可判定样品不合格，同时保留分离到的野生菌株。

综合知识与技能提升实训2 食品微生物检验中培养基的配制使用及其质量控制

相关文字描述见"基本技能训练8 食品微生物检验中培养基的制备。"

综合知识与技能提升实训3 食品微生物检验中的目标微生物的分离与接种技术

食品微生物检验中微生物接种技术是其最基本的操作技术之一，由于检验的目的、培养基种类及容器等的不同，所用的接种方法不同。常用的接种方法有斜面接种、液体接种、平板接种、固体接种和穿刺接种等，以获得生长良好的纯种微生物。为此，接种通常都应在空气经过消毒的"无菌室"或者接种箱内进行，要求是严格的无菌操作。同时因接种方法的不同，常采用不同的接种工具，如接种环、接种针、接种钩、移液管和玻璃刮铲等。

一、接种前的准备工作

(一) 无菌室的灭菌

1. 无菌室的设置

无菌室的具体设置可因地制宜，但应具备下列基本条件。

（1）无菌室要求严密避光，但为了在使用后排湿通风，应在顶部设百叶窗，窗口加密封盖板，可以启闭。无菌室侧面底部应设进气孔，也应加密封盖板，随时启闭。一般小规模的接种操作使用接种箱（图12-1）或超净工作台。

（2）无菌室一般应有里外两间，外间较小，作为缓冲间可提高隔离效果。

（3）无菌室应安装拉门，以减少空气波动，必要时，在向外一侧的玻璃扇上，安装一个双层的小型玻璃橱窗，便于内外传递物品，减少进出无菌室的次数。

（4）无菌室内应设有照明、电热和动力用的电源。

（5）工作台面应抗热、抗腐蚀，便于洗刷，可采用橡胶板或塑料板铺覆台面。

2. 无菌室（箱）的灭菌

（1）熏蒸 在无菌室全面彻底灭菌时，应先将室内清理干净，打开通气孔和排气窗通

(1) 单人接种箱　　　　　(2) 双人接种箱　　　　　(3) 超净工作台

图 12-1　接种箱

风干燥后，重新关闭，再进行熏蒸灭菌。常用的灭菌剂为福尔马林（37%~40%甲醛），每 1m³ 空间 6~10mL。按消毒总需用量盛于铁制容器中，利用电炉或酒精灯直接加热（应可随时终止热源）或每 1m³ 加 3~5g 高锰酸钾，通过氧化作用加热，使福尔马林蒸发。熏蒸后要保持密闭 12h。甲醛熏蒸后，产生大量的甲醛气体，具有较强的刺激作用，可在使用无菌室前至少 2h，取所用甲醛体积的 2 倍氨水倒入搪瓷盘内，放入无菌室，使其挥发中和甲醛以减轻刺激作用。此法与硫黄熏蒸交替使用，可收到更好的灭菌效果，硫黄用量为每 1m³ 空间 10~15g，利用产生的二氧化硫进行熏蒸，熏蒸前将地面和墙壁喷少许水，以增加灭菌效果。

（2）紫外线灯照射　在每次工作前后，均应打开紫外线灯，分别照射 15~20min 进行灭菌。在无菌室内工作时，切记要关闭紫外灯，以防紫外线对人体的危害。

（3）喷雾灭菌　每次临操作前，用手持喷雾器喷 5% 的苯酚或 2%~5% 的来苏尔溶液，主要喷于台面和地面，兼有杀菌和防止微尘飞扬的作用。

（4）无菌室空气污染情况的检验　为了检验无菌室灭菌的效果以及操作过程中空气污染的情况，需要定期在无菌室内进行空气中杂菌的检验。一般可在两个时间进行：一是在灭菌后使用前；二是在使用后。

3. 无菌室操作规则

（1）将所用材料用品全部放入无菌室（如同时放入培养基则需用牛皮纸遮盖），应当尽量避免在操作过程中进出无菌室或传递物品。在使用前应用紫外灯照射灭菌，工作时关闭。

（2）进入缓冲间，换好隔离工作服、鞋、帽，戴上口罩，用 2% 煤酚皂液将手浸洗（1~2min）后，再进入工作间。

（3）操作前再用酒精棉球擦手，然后严格按无菌操作法进行，废弃物应丢入废物桶内。

（4）工作后应将台面及室内整理干净，取出培养物及废弃物，用 5% 的苯酚喷雾，再打开紫外灯照射 15~20min。

（二）接种工具的准备

接种针、接种环、接种钩等由金属丝与接种棒两部分组成。接种棒市面有售，也可用直径约0.6cm的玻璃棒自制。金属丝常用铂丝、镍铬丝或0.5mm的电炉丝，其突出在接种棒外的金属丝总长应在7.5cm左右。接种针要求硬而垂直；接种环其前端应弯成内径2~3mm的圆环，圆而封口；接种钩前端弯成钩状或扁平状。常用接种工具如图12-2所示。

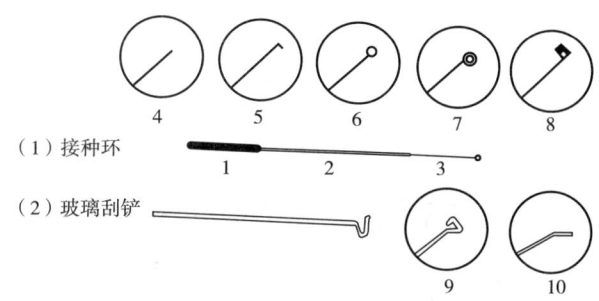

图12-2　常用接种工具
1— 塑料套　2—铝柄　3—镍铬丝　4—接种针　5—接种钩　6—接种环　7—接种圈
8—接种锄　9—三角形刮铲　10—平刮铲

二、接种方法

接种可分为斜面接种、液体接种、固体接种和穿刺接种等，无论哪一种方法都需要在无菌或不被杂菌污染的条件下进行。

（一）斜面接种技术

斜面接种是用灭菌的接种环从已生长好的斜面上挑取少量的菌种移植于另一支新鲜培养基的斜面上的一种接种方法，其操作如下所示。

（1）贴标签　接种前在试管斜面上贴上标签，注明菌名、接种日期、接种人姓名等，标签应贴在试管培养基斜面的正上方，离管口3~4cm处。

（2）点燃酒精灯。

（3）接种　用接种环将菌种移接到贴好标签的试管斜面上，斜面接种程序如图12-3所示。

①手持试管：将菌种和待接种斜面的两支试管用大拇指和其他四指握在左手中（菌种管在前），使中指位于两试管之间部位。斜面向上，并使它们位于水平位置。

②旋松棉塞：先用右手将棉塞旋松，便于接种时拔出，然后右手如握铅笔状拿着接种环，在火焰上将环端烧红灭菌，再将进入试管的其余部分均匀地用火烧灭菌。

③拔棉塞：用右手的无名指、小指和手掌边先后拔出菌种管和待接试管的棉塞，然后让试管口缓缓过火灭菌。将烧过的接种环深入菌种管，先使接种环接触没有长菌的培养基部分使其冷却。

④取菌接种：待接种环冷却后轻轻蘸取少量菌或孢子，然后将接种环小心地移出菌种管并迅速地移进另一支待接试管斜面上。从斜面培养基的底部向上做"Z"字形往返密集划线，勿划破培养基，也可以在斜面培养基的中央划一条直线做斜面接种，以便观察菌的生长特点。

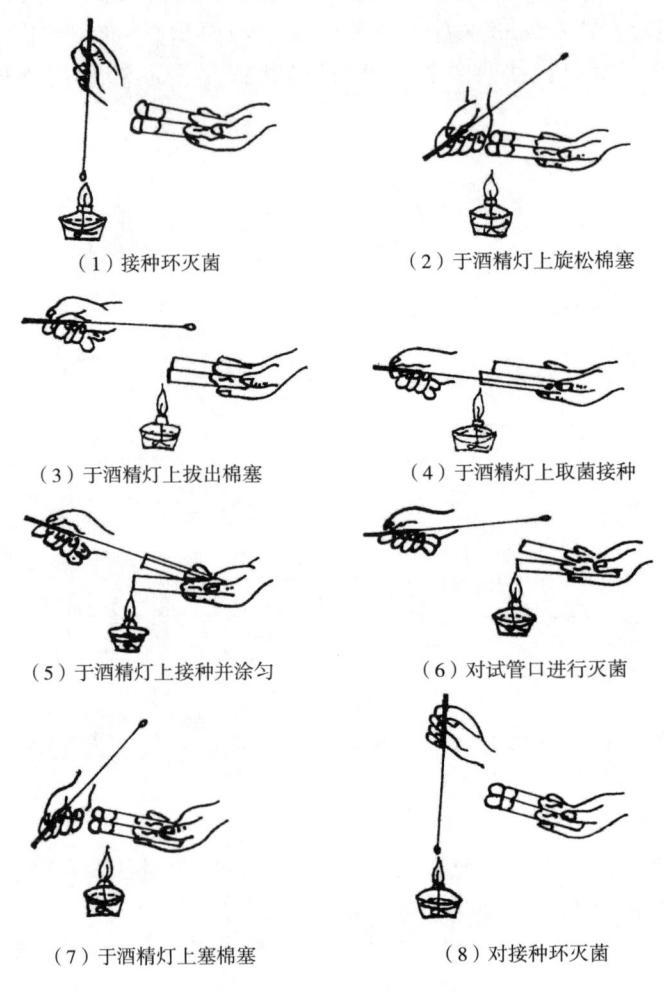

(1) 接种环灭菌　　　　　　　　（2) 于酒精灯上旋松棉塞

(3) 于酒精灯上拔出棉塞　　　　（4) 于酒精灯上取菌接种

(5) 于酒精灯上接种并涂匀　　　（6) 对试管口进行灭菌

(7) 于酒精灯上塞棉塞　　　　　（8) 对接种环灭菌

图 12-3　斜面接种程序

⑤ 塞棉塞：取出接种环，灼烧试管口，并在火焰旁将棉塞塞上（塞棉塞时将新接菌种管口稍高于酒精灯火焰，棉塞在火焰上稍烧一下灭菌）。为了节约时间和减少污染，也可连续移接，即菌种管口始终不离酒精灯火焰，每移完一支后把接种环重新放回菌种管内，连续移接8~10支时再烧一次（接种环接种数量多时多采用此法）。接种完毕后，将接种针烧红灭菌，把接好的菌种扎好捆，放在适当温度下培养。

(二) 液体接种技术

由斜面菌种接到液体培养基中，有下面两种情况：一是接种量小时，可用接种环挑取少量菌体移入培养基容器（试管或三角瓶）中，将接种环放在液体内并在试管或三角瓶壁上把菌苔研开；拔出接种环，塞好棉塞，再将液体摇动，菌体可均匀分布在液体中。二是接种量大时，可先在试管斜面菌种管中倒入定量无菌水，用接种环从试管斜面的前端到后端轻轻地将菌苔刮下研开，再把制好的菌液倒入液体培养基中，摇匀即可。

由液体培养物接种液体培养基，可根据具体情况采用以下不同方法：用无菌吸管吸取菌液接种（图12-4）；直接把液体培养物无菌操作倒入液体培养基中；利用高压无菌空气通过特殊的注液装置把液体培养物注入液体培养基中；利用负压将液体培养物抽到液体培养基中（如发酵罐接入种子菌液）。

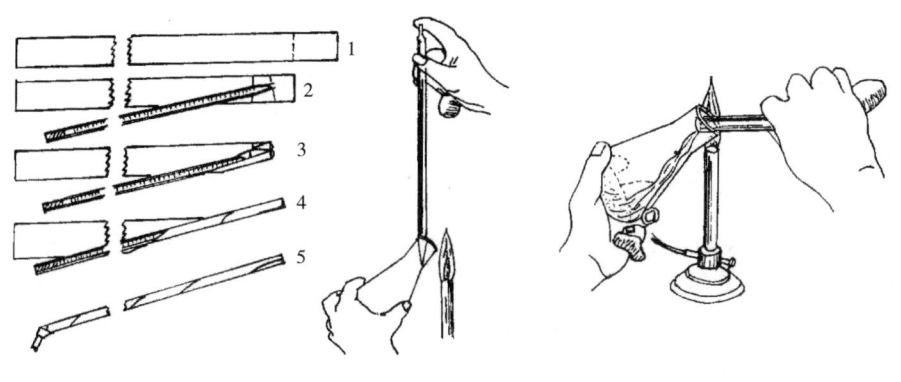

（1）移液管灭菌前的纸带包裹法（左）和接种（右）　　（2）液体倒种法

图 12-4　用液体培养物接种液体培养基时的接种方法

（三）固体接种技术

用菌液接种固体物料，可按无菌操作将制好的菌液或培养好的发酵液直接倒入固体物料中搅拌均匀。注意接种所用菌液的水量要计算在固体物料总加水量之内，否则往往在用液体接种菌接种后曲料含水量加大，影响培养效果。

用固体种子接种固体物料，包括用孢子粉、菌丝体或二者混合种子菌或其他固体培养的种子菌。把固体种子菌直接倒入灭菌的固体物料，要充分地搅拌，使之混合均匀。一般是先将种子菌和少部分固体物料混匀后再扩大堆料。固体接种还应注意"抢温接种"，即在曲料灭菌后不要使料温降得过低才接种，料温高于培养温度 5~10℃时及时接种（如培养温度为 30℃，料温降至 35~40℃时即可接种）。抢温接种可使培养菌接种后得到适宜的温度条件，从而能迅速生长繁殖，长势好，杂菌不易孳生。

（四）穿刺接种技术

穿刺接种是一种用接种针从菌种斜面上挑取少量菌体并把它穿刺到固体或半固体的深层培养基中的接种方法，这种方法可作为保藏菌种的一种形式，同时也是检查细菌运动能力的一种方法。它仅适于细菌和酵母菌的接种培养，具体方法如下所示。

（1）穿刺　用接种针（接种针必须挺直）取出少许菌种，接种针自培养基中心垂直地刺入培养基中。穿刺时要做到手稳，动作轻巧快速，并且要将接种针穿刺到接近试管底部，然后沿着接种线将针拔出。最后塞上棉塞，再将接种针烧红灭菌。

（2）培养　将接种的试管直立于试管架上，放在适温下培养，24h 后观察结果。注意，若具有运动能力的细菌，它能沿着接种线向外运动而弥散，故形成的穿刺线较粗而散，反之则细而密。

综合知识与技能提升实训 4　食品微生物检验中致病菌定性检测的一般流程

食品微生物检验中的微生物有一些是致病菌,其检测流程主要分为采集样品、样品送检、样品处理、检验、涂片镜检、分离培养、生化实验、血清学实验、结果报告九项。

一、采集样品

采样前要了解所采样品的来源、加工、储藏、包装、运输等情况,采样时须做到:使用的器械和容器需经灭菌,严格进行无菌操作;不得加防腐剂;液体样品应搅拌均匀后才去采样,固体样品应在不同部位采取以使样品具代表性;取样后及时送检。

二、样品送检

采集好的样品应及时送到食品微生物检验室,一般不应超过3h,如果路程较远,可将不需冷冻的样品保持在1~5℃的环境中,勿使冻结,以免细菌遭受破坏。样品送检时,须认真填写申请单,以供检验人员参考。检验人员接到送检单后,应立即登记,填写序号,并按检验要求,立即将样品放在冰箱或冰盒中,并积极准备条件进行检验。

三、样品处理

样品处理应在无菌室内进行,若是冷冻样品必须事先在原容器中解冻,解冻温度为2~5℃不超过18h或45℃不超过15min。

(一) 固体样品

用无菌刀、剪或镊子称取不同部位的样品,剪碎放入灭菌容器内,加一定量的水混匀,制成1:10混悬液,进行检验。在处理蛋制品时,加入约30个玻璃球,以便振荡均匀。生肉及内脏,先进行表面消毒,再剪去表面样品,采集深层样品。

(二) 液体样品

原包装样品用点燃的酒精棉球消毒瓶口,再用经石炭酸或来苏尔消毒液消过毒的纱布将瓶口盖住,用经火焰消毒的开关器开启。摇匀后用无菌吸管吸取;含有二氧化碳的液体食品,按上述方法开启瓶盖后,将样品倒入无菌磨口瓶中,盖上消毒纱布,将盖开一小缝,轻轻摇动,使气体逸出后进行检验;将冷冻食品放入无菌容器内,融化后检验。

四、检验

每种指标都有一种或几种检验方法,可根据不同的食品、不同目的来选择恰当的检验方法。通常所用的常规检验方法为现行国家标准,或国际标准(如 FAO 标准、WHO 标准等),或食品进口国的标准(如美国 FDA 标准、日本厚生省标准、欧共体标准等)。

食品卫生微生物检验室接到检验申请单,应立即登记,填写实验序号,并按检验要求立即将样品放在冰箱或冰盒中,积极准备条件进行检验。

一般阳性样品发出后3d(特殊情况可适当延长)方能处理样品;进口食品的阳性样品,需保存6个月方能处理。

五、涂片镜检

鉴别在形态学上和染色性上具有特征的致病菌。

六、分离培养

以获复纯培养后进一步鉴定。

七、生化实验

依据不同致病菌具不同的酶系催化其代谢活动，通过鉴定酶系来达到细菌鉴定的目的。

八、血清学实验

采用已知特异抗体的免疫血清与分离培养出的未知纯种细菌进行血清学实验来鉴定细菌。

九、结果报告

样品检验完毕后，检验人员应及时填写报告单，签名后送主管人核实签字，加盖单位印章，以示生效，并立即交给食品卫生监督人员处理。

十、定性检验的步骤（以沙门菌举例说明）

通常包括（预）增菌、分离、鉴定、血清分型等。以沙门菌举例：预增菌的目的是让受损的微生物得以恢复，该步骤包括固态、液态及冷冻产品的前处理过程，以及对预增菌温度和时间的规定；增菌目的是选择性地促进目标菌的生长同时抑制非目标菌的生长。需要的注意的是，沙门菌有2500多种血清型，一种增菌液不可能适合所有沙门菌生长，因此沙门菌要同时用两种培养基增菌，其中亚硒酸盐胱氨酸增菌培养基（SC培养基）更适合伤寒沙门菌和甲型副伤寒沙门菌增菌，最适增菌温度为36℃；四硫黄酸钠亮绿培养基（TTB培养基）更适合其他沙门菌增菌，最适增菌温度为42℃。通常，因不同分离平板对不同血清型的沙门菌分离选择性不同，标准要求选择两种平板进行分离。应严格按标准规定进行增菌和分离，不得擅自减少任何一种培养基或改变培养温度和培养时间，否则会导致漏检。

十一、定量检验的步骤

定量检验的步骤相对简单，通常包括样品的稀释、培养和菌落计数。定量检验应格外注意称量、稀释和分液的准确性，以保证结果的有效性。除培养霉菌和酵母菌为正置培养外，其他项目如菌落总数、金黄色葡萄球菌等均为倒置培养。菌落计数时应将琼脂表面、内部及培养皿周围的相应菌落全部点计在内。

综合知识与技能提升实训 5　食品微生物检验中样品采样方案及采样运送测试与报告

一、现场采样所需的物品准备

（一）采样工具

酒精灯、酒精棉球、灭菌棉拭子、消毒纱布、镊子、长柄勺、吸管、吸耳球、剪刀、火柴、皮筋、记号笔、标签纸等。

（二）样品容器

无菌塑料袋、广口瓶、运送培养基试管、灭菌培养皿、一次性小试管、样品冷藏设施等。

（三）防护用品

白色工作服或隔离衣、医用手套、口罩、帽子等。

（四）取证工具

照相机、摄像机、录音机、采样前需要查看的其他相关专业参考资料。

二、样品的种类

食品样品依包装形式的不同，可分为预包装食品和散包装食品。预包装食品是指经预先定量包装，或装入（灌入）容器中，向消费者直接提供的食品。散装食品是指凉菜［含沙拉、果盘、糕点、热加工、冷加工、裱花蛋糕、生食（半生食）海产品］、冷冻饮品、鲜榨果蔬汁饮料、盒饭等。

三、采集方法

在食品样品采集的全过程中，应该按照国家标准中规定的方式方法和要求进行，其内容如下所示。

GB 4789.1—2016（食品卫生微生物检验部分）；GB/T 5009.1—2003（食品卫生检验方法理化部分）；GB 14934—2016［餐（饮）具消毒卫生标准部分］。

四、采样基本步骤

采样要无菌操作，以防止外界微生物的污染和病原菌扩散。

（1）工作人员采样前应对手进行消毒，然后对采样样品开口处及周围消毒后，方可将容器打开。

（2）使用灭菌工具和无菌采样容器采样。

（3）盛有样品的采样容器要在火焰下灼烧瓶口，加盖封口。

五、采集的数量

采样的数量应能反映该食品的质量和满足检验项目对样品量的需要，兼顾考虑理化检验和生物检验两个方面，所采样品应一式三份，分别供检验、复查、备查和仲裁使用，每份样品不小于检验需要量的两倍，以供检验、备查之用。

六、样品标签

采样后每件样品必须贴上标签，明确表明品名、来源、数量、采样地点、采样人及采样时间等内容。

七、样品送检

采样结束，应按规定合理保存和运送样品，样品送到微生物检验室，应越快越好，一般要求4h内送检到实验室，如果路途遥远，可将无需冷冻的样品保持在1~5℃环境下，如需保持冷冻状态，则保存在泡沫或冷冻箱内，箱内放有干冰，送检时必须认真填写申请单，以供检验人员参考。

八、食品样品采样的常规采样方法和过程

（一）散装食品

1. 液体、半液体食品采样

以一池或一缸为一采样单位，即每一池或一缸采一份样本，采样前先检查样本的感官性状，然后将样本搅拌均匀后采样。如果池或缸太大，搅拌均匀有困难，可按池或缸的高度等距离分为上、中、下三层，在各层的四角和中间各取等量样本混合后，再取检验所需样本。对流动的液体样本，可定时定量，从输出口取样后混合留取检验所需的样本。

2. 固体食品采样

对数量大的散装食品如粮食和油料，可按堆形和面积大小采用分区设点，或按粮堆高度采用分层采样。分区设点，每区面积不超过$50m^2$，各设中心四角共五点；区数在两个以上的，两区界线上的两个点为共有点。例如，两个区设8个点，三个区设11个点，以此类推。粮堆边缘的点设在距边缘50cm处。

采样点定好后，先上后下用金属探管逐层采样，各点采样数量一致。从各点采出的样本要做感官检查，感官性状基本一致，可以混合成一个样本。如果感官性状明显不同，则不要混合，要分别盛装。

（二）大包装食品

1. 液体、半液体食品采样

大包装样本一般用铁桶或塑料桶，容器不透明，很难看清楚容器内物质的实际情况。采样前，应先将容器盖子打开，用采样管直通容器底部，将液体吸出，置于透明的玻璃容器内，进行现场感官检查。检查液体是否均一，有无杂质和异味，将检查结果记录，然后将这些液体充分搅拌均匀，用长柄勺或采样管装入样本容器内。

2. 颗粒或粉末状的固体采样

大批量的粮食、油料和白砂糖等食品，堆积较高，数量较大时，应将其分为上、中、下层，从各层分别用金属探子或金属采样管采样。一般粉末状食品用金属探管（为防止采样时受到污染，可用双层套采样器采样）；颗粒性食品用锥形金属探子采样；特大颗粒的袋装食品如蚕豆、花生果、薯片等，要将口袋缝线拆开，用采样铲采样。每层采样数量一致，要从不同方位选取等量的袋数，每袋插入的次数一致。感官性状相同的样本混合成一

份，感官性状不同的要分别盛装。

（三）小包装食品

各种小包装食品（指每包 500g 以下），均可按照每一生产班次，或同一批号的产品，随机抽取原包装食品 2~4 包。

（四）其他食品

1. 肉类

在同质的一批肉中，可以四角或中间设采样点，每点从上、中、下三层均匀采取可食部分的若干小块，混合为一个样本。如品质不同，可将肉品分类后再分别取样。有时也可按分析项目的要求重点采取某一部位，如检查旋毛虫要取肌基部的肌肉。

2. 鱼类

经感官检查质量相同的鱼堆应在四角和中间分别采样，尽量从上、中、下三层各抽取有代表性的鱼样。个别大鱼和海洋生物，只能割取其局部作为样本。一般鱼类，都采集完整的个体，大鱼（0.5kg 左右）三条作为一份样本，小鱼（虾）可取混合样本，每份 0.5kg。

3. 冰蛋（冰全蛋、巴氏消毒冰全蛋、冰蛋黄、冰蛋白）

按生产批号，在生产过程中装罐时流动取样。以每 4h 生产数量为单位，每 0.5h 取样一次，每次 50g，置入已灭菌的玻璃瓶中混合后送检。已制成冰蛋的，则要用已灭菌的钻头取样，按无菌操作程序进行，取样量不少于 0.5kg。

4. 烧烤熟肉

检查熟肉表面污染情况，采样方法可用表面揩抹法。大块熟肉采样，可在肉块四周外表均匀选择几个点，用经高压消毒的板孔为 $5cm^2$ 的金属制规板，压在所选点的位置上，再用经生理盐水湿润的灭菌棉球拭干，在规板范围内揩抹 10 次，然后，移往另一点做同样揩抹。每个规板只压一个点，每支棉拭子揩抹两个点。一般大块熟肉共揩抹 $50cm^2$（即10 个规板板孔，5 支棉拭子），每支棉拭子揩两个点后立即剪断或烧断（剪子要经酒精灯灼烧灭菌），投入盛有 50mL 灭菌生理盐水的三角瓶或大试管中送检验室。

5. 冷饮（冰棍、冰淇淋等）

用灭菌小刀将木棍切断，将冰棍置入灭菌广口玻璃瓶中。小包装的冰淇淋应先将包装盒盖打开，用灭菌小匙将包装内的冰淇淋装入灭菌广口玻璃瓶内，每三包为一个样本。无包装或大包装冰淇淋，用灭菌小匙取样 250g 以上装入灭菌广口玻璃瓶内送检。

6. 食具采样

选取大食具 2 只，中食具 5 只，小食具 10 只，筷子 3 根，作为一份样本，食具用滤纸贴附法采样，筷子用洗脱法采样。

（1）滤纸剪成 2cm×2.5cm 小片（每张 $5cm^2$）及 $1cm^2$ 小片，先用灭菌生理盐水湿润滤纸，贴在食具内壁，然后依次取下，放入盛有 51mL 灭菌生理盐水的大试管或三角瓶中。将采样的 1mL 做细菌总数测定，50mL 做大肠菌群测定。餐饮具的安全卫生检测也可直接采用"餐饮具大肠菌群检测纸片法"检测。

（2）筷子用洗脱法采样，在大试管（30mm 口径）里装 50mL 生理盐水，将筷子进口一端浸洗轻摇约 20 次取出送检。

九、食品微生物检验样品的采集和处理

(一) 食品微生物检验样品的采集

在食品的检验中，样品的采集是极为重要的一个步骤，所采集的样品必须具有代表性。

1. 食品微生物检验的取样方案

采用的取样方案主要取决于检验目的。检验目的可以是用食品卫生学微生物检验去判定一批食品合格与否，也可以是查找食物中毒病原微生物，还可以是鉴定畜禽产品中是否含有人畜共患病原体等。目的不同，取样方案也不同。表 12-1 是我国的食品样品取样方案。

表 12-1　　　　　　　　各种样品采集数量一览表

检样种类	采样数量	备注
进口粮油	粮：按三层五点法进行（表、中、下三层） 油：重点采取表层和底层油	每增加 10000t，增加一个混样
肉及肉制品	生肉：取屠宰后两腿内侧肌或背最长肌 100g/只 脏器：根据检验目的而定 家禽：家禽用棉拭子取样 50cm^2	要在容器的不同部位取样
乳及乳制品	生乳、消毒乳：1 瓶；乳酪：1 个；乳粉：1 袋或 1 瓶，大包装 200g；奶油：1 包，大包装 200g；炼乳、酸乳：1 瓶或 1 罐；淡炼乳：1 罐	每批样品按千分之一采样，不足千件者抽一件
蛋品	全蛋粉、巴氏消毒全蛋粉、蛋黄粉、冰全蛋、冰蛋黄、冰蛋白：每件 200g	一日或一班生产为一批，检验沙门菌按 5% 抽样，但每批不少于 3 个检样。检测菌落总数、大肠菌群，每批按装听过程前、中、后流动取样 3 次，每次取样 50g，每批合为一个样品。在装听时流动采样，检验沙门菌，每 250g 取样一件
	巴氏消毒冰鸡全蛋：每件 200g	检验沙门菌，每 500kg 取样一件。测定菌落总数、大肠菌群时，每批按装听过程前、中、后取样 3 次，每次 50g
水产品	鱼：1 条；虾：200g；蟹：2 只；鱼松：1 袋 贝壳类：按检验目的而定	不足 200g 者加量
罐头	按生产班次取样，取样数为 1/3000，尾数超过 1000 罐者增取 1 罐，但每班每个品种取样基数不得少于 3 罐 若此产品生产量较低，则按班产量总罐数 20000 罐为基数，取样量为 1/3000；超过 20000 罐时，其取样数可为 1/10000，尾数超过 1000 罐者，增取 1 罐 个别产品生产量过少，同样品、同规格者可合并班次取样，但并班总罐数不应超过 5000 罐。每个生产班次取样数不少 1 罐，并班后取样不少于 3 罐 按杀菌锅取样，每锅采取一罐，但每批每个品种不得少于 3 罐，违反操作规程或卫生制度生产的罐头，应适当增加抽样数量 在仓库或商店储存的成批罐头中有变形、膨胀、凹陷、罐壁裂缝、生锈和破损等可疑情况时，应根据具体情况决定抽样数量	

续表

检样种类	采样数量	备注
清凉饮料	冰棍：每批不得少于3件，每件不得少于3支 冰淇淋：原装4杯为一件，散装200g 汽水、果汁等：原装2瓶为一件，散装500mL 使用冰块、散装饮料：500g/mL为一件 固体饮料：原装一袋	班产量20万支以下者，一班为一批，以上者以工作台为一批，每批3件，每件2瓶
调味品	酱油、酱类、醋等：原装一瓶，散装500mL 味精：100g 1袋	
冷食菜、豆制品	取200g	
糕点、果脯、糖果等	糕点、果脯：取200g 糖果：100g	
酒类	取2瓶为一件，散装500mL	

2. 食品微生物检验的取样方法

按照上述采样方案，能采取最小包装的食品就采取完整包装，必须拆包装取样的应按无菌操作进行。不同类型的食品应采用不同的工具和方法。

(1) 液体食品　充分混匀，用无菌操作开启包装，用100mL无菌注射器抽取，注入无菌盛样容器。

(2) 半固体食品　用无菌操作开启包装，用无菌勺子从不同部位挖取样品，放入无菌盛样容器中。

(3) 固体样品　大块整体食品应用无菌刀具和镊子从不同部位割取，割取时应兼顾表面与深部位，注意样品的代表性，小块大包装食品应从不同部位的小块上切取样品，放入无菌盛样容器。

(4) 冷冻食品　大包装小块冷冻食品按小块个体采取样品；大块冷冻食品可以用无菌刀从不同部位削取样品或用无菌小手锯从冰块上锯取样品，也可以用无菌钻头钻取碎屑状样品，放入无菌盛样容器中。另外，还应注意检验目的，若需检验食品污染情况，可取表层样品；若需检验其品质情况，应取深层样品。

(二) 食品微生物检验样品的预处理方法

由于食品检样种类繁多，来源复杂，各类预检样品并不是拿来就能检验，要根据食品种类的不同性状，经过预处理后，制备成稀释液才能进行有关的各项检验。

1. 液体样品

液体样品是指黏度不超过牛乳的非黏性食品，可直接用灭菌吸管准确吸取25mL样品加入225mL蒸馏水或生理盐水及有关检验的增菌液中，制成1∶10的稀释液。吸取前要将样品充分混合，取样的吸管插入样品的深度一般不要超过25mm。除此之外，在开瓶、开罐等打开样品容器时，一定要注意表面消毒，无菌操作。用点燃的酒精棉球灼烧瓶口灭菌，用苯酚纱布盖好，再用灭菌开瓶器将盖开启。含有CO_2的液体饮料先倒入灭菌的小瓶中，之后覆盖灭菌纱布，轻轻摇荡，待无气体后再进行检验。酸性食品用10%灭菌的$NaCO_3$调pH中性后再进行检验。

2. 半固体或黏性液体食品

此类样品无法用吸管吸取，可用灭菌容器称取检样 25g，加入预温至 45℃ 的灭菌生理盐水或蒸馏水 225mL 中，摇荡溶化或使用恒温振荡器溶化，溶化后尽快检验。从样品稀释到接种，一般不要超过 15min。

3. 固体食品

固体食品的处理相对较复杂，处理方法主要有以下几种。

（1）捣碎均质方法　将 100g 或 100g 以上的样品剪碎混匀，从中取 25g 放入带有 225mL 稀释液的无菌均质杯中，以 8000~10000r/min 的速度均质 1min，这是对大部分食品样品都适用的方法。

（2）剪碎振摇法　将 100g 或 100g 以上的样品剪碎混匀，从中取 25g 进一步剪碎，放入带有 225mL 稀释液和适量 $\varphi=5mm$ 左右玻璃珠的稀释瓶中，盖紧瓶盖，用力快速振摇 50 次，振幅不小于 40cm。

（3）研磨法　将 100g 或 100g 以上的样品剪碎混匀，取 25g 放入无菌乳钵中，充分研磨后再放入带有 225mL 无菌稀释液的稀释瓶中，盖紧盖后充分摇匀。

（4）整粒振摇法　有完整自然保护膜的颗粒状样品（如蒜瓣、青豆等），可以直接称取 25g 整粒样品置入带有 225mL 无菌稀释液和适量玻璃珠的无菌稀释瓶中，盖紧瓶盖，用力快速振摇 50 次，振幅在 40cm 以上。

（三）送检

样品处理好后，应尽快检验。

综合知识与技能提升实训 6　动物源性食品沙门菌检测

一、检验沙门菌的原因和意义

沙门菌是一种存在于蛋类、肉质类食品上的食物源性致病菌，属于厌氧型病菌，通常感染了沙门菌的患者会出现肠胃不适或者食物中毒等症状。据统计我国细菌性食物中毒中 70%~80% 是由沙门菌引起的，人一旦摄入含有大量沙门菌（10^5~10^6 个/g）的动物性产品，就会引起细菌性感染，进而在毒素作用下发生食物中毒导致胃肠炎、伤寒和副伤寒。沙门菌的传播媒介众多，肉、蛋以及食品从加工到出售的过程中都十分容易发生污染，因此对沙门菌的检验事关重大。

二、检测沙门菌环境要求

沙门菌的检测要在二级生物安全实验室及二级生物安全柜（在负压情况下防止致病微生物气溶胶飘离实验室对实验人员及环境造成污染）中进行。

三、检测过程中的相关培养基试剂

（一）前增菌（无选择性）培养基

缓冲蛋白胨水（BPW）是基础增菌培养基，不含任何抑制成分，有利于受损伤的沙门菌复苏，使受损伤的沙门菌细胞恢复到稳定的生理状态。

(二) 选择性增菌液

四硫黄酸钠煌绿增菌液（TTB）中的硫代硫酸钠和四硫黄酸钠结合可抑制肠道共生菌，而具有四硫黄酸钠还原酶的细菌能在此培养基中繁殖；胆盐和煌绿可抑制大肠群菌和其他革兰染色阳性细菌生长，而伤寒与副伤寒沙门菌仍能生长。

亚硒酸盐胱氨酸增菌液（SC）可对伤寒及其他沙门菌做选择性增菌，其成分中的亚硒酸与蛋白胨中的含硫氨基酸结合，形成亚硒酸和硫的复合物，影响细菌硫代谢，从而抑制大肠埃希菌、肠球菌和变形杆菌的增殖。

(三) 分离培养基（选择性）

（1）亚硫酸铋琼脂（BS）中的亚硫酸铋指示剂抑制革兰染色阳性菌和大肠菌群，但不影响沙门菌的生长；伤寒杆菌及其他沙门菌能利用葡萄糖将亚硫酸铋还原成硫酸铋，黑色菌落周围绕有黑色和棕色的环，对光观察可见菌落有金属光泽。

BS 不能高压，不能过分加热，以免降低其选择性，应在临用时配制，保存在阴暗处，48h 后 BS 失去选择性，保存不当导致颜色变浅说明 BS 已经开始减效，与四硫黄酸钠亮绿培养基（TTB）及其添加剂（每瓶 TTB 需配套添加 2 盒 HB4086a 碘液和 2 盒 HB4086b 1000mg/L 煌绿水溶液使用），前述 TTB 试剂必须储存在棕色瓶中，不能见光，否则选择性减弱。分装时一定要摇匀，TTB 加入添加剂后就不能再加热，使用时要注意安全，且当天使用当天配制。

沙门菌在 BS 上的菌落形态：产 H_2S 的菌落为黑色有金属光泽、棕褐色或灰色。菌落周围的培养基可呈黑色或棕色；有些不产 H_2S 的菌落，形成灰绿的菌落，周围培养基不变。

（2）HE 琼脂中的胆盐、去氧胆酸钠、溴麝香草酚蓝和酸性复红抑制革兰染色阳性菌生长；硫代硫酸钠和柠檬酸铁铵用于检测 H_2S 的产生，使菌落中心呈黑色；溴麝香草酚蓝和酸性复红为 pH 指示剂，发酵糖产酸的菌落呈橙-黄色，不发酵糖的菌落为蓝绿色。

HE 琼脂培养基不能高压灭菌，煮沸不能超过 1min，应在水浴中冷却，只能保存 1d。

沙门菌在 HE 琼脂上的菌落形态：蓝绿色或蓝色，多数菌株产 H_2S，中心呈黑色或几乎全黑色。有些菌株为黄色，中心呈黑色或几乎全黑色。

（3）木糖赖氨酸脱氧胆盐琼脂（XLD 琼脂）培养基中的去氧胆酸钠可抑制革兰染色阳性菌生长，在此浓度下也同时作为大肠埃希菌的抑制剂，但不影响沙门菌和志贺菌属的生长；硫代硫酸钠可被某些细菌还原成 H_2S，与柠檬酸铁铵中的铁盐生成黑色硫化铁。

XLD 平板不能高压，不能过热煮沸，保存 1d。XLD 培养基分离沙门菌和志贺菌的敏感性超过了传统的培养基，如伊红亚甲蓝琼脂（EMB 培养基）、志贺菌琼脂培养基（SS 琼脂培养基）、亚硫酸铋琼脂培养基（BS 琼脂培养基）。因这些培养基尚有抑制志贺菌属生长的潜在因素，故本培养基是分离鉴定沙门菌及志贺菌属的可靠培养基，在国外广泛使用。

沙门菌在 XLD 上的菌落形态：粉红色带或不带黑色中心，有些菌株可呈现大的带光泽的黑色中心或呈现全部黑色的菌落；有些菌落为黄色，带或不带黑色中心。

（4）沙门菌显色培养基主要用于快速筛选、分离沙门菌，其基本原理是利用沙门菌特异性酶与显色基团的特有反应，使色原游离出来，从而使沙门菌在培养基上呈现特定的颜色（具体颜色查看相关品牌显色培养基使用说明书），大肠杆菌等其他肠道杆菌呈其他颜色。

(四) 检测过程中的常见问题及其注意事项

（1）前增菌和二次增菌都是必不可少的过程。食品中的沙门菌含量一般都很少并且会有多种细菌同时存在的情况，前增菌可以使受伤的菌体得到修复而增菌，并可以抑制一些杂菌的生长，所以用前增菌和增菌分别进行筛选和培养，可以增加后期分离培养的检出率。

（2）分离培养中应注意当不存在典型的或可疑的沙门菌菌落时，按如下步骤检验非典型的沙门菌菌落。

HE和XLD：非典型的沙门菌在HE和XLD琼脂上呈黄色菌落，带或不带黑色中心。HE和XLD平板经（24±2）h培养后，没有典型的沙门菌菌落，则挑取2个或更多个非典型的沙门菌菌落。

BS琼脂：某些非典型的沙门菌株产生绿色菌落，其周围培养基稍微或不呈暗色。如果BS平板培养（24±2）h后，没有出现典型菌落，则不挑取任何菌落，让平板继续培养（24±2）h。如果经（48±2）h培养后，仍没有典型或可疑菌落出现，则挑取2个或更多个非典型的菌落。

（3）TSI要制备成高柱斜面，有助于结果判读，实验时应先划线再穿刺，先穿刺再划线可能会导致含菌量太高。如果菌落产H_2S变黑，则难以观察底层的产酸现象，并且如果产气较多的话培养基会被顶出很高，更有甚者可能会顶开试管塞。典型沙门菌在TSI上斜面呈红色，底端呈黄色，有气体产生，90%形成H_2S，琼脂变黑。但对于乳糖阳性的沙门菌斜面也呈黄色，因此不能仅仅根据三糖铁培养的结果就确认有沙门菌。

（4）目前没有一种培养基能准确无误地筛选出沙门菌，因此必须选择多种选择性培养基同时进行筛选。显色培养基只是综合选择性更强，实验人员不能只在选择性培养基和TSI特征符合，但没有把关键的生化反应和血清学鉴定完成的情况下就报结果，这样很可能导致结果假阳性。

（5）血清学鉴定是沙门菌检验中的重要鉴定方法，包括菌体抗原（O）鉴定、鞭毛抗原（H）鉴定和Vi抗原鉴定。血清检测时要使用24h内的纯菌，在规定时间内观察结果，并做自凝实验。凝集不好的沙门菌培养基室温（不要放冰箱）放置1～2d或者传代一次再凝集，可能凝集的情况会好些。如果实验室条件许可建议购置进口血清（以泰国和丹麦血清为佳），如果用国产血清尽量同时使用两种厂家的产品互相验证。

（6）沙门菌结果判定应该以生化试验结果为主并在此基础上进行血清学判定，直接用多价血清进行试验而不进行生化试验是绝对不可取的。因为血清学的原理是抗原抗体结合，非沙门菌的微生物也有可能带有沙门菌的类似抗原，这样的操作可能会导致假阳性，因此做鉴定的时候必须先进行生化试验，再在生化试验的基础上进行血清学鉴定。

（7）如果我们只需要鉴定某个菌株是否属于沙门菌，那只需要做O多价和H多价血清就可以（大多数食源性沙门菌凝集A-F群O多价）。

如果要鉴定某个菌株具体是什么沙门菌，那就需要进行血清学分型试验，从多价血清一直做到O抗原和H抗原的单因子，然后参照GB 4789.4—2016《食品安全国家标准 食品微生物学检验 沙门氏菌检验》附录B的表格查找对应的沙门菌名。

（8）在做血清学鉴定时O多价血清如果没有凝集并不能直接判定为阴性，因为还要考虑Vi抗原的影响。

Vi抗原属于K抗原群，会阻隔O抗原与相应抗体的结合，所以当Vi抗原存在时，O

多价血清是不会凝集的,因此必须去除 Vi 抗原的影响。具体方法是挑取菌苔于 1mL 生理盐水中做成浓菌液,于酒精灯火焰上煮沸后再检查,如果还是不凝集,才能判定为阴性。

综合知识与技能提升实训 7　动物源性食品金黄色葡萄球菌检测

金黄色葡萄球菌(*Staphylococcus aureus*)属于微球菌科葡萄球菌属,典型的金黄色葡萄球菌为球形,显微镜下排列成葡萄串状,如图 12-5 所示。金黄色葡萄球菌无芽孢和鞭毛,大多数无荚膜,革兰染色阳性,过氧化氢酶阳性,能够产生很强的凝固酶阳性反应,该菌对营养要求不高,在普通培养基上生长良好,需氧或兼性厌氧,最适生长温度 37℃,最适 pH 为 7.4,生长 pH 为 4.2~9.8。该菌可耐受极低的水活度(0.86),并可在盐或糖浓度较高的食品中繁殖,在干燥环境下可存活数月,对热有较强抵抗力。

图 12-5　金黄色葡萄球菌显微镜图片

金黄色葡萄球菌主要污染营养丰富且含较多水分的食品,如乳类及乳制品、肉类、剩饭等,其次为熟肉类,偶见鱼类及其制品、蛋制品等。部分金黄色葡萄球菌能够引发包括由肠道毒素的消化吸收引发的胃肠炎等各种疾病综合征。

一、检测原理

符合样品采集要求的乳制品样品稀释液被接种到选择性鉴别琼脂培养基中,产生典型的金黄色葡萄球菌菌落,金黄色葡萄球菌菌落可通过凝固酶反应确定。每克样品的金黄色葡萄球菌数量以凝固酶阳性菌落的比例为基础而计算得到。

二、金黄色葡萄球菌在不同乳制品中限量标准

金黄色葡萄球菌在不同乳制品中的限量标准见表 12-2。

表 12-2　金黄色葡萄球菌在不同乳制品中的限量标准

产品类别	采样方案及限量(若非指定,均以每 25g 或 25mL 表示)				检测方法	备注
	n	c	m	M		
巴氏杀菌乳、调制乳、发酵乳、加糖炼乳(甜炼乳)、调制加糖炼乳	5	0	0	—	GB 4789.10	定性检验

续表

产品类别	采样方案及限量（若非指定，均以每25g或25mL表示）				检测方法	备注
	n	c	m	M		
干酪、再制干酪、干酪制品	5	2	100CFU/g	1000CFU/g	GB 4789.10	平板计数法
乳粉、调制乳粉	5	2	10CFU/g	100CFU/g	GB 4789.10	平板计数法

三、定性检测方法流程

金黄色葡萄球菌定性检测方法流程如图12-6所示。

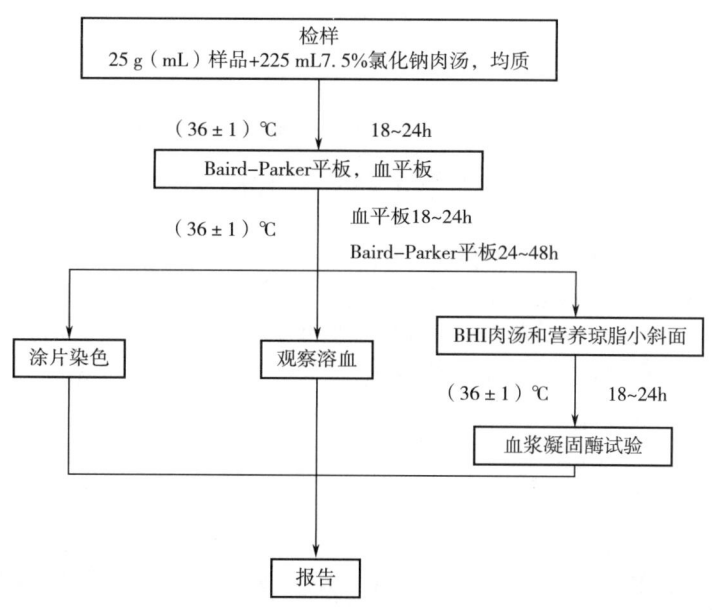

图12-6 金黄色葡萄球菌定性检测方法流程

四、初步鉴定

金黄色葡萄球菌在Baird-Parker平板上呈圆形，表面光滑、凸起、湿润、菌落直径为2~3mm，颜色呈灰黑色至黑色，有光泽，常有浅色（非白色）的边缘，周围绕以不透明圈（沉淀），其外常有一清晰带。当用接种针触及菌落时具有黄油样黏稠感。有时可见到不分解脂肪的菌株，除没有不透明圈和清晰带外，其他外观基本相同。从长期贮存的冷冻或脱水食品中分离的菌落，其黑色常较典型菌落浅些，且外观可能较粗糙，质地较干燥。在血平板上，形成的菌落较大，圆形、光滑凸起、湿润、金黄色（有时为白色），菌落周围可见完全透明溶血圈。挑取上述可疑菌落进行革兰染色镜检及血浆凝固酶试验。

五、确证鉴定

（1）染色镜检 金黄色葡萄球菌为革兰染色阳性球菌，排列呈葡萄球状，无芽孢，无荚膜，直径 0.5~1μm。

（2）血浆凝固酶实验 挑取 Baird-Parker 平板或血平板上至少 5 个可疑菌落（小于 5 个全选），分别接种到 5mL BHI 和营养琼脂小斜面，(36±1)℃培养 18~24h。

（3）取新鲜配制的兔血浆 0.5mL，放入小试管中，再加入 BHI 培养物 0.2~0.3mL，振荡摇匀，置 (36±1)℃温箱或水浴箱内，每 0.5h 观察一次，观察 6h，如呈现凝固（即将试管倾斜或倒置时，呈现凝块）或凝固体积大于原体积的一半，则被判定为阳性结果。同时以血浆凝固酶实验阳性和阴性的葡萄球菌菌株的肉汤培养物作为对照。也可用商品化的试剂，按说明书操作，进行血浆凝固酶实验。

（4）结果如可疑，挑取营养琼脂小斜面的菌落到 5mL BHI，(36±1)℃培养 18~48h，重复实验。

六、结果与报告

（1）结果判定 符合初步鉴定、确证鉴定的可判定为金黄色葡萄球菌。

（2）结果报告 在 25g（mL）样品中检出或未检出金黄色葡萄球菌。

七、典型菌落计数和确认

（1）金黄色葡萄球菌在 Baird-Parker 平板上呈圆形，表面光滑、凸起、湿润、菌落直径为 2~3mm，颜色呈灰黑色至黑色，有光泽，常有浅色（非白色）的边缘，周围绕以不透明圈（沉淀），其外常有一清晰带。当用接种针触及菌落时具有黄油样黏稠感。有时可见到不分解脂肪的菌株，除无不透明圈和清晰带外，其他外观基本相同。从长期贮存的冷冻或脱水食品中分离的菌落，其黑色常较典型菌落浅些，且外观可能较粗糙，质地较干燥。

（2）选择有典型的金黄色葡萄球菌菌落的平板，且同一稀释度 3 个平板所有菌落数合计在 20~200CFU 的平板，计数典型菌落数。

（3）从典型菌落中至少选 5 个可疑菌落（小于 5 个全选）进行鉴定实验。分别做染色镜检、血浆凝固酶实验；同时划线接种到血平板 (36±1)℃培养 18~24h 观察菌落形态，金黄色葡萄球菌菌落较大，圆形、光滑凸起、湿润、金黄色（有时为白色），菌落周围可见完全透明溶血圈。

八、结果计算

（1）若只有一个稀释度平板的典型菌落数在 20~200CFU，计数该稀释度平板上的典型菌落，按式（12-1）计算。

（2）若最低稀释度平板的典型菌落数小于 20CFU，计数该稀释度平板上的典型菌落，按式（12-1）计算。

（3）若某一稀释度平板的典型菌落数大于 200CFU，但下一稀释度平板上没有典型菌落，计数该稀释度平板上的典型菌落，按式（12-1）计算。

（4）若某一稀释度平板的典型菌落数大于 200CFU，而下一稀释度平板上虽有典型菌落但不在 20~200CFU，应计数该稀释度平板上的典型菌落数，按式（12-1）计算。

（5）若 2 个连续稀释度的平板典型菌落数均在 20~200CFU，按式（12-2）计算。

(6) 计算公式见式 (12-1) 和式 (12-2)。

$$T = \frac{AB}{Cd} \tag{12-1}$$

式中　T——样品中金黄色葡萄球菌菌落数；个
　　　A——某一稀释度典型菌落的总数；个
　　　B——某一稀释度鉴定为阳性的菌落数；个
　　　C——某一稀释度用于鉴定实验的菌落数；个
　　　d——稀释因子

$$T = \frac{A_1 B_1 / C_1 + A_2 B_2 / C_2}{1.1d} \tag{12-2}$$

式中　T——样品中金黄色葡萄球菌菌落数；个
　　　A_1——第一稀释度（低稀释倍数）典型菌落的总数；个
　　　B_1——第一稀释度（低稀释倍数）鉴定为阳性的菌落数；个
　　　C_1——第一稀释度（低稀释倍数）用于鉴定实验的菌落数；个
　　　A_2——第二稀释度（高稀释倍数）典型菌落的总数；个
　　　B_2——第二稀释度（高稀释倍数）鉴定为阳性的菌落数；个
　　　C_2——第二稀释度（高稀释倍数）用于鉴定试验的菌落数；个
　　　1.1——计算系数
　　　d——稀释因子（第一稀释度）

九、报告

根据公式计算结果，报告每克（毫升）样品中金黄色葡萄球菌数，以 CFU/g（mL）表示。

综合知识与技能提升实训 8　动物源性食品中细菌的检测——以大肠埃希菌为例

检测方法包括病原菌的分离鉴定及分子生物学方法、免疫学方法等。

一、病原菌的分离鉴定方法

（一）增菌

以无菌操作将待检样品放入营养肉汤中均质，制成悬液，于（36±1）℃培养 16h。

（二）分离

将肉汤增菌液接种于麦康凯或伊红-亚甲蓝琼脂平板上；污染严重的样品，制成悬液后可直接划线接种于麦康凯或伊红-亚甲蓝平板；也可接种于显色培养基上，于（36±1）℃培养 16~20h，观察菌落。从每个平板上至少挑取 2 个可疑菌落，用接种针接触菌落中心部位，移种到营养琼脂斜面上，于（36±1）℃培养 18~24h，以备进行生化实验。

（三）革兰染色

取 18h 营养琼脂斜面培养物做革兰染色、镜检，大肠杆菌为革兰染色阴性杆菌。

（四）生化鉴定

挑取营养琼脂斜面菌落分别接种于三糖铁琼脂、蛋白胨水、pH 7.2 尿素琼脂、氰化钾肉汤,并置(36±1)℃温箱中培养过夜。

三糖铁底层产酸,硫化氢阴性,氰化钾阴性和尿素阴性的培养物为大肠杆菌。

(五) 血清学分型

挑取经生化实验证实为大肠杆菌的菌落,用大肠杆菌多价 O 血清和肠出血性大肠杆菌 O157 血清做玻片凝集实验。当大肠杆菌的菌落与某一种多价 O 血清凝集时,再与该多价血清所包含的单价 O 血清做凝集实验。

二、生化鉴定试剂盒方法

API20E 实验条由 20 个含干燥底物的小管所组成,这些测定管用细菌悬浮液接种。培养一定时间后,通过代谢作用产生颜色的变化,或是加入试剂后变色而观察其结果。

挑取营养琼脂斜面上单个纯菌落于灭菌纯水中,制成菌悬液。按照生化鉴定试剂盒操作说明,将菌悬液加入 20E 反应条的各反应孔内,放入反应槽中,置 37℃温箱中培养 24h。取出后根据说明书观察反应结果,在软件上记录结果,系统将自动出现检测结果。所得反应的类型必须以数字化形式记录在报告单中,每 3 个测定为一组,每个以 1、2 和 4 标明,在每组中,阳性反应以相应的数字相加,由 API20E 的 20 个测定可得一个 7 位数。

三、分子生物学方法

从营养琼脂平板上挑取可疑菌落,用无菌去离子水制成菌悬液,水浴煮沸 10min,3000r/min 离心,以上清液为模板,进行扩增。上游引物为 5′-TGT TCA GTG GCA AGA GTT-3′,下游引物为 5′-TAA TCG ATA TAC CCG CTC-3′;扩增体系:10×buffer 5μL,Taq DNA 聚合酶(2U/μL)1μL,氯化镁溶液(25mmol/L)5μL,dNTP(2.5mmol/L)5μL,双蒸水(ddH$_2$O)29μL,上游引物(10μmol/L)2μL,下游引物(10μmol/L)2μL,模板 1μL。反应条件:95℃预变性 5min,94℃变性 30s,55℃退火 30s,72℃延伸 45s,共作用 36 个循环。PCR 产物用 15% 的琼脂糖在 100V 条件下进行电泳,得到扩增长度为 353bp 的扩增产物,可鉴定该菌为大肠杆菌。

四、VIDAS 鉴定肠出血性大肠杆菌 O157 方法

VIDAS 鉴定肠出血性大肠杆菌 O157(ECO)方法是一种在自动 VIDAS 仪器上进行的酶联荧光免疫分析的方法,其原理是:煮沸过的增菌肉汤加入试剂条孔后,在特定时间内,样品在固相容器(用抗肠出血性大肠杆菌 O157 抗体包被一个类似于加样头的一次性使用装置)内、外反复循环。样品中的 O157 抗原与包被在固相容器内部的 O157 抗体结合,未结合的其他成分通过洗涤步骤清除。标记有碱性磷酸酶的抗体也在固相容器内、外循环并与固定在固相容器壁上的肠出血性大肠杆菌 O157 抗原结合,最后洗去未结合的抗体标记物。仍结合在固相容器壁上的酶将催化底物转变成具有荧光的产物 4-甲基伞形酮,在 VIDAS 中由光扫描器在 450nm 处检测其荧光强度,实验完成后由计算机自动分析结果,得出检测值,并打印出每份样品的实验报告,其检测步骤如下所示。

挑取肠出血性大肠杆菌 O157 可疑菌落,放入 1mL 无菌纯水中制成菌悬液,或直接取 1mL 培育 24h 的增菌液,置水浴锅中 95～100℃煮沸 15min 后,冷却至室温,同时设质控对照并煮沸、冷却,以备检测。

(1) 将所需试剂取出,使其恢复至室温(至少 30min)。

(2) 每个样品使用一条 ECO 试剂条及一个 ECO 固相容器,先必须做好质控和校正。确保取出试剂后,将装有剩余固相容器的袋子重新密封好。

(3) 输入所需的信息以便建立工作列表(work list),键入"ECO"至检测编号,再输入将要检测的试验号。标准(S1)必须在 work list 的首位并做双份,随后是质控(C1 和 C2)。

(4) 使用前彻底混匀标准、质控及灭活的样品。准确吸取 500μL 以确保测试的正确性。

(5) 吸取 500μL 的质控及灭活的样品至 ECO 试剂条样品孔的中央。

(6) 依屏幕所示,将固相容器和试剂条放入仪器的相应位置。核对位置,以确保固相容器上 3 个字母编码的颜色标记与试剂条相符。

(7) 检测结束后,仪器自动打印检测结果。

综合知识与技能提升实训 9 动物源性食品中细菌的检测——以肉毒梭菌为例

肉毒毒素中毒的实验室诊断,国内主要以国标 GB 4789.12—2016《食品安全国家标准 食品微生物学检验 肉毒梭菌及肉毒毒素检验》为标准。从病人的血清、粪便、胃肠内容物、呕吐物及可疑食品等样品中检测到肉毒毒素是最可靠的诊断依据,可见,检出污染物中存在肉毒毒素并鉴定出毒素类型是确定肉毒毒素中毒的关键。

一、分离鉴定

肉毒梭菌检验方法的重点乃是产毒及毒素的检出实验,如要证实是否有肉毒梭菌存在,只要分离、培养、鉴定即可。

(一) 样品前处理

无菌称取 25g 样品,移入灭菌的均质器中,加入 225mL 明胶磷酸盐缓冲液,均质成匀浆。

(二) 预增菌

将样品分别接种于庖肉培养基、胰蛋白胨葡萄糖酵母浸膏肉汤(TPGY)培养基,并分别于 35℃、26℃培养 7d。

(三) 分离培养

培养 7d 后,染色、镜检,观察菌的形态是否为典型的肉毒梭菌。如有细菌生长,离心、取上清液接种于血平板和乳糖牛乳卵黄琼脂平板中,于 35℃厌氧培养 48h 后涂片,显微镜观察。

典型菌落是隆起或扁平,光滑或粗糙,在卵黄培养基上用斜光照射检验时,菌落表面通常出现虹晕色,此光区称为"珍珠层"(G 型无此特性),C、D、E 型菌株通常有 2~4mm 黄色沉淀区围绕,A、B 型菌株通常显示较小的沉淀区。

挑取典型菌落,分别接种于庖肉培养基、TPGY 培养基,并分别于 35℃、26℃培养 7d,再取培养物进行培养特性检查或肉毒毒素检测即可。

(四) 培养特性检查

挑取可疑菌落接种于 2 份卵黄琼脂平板，分别于厌氧或需氧条件下培养 48h，观察。如需氧条件下无细菌生长，而厌氧条件下有细菌生长，并有虹彩样薄层，证明有肉毒梭菌存在。

二、肉毒毒素检测

液体样品可直接离心，固体或半固体样品需加适量明胶缓冲液，浸泡、研碎，然后离心，取上清液进行检测；另取 1 份上清液，调 pH 至 6.2，按体积比 1/10 的量加 10% 胰酶（活性 1∶250）水溶液，混匀，不断轻轻搅动，37℃作用 60min 进行检测。肉毒毒素检测以小鼠腹腔注射法为标准方法。

(一) 检出实验

取离心上清液及其胰酶激活处理液分别腹腔注射 3 只小鼠，每只 0.5mL，观察 4d。注射液中若有毒素，小鼠一般多在注射后 24h 内发病、死亡，主要症状为立毛、四肢瘫软，呼吸困难，呈风箱式呼吸，腰部凹陷，最终死于呼吸麻痹。如遇小鼠猝死以致临床症状不明显，则可将注射液做适当稀释，重做试验。

(二) 中和实验

中和实验分 3 组进行，各取 1mL 被检毒素液，第 1 组（毒素中和组），加等量多型混合肉毒抗毒素，混合后置 37℃作用 30min；第 2 组（毒素灭活对照组），加等量缓冲液，混匀后煮沸 10min；第 3 组（毒素对照组）加等量缓冲液即可。3 组混合液分别腹腔注射小鼠各 2 只，每只 0.5mL，观察 4d。若第 1 组和第 2 组小鼠均获保护存活，而第 3 组小鼠以特有症状死亡，则可判定为肉毒毒素存在；若第 1 组也不存在，则说明该毒素不是肉毒毒素，必要时需进行毒素定型实验。

(三) 毒力测定

取已判定含有肉毒毒素的检样离心，取上清液，用明胶磷酸盐缓冲液做成 50 倍、500 倍及 5000 倍的稀释液，分别注射小鼠各 2 只，每只 0.5mL，观察 4d。根据小鼠死亡情况，计算检样所含肉毒毒素的大致毒力（MLD/mL 或 MLD/g），其中 MLD 为最小致死量（minimum lethal dose），例如 5 倍、50 倍及 500 倍稀释致小鼠全部死亡，而注射 5000 倍稀释液的小鼠全部存活，则可大致判定检样上清液所含毒素的毒力为 1000~10000MLD/mL。

(四) 定型实验

按毒力测定结果，用明胶磷酸盐缓冲液将检样上清液稀释至所含毒素的毒力大致在 10~1000MLD/mL，分别与各型肉毒毒素诊断血清等量混合，置 37℃作用 30min，各注射 2 只小鼠，每只 0.5mL，观察 4d。同时以明胶磷酸盐缓冲液代替诊断血清，与稀释毒素液等量混合作为对照。

注：①未经胰酶激活处理的检样的毒素检出实验或确证实验若为阳性结果的，则胰酶激活处理液可省略毒力测定及定型实验。②为争取尽快得出结果，毒素检测的各项实验也可同时进行。③根据具体条件和可能性，定型实验可酌情先省略 C、D、F 及 G 型。④进行确证及定型实验时，检样稀释应参照所用肉毒诊断血清的效价。⑤实验动物的观察可按阳性结果的出现随时结束，以缩短观察时间；唯有出现阴性结果时，应保留充分的观察时间。

三、分子生物学方法

(一) 肉毒梭菌的 PCR 检测方法

PCR 技术灵敏度高，在有大量杂菌存在时也不产生干扰，但该法检测的是肉毒梭菌菌体内的毒素编码 DNA，并不能测定污染样品中是否含有毒素蛋白，只鉴定出食物有肉毒梭菌污染，并不能说明食物中毒的原因就是肉毒毒素。

1. 分离纯培养物

按前述方法进行增菌培养，然后取 1~2mL 培养液置于螺旋帽试管中，加入等量过滤除菌的无水乙醇，混匀，在室温下放置 1h；或 80℃ 加热 10~15min，以破坏其繁殖体。

用接种环取 1~2 环经乙醇或加热处理的培养物在厌氧卵黄琼脂上划线接种，置 (35±1)℃ 厌氧条件下培养 48h。挑取约 10 个单独的典型菌落，接种可疑菌落到 TPGY 培养基中，置 (35±1)℃ 厌氧条件下培养 24h。

2. 模板 DNA 的制备（以下两种方法任选一种）

(1) 热裂解抽提 DNA 法　取 1.4mL TPGY 培养物转移至 15mL 离心管中，14000×g 离心 2min，弃去上清液。加入 1.0mL PBS 悬浮菌体沉淀，14000×g 离心 2min，弃去上清液。用 400μL PBS 重悬沉淀，加入 10mg/mL 溶菌酶溶液 100μL，(37±1)℃ 水浴 15min，期间每 5~7min 颠倒混匀离心管。加入 10mg/mL 蛋白酶 K 溶液 10μL，(60±1)℃ 水浴 1h，期间每 10~15min 颠倒混匀离心管。沸水浴 10min，14000×g 离心 2min，将上清液转移至新的灭菌 1.5mL 离心管中。加入 3mol/L 乙酸钠（NaAc）溶液 50μL 和 95% 乙醇 1.0mL，颠倒混匀，-70℃ 或 -20℃ 放置 30min，14000×g 离心 10min，弃去上清液，沉淀干燥后溶于 200μL TE (TrisGEDTA) 缓冲溶液中。测定纯度和浓度后置于 -20℃ 保存。

(2) 试剂盒抽提 DNA 法　取 1.4mL TPGY 培养物转移至 1.5mL 离心管中 14000×g 离心 2min，弃去上清液。菌体沉淀用 1.0mL TE 缓冲液洗 2 次后重悬于 120μL 的 25%（质量分数）蔗糖溶液中。加入 10mg/mL 溶菌酶溶液 120μL，混匀，(37±1)℃ 水浴 30min；然后加入 20%（质量分数）SDS 溶液 30μL，轻轻混匀，室温放置 5min；再加入 10mg/mL 蛋白酶 K 溶液 9.0μL，混匀后 (37±1)℃ 水浴 30min。悬浮液采用商品化细菌基因组 DNA 提取试剂盒提取 DNA，使用时按照试剂盒说明书进行操作。对提取的 DNA 进行纯度和浓度测定后置于 -20℃ 保存。

3. 核酸（DNA）纯度和浓度的测定

取适量 DNA 溶液原液加双蒸水稀释一定倍数后，使用核酸蛋白分析仪或紫外分光光度计测 260nm 和 280nm 处的吸光值，DNA 的浓度按照式 (12-3) 计算。

$$c = A_{260} \times N \times 50 \tag{12-3}$$

式中　c——DNA 浓度，μg/mL

A_{260}——260nm 处的吸光值

N——核酸稀释倍数

当 DNA 浓度为 0.34~340μg/mL，A_{260}/A_{280} 比值在 1.7~1.9 时，适宜于 PCR 扩增。

4. PCR 扩增

采用分别针对肉毒梭菌的 A、B、E、F 型肉毒毒素基因设计的型特异性引物，进行多个 PCR 扩增，每个 PCR 反应管检测一种类型的肉毒梭菌。检测时反应体系应设置阳性对照、阴性对照和空白对照。用含有扩增片段的质粒或 A、B、E、F 型肉毒梭菌的基因组 DNA 做阳性对照，用非肉毒梭菌基因组 DNA 做阴性对照，用无菌水做空白对照。

5. 凝胶电泳检测 PCR 产物

用 0.5×TBE 缓冲液制备 1.2%~1.5%（质量浓度）的琼脂糖凝胶（凝胶加热熔化后冷却至 60℃左右，加入溴化乙锭至 0.5μg/mL，或者在电泳后用 0.5μg/mL 溴化乙锭溶液进行染色），将 1.0μL 的 PCR 产物与 2.0μL 6×加样缓冲液混合，点样，其中一孔加入 DNA 分子质量标准物，以判断 PCR 产物的片段大小。0.5×TBE 电泳缓冲液，10V/cm 恒压电泳，电泳时间根据溴酚蓝的移动位置来确定，电泳检测结果用凝胶成像系统记录。

6. PCR 检测结果判定

阴性对照和空白对照均未出现条带，阳性对照出现预期大小的扩增条带，待测样品出现预期大小的扩增条带，判定为 PCR 检测结果阳性。

（二）核酸探针诊断技术

核酸探针也称 DNA 探针，特点是特异性好、灵敏度高、检测速度快、一次可检出大量标本，尤其可检查单个菌落的产毒特性，无须专门产毒培养。细菌毒素探针的制备通常取自病原菌染色体或质粒毒素基因片段，用于检测毒性相关基因，也可鉴别遗传性状类似的种。

四、免疫学诊断

免疫学诊断是目前肉毒毒素检测领域应用最为广泛的检测方法，它可定性定量检测，灵敏度高，特异性好，一次可检测大量样本，能自动化。免疫学诊断检测的一个缺点是必须要有高亲和性抗体，而且该方法不能区分毒素是否具有活性。另外，毒素基因的变异会导致检测抗体与毒素亲和力的降低，出现假阴性结果。目前有以下几种检测方法常被采用。

（一）酶联免疫吸附试验（ELISA）

ELISA 是目前使用较为广泛的肉毒毒素检测方法，肉毒毒素检测和型别鉴定只需 5~6h。尽管抗体来源、酶底物不同，但检测原理基本一致。最常用的是双抗体夹心 ELISA 法：酶联板上包被检测用单克隆抗体或多克隆抗体，加入可疑样品（待测抗原）后，再加入另一种酶联抗体，待测抗原被带有标记物的二抗捕获后，通过标记物与底物的显色反应来判定结果。美国建立的双抗体夹心 ELISA 法已经被国家药品监督管理局和美国分析化学家协会（AOAC）批准成为第二个官方认可的检测方法。

（二）胶体金免疫层析法

胶体金免疫层析法技术是以胶体金作为示踪标记物，利用抗原抗体的高度专一结合特性及胶体金标记技术的可视定位特性来检测可疑样品，此方法具有如下优点：检测快速，通常可在 5~10min 出结果；检测试纸条比较稳定，可长期保存；成本相对较低，易于推广；操作简单，操作者无须特殊培训。此技术在肉毒毒素检测领域有巨大的发展潜力。

（三）免疫印迹分析

肉毒毒素经电泳转移至硝酸纤维膜上，可进行免疫印迹反应；肉毒毒素浓度与免疫印迹反应条带密度之间存在良好的线性关系。

综合知识与技能提升实训 10　动物源性食品中细菌的检测——以李斯特菌为例

检测方法包括病原菌的分离鉴定及分子生物学方法、免疫学方法等。

一、细菌分离鉴定

(一) 样品处理

将样品保存于 4℃冰箱中，若条件适宜，单核细胞增生李斯特菌会缓慢生长，若样品已被冷冻，则应在检测前解冻。

(二) 预增菌与增菌

取 25g 样品放入 225mL 的李氏增菌肉汤（BLEB）中，混匀，进行预增菌培养。30℃培养 4h 后，加入放线菌酮或匹马菌素等选择性试剂，继续 30℃增菌培养 48h。巴氏消毒乳、乳制品、酸乳酪、冷冻水产品等含有较少的酵母菌和霉菌，因此不需加入抗真菌剂，但生乳、干的海产品或新鲜产品则需加入抗真菌剂。

(三) 分离纯化

取增菌培养液划线接种于含七叶苷的选择分离培养基上：PALCAM 琼脂平板、（改良）牛津琼脂平板或加入七叶苷和三价铁的 LPM 琼脂平板，以上含七叶苷的培养基根据具体要求而选用。（改良）牛津琼脂平板、PALCAM 琼脂平板接菌后放置于 35℃培养 24~48h，含七叶苷和三价铁的 LPM 琼脂平板接菌后放置于 30℃培养 24~48h。在含七叶苷的培养基上，李斯特菌呈黑色，菌落周围具有黑色的环。从这些培养基上挑取 5 个可疑菌落划线接种到胰蛋白胨大豆胨培养基上，分离纯化出单菌落。同样也可划线接种到 BCM 李斯特菌显色培养基上，单核细胞增生李斯特菌呈蓝色，而绵羊李斯特菌在食品中不常见。单核细胞增生李斯特菌和绵羊李斯特菌在 ALOA 李斯特菌显色培养基上都呈蓝色且在菌落周围有酯酶环。在传统的检测方法中，利用胰蛋白胨大豆胨培养基进行菌落纯化是必须的，因为选择性培养基上分离出的菌落仍有可能包涵其他细菌。至少挑取 5 个菌落进行鉴定，因为在同一样品中可能含有几种李斯特菌，而利用 BCM 和 ALOA 李斯特菌显色培养基可以减少挑取的菌落数。运用商业的验证性培养基，或传统的木糖/鼠李糖发酵肉汤或琼脂，可以区别单核细胞增生李斯特菌和绵羊李斯特菌。胰蛋白胨大豆胨琼脂平板需在 30℃培养 24~48h，若不需观察运动，也可在 35℃培养。对于这些认可的方法，可以用选择性琼脂分离李斯特菌。

(四) 镜检

从 30℃或低于 30℃培养的平板上挑取生长良好的典型菌落，涂于洁净载玻片上，用 0.85%生理盐水制成悬浮液，压上盖玻片于相差显微镜的油镜下观察。李斯特菌为短杆状，有轻微的旋转和翻滚运动，而大的杆状或快速运动的杆状细菌则不是李斯特菌。应用阳性的李斯特菌做对照。革兰染色实验：将培养 16~24h 的培养物进行染色，李斯特菌呈短杆状阳性菌，但若培养时间过长，染色会发生变化。

(五) 生化鉴定

过氧化氢酶实验：李斯特菌阳性反应。

1. 溶血实验

将 7% 羊血琼脂平板底面划分为 20~25 个小格，从胰蛋白胨大豆胨琼脂平板上挑取菌落刺种到血琼脂平板上，每格刺种一个菌落，于 35℃ 培养 24~48h，穿刺时尽量接近底部，但不要触到底面，同时避免琼脂破裂。于明亮处观察洁净的血琼脂平板，单核细胞增生李斯特菌和西尔李斯特菌在刺种点周围产生狭小的透明溶血环，英诺克李斯特菌无溶血环，绵羊李斯特菌产生大的透明溶血环。注意：不应据此来区别李斯特各种菌，这仅仅是一种溶血现象，应用 CAMP 实验来确证李斯特各种菌。注意：当血琼脂平板的厚度比通常的 5mm 更薄时，非常容易观察到溶血环，另外这可以通过覆盖一层 1~2mm 血琼脂来实现。

2. 硝酸盐还原实验

只有默氏李斯特菌能降解硝酸盐，可以此区分格氏李斯特菌和默氏李斯特菌。用胰蛋白胨大豆胨肉汤培养物接种到硝酸盐肉汤中，35℃ 培养 5d，加入 0.2mL 试剂 A（对氨基苯磺酸醋酸溶液：将对氨基苯磺酸 0.8g 溶解于 2.5mol/L 乙酸溶液 100mL 中），再加入 0.2mL 试剂 B（α-萘胺乙醇溶液：将 α-萘胺 0.5g 溶解于 2.5mol/L 乙酸溶液 100mL 中），混匀，如出现紫红色，则表明菌株降解了硝酸盐，存在亚硝酸盐。如无颜色变化，则加入少量锌粉，放置 1h，如出现红色，表明仍有硝酸盐存在，未被细菌降解。

3. 动力实验

将胰蛋白胨大豆胨肉汤培养物接种到 SIM（硫化物、吲哚、动力）培养基或改良 MTM 培养基，室温培养 7d，逐日观察，李斯特菌有动力，呈伞状生长。在 MTM 培养基上形状尤为突出，可以明显观察到伞形。另外，通过相差显微镜，可观察 30℃ 胰蛋白胨大豆胨培养基上的培养物的翻滚运动。

4. 糖发酵实验

将胰蛋白胨大豆胨琼脂平板上的培养物分别接种于含以下 500mg/L 糖（浓度）的紫色肉汤中（可加入小倒管）：葡萄糖、七叶苷、麦芽糖、甘露醇、鼠李糖和木糖，35℃ 培养 7d。阳性反应是产酸，不产气。所有李斯特菌对葡萄糖、七叶苷、麦芽糖都是阳性反应。除格氏李斯特菌和默氏李斯特菌外，其余的李斯特菌对甘露醇呈阴性反应。若不同选择性培养基上的纯化物着色是确定的，则七叶苷发酵实验可省略。

（六）小鼠毒力实验检测

李斯特菌致病性的传统实验是 Anton 相交试验，即小鼠注射实验和鸡胚注射实验。小鼠抵抗力测定实验是将细菌从腹腔注入，该实验有很高的敏感性，可了解单核细胞增生李斯特菌对动物的致病性。

将 4mg 卡拉胶（sigma type Ⅱ）溶解在蒸馏水中，注射到 18~20g 体重的小鼠体内，24h 后，李斯特菌开始表现毒性。小鼠体内的卡拉胶（sigma type Ⅱ）注射量应依据小鼠的体重而定，一般注射量为 1kg 体重注射 200mg。分离物在胰蛋白胨大豆胨中 35℃ 培养 24h 后，再转移到两个管中，35℃ 培养 24h，然后再将 10mL 的肉汤培养物转移到离心管中，1600r/min 离心 30min，弃上清液，用 1mL 灭菌生理盐水制成菌悬液，此时菌浓度为 1×10^{10} CFU/mL，稀释成 1×10^{5} CFU/mL，将 0.1mL 菌悬液注射到 16~18g 体重的 Swiss 小鼠体内，约注入 10^4 个菌，观察 5d 内小鼠的死亡情况。非致病菌不会致小鼠死亡。用致病菌、非致病菌、卡拉胶（sigma type Ⅱ）处理的小鼠与未注射的小鼠做对照实验。每组实验用 5 只小鼠，卡拉胶（sigma type Ⅱ）处理的小鼠应该能够忍受 0.1mL 的 PBS。

二、分子生物学鉴定

(一) DNA 模板的制备

取增菌液 1mL 于 1.5mL 离心管中，4000~5000r/min 离心 5min，弃上清液，向菌沉淀中加入 50μL 灭菌纯水制成菌悬液，混匀后 100℃煮沸 10min，12000r/min 离心 5min，取上清液 2μL 作为 PCR 模板。

(二) 引物设计

引物 1：上游引物为 5′-TATGTGCGATACCGCTTGAA-3′；下游引物为 5′-GAAACTAACGGGGATAAAACC-3′，扩增片段长度为 511bp。

引物 2：上游引物为 5′-TTATGATGACGAAATGGCTTAC-3′；下游引物为 5′-ATGGACGATGGTGAAATGAGC-3′，扩增片段长度为 789bp。

(三) PCR 扩增

PCR 反应体系 25μL，具体成分见表 12-3。

表 12-3　　　　　　　　　　李斯特菌 PCR 鉴定反应体系

试剂		储备液浓度	体积/μL
10×PCR 缓冲液			2.5
$MgCl_2$		25mmol/L	3.0
dNTP（含 dUTP）		各 2.5mmol/L	1.0
引物 1	上游引物	20pmol/μL	1.0
	下游引物		1.0
引物 2	上游引物	20pmol/μL	1.0
	下游引物		1.0
Taq DNA 聚合酶		50μL	0.5
DNA 模板		—	2.0
双蒸水		—	补充至 25

注：① 反应体系中各试剂的量可根据具体情况或不同的反应总体积进行适当调整。
② 每个反应体系应设置两个定性反应。

PCR 反应条件：95℃预变性 5min；95℃变性 45s，53℃退火 50s，72℃延伸 45s，30 个循环；72℃后延伸 8min。4℃保存。

(四) 电泳

用电泳缓冲液（1×TAE）制备 1.8%~2.0% 的琼脂糖凝胶，取 5μL PCR 扩增产物，分别和 2μL 上样缓冲液混合进行点样，用 DNA 分子质量标记物做参照，3~5V/cm 恒压电泳，电泳 20~40min，电泳检测结果用凝胶成像分析系统记录并保存。

(五) 结果判定

在阴性对照未出现条带、阳性对照出现预期大小的扩增条带条件下，如待测样品未同时出现 511bp 和 789bp 大小的两条扩增带，则判为阴性；如待测样品同时出现 511bp 和 789bp 大小的两条扩增带，则判为阳性。

如果阴性对照和（或）阳性对照未出现预期大小的扩增条带，则本次检测结果无效，应重新试验。

综合知识与技能提升实训 11　动物源性食品中细菌的检测——以志贺菌为例

一、分离培养

（一）增菌

称取待检样品 25g，加入装有 225mL 志贺菌增菌肉汤的 500mL 广口瓶内，固体食品应用均质器以 8000~10000r/min 打碎 1min，或用乳钵加灭菌砂磨碎，粉状食品应用灭菌金属匙或玻璃棒研磨使其乳化，于（36±1）℃培养 6~8h。

（二）分离培养

取增菌液 1 环，划线接种于志贺菌选择性琼脂平板或志贺菌显色培养基上，于（36±1）℃培养 18~24h。观察平板或培养基上菌落形态，根据志贺菌在不同培养基上的菌落特征进行可疑菌落的判定。

二、生化鉴定

挑取平板上的可疑菌落，接种三糖铁琼脂和半固体各一管。志贺菌属在三糖铁琼脂内的反应结果为底层变黄、不产气（福氏志贺菌 6 型可微产气），斜面不变色，不产生硫化氢，无动力；菌株在半固体管内沿穿刺线生长。应进一步做苯丙氨酸脱氨酶、赖氨酸脱羧酶、西蒙柠檬酸盐和葡萄糖铵尿素、KCN、水杨苷、七叶苷实验，志贺菌属均为阴性反应。必要时应做革兰染色检查和氧化酶实验，菌株应为氧化酶阴性的革兰阴性杆菌，并以生化实验方法做 4 个生化群的鉴定。具有以上特性的菌株，疑为志贺菌，可做血清凝集实验。

三、血清学分型

挑取三糖铁琼脂上的培养物，做玻片凝集实验。先用 4 种志贺菌多价血清检查，如果由于 K 抗原的存在而不出现凝集，应将菌液煮沸后再检查，再用 A1、A2、B 群、多价 D 群血清分别实验，如是 B 群福氏志贺菌，则用群和型因子血清分别检查，确定菌型。福氏志贺菌型鉴定的方法：可先用群因子血清检验，再根据群因子血清出现凝集的结果，依次选用型因子血清检查。4 种志贺菌多价血清不凝集的菌株，可用鲍氏志贺菌多价血清 1、2、3 分别检查，并进一步用 1~15 各型因子血清确定菌型，如果不是鲍氏志贺菌，则可用痢疾志贺菌 3~12 型多价血清及各型因子血清检查。

四、分子生物学鉴定

（一）DNA 模板的制备

取增菌液 1mL 于小离心管中，4000~5000r/min 离心 5min，弃去上清液，向菌沉淀中加入50μL灭菌纯水制成菌悬液，混匀后100℃煮沸10min，12000r/min离心5min，取上清液作为PCR模板。

（二）引物设计

上游引物为5′-GTTCCTTGACCGTTCCGATACCGTC-3′；下游引物为5′-GCCGGTCAGCCACCCTCTGAGAGTAC-3′。扩增片段长度为629bp。

（三）PCR反应体系

反应体积25μL：10×buffer 2.5μL，TaqDNA聚合酶（2U/μL）0.5μL，$MgCl_2$溶液（25mmol/L）3μL，dNTP（25mmol/L）1μL，ddH_2O 14μL，上游引物（10μmol/L）1μL，下游引物（10mol/L）1μL，模板2μL。

（四）PCR反应参数

95℃预变性5min；95℃变性15s，65℃退火30s，72℃延伸30s，35个循环；72℃后延伸5min，4℃保存。

注：PCR反应参数可根据基因扩增仪型号的不同进行适当调整。

（五）电泳

用电泳缓冲液（1×TAE）制备1.8%~2.0%的琼脂糖凝胶（以琼脂糖为支持介质制备的凝胶），取5μLPCR扩增产物，分别和2μL上样缓冲液混合进行点样，用DNA分子质量标记物作参照，3~5V/cm恒压电泳，电泳20~40min，电泳检测结果用凝胶成像分析系统记录并保存。

（六）结果判定

在阴性对照未出现条带、阳性对照出现预期大小的扩增条带的条件下，如待测样品未出现629bp大小的扩增带，则判为阴性；如待测样品出现629bp大小的扩增带，则判为阳性。

综合知识与技能提升实训12 水中细菌总数检测

本实训的目的是学习并掌握水样的采集和水样中细菌总数的测定方法，了解水质状况与细菌数量在饮用水中的重要性。

一、原理

水中细菌总数测定是测定水中需氧菌、兼性厌氧菌和异养菌的总数。水中细菌总数可作为判定被检水样被有机物污染程度的标志，细菌数量越多，则水中有机质含量越大。本实验应用平板计数技术测定水中细菌总数，以1mL水样在营养琼脂培养基中，于37℃培养24h后所生长的细菌菌落的总数，作为水体受细菌污染程度的标志，我国规定1mL自来水中细菌总数不得超过100个。

二、材料

水，牛肉膏蛋白胨琼脂培养基。

三、试剂/试剂盒

牛肉膏,蛋白胨,氯化钠,琼脂,蒸馏水,盐酸,氢氧化钠。

四、仪器/耗材

三角瓶,带玻璃塞瓶,培养皿,移液管,试管。

五、步骤

(一) 自来水样的采集与保藏

先将自来水龙头用火焰灼烧 3min 灭菌,然后再放水 5~10min,最后用无菌容器接取水样,并迅速送回实验室检测。

(二) 自来水中细菌总数的测定

用无菌移液管吸取 1mL 水样,加入无菌培养皿中(每个水样重复 3 个培养皿),然后在每个上述培养皿内各加入约 15mL 已熔化并冷却至 45~50℃ 的牛肉膏蛋白胨琼脂培养基,并轻轻旋转摇动,使水样与培养基充分混匀,冷凝后即成检测平板,然后将其倒置于 37℃ 恒温箱内培养 24h。

(三) 计菌落数

将培养 24h 的平板取出,用肉眼观察,计数平板上的细菌菌落数(计数时,对那些看来相似、距离很近但不相接触的菌落,应一一计数。那些紧密接触而外观相异的菌落,也一一计数)。

知识巩固练习题及答案

练习题一

一、名词解释

1. 微生物；2. 真核细胞型微生物；3. 原核细胞型微生物；4. 非细胞型微生物；5. 消毒；6. 灭菌；7. 培养基；8. 菌苔；9. 菌落；10. 基因。

二、填空题

1. 微生物以_____、_____为单位，1μm = _____nm。
2. 根据其有无细胞以及细胞核的结构可分为以下三大类型。
   （1）_____型微生物，如_____。
   （2）_____型微生物，如_____。
   （3）_____型微生物，如_____。
3. 细菌的分类等级为_____、_____、_____、_____、_____、_____和_____，其中_____是细菌分类的基本单位，形态学和生理学性状相同的细菌群体构成一个菌种，具有某一种细菌典型特征的菌株被称为_____，在细菌的分类、鉴定和命名时都以标准菌株为依据，同时，标准菌株也是食品微生物检验与检测质量控制的标准。
4. _____可认为是一群性质相似的菌株，与其他菌株群体有明显差异。
5. 具有共性的若干种的组合是_____，应与其他属有明显差异。
6. 不同来源的某一种细菌的纯培养称为_____，同一种细菌可有多种菌株，其主要性状完全相同，次要性状可稍有差异。
7. 微生物的命名与其他生物命名法相同，采用林奈创立的_____，如 *E. coli* 由_____和_____构成，其中属名第一个字母_____写，种名_____写。
8. 目前公认的细菌分类体系是_____。国际公认的菌种保藏权威机构是美国的_____等。
9. 评价消毒剂的效果一般以能否杀灭_____为标准。
10. 干烤法灭菌温度为_____，持续时间为_____。
11. 高压蒸汽灭菌法常用的灭菌温度为_____，持续时间为_____，压力应维持_____ min。
12. 高压蒸汽灭菌器内_____的排除程度会直接影响到灭菌器内温度的上升。
13. 紫外线具有杀菌效果的波长范围在_____，其中以波长_____对微生物的杀伤力最大；其杀菌机理是_____；紫外线具有_____特点。

14. 微生物实验中所用的接种环可用_____法灭菌，外科敷料用_____法灭菌，无菌室和手术室空气灭菌采用_____。
15. 微生物的营养物质包括_____、_____、_____、_____和_____。
16. 根据物理性状，培养基可分为_____、_____和_____。
17. 常用的接种方法有_____。
18. _____和_____是生物界的最基本属性。
19. 微生物变异可分为_____和_____两大类。
20. 长期以来，细菌分类鉴定的主要依据是其_____特征，目前微生物学界普遍考虑的分类依据是细菌的_____，即分析其基因特性，从而确定分类地位。

三、单选题

1. 细菌的命名国际上采用（　　）。
   A. 拉丁文单命名　　　　　B. 拉丁文双命名　　　　　C. 英文单命名
   D. 英文双命名　　　　　　E. 英文命名法

2. 下列不属于原核细胞型微生物的是（　　）。
   A. 真菌　　　　　　　　　B. 细菌　　　　　　　　　C. 立克次体
   D. 放线菌　　　　　　　　E. 支原体

3. 属于非细胞型微生物的是（　　）。
   A. 立克次体　　　　　　　B. 细菌　　　　　　　　　C. 病毒
   D. 衣原体　　　　　　　　E. 支原体

4. 微生物学的发展史上，首先发现青霉素的是（　　）。
   A. 弗莱明　　　　　　　　B. 伊凡诺夫斯基　　　　　C. 柯赫
   D. 巴斯德　　　　　　　　E. 李斯特

5. 有完整细胞核的微生物是（　　）。
   A. 放线菌　　　　　　　　B. 衣原体　　　　　　　　C. 立克次体
   D. 支原体　　　　　　　　E. 真菌

6. 实验室常用干烤法灭菌的器材是（　　）。
   A. 玻璃器皿　　　　　　　B. 移液器头　　　　　　　C. 滤菌器
   D. 手术刀、剪　　　　　　E. 橡皮手套

7. 果汁、牛乳常用的灭菌方法为（　　）。
   A. 巴氏消毒　　　　　　　B. 干热灭菌　　　　　　　C. 间歇灭菌
   D. 高压蒸汽灭菌

8. 下列消毒药中，属于重金属盐类的是（　　）。
   A. 高锰酸钾　　　　　　　B. 升汞　　　　　　　　　C. 漂白粉
   D. 龙胆紫

9. 血清、抗毒素等可用下列除菌方法（　　）。
   A. 紫外线照射　　　　　　B. 高压蒸汽灭菌　　　　　C. 滤菌器过滤
   D. 巴氏消毒法

10. 下列消毒灭菌方法正确的是（　　）。
    A. 病畜-焚烧　　　　　　B. 金属器械-漂白粉　　　　C. 人和动物血清-氯气

D. 含糖培养基-高压蒸汽灭菌

11. 能达到灭菌效果的是（　　）。
   A. 流通蒸汽　　　　　　　B. 紫外线照射20min　　　C. 75%酒精浸泡1h
   D. 干热（160℃/20min）　　E. 湿热（121.3℃/20min）

12. 不能用于空气消毒的是（　　）。
   A. 过氧乙酸　　　　　　　B. 过氧化氢　　　　　　　C. 过滤除菌
   D. 环氧乙烷　　　　　　　E. 紫外线

13. 下列微生物，能通过细菌过滤器的是（　　）。
   A. 病毒、真菌和支原体　　　B. 细菌L型、病毒和支原体
   C. 酵母菌、衣原体和螺旋体　D. 霉菌、立克次体和噬菌体

14. 关于消毒灭菌，下列叙述错误的是（　　）。
   A. 70%乙醇杀菌效果比100%乙醇好
   B. 高压蒸汽灭菌杀菌温度是121℃
   C. 巴氏消毒法可杀死乳品中的病原菌，但不能杀死所有细菌
   D. 碘液使细菌DNA的胸腺嘧啶（T）形成二聚体而杀菌
   E. 去污剂能破坏细菌细胞膜

15. 下列属于物理防腐方法的是（　　）。
   A. 酒精浸泡　　　　　　　B. 高浓度的糖或盐浸泡
   C. 甲醛浸泡　　　　　　　D. 高浓度大蒜汁浸泡

16. 采用紫外线灭菌时，其杀菌力最强的紫外线波长是（　　）。
   A. 365nm　　　　　　　　B. 250nm　　　　　　　　C. 254nm
   D. 265nm　　　　　　　　E. 286nm

17. 细菌的分类单元与动植物一样，但是最重要、最基本的分类单元是（　　）。
   A. 纲　　　　　　　　　　B. 目　　　　　　　　　　C. 科
   D. 属　　　　　　　　　　E. 种

18. 下列不属于细菌分类鉴定表型依据的是（　　）。
   A. 形态特征　　　　　　　B. 培养特征　　　　　　　C. 抗原性特征
   D. 生理生化特征　　　　　E. 基因组特征

19. 对细菌种属的鉴定不需进行的检测项目是（　　）。
   A. 生化实验　　　　　　　B. 分离培养　　　　　　　C. 药物敏感实验
   D. 血清学鉴定　　　　　　E. 显微镜检查

20. 牛痘疫苗预防哪种病症？（　　）。最早发明牛痘接种法的是（　　）。
   A. 天花，琴纳　　　　　　B. 霍乱，巴斯德　　　　　C. 结核，郭霍
   D. 鼠疫，里斯特　　　　　E. 斑疹伤寒，汤飞凡

四、多选题

1. 下列微生物属于原核细胞微生物的是（　　）。
   A. 螺旋体　　　　　　　　B. 细菌　　　　　　　　　C. 真菌
   D. 病毒　　　　　　　　　E. 放线菌

2. 细菌命名遵循双名法，描述正确的是（　　）。

A. 属名在前，种名在后　　　　B. 种名在前，属名在后　　　C. 属名第一个字母大写
D. 种名小写

3. 培养基根据物理状态可分为（　　　）。
　A. 液体培养基　　　　　　　　B. 固体培养基　　　　　　　C. 半固体培养基
　D. 气体培养基

4. 下列有关培养基的叙述正确的是（　　　）。
　A. 培养基是为微生物的生长繁殖提供营养的基质
　B. 培养基只有两类：液体培养基和固体培养基
　C. 固体培养基中加入少量水即可制成液体培养基
　D. 微生物在固体培养基上生长时，可以形成肉眼可见的单个菌落

5. 不同培养基的具体配方不同，但一般都含有（　　　）。
　A. 碳源　　　　　　　　　　　B. 氮源　　　　　　　　　　C. 水
　D. 无机盐　　　　　　　　　　E. 维生素

6. 制备营养琼脂培养基的步骤是（　　　）。
　A. 计算　　　　　　　　　　　B. 称量　　　　　　　　　　C. 熔化
　D. 灭菌

7. 有关倒平板的操作正确的是（　　　）。
　A. 将灭过菌的培养皿打开放在桌面上
　B. 使打开的锥形瓶瓶口迅速通过火焰
　C. 趁热倒入 15~20mL 培养基
　D. 等待平板冷却凝固后需要倒过来放置

8. 有关平板划线操作正确的是（　　　）。
　A. 使用灭菌的接种环、培养皿，操作过程中不再灭菌
　B. 打开含菌种的试管需通过火焰灭菌，取出菌种后需马上塞上棉塞
　C. 将蘸有菌种的接种环迅速伸入平板内，分区划线可将细胞分散
　D. 最后将平板倒置，放入培养箱中培养

9. 关于微生物营养物质的叙述中，错误的是（　　　）。
　A. 是碳源的物质不可能同时是氮源
　B. 凡碳源都可提供能量
　C. 除水以外的无机物只提供无机盐
　D. 无机氮源也能提供能量

10. 微生物检验中常见仪器与设备有（　　　）。
　A. 超净工作台　　　　　　　　B. 生物安全柜　　　　　　　C. 高压蒸汽灭菌锅
　D. 菌落计数器　　　　　　　　E. 生化培养箱

五、判断题
1. 放线菌属于真核细胞微生物。　　　　　　　　　　　　　　　　　　　　　（　　）
2. 细菌命名遵循双名法，种名在前，属名在后。　　　　　　　　　　　　　　（　　）
3. 半固体培养基可用于观察细菌动力。　　　　　　　　　　　　　　　　　　（　　）
4. 微生物的命名与其他生物命名法相同，采用林奈创立的双命名法。　　　　　（　　）

5. 细菌的测量单位是 μm，病毒的大小可以用 μm 表示。 （   ）
6. 高压蒸汽灭菌法常用的灭菌温度为 100℃，持续时间为 15~30min，压力维持 103.4kPa（1.05kg/cm^2）。 （   ）
7. 病毒一般耐寒不耐热，56℃持续时间 30min，可使多数病毒失去活性。 （   ）
8. 不同培养基的具体配方不同，但一般都含有碳源、氮源、水、无机盐、维生素等五类元素。 （   ）
9. 倒平板时盛培养基的锥形瓶瓶盖可放在普通实验台面。 （   ）
10. 平板放入培养箱中培养，应正向放置，切不可倒置。 （   ）

六、简答题

1. 简述微生物的五大共性。
2. 简述真核细胞微生物和原核细胞微生物的主要区别。
3. 简述影响消毒灭菌效果的因素。
4. 简述微生物的培养条件。
5. 简述细菌的群体生长规律。
6. 简述细菌遗传变异的物质基础。
7. 2017 年 1 月 3 日，习近平总书记对国务院食品安全委员会第四次全体会议有关食品安全工作做出重要指示的主要内容有哪些？

练习题一答案

一、名词解释

1. 微生物：广泛存在于自然界中的一类个体微小、结构简单的低等生物，人肉眼一般看不见，必须借助显微镜放大数十至数万倍才能观察到。

2. 真核细胞型微生物：有真正的细胞核，有核膜、核仁，能进行有丝分裂，细胞器完善，包括酵母和霉菌。

3. 原核细胞型微生物：具备原始细胞核，呈裸露DNA环状结构，无核膜，核仁，细胞器很不完善，只有核糖体，两类核酸同时存在，这类微生物包括细菌、支原体、衣原体、立克次体、螺旋体和放线菌。

4. 非细胞型微生物：不具有细胞结构，个体极微小，能通过细菌过滤器，仅由一种核酸（DNA或RNA）和蛋白质组成，借助于活性细胞寄生时才显示出生命表征，此类微生物包括病毒和亚病毒。

5. 消毒：则是用较温和的物理或化学方法杀死物体或介质中的病原微生物（不包括芽孢），实际上是部分灭菌。

6. 灭菌：采用强烈的理化因素杀死物体或介质中所有的微生物（包括致病菌、非致病菌以及芽孢），灭菌后的物品即成无菌状态。

7. 培养基：人工配制的、用于培养微生物的营养基质。

8. 菌苔：细菌在固体培养基接种线上由母细胞繁殖长成的一片密集的、具有一定形态结构特征的细菌群落，一般为大批菌落聚集而成。

9. 菌落：由单个细胞繁殖而成为肉眼可见的纯种细菌基团称为菌落。

10. 基因：是脱氧核糖核酸（DNA）分子上具有遗传信息的特定核苷酸序列的总称，是具有遗传效应的DNA分子片段。

二、填空题

1. 微米（μm），纳米（nm）；1000。

2. （1）原核细胞；细菌；放线菌；螺旋体；支原体；立克次体；衣原体。

（2）真核细胞；真菌。

（3）非细胞；病毒。

3. 界；门；纲；目；科；属；种；种；标准菌株。

4. 种。

5. 属。

6. 株。

7. 拉丁文双名法；属名，种名；大，小。

8. 伯杰氏系统细菌学手册；ATCC。

9. 芽孢。

10. 160~170℃，1~2h。

11. 121℃；1.05kg/cm^2（0.1MPa）；15~30。

12. 冷空气。

13. 150~300nm；265nm；易被蛋白质（约 280m）和核酸（约 260m）吸收，造成这些分子变性失活；穿透能力弱。

14. 灼烧；高压蒸汽；紫外辐射。

15. 水、碳源、氮源、矿物质元素（无机盐）、生长因子。

16. 液体培养基、固体培养基、半固体培养基。

17. 斜面接种法、平板分区划线法、倾注平板法、涂布平板法、液体培养基接种法。

18. 遗传、变异。

19. 表型变异、遗传型变异。

20. 表型；种系发生关系。

三、单选题

1. B 2. A 3. C 4. A 5. E 6. A 7. A 8. B 9. C 10. A 11. E 12. B 13. B 14. D 15. B 16. C 17. E 18. E 19. B 20. A

四、多选题

1. ABE 2. ACD 3. ABC 4. AD 5. ABCD 6. ABCD 7. BCD 8. BCD 9. ABC 10. ABCDE

五、判断题

1. × 2. × 3. √ 4. √ 5. × 6. × 7. √ 8. √ 9. × 10. ×

六、简答题

1. 答：①个体微小、面积大。②吸收多、转化快。③代谢旺、繁殖快。④适应性强、易变异。⑤分布广、种类多。

2. 答：①原核细胞微生物没有真正的细胞核，原始核没有核膜、核仁，称为核质；原核细胞不能进行有丝分裂，细胞器不完善。②真核细胞微生物有真正的细胞核，有核膜、核仁，能进行有丝分裂，细胞器完善。

3. 答：①微生物的种类和数量。②消毒剂的性质、浓度和作用时间。③温度和酸碱度。④环境中的拮抗物质。

4. 答：①适当的营养。②适宜的温度。③合适的 pH。④必要的气体环境。

5. 答：①迟缓期：细菌不分裂，菌数不增加，菌体积增大，代谢活跃。②对数期（指数生长期）：菌数以几何级数增长，细菌性状典型，对环境因子敏感。③稳定期：细菌繁殖数和死亡数趋于平衡，芽孢形成，产生代谢产物。④衰退期：细菌死亡数超过繁殖数，细菌形态显著改变甚至自溶，代谢活动停滞。

6. 答：细菌遗传物质包括细菌核质 DNA 和质粒。细菌的各种遗传特性主要受细菌的核质环状双螺旋 DNA 的控制。质粒可控制细菌某些次要性状，是能自主复制的细菌染色体以外的双股环状 DNA，为染色体的 0.5%~10%，仅含几十个至几百个基因，细菌携带的重要质粒有 F 质粒、Vi 质粒、Col 质粒和 R 质粒。

7. 答：详见"国务院网站"：http://www.gov.cn/xinwen/2017-01/03/content_5156119.htm

日前，中共中央总书记、国家主席、中央军委主席习近平对食品安全工作做出重要指示指出，民以食为天，加强食品安全工作，关系我国 13 亿多人的身体健康和生命安全，必须抓得紧而又紧。这些年，党和政府下了很大气力抓食品安全，食品安全形势不断好转,但存在的问题仍然不少,老百姓仍然有很多期待,必须再接再厉,把工作做细做实,确保人民群众"舌尖上的安全"。

习近平总书记强调,各级党委和政府及有关部门要全面做好食品安全工作,坚持最严谨的标准、最严格的监管、最严厉的处罚、最严肃的问责,增强食品安全监管统一性和专业性,切实提高食品安全监管水平和能力。要加强食品安全依法治理,加强基层基础工作,建设职业化检查员队伍,提高餐饮业质量安全水平,加强从"农田到餐桌"全过程食品安全工作,严防、严管、严控食品安全风险,保证广大人民群众吃得放心、安心。

练习题二

一、名词解释
1. 细菌；2. 杆菌；3. 芽孢；4. 生长曲线；5. 真菌；6. 霉菌；7. 酵母菌；8. 菌丝体；9. 孢子；10. 革兰染色。

二、填空题
1. 显微镜的放大倍数是_____和_____的乘积。
2. 使用油镜时，应按照_____、_____、_____的顺序，逐步转换物镜。
3. 微生物按其大小、结构、组成等，可分为_____、_____、_____。
4. 原核细胞微生物包括细菌、支原体、衣原体、_____。
5. 细菌的基本形态包括_____、_____、_____。
6. 非细胞形微生物包括_____、_____。
7. 菌毛可分为_____和_____两类，前者具有_____作用，后者具有传递遗传物质的作用。
8. 细菌的繁殖方式为_____。
9. 细菌最适培养温度是_____。
10. 真菌最适培养温度是_____。
11. 真菌可人为分为_____和_____。
12. 革兰染色法所用的试剂包括_____、_____、_____、_____。
13. 根据革兰染色法把细菌分为两大类，即_____和_____。
14. 由于G^+细菌和G^-细菌细胞壁的成分不同，G^+细菌细胞壁中肽聚糖_____，脂类_____，壁_____，质_____，结晶紫初染后，在规定时间内，不易被酒精脱色，最终染成紫色。
15. G^-细菌细胞壁中肽聚糖_____，脂类_____（80%），壁_____，质_____，结晶紫初染后，在规定时间内，酒精脱色时溶解脂类增加细胞壁通透性，初染的结晶紫被脱去，用苯酚复染后，最终染成红色。

三、单选题
1. 第一个真正观察到并描述细菌的人是（　　）。
  A. 巴斯德　　　　　B. 科赫　　　　　C. 列文虎克　　　　D. 琴纳
2. 滴加在物镜与玻片之间的镜油应选择（　　）。
  A. 折射率与玻璃相近的　　　　B. 折射率与玻璃相差大的
  C. 颜色与玻璃相近的　　　　　D. 颜色与玻璃不同的
3. 显微镜最重要的部件是（　　）。
  A. 目镜　　　　　　B. 物镜　　　　　C. 载物台　　　　D. 光源
4. 实验室所用油镜镜头的放大倍数是（　　）。
  A. 10 倍　　　　　 B. 40 倍　　　　　C. 100 倍　　　　D. 200 倍
5. 细菌细胞壁的主要成分是（　　）。
  A. 脂蛋白　　　　　B. 肽聚糖　　　　C. 脂多糖　　　　D. 核蛋白

6. 与细菌的运动有关的结构是（　　）。
   A. 鞭毛　　　　　　B. 菌毛　　　　　　C. 纤毛　　　　　　D. 荚膜
7. 内毒素的主要成分为（　　）。
   A. 肽聚糖　　　　　B. 蛋白质　　　　　C. 脂多糖　　　　　D. 核酸
8. 增强细菌抗吞噬作用的结构是（　　）。
   A. 芽孢　　　　　　B. 普通菌毛　　　　C. 磷壁酸　　　　　D. 鞭毛
   E. 荚膜
9. 研究细菌的生物学状态最好是选用细菌群体生长繁殖的哪个时期？（　　）
   A. 迟缓期　　　　　B. 对数期　　　　　C. 稳定期　　　　　D. 衰亡期
10. 不属于原核细胞微生物的是（　　）。
    A. 细菌　　　　　　B. 病毒　　　　　　C. 立克次体　　　　D. 衣原体
11. 原核细胞微生物与真核细胞微生物的根本区别是（　　）。
    A. 单细胞
    B. 二分裂方式繁殖
    C. 有细胞壁
    D. 原核细胞微生物仅有原始核结构，无核膜和核仁等
    E. 对抗生素敏感
12. 以下哪种抗生素不是放线菌产生的？（　　）
    A. 链霉素　　　　　B. 氯霉素　　　　　C. 青霉素　　　　　D. 庆大霉素
13. 细菌最适培养温度是（　　）。
    A. (35±1)℃　　　　B. (37±1)℃　　　　C. (25±1)℃　　　　D. (26±1)℃
14. 真菌最适培养温度是（　　）。
    A. (35±1)℃　　　　B. (37±1)℃　　　　C. (25±1)℃　　　　D. (26±1)℃
15. 真菌的有性繁殖包括哪三个阶段？（　　）
    A. 质配、核配和减数分裂　　　　　B. 质配、核配和有丝分裂
    C. 裂殖、芽殖和萌发　　　　　　　D. 接合、转化和转导
16. 真菌孢子的主要作用是（　　）。
    A. 繁殖　　　　　　B. 抵抗不良反应　　C. 入侵宿主细胞　　D. 引起炎症反应
17. 与细菌侵袭力无关的物质是（　　）。
    A. 荚膜　　　　　　B. 菌毛　　　　　　C. 血浆凝固酶　　　D. 芽孢
18. 细菌的革兰染色不同是由于（　　）。
    A. 细胞核结构的不同　　　　　　　B. 细胞壁结构的不同
    C. 细胞膜结构的不同　　　　　　　D. 中介体的有无
19. 革兰染色成紫色的主要原因是（　　）。
    A. 涂片太厚　　　　B. 脱色时间不够　　C. 初染时间过长　　D. 复染时间不够
20. 细菌形态学检查中最常用的染色方法是（　　）。
    A. 抗酸染色法　　　　　　　　　　B. 暗视野墨汁染色法
    C. 特殊染色法　　　　　　　　　　D. 革兰染色法

四、多选题

1. 下列描述的微生物特征中，哪些是所有微生物共同特征？（　　）
   A. 体形微小　　　　B. 分布广泛　　　　C. 种类繁多　　　　D. 可无致病性
   E. 只能在活细胞内生长繁殖
2. 细菌有哪些基本形态？（　　）
   A 球形　　　　　　B. 杆形　　　　　　C. 螺形　　　　　　D. 线形
3. 细菌都具有哪些基本结构？（　　）
   A 细胞壁　　　　　B. 细胞膜　　　　　C. 细胞质　　　　　D. 核质
4. 细菌都具有哪些特殊结构？（　　）
   A 荚膜　　　　　　B. 鞭毛　　　　　　C. 菌毛　　　　　　D. 芽孢
5. 真菌可人为分为（　　）。
   A. 霉菌　　　　　　B. 酵母菌　　　　　C. 放线菌　　　　　D. 杆菌
6. 菌丝一般分为（　　）。
   A. 基内菌丝　　　　B. 气生菌丝　　　　C. 分生菌丝　　　　D. 孢子丝
7. 微生物按照大小、结构、组成可分为（　　）三大类。
   A. 真核细胞型　　　B. 原核细胞型　　　C. 非细胞型　　　　D. 细胞型
8. 属于原核细胞型微生物的是（　　）。
   A. 细菌　　　　　　B. 病毒　　　　　　C. 支原体　　　　　D. 立克次体
   E. 衣原体
9. 不是原核细胞微生物与真核细胞微生物的根本区别是（　　）。
   A. 单细胞　　　　　B. 二分裂方式繁殖　　　　　　　　C. 有细胞壁
   D. 前者仅有原始核结构，无核膜和核仁等　　　　　　E. 抗生素敏感
10. 革兰染色法所用的试剂包括（　　）。
    A. 结晶紫　　　　　B. 碘液　　　　　　C. 脱色乙醇　　　　D. 番红

五、判断题

1. 计算显微镜标本放大倍数的方法是物镜倍数与目镜放大倍数的乘积。（　　）
2. 显微镜物镜包括低倍镜、中倍镜、高倍镜、油镜头。（　　）
3. 用油镜观察微生物时，在透镜与玻片之间滴加和玻璃折射率相仿的香柏油，则使进入油镜的光线增多，视野亮度增强，物像清晰，便于观察。（　　）
4. 通常物镜的放大倍数越大，物镜镜头到标本片之间的距离就越长。（　　）
5. 鞭毛是细菌运动器官。（　　）
6. 细胞壁的主要成分为多糖。（　　）
7. 真菌是一类具有细胞壁，不含叶绿素，没有根、茎、叶分化的真核细胞微生物。（　　）
8. 革兰染色技术基本步骤为涂片、初染、媒染、脱色、复染。（　　）
9. 革兰染色后，镜检细菌颜色为红色的一定是阴性菌。（　　）
10. 革兰染色后，镜检细菌形状为长杆状的是阳性菌。（　　）

六、简答题

1. 简述显微镜及油镜头的使用操作流程。

2. 简述使用香柏油的作用。
3. 简要解说细菌的特殊结构及其主要功能。
4. 简述霉菌的特征。
5. 简述细菌革兰染色技术的简要操作流程。
6. 试比较革兰阳性菌和革兰阴性菌细胞壁的区别。
7. 简述标准体系的特征具体包括哪些方面。

练习题二答案

一、名词解释

1. 细菌：是一类形状细短、结构简单，多以二分裂方式进行繁殖的原核生物，是在自然界分布最广、个体数量最多的有机体，是大自然物质循环的主要参与者。

2. 杆菌：杆状或圆柱形，径长比不同，呈短粗或细长，是细菌中种类最多的。大多数杆菌的长度是 2.0~5.0μm，两端呈钝圆形。

3. 芽孢：又称内生孢子，是细菌休眠体。

4. 生长曲线：以细菌细胞数的对数为纵坐标，生长时间为横坐标所绘成的生长曲线，可分为四个主要部分，反映了细菌生长的四个主要阶段：延滞期、对数期、稳定期和衰亡期。

5. 真菌：是一种真核生物。最常见的真菌是各类蕈类，也包括霉菌和酵母。

6. 霉菌：霉菌属于真核生物，是一些丝状真菌的统称。

7. 酵母菌：单细胞真菌，是肉眼看不见的微小单细胞微生物，能将糖发酵成酒精和二氧化碳，分布于整个自然界，是一种典型的兼性厌氧微生物，在有氧和无氧条件下都能够存活，是一种天然发酵剂。

8. 菌丝体：由许多菌丝连结在一起组成的营养体类型，菌丝体是菌丝集合在一起构成一定的宏观结构体。

9. 孢子：是脱离亲本后能直接或间接发育成新个体的生殖细胞。

10. 革兰染色：是细菌学中很重要的鉴别染色法，通过此法染色，可将细菌鉴别为革兰阳性菌（G^+）和革兰阴性菌（G^-）两大类。

二、填空题

1. 目镜；物镜。

2. 选定目标、加镜油、转换油镜。

3. 真核细胞微生物；原核细胞微生物；非细胞微生物。

4. 螺旋体、放线菌。

5. 球菌；杆菌；螺旋菌。

6. 病毒；噬菌体。

7. 普通菌毛；性菌毛；黏附。

8. 无性二分裂。

9. （37±1）℃。

10. （26±1）℃。

11. 霉菌；酵母菌。

12. 结晶紫；碘液；95%乙醇；沙黄。

13. 革兰染色阳性菌；革兰染色阴性菌。

14. 多；少；厚；密。

15. 少；多；薄；质疏。

三、单选题

1. C 2. A 3. B 4. C 5. B 6. A 7. C 8. B 9. B 10. B 11. D 12. C 13. B 14. D 15. A 16. A 17. D 18. B 19. B 20. D

四、多选题

1. ABCD 2. ABC 3. ABCD 4. ABCD 5. AB 6. ABD 7. ABC 8. ACDE 9. ABCE 10. ABCD

五、判断题

1. √ 2. × 3. √ 4. × 5. √ 6. √ 7. √ 8. √ 9. × 10. √

六、问答题

1. 答：取显微镜 → 安装目镜、物镜、反光镜、打开光圈 → 对光 → 低倍镜找目标、高倍镜观察 → 油镜观察 → 清洁镜头、检查 → 收镜。

2. 答：油镜的透镜很小，光线通过玻片与油镜头之间的空气时，因介质密度不同，发生折射或全反射，使射入透镜的光线减少，物像显现不清。若在油镜与载玻片之间加入和玻璃折射率（$n=1.52$）相近的香柏油（$n=1.515$），则使进入透镜的光线增多，视野亮度增强，使物像明亮清晰。

3. 答：特殊结构如鞭毛、荚膜、菌毛、芽孢等。

4. 答：霉菌属于真核生物，是一些丝状真菌的统称。它们的菌丝一般较放线菌粗（几倍）且长（几倍至几十倍），其生长速度比放线菌快，故菌落大而疏松或大而紧密。由于气生菌丝会形成一定形状、构造和色泽的子实器官，所以菌落表面往往有肉眼可见的构造和颜色。

5. 答：涂片 → 干燥 → 固定 → 结晶紫初染 → 水洗 → 媒染 → 水洗 → 95%乙醇脱色 → 水洗 → 稀复红复染 → 水洗 → 烘干 → 镜检。

6. 答：由于 G^+ 细菌和 G^- 细菌细胞壁的成分不同，G^+ 细菌细胞壁中肽聚糖多，脂类少（20%），壁厚，致密，结晶紫初染后，在规定时间内，不易被酒精脱色，最终染成紫色；G^- 细菌细胞壁中肽聚糖少，脂类多（80%），壁薄，疏松，结晶紫初染后，在规定时间内，酒精脱色时会溶解脂类增加细胞壁通透性，初染的结晶紫被脱去，用苯酚复染后，最终染成红色。

7. 答：标准体系具有六个特征，即集合性、目标性、可分解性、相关性、整体性、环境适应性。

集合性：标准体系是由两个以上的可以相互区别的单元有机地结合起来，完成某一功能的综合体，随着现代社会的发展，标准体系的集合性日益明显，任何一个孤立标准几乎很难独自发挥效应。

目标性：标准体系实质上是标准的逻辑组合，是为使标准化对象具备一定的功能和特征而进行的组合。从这个层面上讲，体系内各个标准都是为了一个共同的功能而形成的，而非各个子系统功能的简单叠加。

可分解性：为保证标准体系的有效性，这就要求体系的可分解性。标准在大多数情况下只是某一技术水准、管理水平和经验的反映，具有一定的先进性。但随着各方面情况的发展，标准对象的变化、技术或者管理水平的提升都要求制定或修订相关标准，这就要求对标准进行分解，以对标准进行维护，包括修改、修订、废止等操作。

相关性：标准体系内各单元相互联系而又相互作用，相互制约而又相互依赖，它们之间任何一个发生变化，其他有关单元都要做相应地调整和改变。

整体性：在一个标准体系中，标准的效应除了直接产生于各个标准自身之外，还需要从构成该标准体系的标准集合之间的相互作用中得到。构成标准体系的各标准，并不是独立的要素，标准之间相互联系、相互作用、相互约束、相互补充，从而构成一个完整统一体。

环境适应性：标准体系存在于一定的经济体制和社会政治环境之中，它必然要受经济体制和社会政治环境的影响、制约，因此，它必须适应其周围的经济体制和社会政治环境。

练习题三

一、名词解释

1. 正常菌群；2. 菌群失调症；3. 大肠菌群；4. 沉降法；5. 菌落；6. 滤膜法；7. 空气净化技术；8. 洁净室（区）；9. 超净工作台；10. 细菌总数。

二、填空题

1. 微生物在土壤中的分布，就种类而言，_____最多，一般占总数的_____% ~_____%，_____次之。
2. 在距地面_____ cm 农田耕作层微生物最多，每克土壤中可含几亿至几十亿个。
3. 检查水的污染情况，往往检查水的_____和_____。
4. 我国饮用水的卫生标准是：细菌总数每毫升不得超过_____个；大肠菌群数每升水中不得超过_____个。
5. 判断空气质量级别的重要指标是_____。
6. 空气中的病原微生物主要来自_____。
7. 水中的微生物主要有_____、_____、_____、_____等。
8. 大肠菌群的主要来源是_____、_____粪便。
9. 易引起中药霉变的微生物类群主要有_____、_____。
10. 霉变中药的救治和处理方法有_____、_____、_____、_____、_____。
11. 条件致病菌的致病原因有_____、_____和_____。
12. 根据咳碟法，可将平板竖直拿起，打开皿盖置于距口腔约_____ cm 处，对准平板表面用力咳嗽_____次，随即盖好皿盖。
13. 滤膜法所用滤膜是一种_____纤维膜，其孔径约_____ μm。
14. 由于发光细菌在有氧存在时发光，而且对一些化学药剂和毒物较敏感，故可用于_____。
15. 包装物上的微生物数量，与_____、_____、_____等因素有关。
16. 人身上有大量的微生物，包括_____和_____。
17. 监控项目包括_____、_____、_____、设施和设备表面的微生物以及操作人员的卫生状况监测等。
18. 沉降碟以其_____、_____、_____等优点而被广泛应用于洁净区的环境监测。
19. 表面微生物监测方法包括_____、_____以及_____。

三、单选题

1. 空气净化技术主要是通过控制生产场所中的（   ）。
   A. 空气中的尘埃浓度　　　　　　　　B. 空气中细菌污染水平
   C. 保持适宜的温度和湿度　　　　　　D. 以上均控制
2. 关于空气净化技术的叙述错误的是（   ）。
   A. 空气处于层流状态，室内不易积尘

B. 层流净化分为水平层流净化和垂直层流净化
C. 层流净化区域应与万级净化区域相邻
D. 洁净室内必须保持负压

3. 下列关于菌群失调的描述不正确的是（   ）。
A. 菌群失调进一步发展，引起一系列临床症状和体征就可称为菌群失调症
B. 菌群失调症又称为菌群交替或二重感染
C. 可使用生态制剂治疗菌群失调症
D. 内分泌紊乱

4. 土壤中三大类群微生物以数量多少排序为（   ）。
A. 细菌>放线菌>真菌   B. 细菌>真菌>放线菌
C. 放线菌>真菌>细菌   D. 真菌>细菌>放线菌

5. 不属于肠道杆菌正常菌群的是（   ）。
A. 霍乱弧菌   B. 类杆菌   C. 双歧杆菌   D. 破伤风杆菌

6. 防止医药感染的蔓延主要针对下列（   ）环节采取措施。
A. 病原体   B. 宿主年龄   C. 传播途径   D. 医院环境

7. 地球上水的总贮量约为（   ）。
A. 11.6亿 km^3 B. 12.6亿 km^3 C. 13.6亿 km^3 D. 14.6亿 km^3

8. （   ）是洁净区环境的最大污染源。
A. 人   B. 药物生产的原材料
C. 生产环境   D. 生产设备

9. 空气中悬浮微生物的测定有多种，但目前普遍采用的是浮游菌和沉降菌的测试方法（   ）。
A. 液体培养基撞击式   B. 固体培养基撞击式
C. 半固体培养基撞击式   D. 固体和半固体培养基撞击式

10. 为了尽可能地获得可靠性数据，沉降碟的放置时间不宜过短，至少为0.5h，不大于（   ）。
A. 1h   B. 2h   C. 3h   D. 4h

11. 人员卫生监测时每点取样面积宜控制在（   ）左右。
A. 15cm^2 B. 25cm^2 C. 30cm^2 D. 35cm^2

12. 环境监测用培养基的类型和培养条件取决于所选用的检测方法，但必须具有（   ）。
A. 广泛性   B. 普及性   C. 代表性   D. 广谱性

13. 空气过滤过程属于（   ）。
A. 常压过滤   B. 介质过滤   C. 表面过滤   D. 深层过滤

14. 中效过滤器主要滤除（   ）的尘粒。
A. 1~10μm   B. 5~10μm   C. 15~20μm   D. 30~50μm

15. 高效过滤器主要用于滤除小于（   ）的尘粒。
A. 0.5μm   B. 1μm   C. 5μm   D. 10μm

16. 超净工作台是微生物实验室通常使用的无菌操作台。超净工作台比一般的无菌操

作室更洁净，其洁净程度可达（　　）。

  A. 十级　　　　　B. 百级　　　　　C. 千级　　　　　D. 万级　　　E. 十万级

17. 被称为微生物"大本营"的是（　　）。

  A. 土壤　　　　　B. 湖泊　　　　　C. 空气　　　　　D. 海洋

18. 空气并不是微生物良好的栖息繁殖场所，因为（　　）。

  A. 缺乏营养　　　　B. 高 pH　　　　C. 夏季高温　　　D. 无固定场所

19. 引起菌群失调症的原因是（　　）。

  A. 生态制剂的大量使用　　　　　　　　B. 正常菌群的耐药性明显改变

  C. 正常菌群的增殖方式明显改变　　　　D. 正常菌群的组成和数量明显改变

20. 关于正常菌群的描述，正确的是（　　）。

  A. 一般情况下，正常菌群对人体有益无害

  B. 口腔中的正常菌群主要是需氧菌

  C. 即使是健康胎儿，也携带正常菌群

  D. 在人的一生中，正常菌群的种类和数量保持稳定

四、多选题

1. 菌群失调的常见菌类有（　　）。

  A. 球菌　　　　　B. 杆菌　　　　　C. 厌氧菌　　　　D. 真菌

2. A 级（100 级）洁净厂房可用于（　　）。

  A. 青霉素 G 冻干制品的分装

  B. 棕色合剂（复方甘草合剂）的制备

  C. 注射用胰蛋白酶的分装、压塞

  D. 0.9% 氯化钠注射剂（2mL）的配液

3. 下列叙述正确的是（　　）。

  A. 土壤中存在大量的微生物

  B. 土壤是自然界中微生物分布最多的地方

  C. 水是微生物的"大本营"

  D. 对人类来说，土壤是人类最丰富的"菌种资源库"

4. 了解微生物的分布情况，有哪些重要的意义？（　　）

  A. 控制传染病的流行　B. 微生物实验　C. 药品制剂生产　D. 微生物检查

5. 空气中微生物测定主要有哪些常用方法？（　　）

  A. 沉降法　　　　　B. 气流撞击法　　　C. 过滤法　　　　D. 升降法

6. 水中的微生物主要有（　　）。

  A. 细菌　　　　　B. 放线菌　　　　　C. 真菌　　　　　D. 螺旋体

7. 环境监控必须包括（　　）。

  A. 空气　　　　　B. 表面　　　　　C. 人员　　　　　D. 设备

8. 目前，用于洁净环境中空气悬浮粒子监测的仪器多为（　　）。

  A. 光散射粒子计数器　　　　　　　　　B. 光学粒子计数器

  C. 激光粒子计数器　　　　　　　　　　D. 空气粒子计数器

9. （　　）表面的微生物监测是人员卫生监测的关键。

A. 手套　　　　　　B. 手指　　　　C. 操作服　　　　D. 帽子

10. 通常，（　　）属于全能型培养基。

A. 高氏 1 号培养基　　　　　　　　B. 营养琼脂培养基

C. 大豆胰蛋白胨琼脂培养基　　　　D. 改良马丁琼脂培养基

五、判断题

1. 水中微生物的种类与数量因水源不同而异，一般来说，地面水含菌量少于地下水。

（　　）

2. 空调净化就是层流净化。（　　）

3. 空气是微生物繁殖的适宜场所。（　　）

4. 海水中有机物含量越丰富，则含微生物的数量越高。（　　）

5. 离海岸越近，微生物的数量越少；离海岸越远，微生物的数量越多。（　　）

6. 大肠菌群数越多，表示粪便污染程度越严重，间接表明可能有肠道致病菌的污染。

（　　）

7. 空气中的微生物数量密度一般是农村高于城市，室内高于室外。（　　）

8. 定居于人体表和外界相通的腔道中的微生物称为条件致病菌。（　　）

9. 正常菌群与机体的生长和衰老也有一定关系，其有利于宿主的生长发育和长寿，失调则使宿主容易衰老。（　　）

六、简答题

1. 简述正常菌群对人体的主要作用。

2. 简述药物中微生物的主要来源。

3. 简述沉降法的大致流程。

4. 简述我国饮用水的卫生要求。

5. 简述食品微生物检测的意义。

6. 简述药物被污染后理化性质的改变。

7. 简述霉变中药的救治和处理。

8. 简述水中微生物的主要来源。

9. 简述空气浮游菌测试主要代表种类和设备。

10. 简述洁净室的空气净化技术主要包括哪些措施。

练习题三答案

一、名词解释

1. 正常菌群：指某些微生物长期寄居于人体表面或与外界相通的腔道黏膜上，在机体防御机能正常时与机体保持相对平衡状态，不引起疾病并且对机体有利，这类微生物通称为正常菌群。

2. 菌群失调症：是指机体某部位正常菌群中各菌种间的比例发生较大幅度变化而超出正常范围的状态，由此产生的病症，称为菌群失调症或菌群交替症。

3. 大肠菌群：是指一群在37℃培养24h能发酵乳糖、产酸产气、需氧和兼性厌氧的革兰阴性无芽孢杆菌。

4. 沉降法：该法是根据含有微生物的尘粒或液滴因重力作用自然下落的原理，将琼脂平板培养基开启并放置于一定部位、一定时间，然后培养、计算菌落数并进行测定的方法。

5. 菌落：是指由单个或少数微生物细胞在适宜固体培养基表面或内部生长繁殖到一定程度，形成以母细胞为中心的一团肉眼可见的，有一定形态、构造等特征的子细胞集团。

6. 滤膜法：是采用滤膜过滤器过滤水样，使其中的细菌截留在滤膜上，然后将滤膜放在适当的培养基上进行培养，大肠菌群可直接在膜上生长，从而可直接计数。

7. 空气净化技术：是指为达到某种净化要求所采用的净化方法，是一项综合性措施。

8. 洁净室（区）：是指空气悬浮粒子浓度和含菌浓度受到控制，达到一定要求或标准的房间（限定的空间）。

9. 超净工作台：是最常用的局部净化装置，是指在其操作台上的空间局部形成无尘、无菌状态的一种装置。

10. 细菌总数：是指1mL水样在营养琼脂培养基上，经37℃、24～48h培养后，所长出的菌落数。

二、填空题

1. 细菌；70、90；放线菌和真菌。
2. 10～20。
3. 细菌总数，大肠菌群数。
4. 100；3。
5. 测定空气中沉降菌和浮游菌的数量。
6. 人和动物呼吸道及口腔分泌物。
7. 细菌、放线菌、真菌、螺旋体等。
8. 人、畜粪便。
9. 霉菌和酵母菌。
10. 刷洗法、淘洗法、吹霉法、沸水喷洒法、醋洗法。
11. 病人免疫功能下降、不适当地使用抗菌药物治疗、医疗措施影响以及外来菌的侵袭。

12. 15；3~4。

13. 多孔硝化纤维膜或醋酸；0.45。

14. 监测环境污染物。

15. 包装材料的性质、生产加工方法、贮藏条件。

16. 需氧菌、厌氧菌。

17. 空气悬浮粒子、空气浮游菌、沉降菌。

18. 价廉、轻便、对空气环境破坏较小。

19. 接触碟法、擦拭法、表面冲洗法。

三、单选题

1. D 2. D 3. D 4. A 5. A 6. C 7. C 8. A 9. B 10. D 11. B 12. D 13. B 14. A 15. B 16. B 17. A 18. A 19. D 20. A

四、多选题

1. ABCD 2. AC 3. ABD 4. ABCD 5. ABC 6. ABCD 7. ABC 8. AC 9. AC 10. BC

五、判断题

1. × 2. × 3. × 4. √ 5. × 6. √ 7. × 8. × 9. √

六、简答题

1. 答：①提供营养物质。②生物拮抗作用。③抗衰老作用。

2. 答：主要来自药物生产的原材料、生产用水、生产环境、生产设备、操作人员、包装材料及容器等。

3. 答：

配制琼脂培养基
↓
培养皿暴露在空气中一定的时间（5min）
↓
适温培养（细菌：35~37℃温箱培养48h；真菌：28℃温箱培养5d）
↓
计数和结果评价

4. 答：我国饮用水的卫生要求（GB 5749—2022）主要包括：不得含有病原微生物；其中的化学物质不得危害人体健康；其中的放射性物质不得危害人体健康；感官性状良好；应经过消毒处理。

5. 答：微生物质量检验是我国目前衡量食品卫生生产质量的重要检验指标之一，也常常是人们判定被检出的细菌是否适合食用的科学依据之一。食品微生物指标反映了食品生产加工厂的环境以及食品生产卫生质量情况，能对加工过程中的食品被细菌侵蚀和污染的情况做出正确的质量评价，为各项卫生监督管理工作的开展提供科学依据。同时，食品中是否含有致病微生物是食品安全检验检测的重要内容。它贯彻了中国《食品安全法》"预防为主"的方针，可以有效地防止或者减少食物人畜共患病的发生，保障人民的身体健康。

目前，我国卫健委颁布的食品微生物指标有菌落总数、大肠菌群和致病菌 3 项。另外，霉菌及其毒素、病毒等微生物虽然从食品检验的角度考虑具有重要意义，然而我国还没有制定出的具体指标。在肉制品、乳制品、速食品、生鲜水果和饮料等食品在售卖时，都需要提供相应的菌落总数指标。以此数据来判断该食品是否被微生物污染，并确定其是否卫生。大肠菌群是我国和世界大多数国家检验食品卫生和质量安全的指标之一。大肠菌群数多意味着食品污染严重。

食品安全问题之所以出现，最大的一个因素就是因为致病细菌的存在。主要致病细菌有金黄色葡萄球菌，沙门菌，蜡状芽孢杆菌等。食品安全事关民生，对食品微生物进行检测是保障人们食用安全最有效的一项举措。日常生活中也得学会看懂这些微生物指标的意义，避免病从口入。

6. 答：①物理性质的改变：外观、颜色、气味、硬度、黏性、澄清度等。②化学性质的改变：降解、产味、产气、失活等。

7. 答：刷洗法、淘洗法、吹霉法、沸水喷洒法、醋洗法。

8. 答：水中的微生物一般来自土壤、工业和生活污水、空气及尘埃、腐败的动植物尸体以及人畜粪便等。

9. 答：主要有狭缝撞击式（狭缝琼脂空气取样仪）、筛孔撞击式（筛孔式空气浮游菌取样仪）、表面真空取样、离心式（离心式空气取样仪）、过滤式（过滤式空气微生物取样器）、液体冲击式等。

10. 答：①空气过滤：把引入室内的空气净化。②气流组织与排污：以适当的气流形式排出生产中产生的污染物。③维持合理的室内外空气静压降，以防止交叉污染。④在生产工艺与设备、装修与管道布置等方面采取综合净化措施等。上述措施中，空气过滤法是最基本的，利用具有大量细孔的过滤介质，使粉尘被微孔截留或被孔壁吸附，达到与空气分离的目的。

练习题四

一、名词解释

1. 抗生素；2. 管碟法；3. 国家标准品；4. 抗生素效价；5. 可靠性检验；6. 抗生素效价的质量单位；7. 抗生素效价的类似质量单位；8. 抑菌圈；9. 可信限率（FL%）；10. 二剂量法抗生素效价测定。

二、填空题

1. 检查培养皿底薄厚是否均匀的方法是_____。

2. 查阅《中国药典》（2020版），测试使链霉素溶液的浓度为0.6~1.6U/mL，因此，测定所用的链霉素高浓度：低浓度为_____，通常把高、低浓度分别配制成_____U/mL和_____U/mL。

3. 枯草芽孢杆菌悬液应放在_____℃的冰箱中保存。

4. 表示抗生素的效价和单位有_____、_____、_____、_____4种方法。

5. 用称量瓶称量时，为防止药物落在容器外，当倾出的试样已接近所需要的质量时，慢慢地将_____，使黏附在瓶口上的试样_____。

6. 抑菌圈的形成解释为：①抗生素在琼脂培养基中的球面扩散渗透。②抗生素抑制试验菌的_____、_____，不长菌的区域呈现透明的抑菌圈。

7. 倒底层要求：底层培养基应_____。

8. 摊布菌层过程，若出现培养基温度下降过快而迅速凝固，造成菌层摊布不开的情况，解决方法：通常待底层凝固后，将培养皿_____。

9. 加入菌液时，培养基的温度为55~60℃，温度过高，则_____，温度过低，则_____。

10. 使用过的牛津杯应置于_____中浸泡2h以上，洗涤，超声处理30min后，擦内外壁，冲洗，在_____℃灭菌2h，备用。

11. 沙门菌检验时，前增菌用的增菌液是_____。

12. 金黄色葡萄球菌为条件致病菌，其致病力强弱主要取决于其产生的_____和_____。

13. 食品安全工作实行预防为主、_____、_____、社会共治，建立科学、严格的监督管理制度。

14. 根据《中华人民共和国食品安全法》，食品生产企业应当依照食品安全标准、_____、_____、从事生产活动。

15. 行业协会、_____、消费者、_____、有权举报食品安全违法行为。

16. 当测得效价低于估计效价的_____%或高于估计效价的_____%，则检验结果仅作为初试，应调整估计效价，予以重试。

17. 配制好的培养基进行分装后，在_____℃蒸汽灭菌_____min。

18. 采样误差常常大于_____，样品采集后应及时化验，保存时间_____分析时间越可靠。

19. 若抑菌圈出现双圈的现象，造成这一现象的原因通常是_____。

20. 根据《中华人民共和国食品安全法》，食品生产企业应有_____或者_____食品安全专业技术人员。

三、单选题

1. 二剂量法是将抗生素及供试品各稀释成（　　）个剂量。
   A. 高、中、低三个　　　B. 高、低两个　　　C. 一个　　　D. 根据实际而定
2. 在一定的抗生素浓度范围内，（　　）成线性相关。
   A. 抗生素剂量对数与抑菌圈直径的平方
   B. 抗生素剂量与抑菌圈直径的平方
   C. 抗生素剂量与抑菌圈直径
   D. 抗生素剂量对数与抑菌圈直径
3. 链霉素效价的微生物测定所选用的菌种为（　　）。
   A. 巴斯德杆菌　　　　　　　　　B. 枯草芽孢杆菌
   C. 短小芽孢杆菌　　　　　　　　D. 大肠杆菌
4. 制成芽孢悬液，在（　　）条件下，将菌体杀死，待冷却后放冰箱储藏，为储备菌液。
   A. 75℃水浴加热 20min　　　　　B. 100℃水浴加热 15min
   C. 65℃水浴加热 30min　　　　　D. 50℃水浴加热 60min
5. 硫酸链霉素以（　　）的质量作为效价单位。
   A. ①　　　　　B. ②　　　　　C. ①+②　　　　　D. ①或②
6. 四环素盐酸盐以（　　）的质量作为效价单位。
   A. ③　　　　　B. ④　　　　　C. ③+④　　　　　D. ③或④
7. 制作双碟正确的步骤为（　　）。
   ① 凝固后更换陶瓦盖
   ② 趁热吸取培养基 20mL 注入培养皿
   ③ 菌悬液加入已熔化并冷却至 45~50℃（枯草芽孢杆菌可以 60℃）培养基内→摇匀
   ④ 吸取菌层培养基 5mL →均匀摊布在底层培养基上
   ⑤ 放置 20~30min
   A. ①③②④⑤　　　　　　　　　B. ④③⑤①②
   C. ②①⑤③④①⑤　　　　　　　D. ②③④①⑤
8. 食品生产企业对抽样产品真实性有异议的，应当自收到不合格检验结论通知之日起（　　）个工作日内，向组织或者实施食品安全监督抽检的食品安全监督管理部门提出书面异议审核申请，并提交相关证明材料。
   A. 5　　　　　B. 10　　　　　C. 15　　　　　D. 20
9. 复检申请人原则上应当自提出复检申请之日起（　　）个工作日内向组织或者委托实施监督抽检的食品安全监督管理部门提交复检报告。
   A. 30　　　　　B. 60　　　　　C. 45　　　　　D. 20
10. 关于滴加药液的操作，下列说法不正确的是（　　）。
    A. 滴加抗生素溶液顺序：SH → TH → SL → TL
    B. 滴加溶液间隔不可过长，避免药液的扩散时间不同而影响测定结果

C. 滴加防止产生气泡膨胀破裂,滴加的时候离开小钢管口距离不要太高,以防止药液溅出,造成破圈

D. 每根小钢管的液面应该与小钢管管口形成隆起的球面,但不能溢出

11. 关于倒菌层的说法正确是（　　）。

A. 菌悬液加入已熔化并于恒温 60℃水浴中保温的培养基内、摇匀→吸取菌层培养基 5mL 均匀摊布在底层培养基上→用陶瓦盖覆盖→放置 20~30min,凝固,备用

B. 菌悬液加入已熔化并于沸水浴中保温的培养基内、摇匀→吸取菌层培养基 5mL,均匀摊布在底层培养基上→用陶瓦盖覆盖→放置 20~30min,凝固,备用

C. 菌悬液加入已熔化并在恒温 60℃水浴中保温的培养基内、摇匀→吸取菌层培养基 20mL,均匀摊布在底层培养基上→用培养皿盖覆盖→放置 20~30min,凝固,备用

D. 菌悬液加入已熔化并于恒温 60℃水浴中保温的培养基内、摇匀→吸取菌层培养基 5mL,均匀摊布在底层培养基上→用培养皿盖覆盖→放置 20~30min,凝固,备用

12. 链霉素效价的微生物测定中选用（　　）稀释标准品与供试品。

A. pH 6.8 无菌磷酸盐缓冲液　　　　B. pH 6.0 磷酸盐缓冲液
C. pH 7.8 无菌磷酸盐缓冲液　　　　D. pH 7.2 磷酸盐缓冲液

13. 将抗生素标准品和供试品从冰箱中取出,使与室温平衡,供试品应放于干燥器内至少（　　）方可称取。

A. 10min　　　　B. 20min　　　　C. 30min　　　　D. 40min

14. 为了减少误差,标准品称量不可少于（　　）。

A. 10mg　　　　B. 20mg　　　　C. 30mg　　　　D. 40mg

15. 在设计标准品和供试品的稀释步骤时,需考虑容量瓶的规格,下列哪一个为不常用的容量瓶规格（　　）。

A. 25mL　　　　B. 50mL　　　　C. 100mL　　　　D. 400mL

16. 应用二剂量法测定抗生素效价,可信限率要求（　　）。

A. 大于5%　　　B. 大于10%　　　C. 不超过5%　　　D. 不超过10%

17. 抗生素效价测定中使用陶瓦盖覆盖的目的是（　　）。

A. 保温作用　　　　　　　　　　B. 起遮光作用
C. 透气作用　　　　　　　　　　D. 防止冷凝水滴到培养基上

18. 抑菌圈比预期小的原因可能是（　　）。

A. 使用菌液浓度过小

B. 使用菌液浓度过大

C. 抗生素供试品估计效价远大于实际效价

D. 培养时间过长

19. 链霉素效价的微生物测定中,培养的温度和时间分别是（　　）。

A. 35~37℃,14~16h　　　　B. 25~30℃,14~16h
C. 35~37℃,22~24h　　　　D. 25~30℃,22~24h

20. 供试品为链霉素眼药水,标示量效价为 8mL（4 万单位）,即（　　）。

A. 40000U/mL　　　B. 4000U/mL　　　C. 2000U/mL　　　D. 5000U/mL

四、多选题

1. 根据设计原理不同,管碟法有（　　）。
   A. 一剂量法（标准曲线法）　　　　B. 二剂量法（2.2法）
   C. 三剂量法（3.3法）　　　　　　D. 四剂量法（4.4法）
2. 在中华人民共和国国境内从事（　　）活动,应当遵守《中华人民共和国食品安全法》。
   A. 食品生产和加工
   B. 食品添加剂的生产
   C. 食品的贮存和运输
   D. 食品生产企业使用食品添加剂、食品相关产品
3. 微生物效价测定的方法有（　　）。
   A. 稀释法　　　　B. 比浊法　　　　C. 管碟法　　　　D. 滴定法
4. 影响抑菌圈大小的因素有（　　）。
   A. 抗生素在管中的量　　　　B. 扩散时间
   C. 最低抑菌浓度　　　　　　D. 培养基厚度
5. 下列能采取150~160℃干热灭菌2h的是（　　）。
   A. 效价培养基的灭菌　　　　B. 容量瓶灭菌
   C. 玻璃培养皿　　　　　　　D. 牛津杯
6. 配制标准品、供试品溶液时,下列哪些操作有利于减少误差（　　）。
   A. 将抗生素标准品和供试品从冰箱中取出,使与室温平衡,供试品应放于干燥器内至少30min方可称取。标准品称量不可少于20mg,取样后立即将称量瓶或适宜的容器及被称量物盖好,以免吸水
   B. 取样量不得少于2mL,稀释步骤一般不超过3步
   C. 每次吸取溶液用刻度吸管,量取溶液前要用被量液流洗吸管2~3次,吸取样品溶液后,用滤纸将外壁多余液体擦去
   D. 向容量瓶内加入溶剂直到液体液面离标线大约1cm时,稍放置片刻,待瓶壁液体完全流下,再用滴管小心滴加,最后使液体的弯月面与标线正好相切
7. 二剂量法测定抗生素效价中,当（　　）则可靠性检验通过,可以进行效价和可信限率的计算,否则重试。
   A. 回归极显著差异　　　　　　B. 偏离平行无显著差异
   C. 区组间（碟间）不显著差异　　D. 偏离平行显著差异
8. 在测量抑菌圈时,应丢弃抑菌圈不完整的双碟,造成抑菌圈不完整的原因包括（　　）。
   A. 滴加药液过满而溢出
   B. 双碟薄厚不均匀
   C. 滴加药液时,不小心把药液滴在牛津杯外
   D. 滴加溶液间隔过长
9. 链霉素效价的微生物测定中,不出现抑菌圈的原因可能是（　　）。
   A. 使用的抗生素已失效
   B. 加菌悬液时培养基的温度过高烫死菌种

C. 非敏感菌污染

D. 培养温度过低

10. 食品生产企业下列哪些行为是国家鼓励的？（　　）

A. 制定严于食品安全国家标准或者地方标准的企业标准

B. 建立食品安全追溯体系

C. 参加食品安全责任保险

D. 实施危害分析与关键控制点体系

五、判断题

1. 管碟法抗生素效价测定中，对于有争议的结果，必须使用三剂量法测定的结果仲裁。（　　）

2. 使用移液管吸取样品溶液后，用滤纸将外壁多余液体擦去。（　　）

3. 在稀释标准品和供试品时，为了减少误差，取样量不得少于1mL为宜，稀释步骤一般不超过5步。（　　）

4. 为减少移液管转移溶液的误差，当溶液下降至管尖时，再保持放液姿态停留15s，方可拿开移液管。（　　）

5. 使用移液管量取溶液前要用被量液流洗移液管2~3次。（　　）

6. 稀释标准品与供试品用的缓冲液应用同一批和同瓶，以免因pH或浓度不同影响测定结果。（　　）

7. 牛津杯放妥后就可以开始滴加抗生素溶液。（　　）

8. 滴加的时候离开小钢管口距离不要太高，以防止药液溅出，造成破圈。（　　）

9. 抗生素效价的微生物检定法常用四剂量法进行。（　　）

10. 国家鼓励食品生产企业制定严于食品安全国家标准或者地方标准的企业标准，在本企业适用，并报省、自治区、直辖市人民政府卫生行政部门备案。（　　）

六、简答题

1. 请简述一下形态结构和培养特性观察。

2. 简述微生物生化反应。

3. 列举出造成抑菌圈不完整的原因（至少3个）。

4. 在抗生素效价的微生物测定中，对初学者来说，常常出现可信限率高于药典规定的5%，要降低可信限率，提高实验的精密度，简述值得注意的问题。

5. 简述我国食品安全国家标准建设的原则。

6. 简述食品微生物检验中细菌总数检测的意义。

练习题四答案

一、名词解释

1. 抗生素：是由微生物生成的极微量便具有选择性杀死或抑制他种生物或肿瘤、细胞生长的一类天然有机化合物。

2. 管碟法：利用抗生素在琼脂培养基中的扩散渗透作用，比较标准品与供试品两者对接种的敏感菌产生的抑菌圈大小，以测定供试品效价的一种方法。

3. 国家标准品：是各国指定的机构选定一批性质完全相同的药物与国际标准品进行比较，定出它的效价，统一向全国的检定、教育、科研、生产单位分发，作为检定产品效价时使用。

4. 抗生素效价：是指抗生素有效成分的含量。

5. 可靠性检验：是运用统计学理念，通过方差分析做 F 测试，判断实验假设是否有效、试验是否可靠。

6. 抗生素效价的质量单位：以抗生素的生物活性部分（不包括无活性的酸根）的质量作为效价单位。

7. 抗生素效价的类似质量单位：以特定的纯粹抗生素盐（包括无生物活性的酸部分）的质量作为效价单位。

8. 抑菌圈：抗生素在琼脂培养基中的球面扩散渗透，抑制实验菌的生长、繁殖从而呈现出透明圈。

9. 可信限率（FL%）：是估计实验的误差范围，标志着实验结果的精密度。

10. 二剂量法抗生素效价测定：是将抗生素的标准品及供试品稀释成高、低两个剂量（4∶1 或 2∶1），在同一含实验菌的琼脂培养基平板上进行对比，根据两种剂量、4 种溶液所产生的抑菌圈大小，计算出供试品的效价。

二、填空题

1. 在水平的台面上垫一张白纸，把培养皿放在白纸上，向培养皿中加入 2～3mL 稀释蓝墨水，观察蓝色深浅是否一致。

2. 2∶1；1.4；0.7。

3. 4。

4. 质量单位；类似质量单位；质量折算单位；特定单位。

5. 称量瓶竖起；落回称量瓶。

6. 生长；繁殖。

7. 摊布均匀且厚薄一致。

8. 35～37℃培养箱中保温。

9. 杀死菌；难以均匀摊开培养基。

10. 1∶1000 苯扎溴铵溶液；150～160。

11. 缓冲蛋白胨水（BPW）。

12. 毒素；侵袭性酶。

13. 风险管理；全程控制。

14. 法律；法规。

15. 食品生产经营者；食品生产企业员工。

16. 90%；110%。

17. 115℃；30min。

18. 分析误差；越短。

19. 受杂菌污染。

20. 专职的；兼职的。

三、单选题

1. B   2. A   3. A   4. C   5. A   6. C   7. C   8. A   9. D   10. D   11. A   12. C   13. C   14. B   15. D   16. C   17. D   18. B   19. A   20. D

四、多选题

1. ABC   2. ABCD   3. ABC   4. ABCD   5. CD   6. ABCD   7. AB   8. ABC   9. ABCD   10. ABCD

五、判断题

1. √   2. √   3. ×   4. √   5. √   6. √   7. ×   8. √   9. ×   10. ×

六、简答题

1. 答：（1）微生物的形态结构观察主要是通过染色，在显微镜下对其形状、大小、排列方式、细胞结构（包括细胞壁、细胞膜、细胞核、鞭毛、芽孢等）及染色特性进行观察，直观地了解细菌在形态结构上的特性，根据不同微生物在形态结构上的不同达到区别、鉴定微生物的目的。

（2）细菌细胞在固体培养基表面形成的细胞群体称为菌落。不同微生物在某种培养基中生长繁殖，所形成的菌落特征有很大差异，而同一种的细菌在一定条件下，培养特征却有一定稳定性。以此可以对不同微生物加以区别鉴定。因此，微生物培养特性的观察也是微生物检验鉴别中的一项重要内容。

2. 答：指用化学反应来测定微生物的代谢产物，微生物生化反应常用来鉴别一些在形态和其他方面不易区别的微生物。因此微生物生化反应是微生物分类鉴定中的重要依据之一。

3. 答：（1）放置小钢管后没等小钢管在琼脂内稍沉降稳定就开始滴加抗生素溶液，从而出现药液从小钢管底侧漏。

（2）滴加药液过多而溢出，或滴加时溅出药液。

（3）小钢管放置太接近。

（4）底层培养基和菌层厚薄不均匀。

4. 答：①实验所用的仪器、试剂要一致。如培养皿、小钢管的大小均匀度一致等。②操作要规范一致，如不同的双碟底层和菌层厚度均匀一致，加药量一致等。③防止个别的小钢管有药物残留。④减少测量的误差。⑤增加双碟数（重复实验数）可降低可信限率。

5. 答：一是加强食品安全标准规划顶层设计。通过制定最严谨的标准，提高从农田到餐桌全过程的食品安全风险控制能力，提升食品全链条质量安全保障水平。

二是深入贯彻食品安全风险分析原则。食品安全标准的制定要基于风险评估的结果，采用我国的膳食暴露和食品污染数据,经过科学评估并考虑标准的社会影响和经济影响,进一步发挥食品安全风险监测网络的作用,以及食物消费量调查和总膳食研究资料的基础作用,完善风险评估技术,为食品安全标准制定提供科学的支撑。

三是系统开展食品安全标准体系评估。开展好对现有标准的跟踪评价,从科学性、合理性、可行性3个方面对各类标准开展系统评估,及时发现存在的问题并加以调整和完善。在此基础上,建立科学客观的标准评价指标体系,评价标准在保护消费者健康、促进行业发展、影响食品国际贸易等方面发挥作用。

通过成本—效益分析模型,了解标准实施后获得的健康保护、产业发展等社会经济效益和标准实施成本之间的关系。

6. 答:一是代表食品清洁状态的标志:①食品中的细菌来自其生产、运输、储存、销售各环节中的外界污染;②在食品卫生标准中制定各种食品细菌总数的容许限量,可保证食品生产的清洁状态。

二是预测食品耐储藏的期限。举例:单位体积的鱼体菌落数目越少,在同样的储藏温度下,其保质期就越长。

练习题五

一、名词解释
1. 检验量；2. 固体培养；3. 无菌检查法；4. 液体培养。

二、填空题
1. 无菌检查用的薄膜过滤法，滤膜孔径应不大于_____ μm，直径约为_____ mm。
2. 无菌检查法包括薄膜过滤法和直接接种法。《中国药典》（2020版）规定，只要供试品性质允许，应采用_____。
3. 硫乙醇酸盐流体培养基主要用于_____的培养，也可用于_____的培养；胰酪大豆胨液体培养基用于_____和_____的培养。
4. 使用薄膜过滤法时，应保证滤膜在过滤前后的_____。
5. 无菌药品生产所需的洁净区可分为_____个级别，分别为_____。
6. 药品的无菌检查时使用的稀释液和冲洗液是_____。
7. 《中国药典》（2020版）规定，药品在进行无菌检查时，作为需氧菌、厌氧菌和真菌的阳性对照菌分别是_____、_____、_____。
8. 无菌检验的抽样方式依产品不同而各不相同，在批出厂产品最少检验数量中，如注射液的批产量 $N \leq 100$，则每种培养基最少检验数量为_____。
9. 对于上市抽样检验样品的最少检验量，如维生素C注射液的装量为2mL/支，则每支样品接入每管培养基的最少样品量为_____ mL。
10. 无菌检查时，硫乙醇酸盐流体培养基置_____ ℃下培养_____ d。
11. 无菌检查时，胰酪大豆胨液体培养基置_____ ℃下培养_____ d。
12. 无菌检查的结果判断：阳性对照管应_____，阴性对照管应_____。否则，实验无效。
13. 无菌检查用的培养基适用性检查应包括培养基的_____及_____的要求。
14. 培养基灵敏度检查所用菌种包括_____、_____、_____、_____、_____。
15. 无菌检查适用性和日常检查阳性对照菌种包括_____、_____、_____、_____。
16. 在验证薄膜过滤时在最后一次的冲洗液中加入小于_____ CFU试验菌过滤。
17. 配制培养基时，要填写培养基配制记录，记录内容包括_____、_____、_____。
18. 无菌检查应在环境洁净度_____背景下的局部_____的单向流区域内或隔离系统中进行。

三、单选题
1. 微生物无菌检查中，除另有规定外，需氧菌、厌氧菌的培养温度是（　　）。
A. 23～25℃　　　　B. 25～28℃　　　　C. 28～30℃　　　　D. 30～35℃
2. 以下对A级洁净区的相关参数描述正确的是（　　）。
A. 该区是高风险操作区

B. 接触碟法检测表面微生物的要求：<5CFU/碟

C. 悬浮粒子静态下（每立方米）最大允许数分别是3500（粒径≥0.5μm）和20（粒径≥5μm）

D. 沉降菌动态下要求：<2CFU/4h

3. 下列酒精溶液中消毒效果最好的浓度是（　　）。
   A. 75%　　　　　　B. 85%　　　　　　C. 95%　　　　　　D. 100%

4. 磺胺类注射剂进行无菌检查时是用（　　）选择性培养基。
   A. 吐温80　　　　B. 青霉素酶　　　C. 对氨基苯甲酸　D. 硫乙醇酸盐

5. 油剂药品进行无菌检查时是用（　　）选择性培养基。
   A. 聚山梨酯80　　B. 青霉素酶　　　C. 对氨基苯甲酸　D. 硫乙醇酸盐

6. 青霉素针剂进行无菌检查时要加（　　）才能进行。
   A. 吐温80　　　　B. 青霉素酶　　　C. 对氨基苯甲酸　D. 营养肉汤

7. 无菌检查用的硫乙醇酸盐流体培养基在做灵敏度检查时，需氧菌、厌氧菌培养（　　）。
   A. 18~24h　　　　B. 24~48h　　　　C. 48~72h　　　　D. 14d

8. 无菌检查用的胰酪大豆胨液体培养基在做灵敏度检查时，真菌培养（　　）。
   A. 18~24h　　　　B. 24~48h　　　　C. 48~72h　　　　D. 14d

9. 微生物无菌检查中，除另有规定外，真菌的培养温度是（　　）。
   A. 20~25℃　　　　B. 25~28℃　　　　C. 28~30℃　　　　D. 30~35℃

10. 在做培养基灵敏度检查时，接种金黄色葡萄球菌、铜绿假单胞菌、枯草芽孢杆菌的新鲜培养物至（　　）中。
    A. 硫乙醇酸盐流体培养基　　　　　B. 沙氏葡萄糖液体培养基
    C. 胰酪大豆胨液体培养基　　　　　D. 0.9%无菌氯化钠溶液

11. 在做培养基灵敏度检查时，接种生孢梭菌的新鲜培养物至（　　）中。
    A. 硫乙醇酸盐流体培养基　　　　　B. 沙氏葡萄糖液体培养基
    C. 胰酪大豆胨液体培养基　　　　　D. 0.9%无菌氯化钠溶液

12. 在做培养基灵敏度检查时，接种白色念珠菌的新鲜培养物至（　　）中。
    A. 硫乙醇酸盐流体培养基　　　　　B. 沙氏葡萄糖液体培养基
    C. 胰酪大豆胨液体培养基　　　　　D. 0.9%无菌氯化钠溶液

13. 在做培养基灵敏度检查时，接种黑曲霉的新鲜培养物至（　　）中。
    A. 硫乙醇酸盐流体培养基　　　　　B. 沙氏葡萄糖琼脂斜面培养基
    C. 胰酪大豆胨液体培养基　　　　　D. 0.9%无菌氯化钠溶液

14. 薄膜过滤法一般应采用封闭式薄膜过滤器。样品冲洗后，往过滤器中各加入（　　）硫乙醇酸盐流体培养基和胰酪大豆胨液体培养基。
    A. 50mL　　　　　B. 100mL　　　　　C. 200mL　　　　　D. 没有规定量

15. 接种供试品后的培养基容器分别按各培养基规定的温度培养（　　）。
    A. 2d　　　　　　B. 3d　　　　　　C. 7d　　　　　　D. 14d

16. 凡无菌检查中，均应取相应溶剂和稀释剂同法操作，作为（　　），目的是防止检验过程中所用的无菌溶剂或无菌稀释剂影响最后的检验结果。

A. 空白对照   B. 阴性对照   C. 阳性对照   D. 对照品

17. 为便于研究无菌制剂中某些含有防腐剂和抑菌成分的干扰作用，以及测试常规检验方法和培养基、试剂等的灵敏度时，可将定量的已知阳性对照菌加在供试品稀释液中，作为（　　）。

A. 空白对照   B. 阴性对照   C. 阳性对照   D. 对照品

四、多选题

1. 关于无菌检查叙述正确的是（　　）。

A. 每批培养基随机取不少于 5 支（瓶），培养 7d，应无菌生长

B. 无菌检查属于无菌制剂的制剂通则检查

C. 无菌检查法包括薄膜过滤法和直接接种法，只要供试品性状允许，应采用薄膜过滤法

D. 供试品在做无菌检查的同时还需做对照试验，包括阳性对照和阴性对照

2. 常用的灭菌方法有（　　）。

A. 湿热灭菌法   B. 干热灭菌法   C. 辐射灭菌法   D. 过滤除菌法

3. 无菌操作中采用酒精棉球消毒的注意事项，正确的选项是（　　）。

A. 用酒精棉球擦拭双手，包括手掌、手背，尤其是手指，更换一个酒精棉球擦拭酒精灯附近（约10cm）桌面

B. 点燃酒精灯，在酒精灯附近拆器皿包装，并对器皿做相应标记

C. 用酒精棉球再次擦拭双手，开始实验操作

D. 消毒用酒精棉球湿度以不挤压出酒精为宜

4. 在做培养基灵敏度检查时，取每管装量为 12mL 的硫乙醇酸盐流体培养基 7 支，分别接种小于 100CFU 的（　　）各 2 支，另 1 支不接种作为空白对照，培养 5d。

A. 枯草芽孢杆菌   B. 金黄色葡萄球菌

C. 铜绿假单胞菌   D. 生孢梭菌

5. 根据《中国药典》（2020 版），无菌检查法包括（　　）。

A. 染色镜检法   B. 薄膜过滤法   C. 直接接种法   D. 浊度法

6. 无菌制剂主要包括（　　）等。

A. 注射剂

B. 眼用制剂

C. 用于伤口或手术后切口的冲洗液和透析液

D. 口服药

7. 封闭式薄膜过滤器是由一个具有蠕动泵头的集菌仪和一套具有（　　）培养瓶的一次性使用的全封闭集菌培养器构成的过滤系统。

A. 1   B. 2   C. 3   D. 4

8. 集菌培养器的滤膜孔径为（　　）。

A. 0.2μm   B. 0.45μm   C. 0.9μm   D. 没有规定

五、判断题

1. 口服和外用药物中不得含有活的微生物。（　　）

2. 注射剂、输液剂、眼科手术用药中不允许含有活的微生物存在。（　　）

3. 注射用药不得检出任何活的微生物存在。（ ）
4. 磺胺类注射剂进行无菌检查时宜用微孔滤膜法进行检查。（ ）
5. 药品无菌检查直接接种法使用的培养基是硫乙醇酸盐液体培养基。（ ）
6. 含抗菌药物或防腐剂的药品的无菌检查宜用直接接种法进行检查。（ ）
7. 《中国药典》（2020版）规定药品的无菌检查培养天数为7d。（ ）
8. 微孔滤膜法适用于任何剂型的无菌检查。（ ）
9. 青霉素针剂进行无菌检查时不能用青霉素酶法进行处理。（ ）
10. 药品的无菌检查要进行方法学的验证是为了保证检验的准确性、真实性和严谨性。（ ）
11. 检验数量是指一次实验所用供试品最小包装的数量。（ ）
12. 《中国药典》（2020版）规定，只要供试品性质允许，应采用直接接种法。（ ）
13. 从菌种保存中心获得的冷冻干燥菌种为0代。（ ）
14. 使用集菌仪时，应保持取样针上的过滤膜干燥，气流通畅，正常浸液，方法是在取样针插入瓶装流体样品时，应先开机，然后倒转试剂瓶。（ ）

六、简答题

1. 简述灭菌药物的无菌检验的环节。
2. 简述无菌检验的检验结果判断。
3. 简述无菌检查的基本原则。
4. 简述无菌检查的方法。
5. 简述药物的卫生学检查项目。
6. 简述药品卫生检测的意义。
7. 简述无菌制剂包括的内容。
8. 简述无菌检查的要求。

练习题五答案

一、名词解释

1. 检验量：是指供试品每个最小包装接种至每份培养基的最小量（g或mL）。

2. 固体培养：是将菌种接至疏松而富有营养的固体培养基中，在合适的条件下进行微生物培养的方法。

3. 无菌检查法：是指用于检查《中国药典》（2020版）要求无菌的药品、生物制品、医疗器具、原料、辅料及其他品种是否无菌的一种方法。

4. 液体培养：在实验中，通过液体培养可以使微生物迅速繁殖，获得大量的培养物，在一定条件下，还是微生物选择增菌的有效方法。

二、填空题

1. 0.45；50。

2. 薄膜过滤法。

3. 厌氧菌；需氧菌；真菌、需氧菌。

4. 完整性。

5. 4；A级、B级、C级、D级。

6. pH7.0无菌氯化钠-蛋白胨缓冲液或0.9%无菌氯化钠溶液。

7. 金黄色葡萄球菌［CMCC（B）26 003］、生孢梭菌［CMCC（B）64 941］、白色念珠菌［CMCC（F）98 001］。

8. 10%或4个（取较多者）。

9. 1。

10. 30～35；14。

11. 20～25；14。

12. 生长良好；不得有菌生长。

13. 无菌性检查、灵敏度检查。

14. 金黄色葡萄球菌［CMCC（B）26 003］、铜绿假单胞菌［CMCC（B）10 104］、枯草芽孢杆菌［CMCC（B）63 501］、生孢梭菌［CMCC（B）64 941］、白色念珠菌［CMCC（F）98 001］、黑曲霉［CMCC（F）98 003］。

15. 金黄色葡萄球菌［CMCC（B）26 003］、大肠埃希菌［CMCC（B）44102］、枯草芽孢杆菌［CMCC（B）63 501］、生孢梭菌［CMCC（B）64 941］、白色念珠菌［CMCC（F）98 001］、黑曲霉［CMCC（F）98 003］。

16. 100。

17. 名称、配制量、灭菌中重要参数、配制日期、配制者。

18. 万级（B级）；百级（A级）。

三、单选题

1. D 2. A 3. A 4. C 5. A 6. B 7. A 8. B 9. A 10. C 11. A 12. B 13. B 14. B 15. D 16. B 17. C

四、多选题
1. BCD   2. ABCD   3. ABCD   4. BCD   5. BC   6. ABC   7. BC   8. AB

五、判断题
1. ×   2. √   3. √   4. ×   5. √   6. √   7. ×   8. ×   9. ×   10. √   11. √   12. ×   13. √   14. √

六、简答题
1. 答：抽样、培养基的适用性检查、药品的处理与接种、培养与观察、结果判断。

2. 答：阳性对照管应生长良好，阴性对照管不得有菌生长，否则试验无效。若供试品管均澄清，或虽显浑浊但经确证无菌生长，判供试品符合规定；若供试品管中任何一管显浑浊并确证有菌生长，判供试品不符合规定，除非能充分证明实验结果无效，即生长的微生物非供试品所含有。

当符合下列至少一个条件时方可判实验结果无效。

（1）无菌检查实验所用的设备及环境的微生物监控结果不符合无菌检查法的要求。

（2）回顾无菌实验，发现有可能引起微生物污染的因素。

（3）供试品管中生长的微生物经鉴定后，确证是因无菌实验中所使用的物品和（或）无菌操作技术不当引起的。

实验若经确认无效，应重试。重试时，重新取同量供试品，依法检查，若无菌生长，判供试品符合规定；若有菌生长，判供试品不符合规定。

3. 答：无菌检查的基本原则：①空气净化原则：指对工作场所的空气进行过滤和净化，使室内空气中的微生物数量控制在合理范围内，达到无菌要求。②无菌操作原则：指在制备和使用各种无菌材料和器械时，必须采取严格的操作方法，以防止空气中的微生物进入无菌区域，影响操作的无菌性。③无菌隔离原则：指在医疗卫生工作中，对无菌区域和非无菌区域进行严格隔离，以保证无菌区域的无菌状态不受污染。④无菌监测原则：指在医疗卫生工作中，对无菌区域和无菌操作进行定期监测和检测，以保证无菌环境的无菌状态。⑤无菌消毒原则：指对医疗器械、药品和环境进行消毒，以杀灭其中的微生物，达到无菌要求。消毒方法应根据具体情况选择合适的消毒剂和消毒方式，以确保消毒效果和无害性。

4. 答：直接接种法和薄膜过滤法。只要供试品性质允许，应采用薄膜过滤法；直接接种法适用于无法用薄膜过滤法进行无菌检查的供试品。

5. 答：（1）灭菌药物的无菌检查。

（2）非规定灭菌药物的微生物限度检查。

6. 答：（1）可以确保药品的质量。

（2）可以间接反映药品生产企业的生产条件、工艺方法和管理水平。

（3）可以反映（抗菌）抑菌药物不同产地、不同批次之间的质量差异。

7. 答：注射剂、眼用制剂、用于伤口或手术后切口的冲洗液和透析液等。

8. 答：应在环境洁净度万级（B级）背景下的局部百级（A级）的单向流区域内或隔离系统中进行，其全过程必须严格遵守无菌操作，防止微生物污染，但所采取的措施不得影响供试品中微生物的检出。操作前环境洁净度应经过验证。无菌检查人员必须具备微生物学专业知识，并经过无菌技术培训。

练习题六

一、名词解释

1. 微生物计数法；2. 非无菌药品的微生物限度标准制定原则；3. 检验量；4. 需氧菌总数；5. 霉菌和酵母菌总数；6. 控制菌检查法；7. 大肠菌群。

二、填空题

1. 微生物计数法的检验量要求一次实验所用的供试品量（g、mL 或 cm^2）一般应随机抽取不少于_____个最小装量的供试品，混合，取规定量供试品进行检验。检验时，应从_____个以上最小包装单位中抽取供试品，蜜丸还不得少于_____丸，膜剂还不得少于_____片。

2. 微生物计数方法有_____、_____和_____三种。

3. 胰酪大豆胨琼脂培养基或胰酪大豆胨液体培养基用于_____测定；沙氏葡萄糖琼脂培养基用于_____测定。

4. 培养皿法菌数报告规则：_____总数测定宜选取平均菌落数小于 300CFU 的稀释级，_____总数测定宜选取平均菌落数小于 100CFU 的稀释级，作为菌数报告的依据。取最高的平均菌落数，计算 1g、1mL 或 $10cm^2$ 供试品中所含的微生物数，取_____位有效数字报告。如各稀释级的平板均无菌落生长，或仅最低稀释级的平板有菌落生长，但平均菌落数小于_____时，以<1 乘以最低稀释倍数的值报告菌落数。

5. 通常，食品微生物检验中常规 5 项微生物检验指标分别是指_____、_____、_____、_____、_____。

6. 菌液制备后若在室温下放置，应在_____小时内使用；若保存在 2～8℃，可在_____小时内使用。黑曲霉孢子悬液可保存在 2～8℃，在验证过的贮存期内使用。

7. 供试液从制备至加入检验用培养基，不得超过_____h。

8. 检查大肠埃希菌应取供试品，照"非无菌产品微生物限度检查：微生物计数法"制成供试液。取相当于 1g 或 1mL 供试品的供试液，接种至适宜体积（经方法适用性实验确定）的培养基中，混匀，_____℃培养_____h。

9. 检查大肠埃希菌时选择和分离培养：取培养物 1mL 接种至 100mL _____培养基中，_____℃培养_____h。取培养物划线接种于_____培养基平板上，30～35℃培养 18～72h。

10. 检查大肠埃希菌结果判断：若麦康凯琼脂培养基平板上有菌落生长，应进行分离、纯化及适宜的鉴定试验，确证是否为_____；若麦康凯琼脂培养基平板上没有菌落生长，或有菌落生长但鉴定结果为阴性，判供试品未检出_____。

11. 胰酪大豆胨琼脂培养基平板在_____℃培养_____d，沙氏葡萄糖琼脂培养基平板在_____℃培养_____d，观察菌落生长情况，点计平板上生长的所有菌落数，计数并报告。

12. 药典规定微生物总数检查须做_____对照实验，如对照实验有菌生长，应进行偏差调查。即取稀释剂按供试品的检查方法进行，每皿取稀释剂_____mL，做_____皿。

13. 微生物检验中采样的原则有_____、_____。采样过程遵循_____程序，防止一切可能的_____。

14. 大肠埃希菌检查时应取增菌后的培养物 1mL 接种至 100mL 麦康凯液体培养基中，_____℃ 培养_____h。取麦康凯液体培养物划线接种于麦康凯琼脂培养基平板上，_____℃ 培养_____h。

15、若麦康凯琼脂培养基平板上有菌落生长，应进行分离、纯化及适宜的鉴定实验，确证是_____；若麦康凯琼脂培养基平板上没有菌落生长，或虽有菌落生长但鉴定结果为阴性，判定供试品未检出_____。

16. 非无菌药品的微生物限度检查项目包括_____、_____和_____。

17. 检测生产车间空气微生物时，将含平板计数琼脂培养基的平板置采样点，打开培养皿盖，通常使平板在空气中暴露_____min，进行采样。

18. 固体口服药（不含药材原粉）中药制剂规定需氧菌总数不得超过_____（CFU/g、CFU/mL、CFU/10cm^2）；霉菌和酵母菌总数不得超过_____（CFU/g、CFU/mL、CFU/10cm^2）。

19. 固体口服药（不含豆豉、神曲等发酵原粉）：需氧菌总数不得超过_____（CFU/g、CFU/mL、CFU/10cm^2）；霉菌和酵母菌总数不得超过_____（CFU/g、CFU/mL、CFU/10cm^2）。

20. 倒平板时要待培养基冷却至_____℃ 左右，取无菌培养皿，每个培养皿倒入约_____mL 的培养基凝固，备用。

三、单选题

1. 霉菌和酵母菌的最适宜生长温度是（   ）。
   A. 20~25℃   B. 25~28℃   C. 28~30℃   D. 30~35℃

2. 需氧菌的最适宜生长温度是（   ）。
   A. 20~25℃   B. 25~28℃   C. 28~30℃   D. 30~35℃

3. 微生物限度检查时霉菌和酵母菌的培养时间是（   ）。
   A. 18~24h   B. 24~48h   C. 3~5d   D. 5~7d

4. 微生物限度检查时需氧菌的培养时间是（   ）。
   A. 18~24h   B. 24~48h   C. 3~5d   D. 5~7d

5. 微生物限度检查的样品一般采用随机抽样方法，其抽样量必须不少于检验用量（两个以上最小包装单位）的（   ）倍。
   A. 1   B. 2   C. 3   D. 4

6. 微生物计数法的检验量要求一次实验所用的供试品量（g、mL 或 cm^2）一般应随机抽取不少于（   ）个最小装量的供试品，混合，取规定量供试品进行检验。
   A. 1   B. 2   C. 3   D. 4

7. 胰酪大豆胨琼脂培养基或胰酪大豆胨液体培养基用于（   ）测定。
   A. 需氧菌总数   B. 霉菌和酵母菌总数
   C. 大肠菌群   D. 金黄色葡萄球菌

8. 沙氏葡萄糖琼脂培养基用于（   ）测定。
   A. 需氧菌总数   B. 霉菌和酵母菌总数

C. 大肠菌群　　　　　　　　　　　　D. 金黄色葡萄球菌

9. 培养皿法菌数报告规则：（　　）总数测定宜选取平均菌落数小于300CFU的稀释级，作为菌数报告的依据。

A. 需氧菌总数　　　　　　　　　　　B. 霉菌和酵母菌总数
C. 大肠菌群　　　　　　　　　　　　D. 金黄色葡萄球菌

10. 培养皿法菌数报告规则：（　　）总数测定宜选取平均菌落数小于100CFU的稀释级，作为菌数报告的依据。

A. 需氧菌总数　　　　　　　　　　　B. 霉菌和酵母菌总数
C. 大肠菌群　　　　　　　　　　　　D. 金黄色葡萄球菌

11. 实验用菌株的传代次数不得超过（　　）代（从菌种保藏中心获得的干燥菌种为第0代），并采用适宜的菌种保藏技术进行保存，以保证试验菌株的生物学特性。

A. 2　　　　　B. 3　　　　　C. 4　　　　　D. 5

12. 对于某些微生物污染量很小的供试品，（　　）可能是更适合的计数方法。

A. 培养皿法　　B. 薄膜过滤法　　C. 最可能数法　　D. 涂布法

13. 除另有规定外，取规定量供试品，按方法适用性实验确认的方法进行供试液制备和菌数测定，每稀释级每种培养基至少制备（　　）个平板。

A. 1　　　　　B. 2　　　　　C. 3　　　　　D. 4

14. 需氧菌总数测定宜选取平均菌落数小于300CFU的稀释级作为菌数报告的依据，取最高的平均菌落数，计算1g、1mL或10cm^{2}供试品中所含的微生物数，取（　　）位有效数字报告。

A. 1　　　　　B. 2　　　　　C. 3　　　　　D. 4

15. 霉菌和酵母菌总数测定宜选取平均菌落数小于100CFU的稀释级作为菌数报告的依据，取最高的平均菌落数，计算1g、1mL或10cm^{2}供试品中所含的微生物数，取（　　）位有效数字报告。

A. 1　　　　　B. 2　　　　　C. 3　　　　　D. 4

16. 薄膜过滤法培养条件和计数方法同培养皿法，每张滤膜上的菌落数应不超过（　　）。

A. 100CFU　　　B. 200CFU　　　C. 300CFU　　　D. 400CFU

17. 将金黄色葡萄球菌、铜绿假单胞菌、大肠埃希菌、沙门菌分别接种于胰酪大豆胨液体培养基中或在胰酪大豆胨琼脂培养基上，（　　）培养18~24h。

A. 20~25℃　　　B. 25~28℃　　　C. 28~30℃　　　D. 30~35℃

18. 将金黄色葡萄球菌、铜绿假单胞菌、大肠埃希菌、沙门菌分别接种于胰酪大豆胨液体培养基中或在胰酪大豆胨琼脂培养基上，30~35℃培养（　　）。

A. 18~24h　　　B. 24~48h　　　C. 3~5d　　　D. 5~7d

19. 将白色念珠菌接种于沙氏葡萄糖琼脂培养基上或沙氏葡萄糖液体培养基中，（　　）培养2~3d。

A. 20~25℃　　　B. 25~28℃　　　C. 28~30℃　　　D. 30~35℃

20. 将白色念珠菌接种于沙氏葡萄糖琼脂培养基上或沙氏葡萄糖液体培养基中，20~25℃培养（　　）。

A. 1~2d B. 2~3d C. 3~5d D. 5~7d

四、多选题

1. 关于食品安全管理人员的说法，以下表述正确的是（　　）。
   A. 可为专职或者兼职
   B. 应加强培训和考试
   C. 被吊销许可证的食品生产企业直接责任人员，自处罚决定做出之日起五年内不得担任食品安全管理人员
   D. 因食品安全犯罪被判处有期徒刑以上刑罚的人员，自处罚决定做出之日起五年后可担任食品安全管理人员

2. 控制菌检查用培养基的适用性检查项目包括（　　）。
   A. 促生长能力　　B. 抑制能力　　C. 指示能力　　D. 指示特性的检查

3. 取（　　）的新鲜培养物，用 pH7.0 无菌氯化钠-蛋白胨缓冲液或 0.9% 无菌氯化钠溶液制成适宜浓度的菌悬液。
   A. 金黄色葡萄球菌　　　　　　B. 铜绿假单胞菌
   C. 枯草芽孢杆菌　　　　　　　D. 白色念珠菌

4. （　　）培养基用于测定需氧菌总数。
   A. 胰酪大豆胨琼脂培养基　　　B. 胰酪大豆胨液体培养基
   C. 沙氏葡萄糖液体培养基　　　D. 沙氏葡萄糖琼脂培养基

5. 沙氏葡萄糖琼脂培养基用于测定（　　）。
   A. 霉菌　　B. 细菌　　C. 大肠埃希菌　　D. 酵母菌

6. 培养皿法包括（　　）。
   A. MPN 法　　B. 倾注法　　C. 涂布法　　D. 挖沟法

7. 细菌在人工液体培养基中会产生（　　）等现象。
   A. 浑浊　　B. 沉淀　　C. 菌膜　　D. 菌苔

8. （　　）培养基用于测定大肠埃希菌。
   A. 胰酪大豆胨琼脂培养基　　　B. 胰酪大豆胨液体培养基
   C. 麦康凯液体培养基　　　　　D. 麦康凯琼脂培养基

9. 生孢梭菌可以在（　　）培养基中培养。
   A. 梭菌增菌培养基　　　　　　B. 胰酪大豆胨液体培养基
   C. 麦康凯液体培养基　　　　　D. 硫乙醇酸盐液体培养基

10. 微生物计数方法有（　　）。
    A. 培养皿法　　B. 薄膜过滤法　　C. 最可能数法　　D. MPN 法

五、判断题

1. 霉菌和酵母菌的最适宜生长温度是 20~25℃。（　　）
2. 细菌在人工液体培养基中会产生浑浊、沉淀和菌膜等现象，而无鞭毛的细菌在半固体培养基中呈羽状生长。（　　）
3. 微生物限度检查法的检查项目包括需氧菌总数、霉菌和酵母菌总数。（　　）
4. 微生物限度检查应在环境洁净度 10000 级下的，局部洁净度 100 级的单向流空气区域内或隔离系统中进行，其全过程应严格遵守无菌操作，防止微生物污染，防止污染的措

施不得影响供试品中微生物的检出。 ( )

5. 微生物限度检查的样品一般采用随机抽样方法，其抽样量必须不少于检验用量（两个以上最小包装单位）的2倍。 ( )

6. 当建立药品的微生物限度检查时，应进行需氧菌总数，霉菌和酵母菌总数计数方法的验证，以确认所采用的方法适合于该产品的需氧菌总数、霉菌和酵母菌总数的测定。 ( )

7. 接种大肠埃希菌、金黄色葡萄球菌、枯草芽孢杆菌的新鲜培养物至营养肉汤培养基或营养琼脂培养基上，培养18~24h。菌液制备后若在室温下放置，应在2h内使用，若保存在2~8℃，可在24h内使用。 ( )

8. 需氧菌总数和霉菌及酵母菌总数检查的方法都采用平板菌落计数法。 ( )

9. 菌落计数时一般用肉眼直接计数、标记或在菌落计数器上点计，必要时借助放大镜或显微镜。 ( )

10. 菌落蔓延生长成片的平板也可以计数。 ( )

11. 根据规定，含药材原粉及豆豉、神曲等发酵成分的制剂不需要进行大肠菌群检查。 ( )

12. 供试品检出控制菌或其他致病菌时，按一次检出结果为准，不再复试。 ( )

六、简答题

1. 请根据实验操作过程写出需氧菌总数、霉菌和酵母菌总数检查的流程图。
2. 请根据实验操作过程写出大肠埃希菌检查的流程图。
3. 简述培养皿法菌数报告规则。
4. 请写出微生物计数法的检验量要求。
5. 简述大肠埃希菌的结果判断原则。
6. 简述在进行需氧菌总数、霉菌和酵母菌总数计数时，要设阴性对照的原因。如阴性对照有需氧菌、霉菌或酵母菌生长，该检查的数据能否报告？
7. 简述标准体系的定义；简述标准体系的特性。

练习题六答案

一、名词解释

1. 微生物计数法：是指用于能在有氧条件下生长的嗜温细菌和真菌的计数。

2. 非无菌药品的微生物限度标准制定原则：基于药品的给药途径和对患者健康潜在的危害以及药品的特殊性而制订的。

3. 检验量：即一次试验所用的供试品量（g、mL 或 cm^2）。

4. 需氧菌总数：是指胰酪大豆胨琼脂培养基上生长的总菌落数（包括真菌菌落数）。

5. 霉菌和酵母菌总数：是指沙氏葡萄糖琼脂培养基上生长的总菌落数（包括细菌菌落数）。

6. 控制菌检查法：是指用于在规定的实验条件下，检查供试品中是否存在特定的微生物。

7. 大肠菌群：一般是指在 35℃ 环境下能发酵乳糖，产酸产气的一群需氧或兼性厌氧的革兰阴性无芽孢杆菌。

二、填空题

1. 2；2；4；4。
2. 培养皿法，薄膜过滤法，最可能数法。
3. 需氧菌总数；霉菌和酵母菌总数。
4. 需氧菌；霉菌和酵母菌；2；1。
5. 菌落总数；大肠菌群数；致病菌；霉菌；酵母菌。
6. 2；24。
7. 1。
8. 30~35；18~24。
9. 麦康凯液体；42~44；24~48；麦康凯琼脂。
10. 大肠埃希菌；大肠埃希菌。
11. 30~35；3~5；20~25，5~7。
12. 阴性；1，4。
13. 随机性；代表性；无菌操作；外来污染。
14. 42~44，24~48；30~35，18~72。
15. 大肠埃希菌；大肠埃希菌。
16. 需氧菌总数检查；霉菌和酵母菌总数检查；控制菌检查。
17. 5min。
18. 10^3；10^2。
19. 10^4；10^2。
20. 50；15~20。

三、单选题

1. A 2. D 3. D 4. C 5. C 6. B 7. A 8. B 9. A 10. B 11. D 12. C 13. B 14. B 15. B 16. A 17. D 18. A 19. A 20. B

四、多选题
1. ABC　2. ABD　3. ABCD　4. AB　5. AD　6. BC　7. ABC　8. ABCD　9. AD
10. ABCD

五、判断题
1. √　2. ×　3. ×　4. √　5. ×　6. √　7. √　8. ×　9. √　10. ×　11. ×　12. √

六、简答题
1. 答：

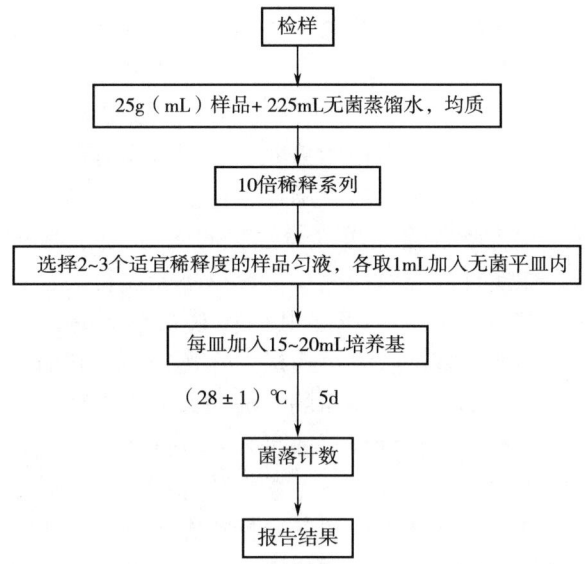

2. 答：

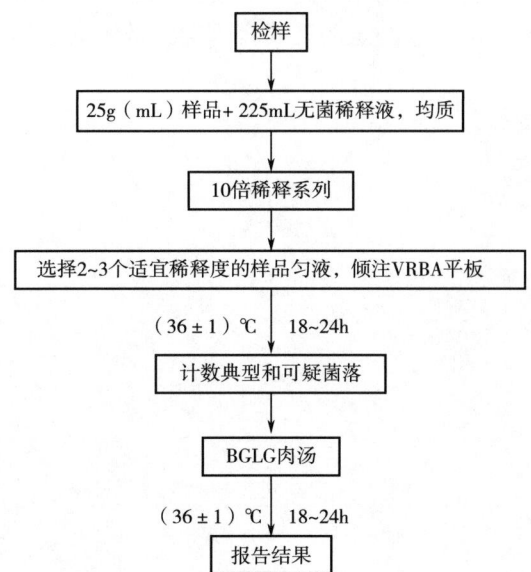

3. 答：需氧菌总数测定宜选取平均菌落数小于300CFU的稀释级，霉菌和酵母菌总数测定宜选取平均菌落数小于100CFU的稀释级，作为菌数报告的依据。取最高的平均菌落数，计算1g、1mL或10cm^{2}供试品中所含的微生物数，取两位有效数字报告。如各稀释级的平板均无菌落生长，或仅最低稀释级的平板有菌落生长，但平均菌落数小于1CFU时，以<1乘以最低稀释倍数的值报告菌落数。

4. 答：检验量即一次实验所用的供试品量（g、mL或cm^2）。一般应随机抽取不少于2个最小包装量的供试品，混合，取规定量供试品进行检验。除另有规定外，一般供试品的检验量为10g或10mL；膜剂为100cm^2；贵重药品、微量包装药品的检验量可以酌减。检验时，应从2个以上最小包装单位中抽取供试品，大蜜丸还不得少于4丸，膜剂还不得少于4片。

5. 答：若麦康凯琼脂培养基平板上有菌落生长，应进行分离、纯化及适宜的鉴定试验，确证是否为大肠埃希菌；若麦康凯琼脂培养基平板上没有菌落生长，或有菌落生长但鉴定结果为阴性时，判定为供试品未检出大肠埃希菌。

6. 答：为确认实验条件是否符合要求（全过程的无菌性），应进行阴性对照实验，阴性对照实验应无菌生长。如阴性对照有菌生长，数据不能进行报告，应进行偏差调查。

7. 答：标准体系是一定范围内的标准按其内在联系形成的科学有机整体。与实现一个国家的标准化目的有关的所有标准，可以形成一个国家的标准体系；与实现某种产品的标准化目的有关的标准，可以形成该种产品的标准体系。标准体系的组成单元是标准。

标准体系应具有以下特性：①目的性：即每一个标准体系都应该是围绕实现某一特定的标准化目的而形成的。②层次性：即同一体系内的标准可分为若干个层次，它反映了标准体系的纵向结构。③协调性：即体系内的各项标准在相关内容方面应衔接一致。④配套性：即体系内的各种标准应互相补充、互相依存，共同构成一个完整整体。⑤比例性：即体系内各类标准在数量上应保持一定的比例关系。⑥动态性：即标准体系随着时间的推移和条件的改变应不断发展更新。我国颁布的食品安全国家标准也完全具有上述6个特征。

将一个标准体系内的标准，按一定的形式排列起来的图表，就是标准体系表。

附 录

附录1 食品安全国家标准——微生物检验方法国家标准目录

微生物检验方法国家标准目录

（截至2022年8月，食品安全国家标准共1455项，其中微生物检验方法国家标准32项）
发布时间：2022-08-17 来源：食品安全标准与监测评估司
http://www.nhc.gov.cn/sps/s3594/202208/9c8dbbe2371643e1993cf1368ee97f11.shtml

序号	标准名称			标准号
1	食品安全国家标准	食品微生物学检验	总则	GB 4789.1—2016
2	食品安全国家标准	食品微生物学检验	菌落总数测定	GB 4789.2—2022
3	食品安全国家标准	食品微生物学检验	大肠菌群计数	GB 4789.3—2016
4	食品安全国家标准	食品微生物学检验	沙门氏菌检验	GB 4789.4—2016
5	食品安全国家标准	食品微生物学检验	志贺氏菌检验	GB 4789.5—2012
6	食品安全国家标准	食品微生物学检验	致泻大肠埃希氏菌检验	GB 4789.6—2016
7	食品安全国家标准	食品微生物学检验	副溶血性弧菌检验	GB 4789.7—2013
8	食品安全国家标准	食品微生物学检验	小肠结肠炎耶尔森氏菌检验	GB 4789.8—2016
9	食品安全国家标准	食品微生物学检验	空肠弯曲菌检验	GB 4789.9—2014
10	食品安全国家标准	食品微生物学检验	金黄色葡萄球菌检验	GB 4789.10—2016
11	食品安全国家标准	食品微生物学检验	β型溶血性链球菌检验	GB 4789.11—2014
12	食品安全国家标准	食品微生物学检验	肉毒梭菌及肉毒毒素检验	GB 4789.12—2016
13	食品安全国家标准	食品微生物学检验	产气荚膜梭菌检验	GB 4789.13—2012
14	食品安全国家标准	食品微生物学检验	蜡样芽胞杆菌检验	GB 4789.14—2014
15	食品安全国家标准	食品微生物学检验	霉菌和酵母计数	GB 4789.15—2016
16	食品安全国家标准	食品微生物学检验	常见产毒霉菌的形态学鉴定	GB 4789.16—2016
17	食品安全国家标准	食品微生物学检验	乳与乳制品检验	GB 4789.18—2010
18	食品安全国家标准	食品微生物学检验	商业无菌检验	GB 4789.26—2013

续表

序号	标准名称			标准号
19	食品安全国家标准	食品微生物学检验	培养基和试剂的质量要求	GB 4789.28—2013
20	食品安全国家标准	食品微生物学检验	唐菖蒲伯克霍尔德氏菌（椰毒假单胞菌酵米面亚种）检验	GB 4789.29—2020
21	食品安全国家标准	食品微生物学检验	单核细胞增生李斯特氏菌检验	GB 4789.30—2016
22	食品安全国家标准	食品微生物学检验	沙门氏菌、志贺氏菌和致泻大肠埃希氏菌的肠杆菌科噬菌体诊断检验	GB 4789.31—2013
23	食品安全国家标准	食品微生物学检验	双歧杆菌检验	GB 4789.34—2016
24	食品安全国家标准	食品微生物学检验	乳酸菌检验	GB 4789.35—2016
25	食品安全国家标准	食品微生物学检验	大肠埃希氏菌 O157:H7/NM 检验	GB 4789.36—2016
26	食品安全国家标准	食品微生物学检验	大肠埃希氏菌计数	GB 4789.38—2012
27	食品安全国家标准	食品微生物学检验	粪大肠菌群计数	GB 4789.39—2013
28	食品安全国家标准	食品微生物学检验	克罗诺杆菌属（阪崎肠杆菌）检验	GB 4789.40—2016
29	食品安全国家标准	食品微生物学检验	肠杆菌科检验	GB 4789.41—2016
30	食品安全国家标准	食品微生物学检验	诺如病毒检验	GB 4789.42—2016
31	食品安全国家标准	食品微生物学检验	微生物源酶制剂抗菌活性的测定	GB 4789.43—2016
32	食品安全国家标准	食品微生物学检验	创伤弧菌检验	GB 4789.44—2020

附录 2　食品微生物检验的相关依据标准

附件 1：GB/T 15091—1994　食品工业基本术语

附件 2：中华人民共和国食品安全法

附件 3："十四五"推动高质量发展的国家标准体系建设规划

附件 4：GB 29921—2021　食品安全国家标准　预包装食品中致病菌限量

附件 5：GB 31607—2021　食品安全国家标准　散装即食食品中致病菌限量

附件 6：GB 4789.40—2016　食品安全国家标准　食品微生物学检验　克罗诺杆菌属（阪崎肠杆菌）检验

附件7：GB 4789.3—2016　食品安全国家标准　食品微生物学检验　大肠菌群计数

附件8：GB 4789.4—2016　食品安全国家标准　食品微生物学检验　沙门氏菌检验

附件9：GB 4789.10—2016　食品安全国家标准　食品微生物学检验　金黄色葡萄球菌检验

附件10：GB 4789.2—2022　食品安全国家标准　食品微生物学检验　菌落总数测定

附件11：GB 2707—2016　食品安全国家标准　鲜（冻）畜、禽产品

附件12：GB 4789.28—2013　食品安全国家标准　食品微生物学检验　培养基和试剂的质量要求

附件13：GB 4789.6—2016　食品安全国家标准　食品微生物学检验　致泻大肠埃希氏菌检验

附 录

附件14：GB 4789.30—2016 食品安全国家标准 食品微生物学检验 单核细胞增生李斯特氏菌检验

附件15：GB 4789.7—2013 食品安全国家标准 食品微生物学检验 副溶血性弧菌检验

附件16：GB 4789.12—2016 食品安全国家标准 食品微生物学检验 肉毒梭菌及肉毒毒素检验

附件17：GB 4789.14—2014 食品安全国家标准 食品微生物学检验 蜡样芽胞杆菌检验

附件18：GB 4789.15—2016 食品安全国家标准 食品微生物学检验 霉菌和酵母计数

附件19：GB 4789.35—2016 食品安全国家标准 食品微生物学检验 乳酸菌检验

附录3 技能操作视频

视频01：实验室质量管理体系的建设及运营

视频02：质量控制技术规范，检测原始记录及检测报告要求，数据处理及结果表示

视频03：检测人员职业道德教育

视频04：标准物质基础知识

视频05：标准物质使用中的注意事项

视频06：内审员和授权签字人及实验室关键岗位人员培训

附 录

视频 07：检测实验室建设

视频 08：实验室安全管理

视频 09：实验室信息化管理系统的建设

视频 10：检测样品的管理流程有哪些

视频 11：食品检测中前处理技术关键点分析

视频 12：地表水水质采样技术

视频 13：水质样品前处理技术（有机部分）

视频 14：水质样品前处理技术（无机部分）

视频 15：环境空气采样、检测技术

视频 16：室内空气采样技术

视频 17：土壤采样技术

视频 18：大肠菌群检测计数关键技术

视频 19：金黄色葡萄球菌定性检验技术

视频 20：食品检测中毒素类检测分析

附 录

视频 21：霉菌酵母检测计数关键技术

视频 22：废气采样、监测技术

参考文献

[1] 徐德强,王英明,周德庆. 微生物学实验教程[M]. 4版. 北京:高等教育出版社,2019.

[2] 赵斌,何绍江. 微生物学实验教程[M]. 北京:高等教育出版社,2019.

[3] 周德庆. 微生物学教程[M]. 4版. 北京:高等教育出版社,2022.

[4] 沈萍,陈向东. 微生物学[M]. 8版. 北京:高等教育出版社,2016.

[5] 桑亚新,李秀婷. 食品微生物学[M]. 2版. 北京:中国轻工业出版社,2022.

[6] 路福平,李玉. 微生物学实验技术[M]. 北京:中国轻工业出版社,2022.

[7] 李自刚,王慧杰. 生物检测技术[M]. 北京:中国轻工业出版社,2007.

[8] 李自刚,李鸣晓. 生物检测技术[M]. 2版. 北京:中国轻工业出版社,2016.

[9] 李自刚,李大伟. 食品微生物检验技术[M]. 北京:中国轻工业出版社,2016.

[10] 贾英民. 食品微生物学[M]. 北京:中国轻工业出版社,2004.

[11] 李自刚,弓建红. 现代仪器分析技术[M]. 北京:中国轻工业出版社,2011.

[12] 刘绍军,岳晓禹. 食品微生物[M]. 北京:中国农业大学出版社,2020.

[13] 王永华,戚穗坚. 食品分析[M]. 4版. 北京:中国轻工业出版社,2017.

[14] 苏世彦. 食品微生物检验手册[M]. 北京:中国轻工业出版社,1998.

[15] 牛天贵. 食品微生物学实验技术[M]. 北京:中国农业大学出版社,2002.

[16] 高鼎. 食品微生物学[M]. 北京:中国商业出版社,1996.

[17] 谢梅英. 食品微生物学[M]. 北京:中国轻工业出版社,2004.

[18] 杨洁彬. 食品微生物学[M]. 北京:北京农业大学出版社,1995.

[19] 盛祖嘉. 微生物遗传学[M]. 3版. 北京:科学出版社,2007.